貨幣金融學

(第三版)

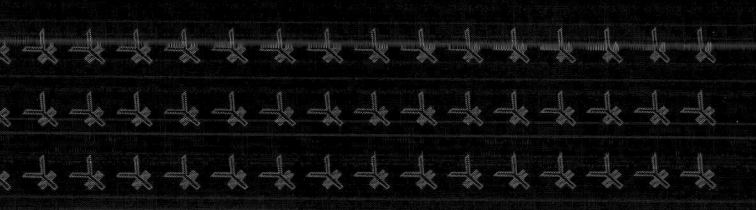

S 崧燁文化

第三版前言

金融是現代經濟的核心，貨幣、銀行和金融市場是現代金融體系的重要組成部分。因此，學習和理解貨幣金融學的相關知識和理論非常有必要。

本書圍繞貨幣、金融市場和金融機構三大支柱，沿著貨幣→金融市場→金融機構→宏觀調控→金融發展的課程體系設計展開，分五個篇幅進行相關知識和理論的深入介紹。

第一篇，導論。介紹為什麼要學習貨幣金融學；貨幣的定義、職能、演變、貨幣制度；金融體系的功能、金融市場和金融機構的概況以及金融體系監管。

第二篇，金融市場。介紹利率的定義、利率的決定、利率的風險結構和期限結構；匯率的定義、匯率的決定和匯率的變動；遠期、期貨、期權和互換。

第三篇，金融機構。介紹商業銀行的基本功能、組織結構與發展趨勢、經營管理原則與理論演化、主營業務、風險的種類與管理；證券、保險等非銀行金融機構的類型、概念、特徵及相關內容；金融監管理論、目標與原則、監管體制和發展趨勢。

第四篇，貨幣理論與貨幣政策。介紹凱恩斯和弗里德曼等人的貨幣需求理論；存款創造、貨幣乘數、貨幣供給的影響因素；通貨膨脹、通貨緊縮等貨幣非均衡狀態；中央銀行的產生、職能、結構、獨立性等；貨幣政策的目標、工具、傳導等相關知識。

第五篇，金融發展。主要介紹羅納德·麥金農與愛德華·肖所提出的「金融抑制論」和「金融深化論」以及這些理論的發展和修正；金融創新的含義和理論、金融創新的背景和動因、金融創新的主要內容、金融創新的宏觀和微觀效應以及中國的金融創新。

本書由殷孟波主編，負責總纂和審定。參加編寫人員及分工如下：殷孟波（負責編寫第2章），許坤（負責編寫1、3、4、5、6、10、11、12、13、14各章），吳佳其（負責編寫7、8、9、15、16各章）。

受編纂人員水平所限，書中錯誤在所難免，希望專家和學者不吝指正。

殷孟波

目錄

第一篇 導論

1 為什麼要學習貨幣金融學 / 3
   學習目標 / 3
   重要術語 / 3
   1.1 為什麼要學習金融市場理論 / 3
   1.2 為什麼要學習銀行和其他金融機構知識 / 6
   1.3 為什麼要學習貨幣和貨幣政策知識 / 8
   1.4 為什麼要學習金融改革與金融發展知識 / 9
   1.5 貨幣金融學的學習方法 / 10
   本章小結 / 11
   思考題 / 11

2 貨幣 / 12
   學習目標 / 12
   重要術語 / 12
   2.1 貨幣的定義 / 12
   2.2 貨幣與財富、收入的區別 / 13
   2.3 貨幣的職能 / 14
   2.4 貨幣的演變 / 17
   2.5 貨幣的制度 / 19
   2.6 區域本位貨幣和國際本位貨幣 / 24
   2.7 中國貨幣及其制度的演變 / 27
   本章小結 / 30
   思考題 / 30

3 金融體系概覽 / 31
   學習目標 / 31
   重要術語 / 31

3.1　金融體系的構成與功能　　/32

3.2　金融市場　　/34

3.3　金融機構　　/41

3.4　金融體系的監管　　/46

本章小結　　/48

思考題　　/48

第二篇　金融市場

4　利率　　/51

　學習目標　　/51

　重要術語　　/51

　4.1　利率的定義　　/51

　4.2　利率的決定　　/60

　4.3　利率的結構　　/68

　4.4　中國的利率結構　　/73

　本章小結　　/74

　思考題　　/75

5　匯率　　/76

　學習目標　　/76

　重要術語　　/76

　5.1　匯率的定義　　/77

　5.2　匯率的決定　　/81

　5.3　匯率的變動　　/86

　5.4　人民幣匯率制度　　/89

　本章小結　　/92

　思考題　　/93

6　金融衍生工具　　/94

　學習目標　　/94

　重要術語　　/94

　6.1　金融遠期　　/94

　6.2　金融期貨　　/96

　6.3　金融期權　　/100

6.4 互換　　／ 104

本章小結　　／ 105

思考題　　／ 106

第三篇　金融機構

7　商業銀行業務與管理　　／ 109

　　學習目標　　／ 109

　　重要術語　　／ 109

　　7.1　商業銀行概述　　／ 109

　　7.2　商業銀行的經營管理理論　　／ 117

　　7.3　商業銀行經營的主要業務　　／ 124

　　7.4　商業銀行的風險管理　　／ 134

　　本章小結　　／ 148

　　思考題　　／ 148

8　非銀行金融機構　　／ 149

　　學習目標　　／ 149

　　重要術語　　／ 149

　　8.1　投資銀行　　／ 150

　　8.2　保險公司　　／ 154

　　8.3　信託公司　　／ 158

　　8.4　租賃公司　　／ 162

　　8.5　投資基金　　／ 166

　　8.6　其他非銀行金融機構　　／ 170

　　本章小結　　／ 177

　　思考題　　／ 178

9　金融監管　　／ 179

　　學習目標　　／ 179

　　重要術語　　／ 179

　　9.1　金融監管的經濟學分析　　／ 179

　　9.2　金融監管目標與原則　　／ 181

　　9.3　金融監管的主要內容　　／ 183

　　9.4　金融監管體制與國際合作　　／ 192

本章小結　／203

思考題　／204

第四篇　貨幣理論與貨幣政策

10　**貨幣需求**　／207

　　學習目標　／207

　　重要術語　／207

　　10.1　貨幣需求概述　／208

　　10.2　傳統貨幣數量論的貨幣需求理論　／209

　　10.3　凱恩斯與弗里德曼的貨幣需求理論　／212

　　10.4　中國的貨幣需求分析　／229

　　本章小結　／233

　　思考題　／234

11　**貨幣供給**　／235

　　學習目標　／235

　　重要術語　／235

　　11.1　貨幣供給統計口徑　／235

　　11.2　存款貨幣創造機制　／238

　　11.3　貨幣供給決定因素　／246

　　11.4　貨幣供給基本模型　／250

　　11.5　中國的貨幣供給　／252

　　本章小結　／256

　　思考題　／256

12　**貨幣均衡**　／257

　　學習目標　／257

　　重要術語　／257

　　12.1　總供給與總需求　／258

　　12.2　通貨膨脹　／261

　　12.3　通貨緊縮　／278

　　12.4　中國通貨膨脹概況　／283

　　本章小結　／289

　　思考題　／290

13 中央銀行　/291

學習目標　/291

重要術語　/291

13.1　中央銀行的產生及類型　/291

13.2　中央銀行的性質和職能　/295

13.3　中央銀行的業務　/298

13.4　中國人民銀行　/300

本章小結　/304

思考題　/304

14 貨幣政策　/305

學習目標　/305

重要術語　/305

14.1　貨幣政策的最終目標　/305

14.2　貨幣政策的中間目標　/309

14.3　貨幣政策工具　/312

14.4　貨幣政策的傳導機制　/317

14.5　貨幣政策與財政政策　/320

14.6　國際收支與貨幣政策　/321

14.7　中國人民銀行的貨幣政策　/325

本章小結　/330

思考題　/330

第五篇　金融發展

15 金融發展與經濟增長　/334

學習目標　/334

重要術語　/334

15.1　金融發展概述　/335

15.2　金融發展的早期理論　/336

15.3　金融抑制與金融深化　/338

15.4　金融發展理論的新發展　/352

15.5　中國的金融發展與經濟增長　/354

本章小結　/362

思考題　　/ 362
16　金融創新　/ 363
　　學習目標　　/ 363
　　重要術語　　/ 363
　　16.1　金融創新概述　/ 364
　　16.2　金融創新的主要內容　/ 367
　　16.3　金融創新的影響　/ 372
　　16.4　中國的金融創新　/ 378
　　本章小結　/ 384
　　思考題　　/ 385

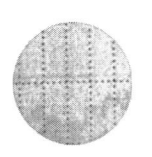

第一篇　　導論

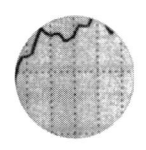

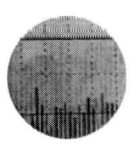

1　為什麼要學習貨幣金融學

學習目標

本章主要討論貨幣金融學的研究對象、研究方法，以及學習這門課程的目的和意義。通過本章的學習，你應該知道：
- 貨幣和貨幣政策在經濟運行中的重要性；
- 金融機構的作用和重要性；
- 金融市場的功能和重要性；
- 貨幣金融學的學習方法；
- 獲得金融數據和信息的途徑。

重要術語

貨幣　金融市場　金融機構　貨幣政策　金融發展

貨幣金融學是從貨幣銀行學演變而來的一門金融學基礎課程。本課程包括三大研究主題：貨幣、金融市場和金融機構。關於貨幣，我們將從貨幣的定義出發介紹相關的貨幣理論，包括貨幣演變、貨幣需求、貨幣供給與經濟的關係等。關於金融市場，我們將介紹金融市場的基礎知識，重點探討金融市場的兩個重要價格：利率和匯率。關於金融機構，我們將介紹銀行、證券、基金、保險等各類金融機構，並重點介紹銀行類金融機構的相關原理。同時在課程最後，我們還增加了金融發展的內容，重點探討中國金融改革動態、理論基礎和發展脈絡。

1.1　為什麼要學習金融市場理論

金融市場是把資金（貨幣）從那些有閒置資金（貨幣）的人（供給者）手中轉移到

資金（貨幣）短缺（需求者）的人手中的市場。金融市場，比如常見的股票市場、債券市場、外匯市場，是資金（貨幣）轉移的一個重要途徑，通過資金（貨幣）的轉移，可以極大地促進整個經濟運行效率的提高。

1.1.1 債券市場與利率

債券是因資金借貸而產生的債權債務關係憑證。債券市場是幫助政府和企業籌集資金，並且決定利率水平的場所，因此在經濟活動中具有重要的特殊意義。利率是資金借貸的價格。現實生活中有多個利率，例如國債利率、存款利率、貸款利率等。同類債券期限不同因而利率不同，不同類債券期限相同利率也會不同。例如3年期國債和1年期國債利率就有差別，3年期國債和3年期企業債利率也不同。但是不同利率的運動趨勢大致相同，我們通常將各種利率糅合在一起，統稱為「利率」。

利率與我們日常經濟活動密切相關。對家庭來說，利率上升，會增加家庭儲蓄，減少非必要的消費支出。對企業來說，利率上升，企業融資成本上升，企業可投資項目減少，投資減少，失業增加。在宏觀層面，社會總消費下降、社會總投資下降，導致社會總需求不足，進而社會總產出減少。可見，利率的變動會對家庭、企業、金融機構乃至整個經濟產生巨大影響。

圖1-1揭示了中國金融市場上的一個重要價格——上海銀行間同業拆借利率。從利率走勢圖形可以看出，中國金融市場利率的波動頻率在不斷增加，波動幅度在不斷加大。我們將在金融市場部分學習債券、討論利率、利率的決定及不同債券存在利率差異的原因。

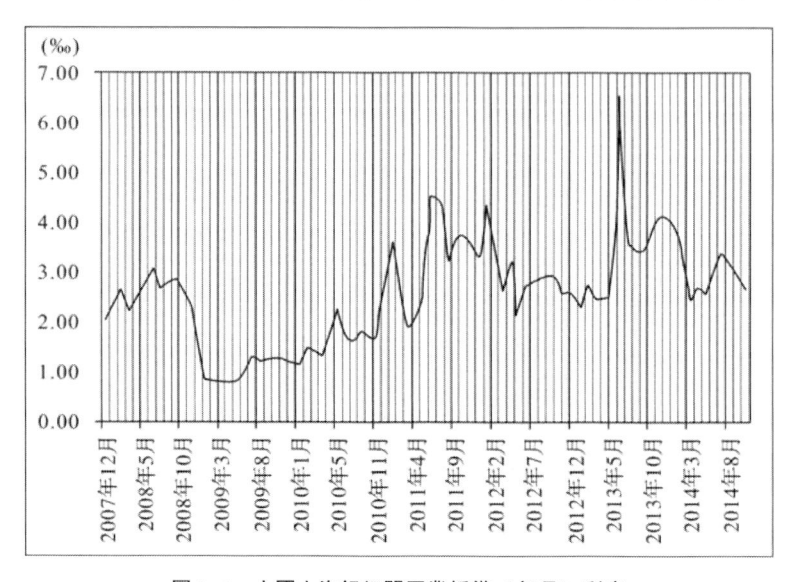

圖1-1 中國上海銀行間同業拆借（每月）利率

1.1.2 股票市場

股票市場是金融市場中最引人矚目的一個市場。股票價格的大幅波動常常是人們熱衷於討論的話題，因為人們總是想通過它來迅速致富，其實卻有可能帶來破產的情況。股票代表著擁有一個公司所有權的份額，它是代表著對公司收入和資產佔有權的一種證券。發行股票並把股票銷售給公眾是公司募集資金進行生產經營活動的一種重要途徑。股票市場是備受關注的市場，股票價格的變化往往成為媒體關注的焦點。圖1-2是中國上海證券交易所綜合指數從開市以來的月度股票指數變化趨勢圖。

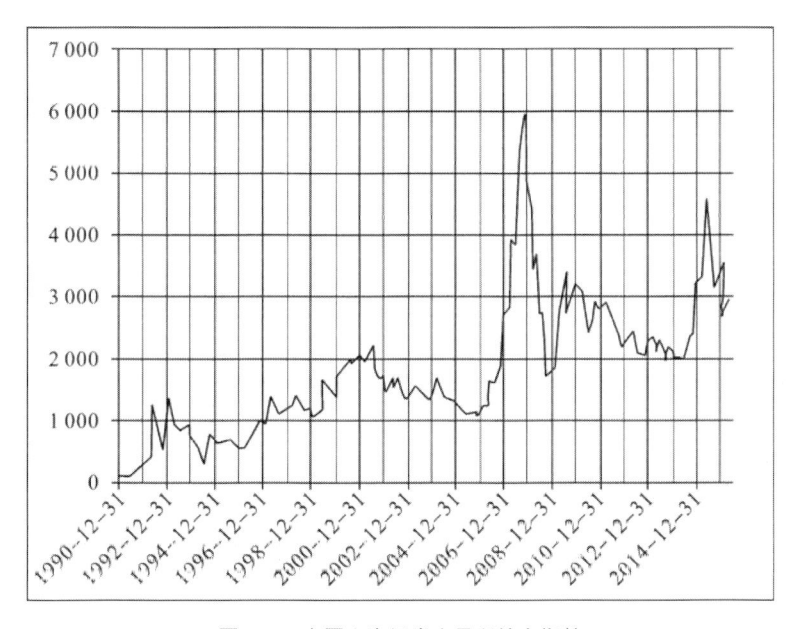

圖1-2　中國上海證券交易所綜合指數

從圖1-2中指數變化趨勢可以看出，上證指數在多個年份也經歷了較大的波動，尤其是最近十年有了較大的變化。中國股票指數的波動既與經濟發展密切相關，也與金融市場改革密不可分。因此，作為金融市場的重要組成部分，我們將會學習股票市場知識。

1.1.3 外匯市場

外匯市場是不同國家貨幣流通和交換的場所。外匯市場可以幫助我們獲得出國旅遊、留學、投資等所需要的其他國家的貨幣，是資金跨國轉移的仲介市場。外匯市場的資金供求決定了匯率水平，匯率波動對一國的國際收支會產生重要影響。圖1-3表示1990—2016年美元兌人民幣平均匯率的變動。從圖中可以看出，人民幣匯率變化表現出較強的趨勢

性，即先貶值後升值，現在又貶值，而且匯率波動幅度也在逐步擴大。

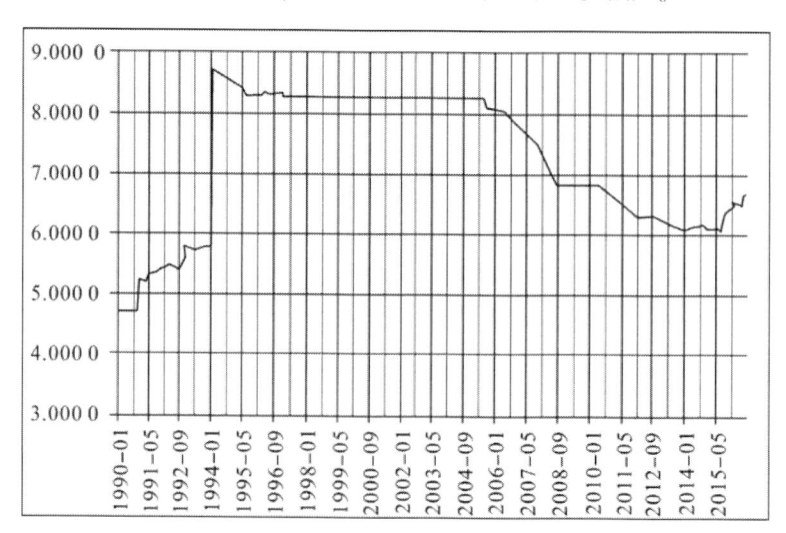

圖1-3 美元兌人民幣平均匯率（當月）（人民幣/美元）

人民幣匯率的變動會對中國企業和居民產生影響。人民幣貶值，以外幣標價的國外商品會變得相對更加昂貴，我們會減少對國外商品的需求，進口減少；同時，以人民幣標價的商品會變得相對更加便宜，國外企業和居民會增加對中國商品的需求，出口增加。人民幣升值，以外幣標價的國外商品會變得相對比較便宜，我們會增加對國外商品的需求，進口增加；同時，以人民幣標價的商品會變得相對更加昂貴，國外企業和居民會減少對中國商品的需求，出口減少。進出口需求的變化會影響一國國際收支平衡。同時，匯率預期貶值和升值會導致資金跨國轉移，例如預期人民幣將由年初的6.3元人民幣/美元上升至年末6.0元人民幣/美元，投資者年初將1美元兌換6.3元人民幣，並持有至年底，則可兌換1.05美元。跨國資本流動也會影響一國國際收支平衡。我們將在金融市場部分學習匯率及其決定理論。

1.2 為什麼要學習銀行和其他金融機構知識

金融機構尤其是銀行，是本課程的重要研究對象。銀行和非銀行金融機構是使得金融市場得以運轉的重要仲介機構。如果沒有金融機構，金融市場就不可能將資金從儲蓄者那裡轉移到投資者手中。所以，金融機構對整體經濟也有重要影響。

金融體系比較複雜，包括各種類型的金融機構，如銀行、保險公司、基金、證券公司等，所有這些金融機構都受到政府的嚴格管制。如果個人或家庭想將儲蓄的資金借給企業

從而獲得利息，由於信息和其他因素制約，依靠個人或家庭在短時間內很難尋找到合適的借貸對象，而且搜尋信息的成本也較高，因而他們往往把自己多餘的資金存放在金融機構裡，這些金融機構把這些儲蓄者的資金匯集在一起，利用專業的風險技術，再借給需求資金的企業。

　　銀行一般是指吸收存款並發放貸款的金融機構。在中國，銀行主要包括四大國有股份制商業銀行、股份制銀行、城市商業銀行、農村商業銀行、農村信用合作社、村鎮銀行等。此外，還包括三家發放政策性貸款的金融機構，即國家開發銀行、中國進出口銀行、中國農業發展銀行。銀行是普通老百姓直接接觸最多的金融機構。一個家庭需要資金貸款買房，通常都會通過銀行類金融機構獲得。同時，許多家庭會把多餘的資金以各種存款的方式存入銀行。圖1-4是中國城鄉居民存放在銀行類金融機構資金總量的變化趨勢圖。

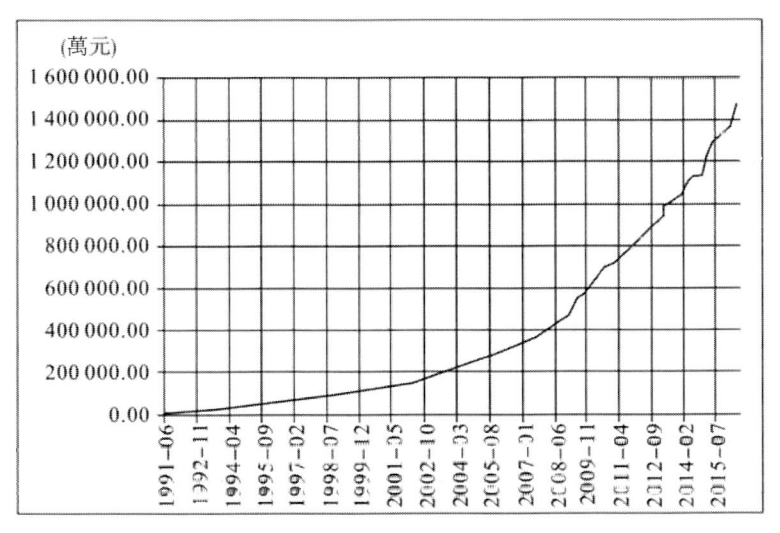

圖1-4　中國城鄉居民儲蓄存款餘額

　　從圖1-4可以看出，1991年6月中國城鄉居民儲蓄存款不到2萬億元，但是到2016年6月，餘額已達到了146萬億元。那麼，銀行類金融機構是如何運行的，面臨哪些風險？這些都與老百姓的生活息息相關。因此，對銀行類金融機構進行研究就是非常有必要的。我們將在金融機構部分學習銀行的相關知識。

　　不過，銀行也不是唯一重要的金融機構。近年來，保險公司、基金公司、證券公司也在中國崛起，我們也需要對這些機構進行研究。我們也將在金融機構部分學習這些機構的相關知識。

1.3 為什麼要學習貨幣和貨幣政策理論

我們觀察到，貨幣是在任何一種商品和勞務交換的支付中都被廣泛接受的東西。貨幣與那些會影響我們日常生活的變量密切聯繫，對宏觀經濟的健康和穩定也有重要影響。

1.3.1 貨幣供給和物價指數

圖1-5是中國物價水平和貨幣供給隨著時間變化的趨勢圖。圖中物價水平用CPI來表示，貨幣供給用我們將在後面學習到的M2層次的貨幣量表示。從數據可以看出，在長達25年的時間裡，物價水平和貨幣供給總體上呈現相同的時間趨勢。這是一個非常有意思的現象。那麼其背後的原因是什麼呢？為此，我們將在貨幣理論部分學習相關知識。

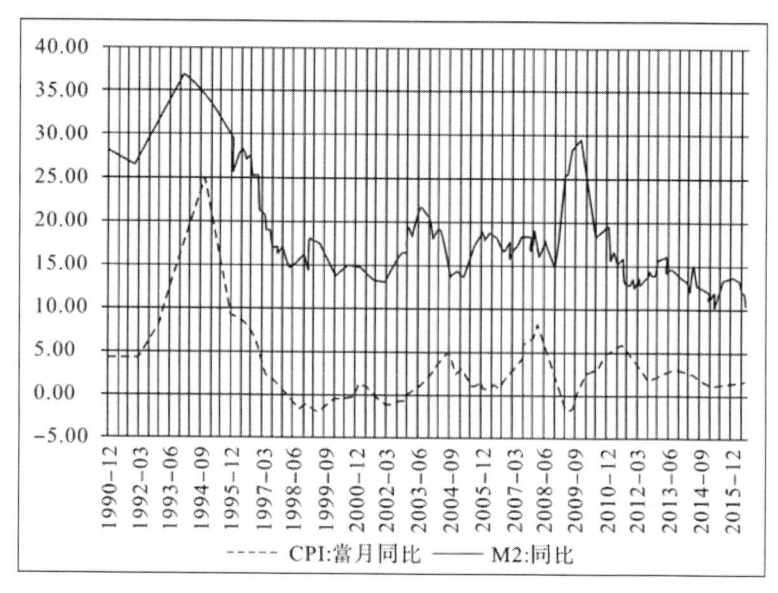

圖1-5 中國貨幣供給（M2）和物價指數（CPI）變化趨勢圖

1.3.2 貨幣供給和經濟增長

圖1-6是中國貨幣供給（基礎貨幣餘額）和GDP隨著時間變化的趨勢圖。從圖1-6可以看出，伴隨著中國經濟的增長，貨幣供給以更快的速度增長。那麼，經濟增長和貨幣供給之間有著什麼樣的關係呢？為此，我們將在貨幣政策部分學習相關的知識。

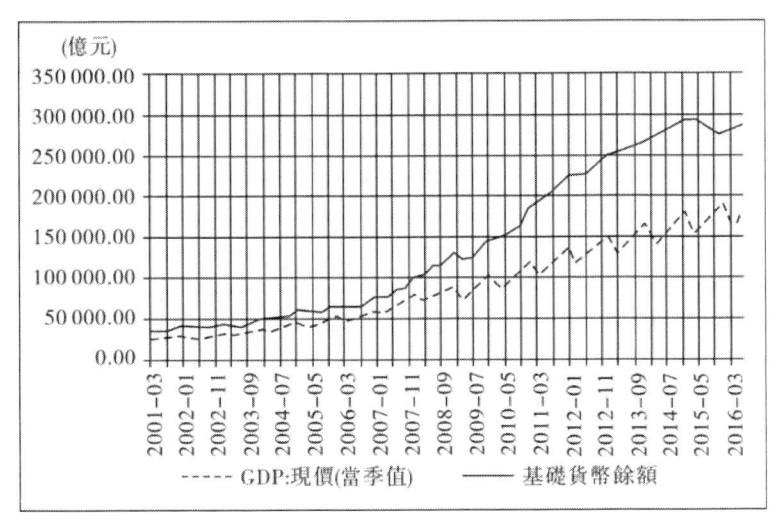

圖 1-6　中國貨幣供給和 GDP 增長變化趨勢圖

1.4　為什麼要學習金融改革與金融發展知識

　　金融發展與金融市場和金融機構不同，不再側重於金融微觀運行機制，更多地強調金融宏觀結構均衡，並發揮其在促進國民經濟發展中的作用。金融發展問題在發展中國家被討論得比較多。發展中國家往往因市場機制不完善，金融發展普遍存在金融抑制，滯後和失衡現象，但也形成了結合本國國情的特色金融體系，這種金融體系我們幾乎無法用一個統一的標準來評判它的好壞。不同國家的不同金融體系是其特定經濟體制的產物，在某種程度上滿足了其經濟發展的需要。因此，金融發展也是貨幣金融學的重要研究內容。
　　金融發展與金融改革相伴而生，金融改革是金融發展的重要動力。中國自改革開放以來，金融改革不斷深化，金融發展不斷推進，不僅表現為金融總量增長，而且表現為金融結構更加合理，資源配置效率顯著提高。例如利率市場化改革。利率是資金借貸的價格，利率高低不應受政府管制，而應由市場供求決定，市場通過利率變化配置金融資源。利率市場化一直是中國金融改革的核心任務和重要標誌。圖 1-7 是中國存貸款利率市場化改革進程圖。

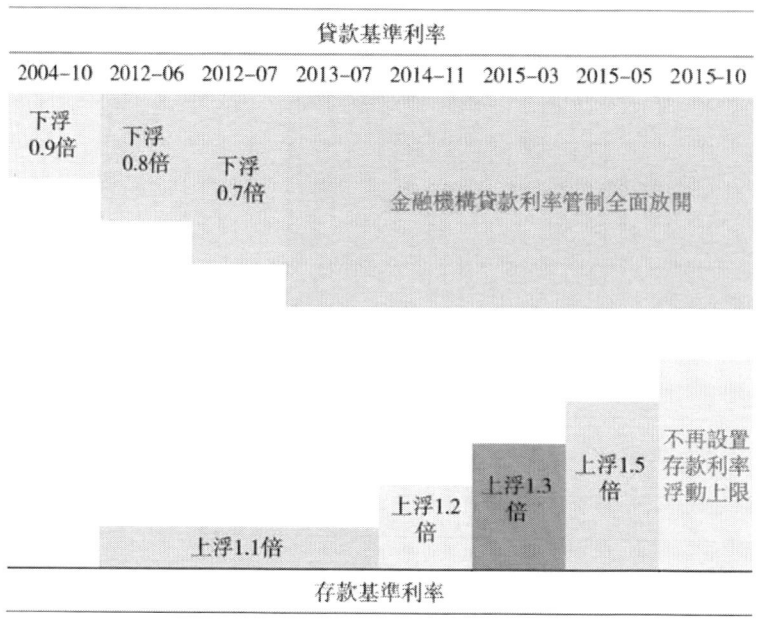

圖 1-7　中國利率市場化改革進程圖

資料來源：WIND。

從圖 1-7 可以看出，中國利率市場化改革啓動於 2004 年，歷 12 年時間，已基本完成，存貸款利率管制已經取消，金融機構擁有了自主定價權。利率市場化改革的原因和影響是什麼呢？為此，我們將在金融發展部分學習相關知識。

1.5　貨幣金融學的學習方法

貨幣金融學是經濟學、金融學中的一門重要課程，學習貨幣金融學仍離不開經濟學的基本方法和工具。大致說來，學習這門課程需要具有微觀經濟學和宏觀經濟學的基礎知識，知道需求、供給、均衡、信息不對稱等重要概念，掌握總需求和總供給的分析方法。

為了學好本課程，不斷地結合所學理論知識思考現實的經濟、金融現象非常重要。一方面，這可以幫助我們更好地理解所學理論，掌握理論的本質；另一方面，這也可以幫助我們更好地思考現實，能夠透過紛繁複雜的現象，看清事物的本質。比如，同學們可以結合中國人民銀行的貨幣政策思考：為什麼中央銀行要提高或降低存款準備金率？為什麼物價指數持續走高？為什麼企業要積極爭取上市發行股票以募集資金？等等。只要同學們堅持不懈地將理論和現實結合起來思考，就一定會發現貨幣金融學原來非常有趣。

為了瞭解更多的關於貨幣金融方面的信息，大家可以關注國內外的金融媒體。國內有《金融時報》《中國證券報》等，可以訪問中國人民銀行、中國銀行業監督管理委員會、中國證券業監督管理委員會和中國保險業監督管理委員會等金融管理機構的網站，也可以訪問新浪財經等網頁，關注並獲得更多關於貨幣金融方面的政策信息和最新的相關數據。外文好的同學還可以讀讀《華爾街日報》，訪問美聯儲、國際清算銀行等國際金融機構的網頁，獲得關於國際金融市場的更多信息和相關數據。

本章小結

1. 金融市場的活動對個人財富、企業行為和經濟運行效率有直接的影響。股票市場、債券市場、外匯市場是三個非常重要的金融市場。

2. 銀行和非銀行金融機構是資金從供給者轉移給需求者的重要渠道，它們在提高經濟運行效率方面發揮著重要作用。

3. 貨幣政策對通貨膨脹、經濟週期、利率等有重要影響。由於這些變量對經濟的健康運行非常重要，所以我們需要理解什麼是貨幣政策和如何制定貨幣政策。

4. 本書將用經濟學的基本原理來理解貨幣、銀行和金融市場的相關問題。

思考題

1. 請說說金融市場的作用和重要性。
2. 請說說金融機構在經濟中的作用和重要性。
3. 請說說貨幣政策對宏觀經濟的影響。

2 貨幣

學習目標

在本章我們將介紹貨幣的有關基本理論、貨幣的定義和職能；貨幣的發展演變及貨幣制度等方面的知識。學習本章後，你應該知道：
- 貨幣的定義；
- 貨幣的基本職能；
- 貨幣的演變；
- 本位貨幣與區域和國際本位貨幣；
- 中國貨幣及其制度演變。

重要術語

商品貨幣　代用貨幣　信用貨幣　法償貨幣　電子貨幣　貨幣制度　本位貨幣
金本位　金銀兩本位　劣幣驅逐良幣法則　貨幣層次

2.1 貨幣的定義

貨幣在人類歷史進程中具有重要的作用。貨幣是商品經濟的產物，貨幣的產生不僅解決了商品流通中的矛盾，而且促進了經濟的發展，使人類社會經歷了從商品經濟到貨幣經濟、從貨幣經濟到信用經濟、從信用經濟到金融經濟的發展歷程。貨幣形式也不斷演進，在不同時期其存在形式不同。隨著時代的發展，貨幣的定義也越來越模糊。不同的國家對貨幣數量的統計採用了不同的統計標準，同一個國家在不同的時期統計貨幣的口徑也不同。當前對貨幣的定義影響較大的理論主要有：

馬克思認為貨幣是充當一般等價物的特殊商品，是商品交換發展和價值形態發展的必然產物。歷史上不同地區曾使用過不同的商品交換充當貨幣，後來貨幣商品就逐漸固定為金、銀等貴金屬。隨著商品生產的發展和交換的擴大，商品貨幣（金、銀）的供應越來越不能滿足人們對貨幣日益增長的需求，又逐漸出現了代用貨幣、信用貨幣，以彌補流通手段的不足。進入20世紀，金、銀慢慢地退出了貨幣舞臺，不兌現紙幣和銀行支票成為各國主要的流通手段和支付手段。正如馬克思所說：「金銀天然不是貨幣，但貨幣天然是金銀。」

弗里德曼與施瓦茲在《美國貨幣史》和《美國貨幣統計》中，對自美國南北戰爭到20世紀60年代中期的美國貨幣史進行研究，認為貨幣包括公眾所持有的通貨和商業銀行的全部存款，即活期存款、定期存款和儲蓄存款。他們將貨幣定義為「購買力的暫栖所」，它將購買行為從售賣行為中分離出來。

凱恩斯認為貨幣是用於債務支付和商品交換的符號，它既無須有貴金屬的實體，也無須有其內在的價值。這個符號是由「計算貨幣」派生出來的。計算貨幣表現為一種計算單位，經濟生活中的債務和一般購買力都是通過這種符號來表示的。貨幣本體即有形的貨幣，其主要作用是便利交換，如在商品買賣中作為支付手段或一般購買力的存在形式。貨幣本是依賴於計算貨幣才使其成為貨幣的。

美國著名經濟學家米什金在《貨幣金融學》中將貨幣定義為：貨幣或貨幣供給是任何在商品或勞務的支付或在償還債務時被普遍接受的東西。

不同的學說都有其合理的內涵。從貨幣的本質出發，大多數經濟學家依據貨幣的職能將貨幣定義為：由國家規定的，在商品與勞務交易中或債務清償中被社會普遍接受的東西。貨幣具有普遍的接受性特徵。在日常生活中，貨幣就是人們經常談到的錢或鈔票。

2.2 貨幣與財富、收入的區別

貨幣雖是多樣的，但和我們生活中的一些概念仍是有區別的。

2.2.1 貨幣與財富

財富是指用於價值儲藏的各項資產的總和。貨幣只是財富的一部分，而不是全部。站在家庭、個人的角度，財富還包括房產、地產、股票、債券、汽車、藝術品等。當我們說一個人很有錢時，實際上是說他有大筆的財富。

在重商主義時期，金銀貨幣被看成是唯一的財富，國家實行多吸收金銀、少輸出貨幣的貿易保護主義政策。古典主義時期，有「古典經濟學之父」之稱的威廉·配第又有了「土地是財富之母，勞動是財富之父」的經典名言。到了1776年，亞當·斯密在《國富

論》一書中，認為一國財富的多少不是金銀的多少，而是可供消費品的多少；後來薩伊又提出了「財富就是效用」的理論，認為財富不一定就是「有形產品」，也可以是「無形產品」，即各種「服務」。

2.2.2 貨幣與收入

收入是指在一段時期內個人新增的貨幣量。「一段時期」通常以月或年為單位。收入是流量概念，而貨幣是存量概念，是在某一特定時點上的貨幣總量。一個人說他現在有20萬元，這就是一個貨幣存量。當他工作一年之後，新增15萬元報酬，那麼這15萬元就是他的收入。35萬元則是他一年後的貨幣存量。

2.3 貨幣的職能

貨幣的職能即貨幣在人們經濟生活中所起的作用。貨幣是表現、衡量和實現商品價值的工具。在發達的商品經濟社會裡，貨幣執行五種職能：價值尺度、流通手段、儲藏手段、支付手段和世界貨幣。其中，價值尺度和流通手段是貨幣的兩種基本職能，其他三種職能是在商品經濟發展中陸續出現的。

2.3.1 價值尺度

貨幣具有普遍的接受性，意味著所有的商品和勞務都必須經由貨幣來表現其價值，使其具有價格。商品和勞務能否流通要看其有沒有價格。沒有價格的商品和勞務是不能流通的。商品和勞務的價格就是商品和勞務內在價值的貨幣表現，即值多少錢。「值多少錢」就是貨幣在發揮價值尺度職能。

價值尺度，就是價值標準，或者價格單位。要發揮這一職能，只要有一定數量的觀念上的貨幣就行了。在金本位時期，這一標準通常用盎司或兩等重量標準來表示：

一件商品＝X 盎司或 Y 兩黃金

在信用貨幣流通條件下，商品和勞務的價格通常用「元」「美元」「歐元」等來表示。「元」「美元」「歐元」等就是價格標準。

確定標準的意義在於比較。有了比較才便於流通和交換。因此，貨幣作為價值尺度，解決了商品和勞務之間進行價值比較的難題。

價值尺度是衡量一種物品是不是貨幣的最重要的標誌。在中國，我們用「元」作為尺度的標準：一件商品＝100 元人民幣（RMB）。它所包含的信息是：人民幣是貨幣，價格標準是「元」，一切商品和勞務都必須經由人民幣「元」來表現其價值。而其他財富——黃金、房產、地產、股票、債券、汽車等不是貨幣，因為它們不能發揮價值尺度的職能。

2.3.2 流通手段

貨幣發揮價值尺度的職能，使商品和勞務具有價格後，就必須依靠現實的貨幣來完成交換。貨幣流通手段的職能就是實現商品和勞務現實的交換。

商品交換是由物物交換發展而來的。物物交換缺乏統一的價格標準，而且是沒有普遍接受的貨幣情況下的交換。這種交換受時間、空間和交換雙方是否彼此需求對方物品等諸多限制。比如，在交換中，甲必須要找到這樣一個人，他擁有甲所需求的商品或勞務，而這個人恰好在同一時間、同一地點又需要甲所提供的商品或勞務，這種交換才能進行。

物物交換還受到實物本身價值量的確定比較困難和是否可以分割的限制。比如，牛和羊之間的交換。首先，它們如何比較價值，是依據體重還是依據飼養成本，抑或是依據滿足人們需求的程度。假定，依據飼養成本，一頭牛相當於兩只半羊，那麼，在交換時，是否可以用一頭牛交換兩只半羊？其次，假定一頭牛值三只羊，而此時，甲只有兩只羊，那麼，甲就只能望牛興嘆，因為牛是不能分割的——一旦分割，牛就失去了大部分價值。

讓我們將貨幣引入到上述交易中。甲只需將自己的物品轉化為一定量的貨幣，然後用貨幣去交換自己需要的物品。這時，由於貨幣具有普遍接受性，從而可以完成所有的交易。有了貨幣作為媒介的交換，不再受時間、空間以及買賣雙方是否彼此需求對方物品等限制。同樣，由於貨幣是標準化的價值尺度，可以加減自如，隨意分割，從而可以滿足任意數量的交易需求。

以貨幣充當商品交換的流通手段職能，降低了買賣的難度，縮短了交易的時間，節省了交易成本，增加了交易的可能，提高了交易的效率。

2.3.3 支付手段

一手交錢一手交貨，這是貨幣在發揮流通手段職能。如果一手交錢，另一手沒有拿到貨，或者一手交貨，另一手並沒有得到相應的錢，得到的只是延期支付的允諾，那麼在這種方式中，商品讓渡同商品價格的實現在時間和地點上分離開來，貨幣充當了延期支付或者未來支付的工具。

社會化大生產使生產流通領域形成了彼此合作、相互依賴的關係。由於企業的產銷條件、生產週期等有差異，會出現欲購買原料而手中無錢，或者急於將產品銷售出去而對方又無錢支付的「脫節」現象。鑒於供需雙方長期的合作關係，就使得延期付款的方式成為維繫生產正常進行的手段。貨幣發揮支付手段職能，就是通過合約的方式，解決錢貨交易分離，一定時期後付款或交貨的方式。

不僅在生產環節，而且在消費環節，貨幣的支付職能也愈加重要。比如，分期付款消費信貸等交易方式，支付工資、繳納稅金等。

貨幣執行支付手段職能，是以信用關係為基礎的。信用關係是否正常就成為影響貨幣

流通量從而影響經濟正常運行的一個因素。由於貨幣的支付手段職能的存在，當某些商品轉手時，相應的貨幣並沒有現實地進入流通，而是在支付日期到來的時候，貨幣才會從買者手裡轉到賣者手中。於是，當進入流通的商品增加時，流通所需的貨幣可能並不會增加；相反，當進入流通的商品沒有增加時，流通所需的貨幣卻有可能增加。這就是說，貨幣執行支付手段的職能會影響貨幣流通。

由於貨幣支付有一個時間長度，在正常條件下，大量由信用關係引起的債權債務可以相互抵消，不需要現實的貨幣量。到期不能相互抵消的債權債務，則必須以現實的貨幣支付。貨幣發揮支付手段職能，一方面對現實經濟具有促進作用，因為它擴大了商品和勞務的交易量，克服了現款交易對商品生產、商品流通的限制；但另一方面又會由於信用關係的過分擴張，或某些企業生產流轉過程出現問題，導致到期不能支付的「脫節」問題。

2.3.4 價值儲藏

暫時退出流通、被人們當作社會財富的一般代表而持有的貨幣，發揮價值儲藏手段職能。人們在取得收入時，並不會將所有收入一下子花光，而是會根據消費需求，制訂一個合理的支出計劃，分期花費不同數量的貨幣。合理安排支出，經常保持一定數量的貨幣在手中，是保證生產與生活正常進行的重要條件。

任何財富或者任何資產都具有價值儲藏職能，而非只有貨幣。比如債券、土地、房產、地產、珠寶玉器……一般財富作為價值儲藏手段，其目的在於保值增值，通過利息、租金、漲價等收益為所有者謀利。這些非貨幣財富在轉換成貨幣時，都存在著轉換成本。比如，你在出售股票、出售房產時，必須支付經紀人的佣金，還可能存在股票、房產價格下跌損失成本的危險。

貨幣作為資產，除了保值增值職能外，還有其特殊性。由於貨幣是直接的購買手段，隨時可以進入流通，因此，相對於其他資產而言，貨幣是一種流動性最好、最安全的價值儲藏形式。人們之所以喜歡以貨幣的形式保存價值，就因為貨幣是直接的交易媒介。在完成作為資產的貨幣（價值儲藏）向交易的貨幣（流通手段）轉換時，無任何轉換成本。

實物貨幣是價值和使用價值的統一。實物貨幣被作為價值保存時，其作為商品的使用價值就被「浪費」了。因此，實物貨幣發揮價值儲藏手段的社會成本很高。信用貨幣是一種價值符號，是價值和使用價值的分離。正是這種分離，使信用貨幣在發揮價值儲藏職能時，與其對應的社會資源仍然可以被人們利用。因此，信用貨幣發揮價值儲藏職能可以提高儲蓄的效率。信用貨幣發揮價值儲藏職能的效果，取決於能否有效地控制貨幣數量。一國政府如能將貨幣量控制在與經濟發展水平相一致，即維繫商品和勞務價格的基本穩定，那麼貨幣的這一職能就能夠有效發揮。反之，這一職能的不當發揮有可能造成經濟衰退或通貨膨脹等不利影響。

2.3.5 世界貨幣

所謂世界貨幣，是指貨幣跨出一國國界，在世界範圍內執行價值尺度、流通手段、支付手段、價值儲藏的職能。當經濟活動局限在一國國界內時，每一個經濟主體持有該國發行的貨幣即可。但是當經濟活動不再局限於一國，出現跨國貿易和結算時，不同國家的經濟主體需要一個被共同接受的貨幣，該貨幣就是世界貨幣。

當前的世界貨幣是信用貨幣，執行世界貨幣職能的貨幣主要以美元為代表。在世界經濟運行中，美元可以自由兌換成其他國家的貨幣。在世界貿易中，大多數國家都以美元為清償手段。在國與國之間，美元具有普遍的接受性，發揮著價值尺度、流通手段等職能。其他的還有歐元、英鎊、日元和特別提款權等。

黃金曾經發揮過世界貨幣的作用，在國與國之間，媒介商品和勞務流通，執行貨幣的各種職能。但目前，黃金只是一般的商品，偶爾在國與國之間作為最後的清償支付手段。

2.4 貨幣的演變

從古至今，在不同時期有不同的貨幣形式。這些不同形式的貨幣，在不同時期發揮著貨幣的各種職能。根據貨幣產生和發展的過程，我們將貨幣劃分為四種形式：商品貨幣、代用貨幣、信用貨幣、電子貨幣。

2.4.1 商品貨幣

商品貨幣也稱實物貨幣，指作為貨幣用途的價值和作為非貨幣用途的價值相等的實物商品，即作為貨幣價值與作為普通商品的價值相等的貨幣。商品貨幣是貨幣最原始、最樸素的形式。它是兼具貨幣和商品雙重身分的貨幣。

在商品貨幣的發展階段，主要有實物貨幣（如牛、羊、布、菸草和貝殼等）和金屬貨幣（主要指銅幣、銀幣和金幣）兩種形態。作為人類最早的貨幣形態，實物貨幣受自身的物理屬性、季節及其他因素的約束和限制，不能實現統一的價值衡量標準。後來逐漸過渡到金屬貨幣形態，使貴金屬成為普遍的交換媒介，充當貨幣的計量單位。貴金屬所擁有的物理屬性使其比其他商品更適合充當貨幣，發揮貨幣的主要職能。貴金屬具有質地均勻、易於分割、不受地域和季節的影響、易於儲存、價值穩定和具有統一的價值衡量標準等特性。但隨著商品經濟的日益發達，以貴金屬作為貨幣也存在一些不足：①世界範圍內貴金屬的數量有限，很難滿足商品流通對貨幣的需要；②流通費用較高，無法適應大宗交易的需要；③由於流通造成的磨損和人為磨削鑄幣，使貨幣的名義價值和實際價值經常背離。隨著商品流通的不斷擴張，貴金屬貨幣已不能滿足經濟發展的需要，逐漸出現了各種代用

貨幣。

2.4.2 代用貨幣

代用貨幣指政府或銀行發行的、代替金屬貨幣執行流通手段和支付手段職能的紙質貨幣，其本身價值就是所替代貨幣的價值。代用貨幣產生於貴金屬貨幣流通的制度下，是代替貴金屬貨幣流通的貨幣符號，它自身的價值低於貨幣的面值。代用貨幣相當於一種實物收據，一般由政府或銀行發行，但要求以足量的貴金屬作為保證，以滿足代用貨幣隨時兌現的需要。與金屬貨幣相比較，代用貨幣的主要優點有：①印刷紙幣的成本較鑄造金屬幣低；②避免了金屬貨幣在流通中的自然磨損和人為磨削，可以節約貴金屬貨幣；③降低了運送貨幣的成本與風險。但代用貨幣也有易損壞、易偽造等缺點。

代用貨幣的作用就是流通。它是金屬貨幣的代用品，其貨幣的面值本身代表了相應數額的金屬貨幣，並可以代表金屬貨幣在市場上流通。代用貨幣的發行依賴於發行方持有的金屬貨幣的數量。隨著金本位制的崩潰，代用貨幣逐漸被信用貨幣替代。

2.4.3 信用貨幣

信用貨幣是隨著資本主義商品經濟的發展而產生和發展起來的。信用貨幣指由國家法律規定的，以國家權力為後盾，強制流通的不以任何貴金屬為基礎的，獨立發揮貨幣職能的貨幣。目前世界各國發行的貨幣基本都屬於信用貨幣。

信用貨幣是由銀行提供的信用流通工具，其本身價值遠遠低於其貨幣價值。但與代用貨幣不同，它與貴金屬已完全脫鉤，不再直接代表任何數量的貴金屬。它是貨幣形式進一步發展的產物，是金屬貨幣制度崩潰的直接結果。20世紀30年代發生的世界性經濟危機，引起了經濟恐慌和金融混亂，使主要資本主義國家先後廢除金本位和銀本位，國家所發行的紙幣不再能兌換金屬貨幣，信用貨幣應運而生。

信用貨幣由一國政府或金融管理當局發行，其發行量要求控製在經濟發展的需要之內。從理論上說，信用貨幣作為一般的交換媒介，必備兩個條件：①貨幣發行有立法保障；②人們對貨幣有信心。

信用貨幣有很多存在形式（如現鈔、銀行存款、信用卡等），其最主要的形式是紙幣。紙幣是國家發行並強制流通的價值符號。信用貨幣的發行受一個國家的政府或中央銀行的控製。信用貨幣的產生，在一定程度上解除了流通中金銀鑄幣數量不足對商品交換的束縛，在流通中代替金屬貨幣執行支付手段和流通手段的職能，可以促進商品流通，加快資本週轉速度，減少流通中所需要的貨幣流通量。

信用貨幣最顯著的特徵是作為商品的價值與作為貨幣的價值是不相同的。它是不可兌現的，它只是一種價值的符號，並通過法律確定其償付債務時必須被接受，即法償貨幣。信用貨幣是以信用作為保證，通過一定的信用程序發行並充當流通手段和支付手段的貨幣

形式，是貨幣發展的現代形態。信用貨幣具有以下特徵：①它是貨幣的價值符號；②它是債務貨幣；③它具有強制性；④國家對信用貨幣進行控製和管理。

2.4.4 電子貨幣

隨著電子科技的迅猛發展，電子計算機在金融業中得到廣泛應用，使金融業的發展進入了一個嶄新的時代，為金融業的業務擴張提供了新的電子化技術手段，並為金融服務創造了電子化的資訊條件，催生了電子貨幣，網路經濟的發展又極大地加速了電子貨幣的成長。

電子貨幣（Electronic Money），是指用一定金額的現金或存款從發行者處兌換並獲得代表相同金額的數據，通過使用某些電子化方法將該數據直接支付給交易對象，從而能夠清償債務。目前國際金融機構和各國貨幣當局尚未在法律上嚴格界定電子貨幣的定義。巴塞爾銀行監管委員會認為：電子貨幣是指在零售支付機制中，通過終端設備、不同的電子設備之間以及在公開網路上執行支付「儲值」和預付支付機制。

電子貨幣作為貨幣，具有貨幣的基本屬性，類似於通貨，主要用於小額交易，在商品交易支付中，具有自主性、交易條件一致性、交易方式獨立性、交易過程可持續性等特徵。作為一種新型貨幣，電子貨幣還具有其特殊性：①貨幣形態的無紙化（非物化）。以往的貨幣都以一種物化的實體形式表現出來。電子貨幣儲存在信息卡裡，沒有其他外在的表現形式，它不需要借助任何實體，卡中的貨幣數量（數字）只有通過特定的技術設備才能讀取。②貨幣發行主體的多元化。通貨是由中央銀行或特定機構壟斷發行的，中央銀行承擔其發行成本與收益。而電子貨幣可由中央銀行、一般金融機構與非金融機構發行，後者的發行比重占絕大部分。③貨幣的非標準化。傳統貨幣的發行是以中央銀行和國家信譽為擔保的法幣，是標準貨幣，由各國的貨幣當局設計、管理和更換，有統一的外觀設計和管理政策，被強制接受和使用。而電子貨幣大部分是由不同的機構自行設計的具有個性化特徵的產品，其擔保依賴於發行者自身的信譽與資產，面臨的風險並不一致；同時，其使用範圍受到設備條件、相關協議的限制。④貨幣流通的國際化和網路化。電子貨幣打破了傳統貨幣在流通上的區域界限。隨著經濟的國際化和全球化，電子貨幣逐漸成為未來貨幣的主要表現形式。

2.5 貨幣的制度

貨幣制度是一個國家以法律形式確定的貨幣流通準則和規範。它在內容上包括：規定本位貨幣和輔幣的材料；確定貨幣單位；規定貨幣的發行程序和流通辦法；確定發行準備和貨幣的對外聯繫。

本位貨幣是一國貨幣制度規定的標準貨幣。其特點是具有無限法償的能力，即用它作為流通手段和支付手段時，債權人不得拒絕接受。非本位貨幣不具有這種能力。當被用於流通和支付時，非本位貨幣超過一定數量時，債權人可以拒絕接受，因而被稱為「有限法償」。

貨幣單位通常是指一個單位的本位貨幣。它是一個尺度或一個標準。比如，中國目前的貨幣是人民幣，單位人民幣是「元」。在很多情況下，商品和勞務的交換價格會出現低於一個貨幣單位。這就出現了有限法償的輔幣。輔幣的面值通常是本位貨幣的一個百分比。各國輔幣的名稱不一樣，中國輔幣的名稱為「角」；美國輔幣的名稱為「美分」；英國輔幣的名稱為「便士」。

貨幣制度的演變過程大致可以劃分為兩個階段，即金屬貨幣本位制和紙幣本位制（見圖 2-1）。

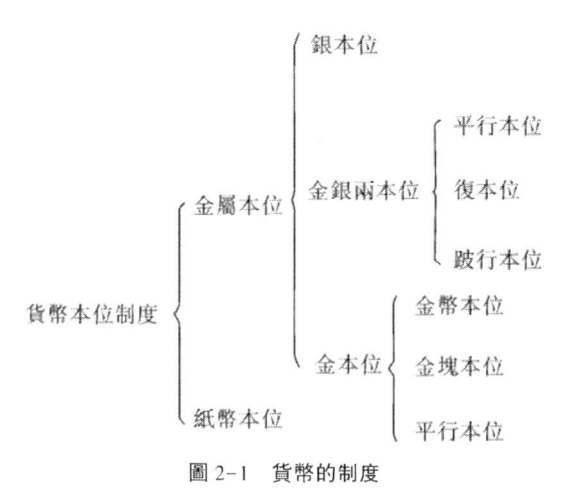

```
                                          ┌ 銀本位
                                          │
                              ┌ 金銀兩本位 ┤ 平行本位
                              │           │ 復本位
                              │           └ 跛行本位
              ┌ 金屬本位 ─────┤
              │               │           ┌ 金幣本位
貨幣本位制度 ─┤               │ 金本位   ┤ 金塊本位
              │               └           └ 金匯兌本位
              │
              └ 紙幣本位 ─────── 平行本位
```

圖 2-1　貨幣的制度

2.5.1　銀本位制

銀本位制是近代最早實行的貨幣制度之一。15 世紀末，義大利人哥倫布發現了美洲，隨後白銀礦山被相繼發現，白銀生產技術也日益提高，使世界白銀的產量猛增，為許多國家實行銀本位制創造了條件。最早實行銀本位制的國家有西班牙、墨西哥、秘魯，後來西歐各國也相繼採用了銀本位制。

在實行銀本位制的國家，政府頒布法令規定：白銀為幣材，由政府的鑄幣廠鑄造的銀幣為本位貨幣，在流通中具有無限法償能力；銀幣可以自由鑄造、自由熔化；白銀和銀幣可以自由輸出與輸入；紙幣和其他貨幣可以自由兌換銀幣。銀本位制盛行了三四百年，即從 16 世紀到 19 世紀。但是到了 19 世紀末，各國先後放棄了銀本位制，而採取金銀兩本位制或金本位制。

2.5.2 金銀兩本位制

隨著銀礦被不斷發現和開採技術的進步，世界白銀的產量繼續增加，白銀的價格逐步下跌。這既不利於國內貨幣流通，也不利於國際收支，影響了一國經濟的發展。加上銀幣體重價低不適合巨額支付，因而許多國家紛紛由銀本位制過渡到金銀兩本位制。最早實行金銀兩本位制的是英國，於1663年鑄造金幣「尼基」，與原來的銀幣「先令」並用。在實行金銀兩本位制的國家，政府頒布法令規定：金銀為幣材，以金銀鑄造的貨幣為本位貨幣，具有無限法償的能力；金銀可以自由鑄造、自由熔化；金銀和金幣、銀幣可以自由輸出、輸入；紙幣和其他貨幣可以自由兌換金幣、銀幣。

在金銀兩本位制下，金幣與銀幣必須有一定的比價。最初這種比價完全由市場價格確定，後來由政府規定。其比價完全由市場價格確定的金銀兩本位制為「平行本位制」；其比價由政府規定的金銀兩本位制為「復本位制」。導致平行本位制到復本位制的原因是金銀市場價格的漲落，使得它們的比價不斷波動。因為這種波動，從國內來說，必然使交易雙方的某一方受害；從國際來說，必然使黃金、白銀對流（國內銀價高時，白銀流入，黃金流出；相反，國內金價高時，黃金流入，白銀流出）從而影響幣值的穩定。金銀兩本位制中的復本位制在歷史上存在了相當長一段時間，它是資本主義發展時期（18～19世紀）最典型的貨幣制度。後來，世界上白銀供應激增，國際市場上銀價不斷下跌，使得實行復本位制的國家銀幣充斥，金幣減少。在這種情況下，政府不得不規定：金幣可以自由鑄造，銀幣不能自由鑄造，將銀幣的鑄造權完全收歸政府以保持銀幣與金幣的比價穩定。人們把這種金銀兩本位制稱為「跛行本位制」。

金銀兩本位制有以下優點：①以金、銀作為幣材，幣材充足，能滿足流通的需要；②在復本位制下，金、銀比價由政府規定，能夠「矯正」金、銀的市場價格，有利於金、銀幣值的穩定；③便於交易，人們可以根據交易額的大小，選擇不同的貨幣支付。但是，金銀兩本位制也有缺陷：會產生「劣幣驅逐良幣」的現象。實行「跛行本位制」，實際上是為了阻止這種現象而採取的措施。

2.5.3 金本位制

2.5.3.1 金本位制的興起

金本位制興起的原因，從貨幣制度的演變來說，是由於「劣幣驅逐良幣」規律發生作用；從物質條件說，是由於19世紀以後金礦的相繼發現，黃金供給大量增加。

在金銀兩本位制條件下，由於各國政府規定的比價不同，金銀會在各國間不斷流動，這種流動使得一國國內金銀的供給和需求發生重大變化，從而造成其中一種貨幣退出流通，經濟學家稱之為「劣幣驅逐良幣」的規律。所謂劣幣，就是實際價值低於名義價值的金屬貨幣；所謂良幣，就是實際價值高於名義價值的金屬貨幣。在等價交換的條件下，黃

金與白銀的實際價值表現在市場價格中，而名義價值則表現在政府規定的交換比例即比價上。設市場價格為 1：16（即 1 個單位的黃金換 16 個單位的白銀），而政府規定的比價為 1：15（即 1 個單位的黃金換 15 個單位的白銀），黃金的實際價值 16 大於名義價值 15。在這種情況下，人們或者將黃金收藏起來，或者將金幣熔化輸往國外。例如 1834 年，美國政府將金銀比價定為 1：16，而國外仍然為 1：15.5，於是人們在國內支付時只用黃金不用白銀，而把白銀輸出國外去換取黃金，這使復本位制實際上變成了金本位制，因為黃金驅逐了白銀。

從物質條件說，金本位制的興起是由於 19 世紀中葉在美國加利福尼亞州、南非和澳大利亞發現了豐富的金礦，出現了「淘金熱」，使世界黃金的產量大量增加，為金本位制的產生提供了物質基礎。在世界上，最早實行金本位制的是英國，它在 1816 年通過了金本位制法案。隨後，許多經濟發達的資本主義國家也實行了金本位制。

典型的金本位制是金幣本位制，其特點是：規定金鑄幣為本位貨幣，居民可自由申請將金塊鑄造成金幣，也可將金幣熔化為金塊；流通中的其他貨幣可以自由兌換為金幣；允許黃金在國際上自由輸出、輸入。由於黃金的價值比較穩定，貨幣對內對外的價值在較長時期保持不變，從而促進了各國商品經濟的發展。這種貨幣制度興盛了將近一個世紀，直到 1914 年第一次世界大戰爆發後，有的國家開始廢除金本位，因為黃金的產量和儲備有限。

金幣本位制被廢除以後，實行的是金塊本位制。金塊本位制的特點是：政府停止了金幣的鑄造；不允許金幣流通，代替金幣流通的是中央銀行發行的紙幣；紙幣的發行必須以金塊為準備；貨幣的價值與黃金保持等值關係，即一元紙幣的價值相當於一定的黃金所具有的價值；人們持有的其他貨幣不能兌換金幣，但可以兌換為金塊；黃金仍然可以自由輸出、輸入。由於金塊較重，價值較高，規定兌換的限額較大，非一般人所能兌換，因而這種制度又被人們稱為「富人本位制」。

除金塊本位制外，還有金匯兌本位制，其內容與金塊本位制大體相同，只是人們持有的其他貨幣在國內不能兌換黃金而只能兌換與黃金有聯繫的外幣。這實際上是把黃金存於國外，國內中央銀行以外匯作為準備金來發行紙幣流通。進一步說，也就是只能讓國內居民購買外匯，外匯雖然代表著能兌換一定的黃金，但一般人難以到國外去兌換黃金，所以人們稱這種貨幣制度為「虛金本位制」。例如，中國 1935 年進行幣制改革，讓法幣與美元掛鉤，而美元與黃金掛鉤，人們持有的法幣只能兌換美元而不能兌換黃金。

2.5.3.2　金本位制的崩潰

金本位制盛行於 19 世紀末 20 世紀初，崩潰於 20 世紀 30 年代。各主要資本主義國家採用金本位制的時間如下表 2-1 所示。

表 2-1　　　　　　　　　　主要國家實行金本位制時間表

國家	實行金本位制的起止時期
英國	1816—1931 年
德國	1871—1931 年
法國	1876—1930 年[1]
日本	1897—1931 年
美國	1890—1933 年

① 1876 年法國實行跛行本位制。

但是，20 世紀 30 年代的經濟大危機動搖了金本位貨幣制度的基礎，使金幣的「四自」即自由鑄造與自由流通、價值符號的自由兌現、黃金的自由輸入輸出遭到削弱甚至喪失。總的來說，黃金並不是理想的貨幣。之所以如此，是因為：

第一，金的價值難以穩定。金價主要受市場上黃金供求關係的影響。因為金既是貨幣又是一般商品，作為貨幣其價值要求穩定，作為一般商品其價格受供求關係影響。當黃金的價格受供求關係影響而波動時，其他商品的價格也隨之波動。在這種情況下，黃金就很難以固定的尺度把其他商品的價值表現為金價格，因而它不是理想的貨幣。

第二，金在國際上流進流出難以實現均衡，各國的貨幣供應量難以與金保持固定比例。當黃金流出時，信用緊縮，政府為了減少其對經濟的影響，擴張信用，貨幣供給增加，物價上漲，貿易發生逆差，政府賣出外匯以制止本幣匯價下跌和黃金流出。在這種情況下，政府干預從而不能實現黃金在國際上的自由流入流出均衡，也就是使各國的貨幣供應量難以與黃金的儲備保持恰當比例。

第二，各國貨幣之間的比價難以用所含的黃金量作為基礎確定，固定匯率不能維持。主張實行金本位制以金作為理想的貨幣者，認為國與國之間的貨幣比價應當以所擁有黃金量作為基礎，從而保持匯率的穩定。但經過幾十年的實踐，人們發現這難以解決匯率穩定與國內物價上漲的矛盾。如發達國家為了刺激本國經濟增長而實行擴張的貨幣政策，在拉動經濟增長的同時也使得國內商品價格上漲，國內物價上漲導致出口下降，經濟增長放緩。為了維持出口量，客觀上要求變動匯率，如果匯率按金平價固定不動，那麼貨幣政策的實施效果將大打折扣。

以上三點說明黃金並非理想貨幣，這是從貨幣本身來考察金本位制退出歷史舞臺的原因。一個因素的產生「能直接影響」另一因素的產生，實際上，金本位的崩潰正是其不符合「現代經濟的運行要求人們加以管理和調節」的現實反應。這才是紙幣取代黃金的根本原因。

2.5.4 紙幣本位制

紙幣貨幣被確立為一種貨幣制度是在 1929—1933 年的世界經濟危機之後。所謂紙幣本位制，即一國本位貨幣採用紙幣而不與黃金發生關係。它的特點是：①紙幣的發行不受黃金準備的限制，其發行量取決於貨幣管理當局實現貨幣政策的需要；②紙幣的價值不取決於黃金的價值，而取決於其購買力；③紙幣的流通完全取決於紙幣發行者的信用，如紙幣發行者是中央銀行，則決定於中央銀行的信用；④中央銀行是政府的銀行，政府以法律手段強制社會公眾接受，保證紙幣的流通。

貨幣制度的發展史告訴人們：貨幣制度是對貨幣運動的約束和規範。其核心內容是穩定幣值，促進商品經濟的發展。而穩定幣值的辦法，在金屬本位制的條件下，以貴金屬作為保證；在紙幣本位制條件下，以社會公眾提供的資源或資產作為保證。金屬本位制中各種貨幣制度的更替，始終是圍繞誰更適合穩定幣值展開的。在紙幣本位制下，雖然沒有貴金屬作為保證，但中央銀行在發行紙幣時，也需有準備金。其準備金以外匯的形式存在，或者以基礎貨幣的形式存在，無論是前者還是後者，都是社會公眾提供給中央銀行的信用。可以說，社會公眾提供給中央銀行分配的資源或資產是穩定幣值的基礎，這個基礎越紮實，紙幣的價值越穩定。

2.6 區域本位貨幣和國際本位貨幣

2.6.1 區域本位貨幣：歐元

所謂區域本位貨幣，是指在一定地理區域內國與國之間經濟往來中，各國出於經濟條件和政治上的考慮，用法律的形式將本國貨幣與之固定聯繫起來，作為衡量本國貨幣價值的標準，以及區域內經濟往來的最終清償手段。區域本位貨幣的終極目標是形成區域內單一貨幣。區域本位貨幣的理論基礎是獲得 1999 年諾貝爾經濟學獎的蒙代爾於 1961 年提出的「最優貨幣區」理論。在該理論的指導下，歐洲各國基於政治和經濟的利益建立了區域本位貨幣——歐元。

歐元的實行分為四個階段：

第一階段為歐元的準備階段，時間從 1991 年歐共體 12 國在荷蘭馬斯特里赫特簽訂《馬斯特里赫特條約》至 1998 年年底，歐盟國家以全民公決的形式確定本國是否參加歐元區，各國為達到加入歐元區的標準實行相關的財政和金融政策。1998 年 5 月由歐盟財長理事會投票決定哪些國家符合歐盟統一貨幣的標準，同時選出歐洲中央銀行的行長、副行長和董事，確定歐元區各國貨幣的雙邊匯率。

第二階段為歐元區各國貨幣向歐元轉換的過渡期，時間從 1999 年 1 月 1 日至 2001 年 12 月 31 日。歐元匯率於 1999 年 1 月 1 日固定下來且不可撤銷，歐洲貨幣單位也於 1999 年 1 月 1 日以 1：1 的兌換匯率全部自動轉換為歐元。金融批發市場的業務以歐元進行，企業和個人可以在銀行開立歐元帳戶，歐元的收付可以在帳戶之間進行，但歐元的紙幣和硬幣尚未投入使用。

第三階段從 2002 年 1 月 1 日至 2002 年 6 月 30 日，歐元紙幣和硬幣投入流通，歐元在歐元區內與成員國紙幣和硬幣同時流通。

第四階段從 2002 年 7 月 1 日起，歐元區內各國的貨幣完全退出流通，歐元成為歐元區內 11 個國家唯一的貨幣，歐洲統一貨幣正式形成。區域本位貨幣——歐元突破了「一個國家、一種貨幣」的傳統主權觀念，真正從貨幣的職能即價值尺度、流通手段……出發，構築了「一個市場、一種貨幣」的新理念。歐洲本位貨幣的建立有效地消除了區域內各國貨幣匯兌風險，縮小了貿易與金融的交易成本，提高了價格的透明度，促進了市場競爭，實現了區域內各國的經濟穩定增長。

歐元突破了「一個國家、一種貨幣」的傳統主權觀念，但 2010 年希臘主權債務危機爆發、2016 年英國宣布脫歐，使得非政治聯盟的歐洲貨幣聯盟開始動搖，產生了「歐元區疑慮」。

歐元區疑慮即如果沒有一個區域的經濟聯盟和政治聯盟，單一的貨幣體系是否有正常運行的基礎，或者說如果沒有形成區域內各個國家主權的統一，是否會存在單一貨幣運行的經濟基礎。若按照「歐元之父」蒙代爾的理論，當經濟環境滿足一定約束條件之時，可實施區域內貨幣同盟。歐元的建立正是依據了這樣的理論，各成員國經濟也取得了一定的發展。但是，隨著經濟貿易交流的不斷深入，各國間經濟發展不平衡問題越來越突出，而且各成員國基於自身利益和經濟發展需要所實施的貨幣和財政政策極易引發道德風險。近期的歐洲債務危機也表明缺乏鞏固的政治和經濟聯盟的歐洲貨幣聯盟——歐元存在一定的脆弱性，這也給歐元及歐盟未來的經濟發展增加了不確定因素。

在某一區域實行單一貨幣制度，存在著諸多矛盾和障礙，比如區域內各國間貧富差距、文化差異、制度差異等。尤其是在一個沒有牢固經濟聯盟的基礎上產生單一貨幣體系，可能會受到「沒有一個相對權威的政治聯盟」的影響。理論研究表明，如果沒有一個強大的相對權威的單一政治聯盟，就難以產生各個國家相對服從的單一經濟聯盟；如果沒有單一的經濟聯盟，那麼單一的貨幣體系則會在實行中受到阻礙。

2.6.2 國際本位貨幣：美元

所謂國際本位貨幣，是指國際經濟活動中，世界各個國家出於經濟條件或政策上的考慮，用法律的形式將本國貨幣與之固定地聯繫起來，作為衡量本國貨幣價值的標準以及國際交易的最終清償手段。國際本位貨幣是在國際上占據中心貨幣地位的可自由兌換貨幣。

它首先必須能在世界上自由兌換；其次還必須占據國際中心貨幣的地位，能充當國際商品的價值尺度或價格標準，並成為各種貨幣匯率計算的中心。充當這種中心貨幣的曾經有金屬形態的貨幣如黃金。當代紙幣信用本位制條件下，由於歷史的、政治的、經濟的原因，美元成為主要的國際本位貨幣。

國際本位貨幣的演變經歷了三個階段：

第一階段，1944年以前的黃金本位階段。該制度下，各國都規定金幣的法定含量，不同貨幣之間的比價是由它們各自的含金量的對比來決定的，世界各國的貿易往來主要以黃金結算。

第二階段，從1944年7月至1978年3月1日的黃金—美元本位階段。隨著國際貨幣金融體系的發展演變，金本位制被黃金—美元本位為特徵的布雷頓森林體系取代。布雷頓森林體系實行美元與黃金掛勾，而各國貨幣與美元掛勾的雙掛勾機制：一方面鎖定各國貨幣與美元的比價；另一方面確定了美元與黃金的兌換比例，各國政府可將所持有的美元向美國政府兌換黃金。

第三階段，從1978年3月1日到現在的以美元為主體的多元化的國際本位制。1978年生效的《牙買加協議》廢除了黃金與美元的聯繫，在法律上實行了黃金的非貨幣化。自此以後，國際貨幣本位制經歷了短暫的無中心的多元化階段（美元、歐元、日元三分天下），然後進入了以美元為主體的多元化階段。

以美元為主體的多元化國際本位貨幣制，在一定程度上緩解了布雷頓森林體系黃金—美元本位下基礎貨幣發行國與其他國家的相互牽連，解決了國際清償手段不足的弊端，在某些方面促進了世界經濟的發展。但是，與此同時，它並沒有使黃金—美元本位制所存在的根本問題得到解決。相反，國際匯率的波動加劇，國際貨幣金融秩序更加混亂，各國間特別是經濟發達國家與發展中國家之間的矛盾衝突日趨尖銳，發展中國家經濟政策的制定與執行效果很大程度上仍然受制於美元變動情況。要從根本上改變這一現狀，就必須擺脫多數國家對少數國家信用貨幣的過度依賴，必須重新設計各國貨幣的共同定值標準——由若干國家貨幣所組成的多種貨幣的複合體——籃子貨幣，其他國家的貨幣均與籃子貨幣掛勾，與之保持某種形式的固定或可調整的法定比價。當然，這要求有一個在世界經濟中具有較大影響的、各國所共同認可的、組織較為健全的國際通貨管理協調機構。

2.7 中國貨幣及其制度的演變

2.7.1 中國貨幣的演變

在中國的漢字中，凡與價值有關的字，例如「財」「貸」「資」等，大都含有「貝」旁。據記載，貝是中國最早的貨幣，始於商朝。隨著商品貿易的發展，貨幣需求越來越大，貝已無法滿足人們的需要，商朝開始用銅仿製貝。銅幣的出現，標誌著中國由自然貨幣向人工鍛造貨幣的重大演變。

從商朝銅幣到戰國時期，中國的貨幣形狀很多，各諸侯國自鑄貨幣。以趙國的鏟幣、齊國的刀幣、秦國的圓形方孔錢較為著名。秦統一中國後，秦始皇頒布了中國最早的貨幣法「以秦幣同天下之幣」，規定全國範圍內流通秦國圓形方孔的半兩錢，貨幣統一。秦漢以來所鑄的錢幣，通常在錢文中都明確標明錢的重量，如「半兩」「五銖」等。唐朝改革幣制，廢輕重不一的歷代古錢，取「開闢新紀元」之意，統一鑄造「開元通寶」錢。「開元通寶」一反秦漢舊制，錢文不書重量，是中國古代貨幣由文書重量向通寶、元寶的演變。秦錢確定下來的圓形方孔形制、唐朝確定下來的「通寶」「元寶」之稱，都一直延續到中華民國時期。

北宋時期，隨著貿易的發達，貨幣的流通額增加，鑄錢的銅緊缺。政府為了彌補銅錢的不足，在一些地區大量地鑄造鐵錢。「交子」出現後，中國貨幣由金屬貨幣向紙幣演變。元代曾鑄過少量銅錢，但貨幣中主要流通紙幣，被稱為「鈔」。明朝初推行紙幣政策，因通貨膨脹，後改為白銀和銅錢。清初以銀錠為主幣，清後期開始向銀圓轉化。清朝發行的紙幣品種複雜，有官鈔和私鈔之分，官鈔由官府金融機構發行，私鈔由民間金融機構發行。清朝發行紙幣開始有庫銀準備金、鈔本做憑證。民國時期，廢除了銀圓本位，實行法幣政策，從此中國的鈔票從可以兌現的信用貨幣演變成為不兌現的紙幣。

新中國成立以來，中國貨幣以紙幣為主。隨著高新科技和互聯網技術的日新月異，電子貨幣開始登上歷史舞臺。1993年，構建電子支付體系；1995年，商業銀行發行銀行卡；1997年，銀行間交易系統試點運行；2002年，「銀聯卡」出現；2004年，「支付寶」推出；2007年，P2P模式……目前，借記卡、貸記卡、信用卡等各種電子貨幣卡琳琅滿目；網上銀行、電話銀行、手機銀行等各種支付工具推陳出新。中國正迎來一個新的電子貨幣互聯網金融時代。

2.7.2 中國貨幣制度的演變

中國的貨幣制度主要經歷了四個階段：銅本位制、銀銅復本位制、銀本位制、紙幣本

位制。

2.7.2.1 銅本位制

銅本位貨幣制度指以銅材為本位貨幣的貨幣制度，該制度在春秋時期已存在，從秦朝時期開始比較規範。秦朝的銅本位制通過法律制度建立。銅本位制的主要內容包括：①以黃銅作為貨幣材料；②規定本位幣的單位，秦朝貨幣單位為「半兩」，漢朝的貨幣單位為「五銖」，唐朝的貨幣單位為「文」；③貨幣主要是自由鑄造的，外形是圓邊方孔；④以銅為貨幣，不受國界的限制，自由輸入輸出。人類獲取銅的時間早於冶鐵技術。銅作為貨幣，在中國的貨幣發展史上有悠久的歷史。

2.7.2.2 銀銅復本位制

銀銅復本位制指以白銀和黃銅為本位貨幣材料的貨幣制度，其主要內容：①白銀和黃銅都作為貨幣材料；②白銀的貨幣單位主要為「兩」，黃銅的貨幣單位主要為「錢」；③白銀以條塊流通，由民間自鑄；黃銅以鑄幣流通，由官府造幣機構鑄造。唐末宋初時期，白銀開始成為主要的金屬貨幣。黃銅與白銀並存，黃銅主要用於日常少量物品的交易，民間的交換大多使用黃銅，稱為「下品錢」。白銀主要用於大宗交易和交納官稅，解京的稅金全部是白銀，也稱「上品錢」。中國與中亞地區的商業貿易往來中，主要以白銀為貨幣。而金幣則為「極品錢」，比較稀少因而珍貴。流通中的貨幣主要是銀兩和銅錢。

2.7.2.3 銀本位制

中國也是最早以白銀為貨幣的國家。公元前119年，西漢武帝時期便開始鑄造銀幣，唐朝末年白銀貨幣廣泛流通，宋朝的朝貢和商貿也普遍使用白銀。在清朝宣統二年（1910年）頒布《比值條例》，確認實行銀幣本位制度：①白銀為本位貨幣材料；②規定以「圓」為貨幣單位，單位貨幣重七錢二分；③鑄幣權統歸中央，禁止各省自由鑄造；④銀幣在流通中可以無限法償。在民國四年（1915年），公布《國幣條例》，仍以「圓」為貨幣單位。1927年，國民政府改鑄孫中山開國紀念幣，稱「孫幣」或「孫圓」。1933年4月，國民黨政府公布《銀本位幣鑄造條例》，實行「廢兩改圓」，銀圓才成為真正的本位貨幣，即銀幣本位制度。

2.7.2.4 紙幣本位制

宋朝末期的「交子」、清代的「銀票」都可以兌換白銀，可看作兌現的紙幣。明代發行的「大明通行寶鈔」，禁止金銀和銅錢流通，推行單一紙幣，可看作不兌現的紙幣本位制的初試。但「大明通行寶鈔」很快貶值，流通混亂，後來不得已又回到金屬貨幣制度。民國時期，1935年11月進行幣制改革，實行法幣制度，貨幣發行權統歸中央銀行，通過法律強制推行不兌現的紙幣制度，先後發行的貨幣有法幣、金元券、銀元券等。

2.7.3 人民幣制度

中國的人民幣制度的主要內容：①人民幣是中國大陸的唯一法定貨幣，具有無限法償

能力;②人民幣制度是一種不兌現紙幣貨幣制度;③人民幣的貨幣基本單位為「元」,輔幣單位為「角」,1 元 = 10 角;④人民幣的發行主體為中國人民銀行,限於中國國內流通。人民幣採取的是不兌現的紙幣制度,法律規定人民幣與金銀無關,不與外幣確定正式的關係,不依從於任何國外的貨幣制度,並規定除人民幣外,金、銀、一切外幣均禁止流通。

目前中國對於人民幣制度的主要討論是關於人民幣匯率形成機制的問題。人民幣匯率形成機制是當今中國貨幣制度最重要的內容之一,體現了中國的主權。1985—1993 年,中國採用以銀行結售匯制度為基礎,單一的、有管理的浮動匯率制,國家根據國內、國際市場情況及宏觀經濟形勢對匯率進行階段性大幅調低。1994 年,中國實行「以市場供求為基礎的有管理的浮動匯率制度」,實現了匯率並軌。1997 年亞洲金融危機爆發,中國主動收窄匯率浮動區間,實行「以市場供求為基礎的準固定匯率制度」。2005 年 7 月 21 日,人民銀行公布了《關於完善人民幣匯率形成機制改革》的公告,重新確立了中國實行「以市場供求為基礎、有管理的浮動匯率制度」;同時,從釘住美元轉向「參考一籃子貨幣調節」,不斷完善人民幣匯率的形成機制。

2.7.4 香港地區貨幣制度

自 19 世紀中葉至今,香港的貨幣制度經歷了銀本位制、英鎊匯兌本位制、外匯匯兌本位制和聯繫匯率制度四個時期。其中,貨幣制度變化中的兩個時期即由英鎊匯兌本位制到外匯匯兌本位制、由外匯匯兌本位制到聯繫匯率制度,主要是在 20 世紀的 60~70 年代完成的。

英鎊匯兌本位制在香港延續的時間最長。從 1935 年 12 月 6 日至 1972 年 7 月 6 日,除 1941 年 12 月 25 日至 1945 年 9 月 23 日之外,香港一直實行這種貨幣制度。1949 年和 1967 年,英鎊先後出現兩次大幅度的貶值,英鎊匯率波動影響港幣的穩定,香港經濟也因此受到嚴重的損失。1972 年 6 月,英國又一次爆發國際支付危機,英國政府在 6 月 23 日宣布任由英鎊浮動,英鎊區成員只限於英國和愛爾蘭。隨後,1972 年 7 月 6 日,香港政府宣布港幣與英鎊脫鉤,並與美元掛鉤,當時港幣的匯率是 1 美元 = 5.65 港元,允許外匯市場匯率在這一匯率上下 2.25% 的幅度內波動。由於美元不斷貶值,港英當局於 1974 年 11 月取消港元與美元的固定聯繫,並同時取消外匯管制,首次宣布港元自由浮動。這一時期的香港貨幣制度也可稱為外匯本位制。

1983 年 10 月 17 日,香港政府宣布港元與美元直接掛鉤,聯繫匯率制正式生成。直到 1987 年,聯繫匯率制的內容才逐步完善。聯匯制最重要的特點:聯繫匯率與市場匯率、固定匯率與浮動匯率並存。一方面,外匯基金通過對發鈔銀行的匯率控製,維持官方制定的 1:7.8 的匯率水平。在聯繫匯率制下,港元發行須由發鈔行按照規定的 7.8 港元兌 1 美元的匯價,以 100% 的美元向外匯基金換取發鈔負債證明書,掛牌銀行向發鈔行取得現鈔也要以 100% 的美元進行兌換;回籠貨幣時,同樣要分別以負債證明書和港元換回美元,這

樣便形成了一個固定匯率的銀行同業港元買賣市場。另一方面，在外匯公開市場上，港元卻是自由浮動的，無論是銀行同業之間還是銀行與公眾之間的交易，匯率都是由市場供求來決定的。聯繫匯率制度具有穩定幣值和匯率的作用，為香港的繁榮和穩定做出了積極的貢獻，是支撐香港國際金融中心的貨幣制度基石。

本章小結

1. 本章主要介紹貨幣的定義、貨幣的職能和層次、貨幣的形態演變和貨幣制度的構成、貨幣制度的演變、中國的貨幣制度等理論。

2. 對貨幣的定義遵從西方主要的經典理論，貨幣的演變歷程主要就是商品貨幣、金屬貨幣、信用貨幣、紙幣、電子貨幣形態。

3. 根據馬克思對貨幣主要職能的認識，對價值尺度、流通手段、儲藏手段、支付手段和世界貨幣等職能進行闡述。

4. 依據貨幣的流動性對貨幣層次進行劃分。

5. 從歷史發展的過程來看，以本位幣的變化為標誌，各國貨幣制度先後採取銀本位制、金銀復本位制、金本位制和不兌現信用貨幣制度四種形式。

6. 介紹了中國貨幣和貨幣制度的演變。

思考題

1. 結合香港貨幣制度的背景和運行機制，分析香港當前的貨幣制度所面臨的問題、挑戰及對中國經濟的影響。

2. 分析貨幣層次劃分的依據的合理性和在金融創新下如何科學劃分中國貨幣的層次。

3. 根據貨幣制度的演變歷程，分析中國當前人民幣制度面臨的主要挑戰。

3 金融體系概覽

學習目標

在這一章中，我們將討論金融體系的功能、金融市場概況、金融仲介機構概況以及對金融體系的管理。學完本章後，你應當知道：
- 金融體系的構成；
- 金融體系的功能；
- 金融市場的分類；
- 主要的資本市場和貨幣市場；
- 主要的金融仲介機構；
- 金融體系監管的機構和內容。

重要術語

金融體系　金融市場　金融仲介　直接融資　間接融資　信用　信用形式　一級市場　二級市場　貨幣市場　資本市場　商業性金融機構　政策性金融機構　國際金融機構

金融體系也稱金融系統，它是由眾多相互依存和相互作用的金融要素組成的，具有一定結構和功能並與社會經濟環境存在密切關係的有機整體。在深入學習貨幣金融學主要內容之前，概括性地瞭解金融體系的構成、金融體系的功能以及主要的金融市場、主要的金融仲介機構等，是十分必要的。

3.1 金融體系的構成與功能

3.1.1 金融體系的構成

金融體系是一個包括金融市場、金融市場的參與者、參與者交易的金融工具等在內的系統。金融體系主要由金融市場、金融仲介等構成。

金融市場是金融體系中各類行為主體進行金融交易的場所，在金融系統中發揮著至關重要的作用。有些金融市場擁有特定的交易場所，例如上海證券交易所；有些金融市場沒有固定的交易場所，例如證券的櫃臺交易市場。

金融仲介是專門從事各種金融活動的組織，是以貨幣資金為經營對象，從事貨幣信用、資金融通、金融交易以及相關業務的法人機構。例如，商業銀行、保險公司、證券公司等。

3.1.2 金融體系的功能

3.1.2.1 融通資金

金融體系的基本功能之一是促進資金由盈餘的一方向資金短缺的一方流動，促使儲蓄向投資轉化，實現資金融通（圖 3-1）。資金的融通活動可以採取兩種方式完成：一是直接融資，二是間接融資。

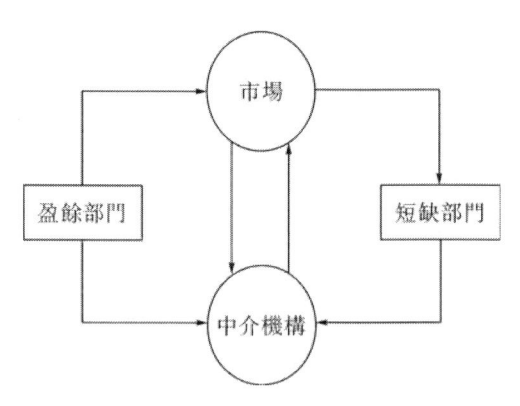

圖 3-1 資金融通過程

直接融資是指貨幣資金需求者與貨幣資金供給者之間直接發生信用關係。雙方可以直接協商或在金融市場上由貨幣資金供給者直接購入貨幣資金需求者發行的債券或股票完成資金的融通（見圖 3-1 上半部分）。通常情況下，由經紀人或證券商來安排這類交易。直

接融資的特點是，資金需求者自身直接發行金融工具給資金的供給者，經紀人和證券商的作用只是協助二者完成交易。直接融資的優缺點包括：①直接融資是通過證券市場的證券交易來實現的，它把資金供求雙方直接置於市場機制的作用之下，使供求雙方能夠按照市場確定的價格來進行資金的交易，市場機制的作用能夠使貨幣資金供給者的資金轉移到出價最高的資金需求者手中。但是，直接融資的融資成本如信息成本和交易成本較高。②直接融資中的籌資方可以根據其對資金需求期限的要求，自主確定需要發行的資金工具的類型，從而使其對資金的使用可以不受期限的限制，可以穩定地使用資金。對貨幣資金的供給方來說，通過購買對方發行的金融工具，可以成為企業的股東或債權人，享有股息分紅或獲得本金和利息，在二級市場買賣還有可能獲得差價收益，但同時要承擔籌資方不能如期支付本息及二級市場價格波動的風險。

間接融資是指貨幣資金需求者與貨幣資金供給者之間間接發生信用關係。這種資金通需要通過各種信用仲介機構來進行。信用仲介機構發行各種形式的金融工具如存款單給貨幣資金的供給者，獲得資金以後，再以貸款或投資的形式購入貨幣資金需求者的債務工具，以此來完成貨幣資金供給者與貨幣資金需求者之間的資金通通（見圖 3-1 下半部分）。間接融資的特點是，金融仲介機構自身通過發行間接債務憑證，將貨幣資金供給者的資金引向貨幣資金需求者。在這一過程中，金融仲介機構充當信用仲介的角色。間接融資的優缺點包括：間接融資以銀行等金融機構為資金仲介，融資活動的信息成本和合約成本較低，可以通過資產多元化降低風險，可以實現期限轉化。但間接融資中，籌資方只能按照仲介機構規定的期限和用途使用資金，靈活性較小。間接融資除了發揮信用媒介作用，加速資金由儲蓄向投資轉化以外，還具有信用創造的功能，通過信用創造，可以增加存款貨幣的總量，滿足經濟發展對貨幣的需求。但與此同時，也可能造成貨幣資金的過度膨脹或緊縮，影響經濟的平穩運行。

用於直接融資方式的金融工具，稱為直接金融工具，如股票、債券等；用於間接融資方式的金融工具，稱為間接金融工具，如存款單、人壽保險單等。由於多種原因，特別是各國金融體系發育程度上的差異，使得各國金融體系的結構存在著一定的差異。有些國家的金融體系以金融機構為主，形成了以金融機構為主體的金融體系；有些國家則以金融市場為主，形成了以金融市場為主體的金融體系。與此相適應，前者以間接融資為主，而後者則以直接融資為主。

3.1.2.2 支付結算

金融體系的支付結算功能，是指金融體系為企業、家庭等微觀主體提供支付結算服務或途徑，以幫助它們完成商品或勞務的交易。重要的例子是我們在第 1 章介紹的貨幣的支付職能。

貨幣形式不斷發展的過程，就是支付系統不斷提高效率的過程。相對於稀缺的黃金來說，紙幣由於容易驗證（不易偽造），攜帶方便，而且製造成本低廉，是一種更好的支付

手段。支票、信用卡和電子資金轉移等紙幣的替代性支付手段又進一步提高了支付結算的效率。

3.1.2.3 聚集資金

現代經濟中，許多投資項目所需的資金，往往超過家庭個人甚至家族的累積能力。金融體系通過股票市場的股份分割和銀行的儲蓄功能，可以聚集眾多個人和家庭的財富，從而形成大筆的資本金來滿足投資的需要。

從另一個角度來看，金融體系的股份分割和儲蓄功能，也為個人或家庭參與超出自己能力的大型投資項目提供了機會。

以大額存單為例，100萬美元的面值超出了許多家庭個人的投資能力。但家庭個人可以通過購買基金，再由基金公司來購買存單。基金的這種資金聚集功能就幫助家庭個人間接實現參與大額可轉讓存單的投資目標。

3.1.2.4 風險管理

金融體系能提供多種管理風險的方法。

以保險機制為例，客戶付出保費轉移風險，保險公司則應用大數法則，通過分散經營風險獲取收益。如果保險公司發行股票，就把自身的風險進一步分散，所付出的代價也就被稀釋了。

再舉一個例子：假設你希望開辦一家公司，需要10萬元，但你自己沒有存款，所以你是一個赤字部門。你說服了一個投資者為你提供7萬元的資金，並使其分享公司75%的利潤，同時你說服了一家銀行以6%的年利率給你貸款3萬元。如果你的公司失敗了，價值降為2萬元，按照債權投資者優於股權投資者的清算原則，這2萬元應該歸銀行，這樣銀行將損失借給你的3萬元中的1萬元，而投資者損失了7萬元的全部投資。這樣，銀行和投資者在將資金流動給你的同時，也分擔了一部分商業風險。

3.1.2.5 提供信息

金融體系提供的價格信息，通過各種渠道傳送給企業和家庭個人，有助於企業和家庭個人做出正確的投資、消費甚至就業的決策。

例如，你有100萬元的資金，你可以選擇存款，也可以購買股票，還可以購買國債。這時，你可以借助利率和股票價格信息，來做出自己的投資決策。

3.2　金融市場

3.2.1　金融市場的分類

按照不同的劃分標準，金融市場有不同的分類，通過這些分類，我們可以瞭解金融市

場的概況。

3.2.1.1 債務市場和股權市場

根據所交易的金融工具的不同，可以將金融市場分為債務市場和股權市場。所謂債務市場，就是債務類金融工具交易的市場，如債券市場、抵押票據市場等；所謂股權市場，就是股權類金融工具交易的市場，最典型的股權市場就是股票市場。

債務工具是一種契約協定，債務工具的發行者承諾按期向持有人還本付息。股票則是分享一個企業淨收益和資產權益的憑證。債務工具的持有人簡稱企業的債權人，股票持有者簡稱企業的股權人。與債權人相比，股權人面臨的最主要的不利之處是，股權持有人是排在末位的權益要求人，也就是說，企業必須先向其全部的債權持有人進行了支付之後，才會向其股權持有人支付。股權人面臨的有利之處是，能夠直接從企業的盈利或資產價值的任何增長中獲益，因為股權使其持有人擁有所有權。債權人則不享有這一好處，因為對其支付的金額是固定的。概括來說，股權人承擔的風險高，但可能獲取的利益也高。

3.2.1.2 一級市場和二級市場

簡單來說，一級市場是企業或政府向投資者出售新發行的債券和股票等證券的金融市場，二級市場則是投資者相互之間交易過去發行的證券（也就是二手貨）的金融市場。

在一級市場上協助銷售證券的最重要的金融機構是投資銀行，有的國家稱之為證券公司。它們通常的做法是認購或包銷證券，然後再向公眾推銷這些證券。

上海證券交易所和深圳證券交易所，作為人們買賣過去發行的股票的場所，是中國最著名的二級市場的例子。其他二級市場還有債券市場、外匯市場、期貨市場等。

二級市場發生交易時，發行證券的企業並沒有得到新的資金，只有在一級市場上第一次出售證券時，發行公司才能獲取新的資金。但並不能因此就低估二級市場的功能，一定程度來說，二級市場是一級市場能順利進行的基礎。首先，二級市場使金融工具更具有流動性。這些工具的流動性提高後，自身更加受人歡迎，進而又促進了發行企業在一級市場銷售證券。其次，二級市場決定了發行企業在一級市場銷售的證券的價格。在一級市場上購買證券的投資者，只願意向發行企業支付它們認為二級市場將為這種證券所定的價格，二級市場上證券價格越高，發行企業在一級市場上出售證券的價格也就越高，從而它們能夠籌措到的資金量也就越大。

3.2.1.3 貨幣市場和資本市場

根據金融市場上交易的證券的期限長短，可以劃分為貨幣市場和資本市場。貨幣市場是短期債務工具（期限為1年以內）交易的金融市場；而資本市場則是中長期債務（期限在1年及1年以上）和股權工具交易的市場。貨幣市場證券相對於資本市場證券來說，一是流動性更強，二是價格波動更小，因而是一種較為安全的投資。

在所有關於金融市場的分類中，貨幣市場和資本市場的劃分是最基本的，因為資金融通作為有條件的資金轉讓，期限和價格是最基本的條件，貨幣市場和資本市場的劃分同時

包含了這兩個條件，所以，它反應了金融市場的實質。

1. 貨幣市場

貨幣市場主要包括商業票據市場、銀行承兌匯票市場、同業拆借市場、短期國債市場、大額存單市場等。

（1）商業票據市場。商業票據是貨幣市場中歷史最為悠久的融資工具之一，在19世紀30年代就已被廣泛使用。最初的商業票據只是購貨人為賒購而對售貨人開出的債務憑證，後來隨著貨幣市場的發展和機構投資者的出現，產生了與商品交易相分離的商業票據，即一種單純的由信用級別較高的企業向市場公開發行的無抵押擔保的短期融資工具。

具體地說，商業票據的發行者主要是高信用級別的工商企業或公益事業部門及金融公司。商業票據是不記名的，發行方式分為兩種：直接發行和間接發行。直接發行就是由發行企業直接將票據出售給投資者，間接發行則是通過票據交易商承銷，發行人不承擔銷售工作，但需向承銷商支付手續費。

商業票據沒有票面利率，按折扣面額的一定比率發售，這樣，發行利率就表現為折扣利率。

商業票據的投資者包括：投資公司（主要是貨幣市場共同基金）、商業銀行的信託部、保險公司、工商企業及地方政府機構。

（2）銀行承兌匯票市場。這裡的匯票就是傳統的由債權人開出的要求債務人付款的命令書。當這種匯票得到銀行的付款承諾後，就成為銀行承兌匯票。

銀行承兌匯票與商業票據不同，商業票據的擔保人僅為其發行者，而銀行承兌匯票由承兌銀行額外擔保，因此，風險較低的銀行承兌匯票的收益率略低於商業票據。

銀行承兌匯票作為短期融資工具，期限一般為30天到180天，以90天期的最為普遍。與商業票據一樣，銀行承兌匯票也沒有票面利率，匯票的價格是按其面值打一定的折扣，買價和面額的差額即為持有人的利潤，匯票到期由承兌銀行按面額支付。

在美國，銀行承兌匯票的投資者包括承兌銀行自身，即自己持有承兌後的匯票；其他銀行；外國中央銀行；貨幣市場共同基金；工商企業及其他國內外的機構投資者。銀行承兌匯票的二級市場很發達，它也是美國聯邦儲備銀行（美國的中央銀行）的購買對象。

（3）同業拆借市場。同業拆借市場是指金融機構之間為調劑短期資金餘缺而相互融通的市場。其交易對象為各金融機構的多餘頭寸，因資金不足而借入稱為拆入，因資金盈餘而貸出稱為拆出。同業拆借市場是貨幣市場的一個重要組成部分，它交易頻繁且量大，能準確地反應資金供求的狀況，因而同業拆借利率就成了貨幣市場乃至整個金融市場的指標利率。

同業拆借市場以隔夜交易為主，即大多進行以1日為期的拆借。一般方式是頭天清算時拆入，次日清算前償還。這類拆借通常不需要擔保品。拆借時間超過隔夜的是通知貸款，實際期限常在1周以內。這類拆借一般要求拆入方提供諸如國債、金融債券等有價證

券作為擔保品。拆出行向拆入行取得擔保的方式還有回購協議，即雙方約定，拆入行向拆出行出售證券，並當天取得資金；到清償日，拆入行按拆入資金加利息的價格買回證券，即歸還所借資金的本息。回購協議一般用於較長期限或對資信一般的金融機構的拆借。

美國的同業拆借市場就是聯邦基金市場。因為美國的存款式金融機構在聯邦儲備銀行的準備金帳戶上的存款資金被稱為聯邦基金，而同業拆借就是準備金帳戶上的存款資金不足和盈餘的金融機構之間以轉帳方式進行的借貸活動，所以美國的同業拆借市場被稱為聯邦基金市場。

（4）短期國債市場。在有些國家，短期國債也被稱為國庫券，因此短期國債市場又常被稱為國庫券市場。

短期國債是國家財政為滿足短期資金需求而發行的一種債券。因為它風險極小，而且期限短、流動性高，在一些國家，其收益還可享受稅收方面的優惠，所以是一般金融機構熱衷於投資的對象，因而成了各國中央銀行開展公開市場業務、實施貨幣政策的有效工具。這就使得短期國債市場成為最主要的貨幣市場之一。

短期國債是折扣發行，即按一定的比率對面額打折扣，餘額就是發行價格。

短期國債每次發行的數量取決於財政預算的資金需求和貨幣政策的需要，發行的時間有定期和不定期兩種。

在美國，短期國債的發行採取投標方式。定期發行由財政部於每周二公布一周後的發行數量，要求銀行、券商等投資者公開投標，並將標書在下周一下午1點之前送達聯邦儲備銀行或其分行以及財政部的公債局。投標有競爭性和非競爭性之分。競爭性投標者必須在標書上註明想要購買的數量及價格；非競爭性投標者只需註明參加非競爭性投標即可。後者接受競爭性投標的平均價格。對於參加非競爭性投標的投資者來說，在投標時必須按所要購買的國債面額付款，到國債發行日才能從聯邦儲備銀行收到一張其金額等於預付款與實際拍賣價格之差的退款支票。一般來說，財政部都會滿足非競爭性投標的投資者的購買需求。

（5）大額存單市場。大額存單就是銀行發行的可以流通的短期存款單，通常簡稱為CD（Certificate of Deposit）。對發行銀行來說，存單與定期存款沒有區別，但由於存單可以流通，因此對持有人來說，其流動性高於定期存款。

在美國，存單的面額通常以100萬美元為單位，初始償還期為1~6個月。存單與前面講的短期金融工具不同，它以面額發行，到期還本付息。存單的利率有固定的，也有浮動的。貨幣市場存單（MMCD）就是一種浮動利率存單，它的利率以某種貨幣市場的指標利率為基礎，按約定的時間間隔浮動。

大額存單於1961年起源於美國的花旗銀行。存單的產生是美國銀行業逃避利率管制的結果。在20世紀80年代初期之前，美國聯邦儲備銀行在Q條例中限定了銀行對儲蓄存款和定期存款所能支付的最高利率，在當時市場利率因通貨膨脹而不斷上升的情況下，這

明顯不利於銀行在籌集資金活動中的競爭。但Q條例同時允許銀行對償還期在14天以上、金額在10萬美元以及以上的大額存款支付任意利率，於是就促成了大額存單的發行。

由於存單的利率高於短期國債利率，又有發達的二級市場，對投資者具有很大的吸引力。在20世紀80年代初期，大銀行發行的存單是主要的貨幣市場工具。到20世紀80年代末期，存單市場衰落，其主要原因是：第一，隨著金融市場的發展，直接融資在資金融通中所占的比重上升，企業特別是大企業對銀行資金的需求降低，從而使得銀行的籌資積極性下降。第二，利率管制取消，使銀行發行存單的動因消失。第三，存款票據（Deposit Notes）產生，使銀行有了更好的籌資工具。存款票據對銀行來說也是一種定期存款，它也可以通過二級市場轉讓，初始償還期為18個月到5年。也有將存款票據直接稱為存單的，但償還期在1年以上的存款單已不屬於短期金融工具。

2. 資本市場

資本市場主要包括政府債券市場、公司債券市場、股票市場等。

（1）政府債券市場。政府債券包括三類：中央政府債券、地方政府債券和政府機構債券。與其他有價證券相比，政府債券具有安全性高、易變現並可能享有納稅優惠等顯著特徵。

中央政府債券又叫財政債券，即由中央政府發行、由中央財政擔保的債券，可以說是最高級別的債券。中期財政債券的償還期一般為2年到10年，長期財政債券的償還期在10年以上。

中長期財政債券通常以拍賣方式發行，與短期國債不同，它們都有票面利率。中長期財政債券的投資者除了本國的銀行、保險公司、投資基金、工商企業和其他金融機構外，還有外國的中央銀行。

地方政府債券是地方政府為資本項目融資而發行的債券。它們可分為兩類：完全責任債券和收入債券。前者是地方政府對債券的還本付息負完全責任的債券，後者的擔保僅來自發行債券的市政機構或使用資金的項目所帶來的收入。因此，它們雖然都是政府債券，但所面臨的風險的程度是不同的。

美國的地方政府債券通常由投資銀行（證券公司）包銷，二級市場也由它們維持，即由它們充當做市商。地方政府債券的投資者主要是富裕的家庭個人和收入豐厚的企業。因為地方政府債券的利息收入通常免交聯邦稅和地方稅，所以，對於需交納高額所得稅的投資者而言，地方政府債券很有吸引力。

政府機構債券是政府的有關部門成立的專門機構為向國民經濟的某些特定領域提供資金而發行的債券，因此，這種債券通常都是政策性金融機構的資金來源。例如，美國的住宅與城市開發部就建立了一個專門的機構，名為政府國民抵押協會，它通過發行政府機構債券籌集資金，然後將籌到的資金用於國內的住宅抵押市場。中國的政策性銀行發行的金融債券也具有政府機構債券的性質，但由於中國的金融市場不夠發達，因此政策性金融機

構不是直接向市場發行金融債券，而是將金融債券發售給商業銀行，後者則將其作為資產持有。

（2）公司債券市場。公司債券是指由工商企業和金融企業發行的償還期在一年以上的債券。公司債券通常半年支付一次利息，到期歸還本金。

公司債券的風險大於國債，所以一些公司債券有抵押品擔保，這種債券被稱為抵押債券（Secured Bond）。無抵押品擔保的債券被稱為無抵押債券（Debenture）。還有一種債券被稱為次級無抵押債券（Subordinated Debenture）。當企業破產時，次級無抵押債券的持有者對企業資產的索取權排在其他債權人之後。

有的公司債權可以贖回和轉換。所謂贖回，是指在債券到期之前，債務人可通過提前償付本金而將其已發行的債券收回。所謂轉換，是指債券持有人有權按規定的比例將債券轉換為股票。

公司債券的發行方法通常有兩種：公募和私募。公募是指在公開市場上向任意投資者發行債券；私募則是指把債券賣給少數事先約定的投資者，如某些保險公司和投資公司，由它們將債券持有至到期。採用公募方式的債券發行人必須向社會公開企業的一切情況，並經過社會公認的證券評級機構的評定。

公司債券的發行價格是指債券發行時賣給初始投資者的價格，它可能高於、低於或等於債券的面額，這主要取決於債券的票面利率與債券發行時的市場利率的比較。當票面利率低於市場利率時，發行價格就會低於債券面額，這種發行被稱為折價發行；如果票面利率高於市場利率，發行價格高於債券的面額，則稱溢價發行；發行價格等於債券面額的發行，稱為平價發行。

公司債券比股票風險小，比政府債券收益率高，是金融機構特別是保險公司、儲蓄銀行、投資公司等長期資金來源比重較高的機構所樂於投資的對象。

（3）股票市場。股票產生得很早，在1553年的英國倫敦，隨著第一家股份公司的建立，股票就出現了。1694年建立的英格蘭銀行也採取了股份公司的形式，雖然其現在已被國有化。世界上第一個股票交易市場則是在荷蘭的阿姆斯特丹因交易荷蘭東印度公司的股票而出現的。股票市場的產生及其發展與股份公司密不可分。所謂股份公司，就是通過發行股票來籌集資本而建立起來的經濟組織。股票是股份資本的所有權憑證，其持有者即為股東。

股票的發行可分為直接發行和間接發行兩種。也可以按發行時是否收取股金而將股票發行分為有償發行、無償發行以及有償無償混合發行三種。有償發行也稱有償增資，即股份公司發行股票時要向購買者收取認購股票的股金。在這種發行方式下，發行價格可按三種方法確定：第一，按市價確定，即按股票在流通市場上的價格發行，其發行價格可能與股票的面額不等。第二，按股票面額確定，即按股票面額發行。它多用於在原有股東間按持有股數分攤新股的發行。第三，按中間價格確定，即以股票面額與市場價格的中間值為

發行價格。這種確定方法多在原股東之間分配新股認購權時使用。無償發行又稱無償增資，即股份公司將企業的資本公積金或未分配利潤轉入資本金項目，從而對公司的每個股東按其在整個公司股份中的持股比例增發新股，股東無須繳納股金。有償無償混合發行，又稱有償無償混合增資，即股份公司在發行股票時，分別按一定的比例進行有償和無償發行。

公司股票在發行之後即可上市流通。如果是在證券交易所買賣，則投資者一般需委託股票經紀人（證券公司）代理操作，即與經紀人簽訂委託買賣協議，再買入或賣出股票。

3.2.2 金融市場國際化

金融市場國際化是當今金融市場發展的一個重要趨勢。對籌資者（短缺部門）而言，金融市場國際化意味著籌資者不僅可以在國內市場發行證券籌措資金，而且可以在國際市場上發行證券籌措資金；對投資者（盈餘部門）而言，金融市場國際化意味著，投者不僅可以在國內金融市場尋找投資機會，而且可以在國際市場上尋找投資機會。金融市場國際化的兩個重要表現是：國際債券市場的興起和世界股票市場的發展。

3.2.2.1 國際債券市場和歐洲債券

國際債券市場上的傳統工具是外國債券。它指的是在國外發行並以該國貨幣計值的債券。例如，中國的公司在美國發行以美元計值的債券，它就被歸為外國債券一類。幾個世紀以來，外國債券一直是國際金融市場上的重要融資工具。

國際金融市場上較為新穎的融資工具是歐洲債券，這是一種在外國發行銷售，但並不以該國貨幣計值的債券，例如在倫敦發行的以美元計值的債券。近年來，國際債券市場新發行的債券中80%以上是歐洲債券。

歐洲債券的一個變種是歐洲貨幣，即存放在外國銀行的外國貨幣。最重要的歐洲貨幣是歐洲美元，即存放在美國以外的外國銀行或是美國銀行國外分支機構中的美元。這些短期存款可以賺取利息，因此類似於短期歐洲債券。

3.2.2.2 世界股票市場

世界股票市場的發展之所以被看成是金融市場國際化的重要表現，是因為股票市場在世界範圍內的發展，為國內公司在外國發行股票籌措資金提供了可能。如今，中國的公司不僅可以在國內發行A股，而且可以在紐約、倫敦、新加坡等證券交易所發行股票，中石化就是一個例子。可以預期，隨著中國經濟改革的進一步深化和金融市場的逐步開放，一方面將有更多的中國公司在國外發行股票，另一方面也將有國外的公司在中國發行股票。

3.3 金融機構

3.3.1 商業性金融機構

3.3.1.1 商業銀行

這些金融仲介機構主要通過吸收居民、企業等社會存款,用於發放工商業貸款、住房抵押貸款、消費貸款以及購買政府債券等。截至 2015 年年底,中國銀行業金融機構共有法人機構 4,262 家。作為一個整體,它們是最大的金融仲介機構,擁有最豐富多樣的金融資源。

3.3.1.2 節儉儲蓄機構

節儉儲蓄機構或儲蓄機構與商業銀行的區別在於,前者以家庭和個人為服務對象,而後者的服務對象主要是工商企業。

美國是一個儲蓄機構相當發達的國家。20 世紀 80 年代初期,儲蓄機構的資產規模僅次於商業銀行,居第二位。儲蓄機構一般包括:互助儲蓄銀行、儲蓄與放款協會以及信用社。

互助儲蓄銀行產生於 19 世紀初,目的是在社區的低收入階層中鼓勵節儉和儲蓄。開始階段,它名義上為存款人所有,但實際上由創立者指定的受託人委員會控製。現在,既有互助協會制的也有股份公司制的儲蓄銀行,不過,以採取互助協會制形式的儲蓄銀行居多。在 20 世紀 70 年代末期以前,法令規定儲蓄銀行只能接受儲蓄存款,對長期債券和抵押貸款等進行投資,但這之後,儲蓄銀行和儲蓄與放款協會都獲準向客戶提供類似支票存款的帳戶,從而縮小了它們與商業銀行的區別。

儲蓄與放款協會是一種互助合作、準公眾化的金融機構,其組織形式也分互助協會制和股份公司制。它接受會員的儲蓄存款,同時向會員和一般社會公眾提供長期的分期償還的抵押貸款。它之所以被稱為準公眾化的,就是因為它雖然向一般社會公眾貸款,但會員可以優先。

自 20 世紀 80 年代以來,互助儲蓄銀行和儲蓄與放款協會在經營上遇到了很大困難,主要原因在於:從 20 世紀 70 年代後期開始的市場利率上升,使儲蓄機構的資金成本大幅度提高,而 70 年代之前發放的貸款等長期資產的收益很低,致使虧損不斷增加甚至出現倒閉。

信用社也屬合作性質的金融組織。其規模較小,但數量相當多。其成員通常是中產階級,他們或者在一起工作,或者是鄰居,或者同在一個教室做禮拜。總之,信用社的成員之間存在一定的特殊關係。信用社的資金來源於成員的儲蓄,資產主要包括兩方面:對成員購買汽車、大型家電等提供的貸款;低風險的流動資產、政府債券和銀行存款。

3.3.1.3 投資銀行

投資銀行是承銷發行債券、股票和參加向投資者銷售證券的發行辛迪加的金融機構。「投資銀行」的名稱通用於歐洲大陸及美國等西方國家，在英國被稱為「商人銀行」，在日本則稱「證券公司」。

投資銀行除了為工商企業代辦發行或包銷債券和股票外，還參與企業的創建和改組活動，包銷本國政府和外國政府的債券，為企業提供投資及兼併的財務諮詢服務等。

投資銀行與商業銀行和儲蓄機構不同，其資金主要來源於自己發行的股票和債券，英國的商人銀行可以接受存款，但也主要是定期存款。它們可以向其他銀行借款，但這不是主要的資金來源。

3.3.1.4 保險公司

在西方國家，保險業十分發達，保險公司的種類也很多，但大致可分為兩類：人壽保險公司和財產與意外保險公司。相比之下，人壽保險公司的規模較大。人壽保險對投保人來說兼有儲蓄的性質，因為即使是定期人壽保險，只要投保人在投保期內未發生任何意外，也可以得到一筆可觀的償付。所以，人壽保險公司可以說是一種特殊形式的儲蓄機構。

保險公司的保費收入經常遠遠超過它的賠付金額，從而聚集起大量的貨幣資金。保險公司通常將它用於長期投資，如購買國債及公司的債券和股票，發放不動產抵押貸款等。短期資產相對較少。此外，為滿足投保人意外的資金需求，西方的人壽保險公司往往也對投保人提供短期貸款。

近年來，人壽保險公司受到來自各種投資基金的挑戰。在美國，儘管人壽保險公司仍然在資本市場上發揮著重要的作用，但由於人們對更具流動性的資產的興趣上升，人壽保險公司的資金來源大受影響。

3.3.1.5 養老基金

它是一種向加入基金計劃的人們提供養老金的金融機構。其資金來源於兩方面：一是雇主的繳納和雇員工資的扣除，而且雇主的繳納往往是主要的；二是基金收入的投資收益，即將籌集的資金用於長期投資的收益。養老基金的資產與保險公司類似。

養老基金是第二次世界大戰結束後才在西方各國發展起來的。西方國家關於養老基金的立法和稅收優惠對它的發展起了極大的推動作用。到20世紀80年代末期，美國的養老基金的資產規模已超過人壽保險公司。

3.3.1.6 投資基金

投資基金按其組成形式可分為公司型的和契約型的。公司型的投資基金就是投資公司。不管什麼組成形式的投資基金，都是將自己的資本投資於其他的公司。

投資基金按其股份資本的可變與不變又可分為兩種類型：封閉型的和開放型的。對於封閉型的投資基金來說，其股份資本額是固定的，一般不得變動，但其股份可在公開市場上轉讓。如需增加資金來源，封閉型投資基金可以發行債券。開放型投資基金的股份資本

額可以變動，即可以向投資者出售新股份，但需承諾隨時將其發行的股份購回。這意味著開放型投資基金的股份不能上市。

一般而論，投資基金的作用在於：集中大量小額投資者的資金，由專家將其進行分散投資以降低風險，使收益穩定在一個較高的水平上。

按照投資基金的投資對象，還可以將投資基金分為股票基金、債券基金、貨幣基金等。在20世紀80年代，貨幣基金是發展得最快的一種基金。它之所以被稱為貨幣基金，就是因為這種基金的投資對象是各種貨幣市場資產，如商業票據、短期國債以及銀行的大額存單等。對於貨幣基金來說，不存在分散投資以降低風險的問題，因為貨幣市場資產的信用級別高，所以，貨幣基金的收益可以說主要來自其資金的規模經濟。由於投資於貨幣基金不僅安全，而且還能獲得開支票的便利，因此，它的發展對商業銀行和儲蓄機構都構成了一定的威脅。

投資基金不僅在國內投資，在英、美等國也有專門向海外投資的基金，它們成了西方國家資本輸出的重要形式。

3.3.2 政策性金融機構

政策性金融機構是指那些由政府創立、參股、支持或擔保的，不完全以營利為目的，專門為貫徹政府的社會經濟政策或意圖，在特定的業務領域內，直接或間接地從事融資活動，充當政府發展經濟、促進社會進步、進行宏觀經濟管理的金融機構。

各國的政策性金融機構所開展的金融業務，從表面上看與一般的商業性金融機構沒有多大的區別。比如美國的聯邦土地銀行（FLB），作為一家政策性銀行，它的主要任務就是向美國的農場主提供長期信貸。但政策性金融機構畢竟不同於一般的商業性金融機構，其業務領域和服務對象受到更加嚴格的限制。如美國的聯邦土地銀行儘管可以從事住宅貸款，但法律規定不得超過其總資產的15%，並且只能對農場主和養殖場主貸款。當然，利率也相當優惠。

即使在美國這樣商業性金融相當發達的國家，政策性金融的作用也是不可忽視的。美國有兩類政策性金融機構：聯邦支持的和聯邦所有的。聯邦支持的政策性金融機構發揮著預算外融資的作用，即通過金融市場籌集資金，用於國家財政應該支持的特殊部門。雖然它們並未得到政府的明確擔保，但有國家財政的道義支持，從而能夠以低於市場利率的成本籌得資金，然後將它主要用於支持住宅建設和農業部門。這類金融機構包括：聯邦國民抵押協會、聯邦住宅貸款銀行、聯邦住宅貸款抵押協會、農場信貸銀行、聯邦土地銀行、聯邦仲介信貸銀行。

聯邦所有的政策性金融機構可從財政直接獲得資金，用於政策性貸款和貸款虧損補貼。過去，聯邦所有的政策性金融機構也曾直接從市場籌資，而現在則是通過聯邦籌資銀行。聯邦所有的政策性金融機構主要有：進出口銀行、田納西山谷管理局（Tennessee

Valley Authority）以及政府國民抵押協會。

此外，由政策性金融機構擔保的實施規劃也發揮著政策性融資的作用。如住宅抵押貸款擔保規劃就是如此。為該規劃提供擔保的政策性金融機構包括：政府國民抵押協會、聯邦住宅貸款抵押協會以及農場主住宅管理局。

1978—1994年間，中國政策性業務主要由中國工商銀行、中國農業銀行、中國銀行和中國建設銀行承擔。1993年12月25日，國務院發布《國務院關於金融體制改革的決定》（以下簡稱《決定》）及其他文件，提出深化金融改革，將工、農、中、建四大行建設成國有大型商業銀行，為此，從四大行中剝離出政策性業務，組建了專門承擔政策性業務的專業銀行，即政策性銀行。1994年中國政府設立了國家開發銀行、中國進出口銀行、中國農業發展銀行三大政策性銀行，均直屬國務院領導。國家開發銀行主要承擔國內開發型政策性金融業務；中國進出口銀行主要承擔大型機電設備進出口融資業務；中國農業發展銀行主要承擔農業政策性扶植業務。2008年國家開發銀行轉型為商業銀行，2015年明確定位為開發性金融機構。

3.3.3 國際金融機構

國際金融機構是維持國際貨幣制度正常運轉及國際的貨幣合作，協調各國貨幣政策或處理國際金融事務的金融機構。

目前，主要的國際金融機構有：國際貨幣基金組織、世界銀行、國際開發協會、國際金融公司。

3.3.3.1 國際貨幣基金組織

國際貨幣基金組織（IMF）是根據1944年聯合國國際貨幣金融會議通過的《國際貨幣基金協定》建立的，它的宗旨是：通過成員共同研討和協商國際貨幣問題，促進國際貨幣合作；推動國際貿易的擴大和平衡發展，開發成員的生產性資源；保持各成員之間有秩序的匯兌安排，促進各成員貨幣間匯率的穩定；協助成員建立多邊支付制度，消除阻礙世界貿易增長的外匯管制；向成員提供暫時性融資，以利於各成員在採取無損於其內部經濟繁榮和國際發展的情況下，糾正國際收支失衡；盡可能幫助成員縮短國際收支失衡的時間，減輕失衡的程度。

國際貨幣基金組織的主要業務是向成員政府提供貸款，以調整成員暫時性的國際收支不平衡，避免國際收支失衡的成員採取有損於其內部經濟或世界經濟的政策或措施。

國際貨幣基金組織貸款的特點是：①貸款對象只限於成員的中央銀行、財政部、外匯平準基金等政府部門；②貸款用途僅限於解決成員的國際收支不平衡；③貸款方式是借款成員用等值的本國貨幣向基金組織申請購買外匯或特別提款權，即「購買」或「提款」，還款時則用等值的外匯或特別提款權向基金組織購回本國貨幣，即「購回」；④貸款數額受份額限制，貸款期限一般為5~10年，借款成本除利息外，還有費用和酬金，一般用特

別提款權支付。

為了保證國際貨幣匯率體制的穩定性和靈活性，國際貨幣基金組織不僅跟蹤各成員的匯率政策與匯率安排，而且監督成員所有影響匯率變化的其他經濟政策，並收集各成員有關貿易、物價、利率、貨幣供應、財政收支等影響匯率的經濟數據，然後向成員提出政策性建議。此外，它還通過各種形式向各成員提供技術援助和諮詢服務如為成員培訓宏觀經濟管理人才、舉辦研討班及提供研究成果等。

3.3.3.2 世界銀行

世界銀行（IBRD）是 1944 年 7 月布雷頓森林會議後與國際貨幣基金組織同時產生的國際金融機構。其附屬機構包括國際開發協會和國際金融公司，三者被統稱為世界銀行集團。

世界銀行的全稱為「國際復興開發銀行」。根據《國際復興開發銀行協定》的規定，世界銀行的宗旨是：運用銀行本身資本或籌集的資金為成員的生產事業提供長期貸款與投資，促進各成員生產資源開發；利用擔保或參加私人貸款及其他私人投資方式，促進成員之間的私人投資增加；用鼓勵國際投資以開發成員生產資源的辦法，促進國際貿易的長期平衡發展，並維持國際收支平衡，幫助成員發展生產力，提高其生活水平和改善勞動條件。

該協定同時規定，世界銀行及其官員不得干預任何成員的內政。其一切決定只應與經濟有關，不受成員的政治影響。

世界銀行的主要業務是向發展中國家和地區提供長期生產性貸款。貸款條件一般比國際金融市場上的貸款條件優惠。貸款的對象只限於成員政府和由成員政府擔保的公私機構。其貸款期限較長，最長可達 20～30 年，還有 5～10 年的還款寬限期。世界銀行貸款的種類主要有：具體項目貸款、部門貸款、結構調整貸款、技術援助貸款、緊急復興貸款。從世界銀行近些年的業務發展看，世界銀行越來越強調穩定的宏觀經濟政策、健全的組織機構、活躍的私營部門和市場對經濟發展的積極作用，因而結構調整貸款和部門調整貸款的比重逐年增大。

此外，世界銀行還積極從事對國際社會經濟問題的調查研究，對成員提供技術援助，開展國際聯合貸款團的組織工作，協調與其他國際機構的關係等。

3.3.3.3 國際開發協會

國際開發協會（IDA）於 1960 年 9 月正式成立，它的宗旨是為最不發達國家提供比世界銀行條件更優惠的貸款，借此減輕這些國家的國際收支負擔，促進它們的經濟發展和居民生活水平的提高。

國際開發協會的資金來源有四個方面，包括成員認繳的股金、成員和其他資助方的捐款、世界銀行每年從其淨收益中撥出的款項、協會信貸業務經營的淨收益。

國際開發協會的貸款被稱為軟貸款，只貸給最貧窮的成員的政府，不收利息，僅收 0.75% 的手續費，貸款期限可長達 50 年。協會的貸款一般只針對特定項目，同時提供技術援助和進行經濟調研。

3.3.3.4 國際金融公司

世界銀行的貸款對象主要是成員方的政府，它雖然也向成員的私人企業貸款，但需成員政府擔保，這在一定程度上限制了世界銀行業務的範圍。正是在這樣的背景下，1956年7月創立了國際金融公司（IFC）。

國際金融公司的主要宗旨是專門向成員的私人企業的新建、改建和擴建等項目提供資金，促進不發達國家的私營經濟的增長和這些國家資本市場的發展。

國際金融公司的主要業務是資助成員尤其是不發達國家的私人企業的發展，幫助它們通過國際金融市場融資，從而促進不發達國家的經濟繁榮。國際金融公司的資金運用於長期聯合投資，它包括公司的直接投資和貸款兩部分。貸款期限較長，一般為7~15年，還款時以原借入的貨幣償還，貸款利率由資金風險和預期收益等因素決定。對企業進行的直接投資是指國際金融公司以股東身分用其自有資金參與成員的私人企業的投資，分享企業利潤。其投入的股份在項目總投資中不得超過25%。國際金融公司一般不參與項目的日常管理。此外，國際金融公司還牽頭組織私人投資者、商業銀行和其他金融機構組成銀行團，共同提供資金，這就有助於發達國家的資本輸出。國際金融公司還從事旨在提高私人企業生產效率的技術和政策諮詢方面的援助。

3.4 金融體系的監管

金融監管是一個國家和地區的金融管理當局依法對金融機構進行監督管理活動的總稱。金融監管的主要目標是確保金融機構的穩健運作，降低金融機構的個別風險和金融市場的系統性風險，維護金融業的穩定和安全。

3.4.1 國外金融體系的監管

我們以美國為例來介紹西方國家對金融體系的管理。美國金融體系中主要的監管機構和管理內容如表3-1所示。

表3-1　　　　　　　　美國金融體系中的主要監管機構及管理內容

監管機構	監管對象	監管內容
證券交易委員會（SEC）	有組織的交易所和金融市場	信息披露要求，限制內部人交易
商品期貨交易委員會（CETC）	期貨交易所	期貨市場交易過程的監管
通貨監理署	在聯邦政府註冊的商業銀行	向聯邦註冊的商業銀行發放執照，檢查帳簿，對其持有資產的範圍做出限制

表3-1(續)

監管機構	監管對象	監管內容
全國信用社管理局（NCUA）	在聯邦政府註冊的信用社	向聯邦註冊的信用社發放執照，檢查帳簿，對其持有資產的範圍做出限制
州銀行和保險委員會	在州政府註冊的存款機構	向州註冊的商業銀行和保險公司發放執照，檢查帳簿，對其持有資產的範圍和分支機構的設立做出限制
聯邦存款保險公司（FDIC）	商業銀行、互助儲蓄銀行、儲蓄和貸款協會	對銀行的每位儲戶10萬美元以下的存款提供保險，檢查參保銀行的帳簿，對其持有資產的範圍做出限制
聯邦儲備體系	所有存款機構	檢查美聯儲成員銀行的帳簿，規定所有銀行的準備金要求
儲蓄監管局	儲蓄和貸款協會	檢查儲蓄和貸款協會的帳簿，對其持有資產的範圍做出限制

[資料來源] 米什金. 貨幣金融學 [M]. 8版. 錢煒青，高峰，譯. 北京：清華大學出版社，2009：40.

3.4.2 中國金融體系的監管

中國金融體系中主要的監管機構和監管內容如表3-2所示。

表3-2　　　　中國金融體系中的主要監管機構及監管對象或內容

監管機構	監管對象或內容
中國人民銀行	制定及實施貨幣政策 監管金融市場
國家外匯管理局	經常項目外匯管理 資本項目外匯管理 外匯儲備管理
中國銀行業監督管理委員會	政策性銀行 國有商業銀行 資產管理公司 股份制商業銀行 城市商業銀行 城市信用社 農村商業銀行 農村信用社 郵政儲蓄銀行 外資銀行 信託投資公司 財務公司 金融租賃公司

表3-2(續)

監管機構	監管對象或內容
中國證券業監督管理委員會	證券公司 基金管理公司 上市公司 證券/期貨交易所 證券登記公司
中國保險業監督管理委員會	人壽保險公司 財產保險公司 養老保險公司 汽車保險公司 信用保險公司 農業保險公司 再保險公司

[資料來源] 北京當代金融培訓有限公司, 北京金融培訓中心. 金融理財原理（上）[M]. 北京：中信出版社, 2011.

本章小結

1. 金融體系的功能有：資金流動、管理風險、清算和支付結算、聚集資源和分割股份、提供信息以及解決激勵問題，其中資金流動是金融體系的基本功能。

2. 金融市場可分為貨幣市場和資本市場，典型的貨幣市場有商業票據市場、銀行承兌匯票市場、同業拆借市場、短期國債市場、大額存單市場等；典型的資本市場有政府債券市場、公司債券市場、股票市場等。

3. 金融仲介機構包括：商業銀行、節儉儲蓄機構、投資銀行、保險公司、養老基金、投資基金以及政策性金融機構。

思考題

1. 試述金融體系的功能。
2. 如何看待金融市場的國際化？
3. 金融機構有哪些？試比較它們的異同。
4. 試述國內外金融體系管理機構和內容。

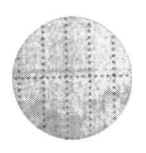

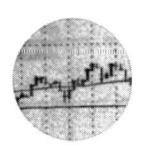

第二篇　金融市場

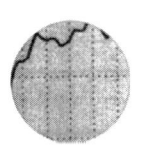

4 利率

學習目標

在這一章中，我們將討論利率的含義和種類、利率的計算、利率的決定理論、利率的風險結構和期限結構理論等內容。學完本章後，你應當知道：
- 有關單利和複利、現值和終值以及幾種典型工具的到期收益率的計算；
- 馬克思的利率決定理論、古典學派的真實利率理論、新古典學派的可貸資金理論和凱恩斯的流動性偏好理論的主要內容；
- 能使用可貸資金理論分析實體經濟因素如何影響利率的變動；
- 能使用流動性偏好理論分析實體經濟因素如何影響利率的變動；
- 利率的風險結構及影響因素；
- 利率期限結構理論：預期理論、市場分割理論和優先聚集地理論；
- 中國債券市場的利率風險結構和利率期限結構。

重要術語

利息　利率　固定利率　浮動利率　市場利率　名義利率　實際利率　基準利率　到期收益率　單利　複利　現值　終值　貼現率　可貸資金　流動性　風險結構　期限結構

4.1 利率的定義

4.1.1 利息和利率

利息是什麼？從債權人的角度看，利息是債權人從債務人那裡獲得的多出本金的部分，是債權人因貸出貨幣資金而獲得的報酬；從債務人的角度看，利息是債務人向債權人

支付的多出本金的部分,是債務人為取得貨幣資金的使用權所花費的代價。

關於利息的本質,馬歇爾認為,利息是對人們延期消費的一種報酬。之所以需要這種報酬,是因為絕大多數人都喜歡現在的滿足而不喜歡延期的滿足。費雪認為利息是對「人性不耐」的報酬,而「人性不耐」指的是人們都有一種時間偏好,即人們對現在財貨的主觀評價高於對將來財貨的主觀評價。因此,如果犧牲現在財貨以換得將來財貨,則必須得到一定的補償,這種補償就是利息。凱恩斯認為,利息並不是對延期消費或「人性不耐」的補償,而是對人們放棄流動性的補償。為什麼要有補償?是因為人們存在流動性偏好,即人們普遍具有喜歡持有可靈活週轉的貨幣的傾向。人們持有貨幣雖然沒有收益,但持有貨幣有著高度的安全性和流動性,因此,在借貸活動中,借者應該向貸者支付一定的利息,作為對貸者喪失流動性的補償。馬克思認為,借款人借入的貨幣必須作為資本來使用,即只能用於生產或流通,不得用於消費。當借款在使用過程中和勞動結合後,便能創造出價值,且還要創造出剩餘價值,使它的所得大於其所付,收入高於成本。這樣,利息的支付才有了基礎,即對於創造出的剩餘價值必須一分為二,一部分作為企業主收入自留,一部分作為利息準備還給貸款人。所以利息直接來源於剩餘價值(或利潤),是由勞動者創造的,而且利息只能是利潤的一部分而不是全部。若利息是利潤的全部,就沒有人會去借款;若利息為零或負數,就沒有人願意把貨幣資金貸出去,所以利息額是大於零而小於利潤的一個值。

利率又叫「利息率」,是一定時期內單位本金所對應的利息,是衡量利息高低的指標,具體表現為利息額同本金的比率。如存款利息與存款額之比為存款利率;貸款利息與貸款額之比為貸款利率。

在經濟生活中,利率有多種具體的表現形式。比如1年期存款利率、活期存款利率、5年期貸款利率、3年期國債利率、9個月國庫券利率,等等。隨著金融活動方式的日益多樣化,利率的種類也日益繁多。

4.1.2 利率的種類

對應於不同的分類標準,利率有不同的分類方式。按照期限長短,利率可分為長期利率和短期利率;按照計息時間週期的不同,利率可分為年利率、月利率和日利率;按照利率是否可以調整,利率可分為固定利率和浮動利率;按照利率是隨市場變動還是由政府調節,利率分為市場利率和官定利率;按照是否扣除物價上漲因素,利率可分為名義利率和實際利率。此外,平均利率、基準利率儘管不屬於完整意義上的分類,但鑑於其在經濟活動中和經濟研究中的重要性,我們也要給出必要的闡述。

4.1.2.1 長期利率和短期利率

以借貸期限長短為標準,可以將利率分為長期利率和短期利率。長期利率指借貸時間在一年以上的利率;短期利率指借貸時間在一年(含)以下的利率。利率的高低與期限長

短、風險大小有著直接的聯繫。利率結構理論研究的就是利率與期限、風險之間的關係。

4.1.2.2 年利率、月利率和日利率

年利率、月利率和日利率是按計算利息的時間週期的不同來劃分的。年利率以年為時間週期計算利息，通常以「百分之幾」表示，簡稱幾「分」；月利率以月為時間週期計算利息，通常以「千分之幾」表示，簡稱幾「厘」；日利率以日為時間週期計算利息，通常以「萬分之幾」表示，簡稱幾「毫」。年利率、月利率和日利率之間的換算關係是：年利率等於月利率乘以 12，月利率等於日利率乘以 30；反過來，年利率除以 12 為月利率，月利率除以 30 為日利率。

實踐中，中國無論是年利率、月利率還是日利率，都以「厘」為單位。如年利率 4 厘、月利率 3 厘、日利率 1 厘，等等。雖然都叫「厘」，但年利率的「厘」是指百分之一，月利率的「厘」是指千分之一，日利率的「厘」是指萬分之一。如年利率 4 厘指 4%，月利率 3 厘指 0.3%，日利率 1 厘指 0.01%。

4.1.2.3 固定利率和浮動利率

以借貸期內利率是否調整為標準，利率可分為固定利率和浮動利率。固定利率是指在整個借貸期限內，利率不隨資金市場供求狀況變動而變動的利率。浮動利率是指在借貸期限內隨市場利率的變化而定期調整的利率。即根據借貸雙方的協定，由一方在規定的時間依據某種市場利率進行調整，一般調整期為半年。實踐中，固定利率多用於短期借貸行為，而浮動利率一般適用於借貸時期較長、市場利率多變的借貸關係。

4.1.2.4 市場利率和官定利率

以利率是否按市場規律自由變動為標準，利率分為市場利率和官定利率。市場利率是指由借貸資金的供求均衡決定的利率，借貸資金供求關係改變，市場利率也將隨之變化，供給增加或需求減少都會導致市場利率下跌，並在更低的利率水平上達到借貸資金供求均衡；相反，供給減少或需求增加都會導致市場利率上升，並在更高的利率水平上達到借貸資金供求均衡。官定利率是由政府金融管理部門（通常是中央銀行）確定的利率，它是貨幣政策當局出於政策推行上的考慮而確定的，它的升降更多的是出於政策意圖，主要體現國家對融資市場的控製。因此官定利率是國家實現宏觀調控目標的一種政策工具。

與市場利率對應的制度背景是利率市場化，與官定利率對應的制度背景是利率管制。

4.1.2.5 名義利率和實際利率

在經濟活動中，區分名義利率和實際利率是很重要的。相對於名義利率而言，實際利率更被人們看重，因為在借貸過程中，債權人不僅要承擔債務人到期無法歸還本金的信用風險，還要承擔貨幣貶值的通貨膨脹風險。名義利率和實際利率的劃分，正是從這個角度發生的。

名義利率，是指借貸契約和有價證券上載明的利率。對債權人來說，應按此利率向債務人收取利息。對債務人來說，應按此利率向債權人支付利息。

實際利率是指名義利率減去通貨膨脹率後的利率，通常有兩種形式：一種是事後的實際利率，它等於名義利率減去實際發生的通貨膨脹率；一種是事前的實際利率，它等於名義利率減去預期的通貨膨脹率。在經濟決策中，更重要的是事前對實際利率的估計。因此事前的實際利率比事後的實際利率更有意義。

4.1.2.6 平均利率、基準利率和到期收益率

平均利率指一定時期（通常指一個產業週期）不斷波動的市場利率的平均水平。與不斷變動的市場利率不同，平均利率會在較長時間內表現為不變的量。平均利率只能是平均利潤率的一部分，這是由利息的性質決定的。平均利率不是市場利率波動的中心和擺動的基礎，相反，平均利率是從市場利率中引申出來的。平均利率不是市場利率的簡單加總的算術平均，而是按各種利率貸出的資本量的加權平均。由於競爭加劇，平均利潤率下降，使得平均利率的變化也呈下降的趨勢。但這種下降趨勢在政府干預經濟活動的背景下，受到了一定程度的抑制。

基準利率指在整個金融市場上和整個利率體系中處於關鍵地位、起決定性作用的利率。基準利率一般由中央銀行直接調控，並能夠對市場其他利率產生穩定且可預測的影響。在放鬆利率管制以後，中央銀行主要依靠對基準利率的調控來實現對其他市場利率的影響。基準利率對應的金融產品必須具有足夠的交易規模和交易頻率，以保證對其他利率的有效引導。各國在貨幣政策的實踐中，通常以同業拆借利率或國債回購利率作為基準利率。在中國，1984年以前，國家銀行制定的利率起著基準利率的作用，市場利率的形成及其變動都以銀行利率作為參考。1984年中央銀行體制確立後，以中國人民銀行對各專業銀行（現稱為商業銀行）的貸款利率為基準利率。基準利率變動時，其他各檔次的利率也相應地跟著變動。隨著中國銀行間同業拆借市場和國債回購市場等貨幣市場的發展及相關利率的逐步放開，同業拆借利率或國債回購利率現在也逐步起到了基準利率的作用。

4.1.3 利率的計算

4.1.3.1 單利與複利

1. 單利

單利和複利是兩種不同的計息方式。單利的特點是不再對利息付息，只以本金為基數計算利息，所生利息不計入計算下期利息的基數。中國商業銀行的存款產品多採用單利計息。

單利計息的利息計算公式為：

$I = P \times r \times n$

本利和計算公式：

$S = P + I = P(1+rn)$

上式中，I 表示利息額，P 表示本金，r 表示利率，n 表示計息週期數。

例如，老王的存款帳戶上有10,000元，現在的年利率為2.25%。

第1年的利息為 $I_1 = P \times r \times n = 10,000 \times 2.25\% \times 1 = 225$（元），第1年年末，帳戶上的資金應該是10,225元。

前2年的利息為 $I_2 = P \times r \times n = 10,000 \times 2.25\% \times 2 = 450$（元），第2年年末，帳戶上的資金應該是10,450元。

以此類推，前 n 年的利息為 $2.25\% \times n$ 元，第 n 年年末的存款帳戶總額為 $10,000 \times (1+2.25\% \times n)$ 元。

2. 複利

與單利相對應的概念是複利，俗稱「利滾利」，其特點是除了本金要計算利息外，前期的利息也要並入本金計算利息。即計算時，要將每一期的利息加入本金一併計算下一期的利息。具體計算公式為：

$$S = P(1+r)^n$$
$$I = S - P$$

重複上面的案例，如果按複利計算，則第1年年末，帳戶上的資金是：

$S_1 = 10,000 \times (1+2.25\%)^1 = 10,225$（元）

第1年的利息為225元。

看得出來，第1年的利息額和第1年年末的帳戶資金總額與單利計算結果相同。

第2年年末，帳戶上的資金是：

$S_2 = 10,000 \times (1+2.25\%)^2 = 10,455$（元）

前2年的利息合計為455元。其利息額和期末帳戶資金總額都比單利計算的結果高。

以此類推，第 n 年年末，該帳戶上的資金是：

$S_n = 10,000 \times (1+2.25\%)^n$

期間利息合計額為：

$10,000 \times (1+2.25\%)^n - 10,000$

4.1.3.2　現值與終值

1. 單個現金流的現值與終值

因為利息成為收益的一般形態，所以任何一筆貨幣資金，無論將做怎樣的投資，甚至還沒有考慮將做怎樣的運用，都可根據利率計算出在未來的某一時點上的金額。這個金額就是前面說的本利和，也稱為「終值」。如果年利率是10%，現有資金為10,000元，其在5年後的終值計算公式為：

$S_5 = 10,000 \times (1+10\%)^5$

如果把這個過程倒過來，知道5年後的某一個時點上將有多少金額，在年利率為10%的情況下，折回為現在的同一時點上，應為多少金額呢？其計算公式為：

$$P = \frac{1}{(1+10\%)^5} = 10,000$$

這個逆運算算出的本金稱為「現值」。從計算現值的過程可以看出，現在的1元錢比將來的1元錢價值大，這也是資金時間價值的體現。

在實際經濟生活中，終值換算成現值有著廣泛的用途。商業銀行票據貼現業務，貼現額就是根據票據金額（終值）和利率倒算出來的現值，其計算公式為：

$$PV = \frac{1}{(1+r)^n} \times FV$$

上式中，PV代表現值即貼現額，r代表利率即貼現率，FV代表終值即票據金額。$\frac{1}{(1+r)^n}$相當於n年以後的1元錢的現值，通常被稱為貼現系數。貼現率和貼現系數存在反向關係，貼現率越高，貼現系數越小；貼現率越低，貼現系數越大。貼現金額就等於票據的票面金額乘以貼現系數。

2. 系列現金流的現值和終值

與單個現金流相對應的是系列現金流。所謂系列現金流，是指不同時間多次發生的現金流。在現實經濟生活中，經常遇到系列現金流的情況，如分期付款賒購、分期償還貸款、發放養老金、分期支付工程款、每年相同的銷售收入等。系列現金流最典型的表現形式是定期定額的系列收支，經濟學上稱它為「年金」。這類系列現金流的現值和終值的計算也被稱為年金現值和年金終值的計算。詳述如下：

如果設這類系列的現金流為A，即每期支付A，利率為r，期數為n，則按複利計算的每期支付的終值之和，也就是年金終值的問題，用公式表示為：

$$S = A + A(1+r) + A(1+r)^2 + A(1+r)^3 + \cdots + A(1+r)^{n-1}$$

根據等比數列的求和公式，則：

$$S = A \frac{(1+r)^n - 1}{r}$$

若知道A、r、n，可以通過查閱年金終值系數表得到S的值。

同樣，若知道每期的支付額為A，利率為r，期數為n，要按複利計算這一系列的現金流的現值之和，則就是計算年金現值的問題，用公式表示為：

$$P = \frac{A}{(1+r)^1} + \frac{A}{(1+r)^2} + \frac{A}{(1+r)^3} + \cdots + \frac{A}{(1+r)^n}$$

仍然根據等比數列的求和公式，則：

$$P = A \times \frac{1 - (1+r)^{-n}}{r}$$

若知道A、r、n，可以通過查閱年金現值系數表得到P的值。

例如，某人打算從現在起每年等額存入銀行一筆錢以便 5 年後償還債務。若銀行存款利率為 10%，每年存入銀行 100 元錢，問 5 年後一共能存多少錢？

這實際上是一個系列現金流即年金問題：每年支付 A 為 100，利率 r 為 10%，期限 n 為 5。所以這一系列現金流到 5 年後的終值為：

$$S = 100+100(1+10\%)^1+100(1+10\%)^2+\cdots+100(1+10\%)^{5-1}$$

$$= 100 \times \frac{(1+10\%)^5-1}{10\%}$$

$$= 100 \times 6.105,1$$

$$= 610.51 \text{（元）}$$

通過查年金終值表可以得到 $r=10\%$、$n=5$ 時的年金終值係數為 6.105,1。

再如，某人打算在 5 年內還清目前借的一筆債務，從現在起每年等額存入銀行 100 元。若銀行存款利率為 10%，問現在借的這筆錢是多少？

根據年金現值的公式可以得到：

$$P = \frac{100}{(1+10\%)^1}+\frac{100}{(1+10\%)^2}+\cdots+\frac{100}{(1+10\%)^5}$$

$$= 100 \times \frac{1-(1+10\%)^{-5}}{10\%}$$

$$= 100 \times 3.790,8$$

$$= 379.08 \text{（元）}$$

在知道 $r=10\%$、$n=5$ 的情況下，通過查閱年金現值表可以得到年金現值係數為 3.790,8。

除年金外，不規則系列現金流也很常見，這類現金流現值與終值計算的一個重要的運用領域是投資項目分析中的投資方案比較。在實際的項目投資中，很少是一次性的投資，大多是連續多年陸續投資。不同方案不僅投資總額不同，而且投資在年度之間的分配比例也不同。若不運用求現值與終值的方法，把不同時間、不同金額的投資換算為同一時點的值，則根本無法比較。理論上說，只要換算成任何一個同一時點上的值，都可以進行方案比較，並且不影響結論。實踐中，出於計算便利和經濟含義更明確的考慮，通常換算成項目期初再進行比較。

例如，有一項工程需 10 年建成。有甲、乙兩個投資方案。甲方案第一年年初需投入 5,000 萬元，以後 9 年每年年初再追加投資 500 萬元，共需投資 9,500 萬元；乙方案是每年年初平均投入 1,000 萬元，共需投資 1 億元。從投資總額看，甲方案少於乙方案，甲方案似乎優於乙方案，但考慮到乙方案的資金佔用時間更有利，因此結論並不確定，必須通過現值計算才能夠作出判斷。

如果市場利率為 5%，甲方案的投資現值和為：

$$5,000+\frac{500}{(1+5\%)^1}+\frac{500}{(1+5\%)^2}+\frac{500}{(1+5\%)^3}+\cdots+\frac{500}{(1+5\%)^9}=8,548 \text{（萬元）}$$

乙方案的投資現值和為：

$$1,000+\frac{1,000}{(1+5\%)^1}+\frac{1,000}{(1+5\%)^2}+\frac{1,000}{(1+5\%)^3}+\cdots+\frac{1,000}{(1+5\%)^9}=8,096 \text{（萬元）}$$

對投資現值或者說考慮了資金時間價值的投資總額進行比較，乙方案優於甲方案。

4.1.3.3 到期收益率的計算

在金融市場上，存在著各種各樣的債務工具，這些債務工具的計息方式各不相同。為了便於比較，需要有一個統一的衡量利息率高低的指標，這個指標就是到期收益率。它是衡量利率高低的最精確的指標。到期收益率是指從債務工具上獲得的回報的現值與其今天的價值相等的利率。常見的債務工具有普通貸款、定期定額償還貸款、息票債券、貼現發行債券、永久債券等。

1. 普通貸款

所謂普通貸款，就是本金和利息在期末一次性償付的貸款。舉例來說，中國農業銀行某支行貸給王先生 10,000 元。從貸出者的角度看，這 10,000 元就是中國農業銀行今天所貸出的本錢。一年以後王先生還給農業銀行 11,000 元。就這筆貸款來說，其到期收益率應該是多少？

到期收益率的概念，即從債務工具上獲得的回報的現值與其今天的價值相等的利率。假設到期收益率為 r，可以建立方程式：

$$10,000=\frac{11,000}{1+r}$$

計算可得 $r=0.1$。即這筆普通貸款的到期收益率為 10%，或者說這筆貸款的利率是 10%。

2. 定期定額償還貸款

這種貸款在整個貸款期內都要定期償還相同的金額。由於定期定額償還貸款涉及多次的償付額，因此，在計算現值時，要將所有償付額的現值加總起來。

舉例來說，張先生向中國工商銀行某支行借了 100,000 元的定期定額償還貸款，分 30 年還清，每年還 5,000 元。若在這 30 年中實行固定利率，問這筆貸款的到期收益率是多少？

同樣，假設到期收益率為 r，根據到期收益率的概念和現值的有關知識，可以得到如下方程式：

$$100,000=\frac{5,000}{1+r}+\frac{5,000}{(1+r)^2}+\frac{5,000}{(1+r)^3}+\cdots+\frac{5,000}{(1+r)^{30}}$$

即每年償付額的現值之和等於銀行最初所貸出的本錢。通過查年金現值系數表可以得

到 $r=8.14\%$，這就是銀行在這筆貸款上的到期收益率。

從上例可以推斷一般公式，即對任何一筆定期定額清償貸款，有：

$$LOAN = \frac{EP}{1+r} + \frac{EP}{(1+r)^2} + \frac{EP}{(1+r)^3} + \cdots + \frac{EP}{(1+r)^n}$$

上式中，$LOAN=$貸款餘額，$EP=$固定的年償付額，$n=$到期前貸款年限。

據此計算出的 r 即為該筆貸款的到期收益率。

3. 息票債券

息票債券持有人在該息票到期前的定期（每年、每半年或每季）要得到定額的利息，待到期時要得到當年的利息以及債券的票面額的支付。根據同樣的道理，可以得到息票債券到期收益率的計算公式為：

$$P = \frac{F \times R}{(1+r)} + \frac{F \times R}{(1+r)^2} + \frac{F \times R}{(1+r)^3} + \cdots + \frac{F \times R}{(1+r)^n} + \frac{F}{(1+r)^n}$$

上式中，r 是到期收益率，P 是息票債券的市場價格，F 是息票債券的面值，R 是息票債券的票面利率，n 是債券的到期期限。

在上式中，在債券的面值、票面利率和期限已知的條件下，如果知道債券的市場價格，就可以求出它的到期收益率；反之，如果知道債券的到期收益率，便可以求出債券的價格。從公式和計算中可以看出，債券的市場價格越高，其到期收益率就越低；反過來，債券的到期收益率越高，則其市場價格就越低。由此可以看出，債券的市場價格與其到期收益率呈負相關的關係，即到期收益率上升，則債券價格下降；到期收益率下降，則債券價格上升。

4. 貼現發行債券

貼現發行債券每期不支付利息，而是到期支付票面額給持有者，即相當於折價出售。如果按年複利計算，則其到期收益率計算公式為：

$$P = \frac{F}{(1+r)^n}$$

上式中，P 為債券價格，F 為面值，r 為到期收益率，n 是債券期限。比如，以 2 年期滿時償付 1,000 元面值的某種貼現發行債券為例，如果當期買入價格為 900 元，根據上式可以得到以下方程：

$$900 = \frac{1,000}{(1+r)^2}$$

求解得到 $r=0.054=5.4\%$。

所以一般地說，對任何 n 年期的貼現發行債券，到期收益率可以寫為：

$$r = \left(\frac{F}{P}\right)^{\frac{1}{n}} - 1$$

從以上公式可以看出，就貼現發行債券而言，其到期收益率與當期債券價格呈負相關關係。這與前面的息票債券公式中得到的結論一致。例如上例中的債券價格從 900 元升至 950 元，到期收益率從 5.4% 降至 2.6%。與此類似，到期收益率下降，則貼現發行債券的價格上升。

5. 永久債券

永久債券的期限無限長，實際上是一種沒有到期日、不償還本金、永遠支付固定金額 C 息票利息的永久債券，又稱為統一公債。例如在拿破崙戰爭年代由英國財政部發行的統一公債，時至今日仍有交易，只不過在美國資本市場上已經為數不多了。

對於統一公債，假定每年末的利息支付額 C，債券的市場價格為 P，則其到期收益率的計算公式為：

$$P = \frac{C}{1+r} + \frac{C}{(1+r)^2} + \frac{C}{(1+r)^3} + \cdots\cdots$$

根據無窮遞減等比數列的求和公式可以得到：

$$P = \frac{C}{r}$$

從而得到：

$$r = \frac{C}{P}$$

假如某人用 100 元購買了某種永久公債，每年得到的利息為 10 元，則到期收益率為：
$r = 10/100 = 0.1 = 10\%$

從永久債券到期收益率的計算公式可以看出，債券價格與到期收益率也呈負相關關係。這與前面的結論是一致的。

其實，優先股就可以被看成一種永久債券。比如一個公司的優先股面值為 100 元，每年的股息率為 8%，現在的市場利率為 10%，則這種優先股的市場價格為：$P = 8/10\% = 80$ (元)。

通過對多種信用工具的到期收益率進行計算，我們可以得出一個重要的結論：當期債券價格與利率呈負相關關係，利率上升，債券價格下降；利率下降，債券價格上升。

4.2 利率的決定

利率決定理論經歷了從早期的利率決定論、馬克思的利率決定論，到古典學派的實物資本供求利率決定論、凱恩斯的貨幣供求利率決定論，再到希克斯和漢森等人的一般均衡利率決定論的發展過程。

4.2.1 馬克思的利率決定論

馬克思的利率決定論是以剩餘價值在不同資本家之間的分割作為起點的。馬克思認為，利息是貸出資本家從借入資本家那裡分割來的一部分剩餘價值。剩餘價值表現為利潤，因此，利息量的多少取決於利潤總額，利息率取決於平均利潤率。因為利息只是利潤的一部分，所以，利潤本身就成為利息的最高界限，達到這個最高界限，歸於執行職能的資本家的部分就會為零。利息也不可以為零，否則借貸資本家就不會把資本貸出。因此，利息率的變化範圍是在零與平均利潤率之間。當然，並不排除利息率超出平均利潤率或事實上成為負數的特殊情況。

利潤率決定利息率，從而使利息率具有以下特點：①平均利潤率隨著技術發展和資本有機構成的提高而有下降趨勢，因而也影響平均利息率有同方向變化的趨勢。由於還存在某種其他影響利息率的因素，如社會財富及收入相對於社會資金需求的增長程度、信用制度的發達程度等，它們可能會加速這種變化趨勢或者抵消該趨勢。②平均利潤率雖有下降趨勢，但這是一個非常緩慢的過程。而就一個階段來考察，每個國家的平均利潤率則是一個相當穩定的量。相應的，平均利息率也具有相對的穩定性。③由於利息率的高低取決於兩類資本家對利潤分割的結果，因而使利息率的決定具有很大的偶然性，如同「一個股份公司的共同利潤在不同股東之間按百分比分配一樣，純粹是經驗的、屬於偶然性王國的事情」。這就是說，平均利息率無法由任何規律決定；相反，傳統習慣、法律規定、競爭等因素，在利率的確定上都可以直接起作用。

在現實生活中，人們面對的是市場利息率，而非平均利息率。平均利息率是一個理論概念，在一定階段內具有相對穩定的特點；而市場利息率則是多變的，但不論它的變化如何頻繁，在任一時點上都總是表現為一個確定的量。

4.2.2 古典利率理論

古典利率理論的代表人物有奧地利經濟學家龐巴維克、英國經濟學家馬歇爾、美國經濟學家費雪等。

4.2.2.1 龐巴維克的利率決定理論

關於利率水平的決定，龐巴維克提出了「迂迴生產說」，認為資本主義生產是一種比直接生產更有效率的迂迴生產。維持迂迴生產進行的必備條件是消費基金，其來源除了自己的儲蓄外，就是向他人借入（實際是他人的儲蓄）。迂迴生產過程越長，相對於直接生產而言的總剩餘收益就越高，但邊際剩餘收益遞減，利率就決定於最後一次延長生產過程所能增加的剩餘收益。

分析龐巴維克的理論，我們可以做一個簡單的歸納：龐巴維克所講的消費基金中的借入部分實際就是儲蓄，而迂迴生產中中間產品的生產實質就是投資，決定利率的最後一次

延長生產過程的剩餘收益取決於儲蓄與投資的均衡。

4.2.2.2 馬歇爾的利率決定理論

關於利率的決定,馬歇爾認為利率決定於資本的供給與需求,即當資本的供給與資本的需求達到均衡時,就決定了一個均衡的利率水平。而資本的供給取決於人們延期的消費或等待的量,其多少取決於利率水平的高低。而資本的需求由資本的收益與生產性決定。在馬歇爾看來,資本本身具有生產性,人們從資本的使用中可獲得一定的收益。人們對資本的需求程度,就取決於資本的生產力,資本的生產力越大,為人們帶來的收益越高,則人們願意支付的利率也越高。

需要指出的是,馬歇爾在提出實物資本供求決定利率的同時,也並不否認貨幣因素對利率的影響,不過他強調貨幣因素只在短期內對利率有影響,長期來看利率還是決定於實物因素。

4.2.2.3 費雪的利率決定理論

在利率決定問題上,費雪認為,利率決定於兩個因素,一是由時間偏好或「人性不耐」所決定的資本供給(儲蓄);二是由投資機會和投資收益率所決定的資本需求(即投資)。在費雪看來,前者是主觀因素,而後者則是客觀因素,利率正是由主觀因素和客觀因素共同決定的。看得出來,費雪的利率理論與馬歇爾的利率理論是比較一致的。[①]

龐巴維克、馬歇爾、費雪從不同的角度分析了利率的決定,其基本結論是一致的,即利率是由實物因素的投資與儲蓄均衡來決定的。儲蓄是利率的增函數,投資是利率的減函數,儲蓄與投資的均衡決定了一個均衡利率水平,用公式表示為:

$S = S(r), S'(r) > 0$

$I = I(r), I'(r) < 0$

$S(r^*) = I(r^*)$

r^* 是均衡利率。

4.2.3 流動性偏好利率理論

凱恩斯認為,利率其實是買賣一定時期內貨幣持有權的一種價格。與其他商品一樣,這種價格的高低取決於它的供求關係。凱恩斯指出:「利率正是一種價格,使得公眾願意用現金形式來持有之財富,恰等於現有現金量。這就蘊含:設利率低於此均衡水準(設把現金脫手所可得之報酬減少),則公眾願意持有之現金量,將超過現有供給量;設利率高於此水準,則有一部分現金會變成多餘,沒有人願意持有。假使這種解釋是對的,則貨幣

[①] 施兵超. 利率理論與利率政策 [M]. 北京:中國金融出版社, 2002:第1章第1節.

數量與靈活偏好二者，乃是在特定情況下，決定實際利率之兩大因素。」①顯然，凱恩斯所說的「貨幣數量」等同於我們通常所說的貨幣供給量，「靈活偏好」等同於貨幣需求量。當貨幣供給量等於貨幣需求量時，貨幣市場達到均衡，從而形成一個均衡利率。

凱恩斯所用的貨幣定義只包括通貨（沒有利息收入）和支票帳戶存款（在凱恩斯生活的年代，對支票帳戶存款一般不付或付很少的利息），故他假定貨幣的回報率為零。在凱恩斯的理論框架中，債券是貨幣唯一的替代資產，它的預期回報率等於利率 r。當其他條件不變而利率上升時，則相對於債券來說，貨幣的預期回報率下降，從而導致貨幣需求減少。運用機會成本的概念，也可以得出同樣的結論。因為利率上升相當於持有貨幣的機會成本上升，因而貨幣需求下降。據此，凱恩斯得出了貨幣需求 M_d 是利率 r 的減函數的結論。

關於貨幣供給，凱恩斯認為，貨幣供給是取決於貨幣當局政策的一個外生變量，因此在 M—r 坐標系中，貨幣供給曲線 M_s 是一條垂直於橫軸的直線。

貨幣供求均衡決定均衡利率，在圖形上表現為 M_d 曲線和 M_s 曲線的交點對應的利率即為均衡利率。見圖 4-1。

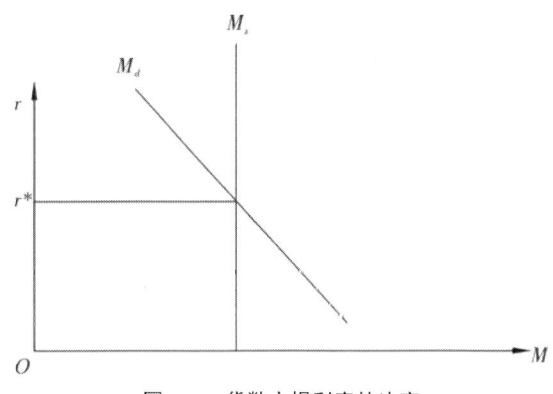

圖 4-1　貨幣市場利率的決定

在流動性偏好理論的分析框架內，分析影響利率的因素，等同於分析經濟生活中哪些因素會導致貨幣供給曲線或貨幣需求曲線移動，從而引起均衡利率的變化。

4.2.3.1　均衡利率的變動

1. 貨幣需求曲線的移動

在凱恩斯流動性偏好理論中，導致貨幣需求曲線發生移動的因素有兩個，即收入和價格水平。

---

① 凱恩斯．就業、利息和貨幣通論 [M]．高鴻業，譯．北京．商務印書館，1983．143．

（1）收入效應。在凱恩斯看來，收入影響貨幣需求的原因有兩個：第一，隨著經濟的擴張、收入的增加，人們希望持有更多的貨幣作為價值儲藏；第二，隨著經濟的擴張、收入的增加，人們希望使用貨幣完成更多的交易，結果人們也希望持有更多的貨幣。由此得出結論：收入水平提高，導致貨幣需求增加，需求曲線右移。

（2）價格水平效應。凱恩斯認為，人們只關心他所持有的實際貨幣數量，即能夠購買的商品和勞務的數量。當物價水平上升時，名義貨幣購買力下降。為了維持貨幣原來的購買力水平，人們將持有更多的名義貨幣。故價格水平上升，導致貨幣需求增加，需求曲線右移。

2. 貨幣供給曲線的移動

凱恩斯假定貨幣供給完全受中央銀行的控製（實際上，貨幣供給的決定過程十分複雜，涉及銀行、存款人和銀行的借款人），由中央銀行操縱的貨幣供應的增加將使貨幣供給曲線右移。

3. 均衡利率的變動

在供給曲線不變的條件下，貨幣需求曲線向右移動，均衡利率將上升，而貨幣需求曲線向左移動，均衡利率將下降；在需求曲線不變的條件下，貨幣供給曲線向右移動，均衡利率將下降，而貨幣供給曲線向左移動，均衡利率將上升。

4.2.3.2 影響利率的因素分析

1. 收入

收入對利率影響的路徑是：收入影響貨幣需求，從而影響利率。收入對利率影響的效果是：收入增加，貨幣需求隨之增加，貨幣需求曲線右移，均衡利率上升；收入減少，貨幣需求隨之減少，貨幣需求曲線左移，均衡利率下降。

2. 價格水平

當價格水平上升時，原有的名義貨幣量所能購買到的商品和服務減少，即價格水平上升使得名義貨幣購買力下降。為了維持貨幣原來的購買力水平，人們將願意持有更多的名義貨幣。這樣，價格水平的上漲使貨幣需求曲線右移，均衡利率上升。這表明，在貨幣供給和其他經濟變量不變的前提下，均衡利率與價格水平同方向變動。

3. 貨幣供給量

中央銀行實施擴張性貨幣政策將導致貨幣供給量增加，貨幣供給曲線向右發生移動，均衡利率下降。值得指出的是，這一結論是在假設貨幣需求曲線不變的情況下得出的。事實上，從長期來看，這一假設並不成立。因此，我們需要對此做進一步的分析。

首先來看收入效應。由於貨幣供給增加對經濟產生擴張性影響，提高了國民收入和財富，導致貨幣需求曲線右移，利率上升。因此，貨幣供給增加的收入效應就是指利率因收入增加而上升。

再來看價格水平效應。貨幣供給增加也能導致整體物價水平上升。流動性偏好理論認為，這將導致利率上升。因此，貨幣供給增加的價格水平效應就是利率因價格水平上升而上升。

最後來看通貨膨脹預期效應。因貨幣供給增加而導致的價格水平上漲（即更高的通貨膨脹率），通過影響通貨膨脹預期也能對利率產生影響。具體來說，貨幣供給增加，可能使人們預期未來價格水平會更高，從而導致更高的通貨膨脹預期。可貸資金理論表明，通貨膨脹預期的提高將導致利率上升。因此，貨幣供給增加的通貨膨脹預期效應，是指利率隨通貨膨脹預期的上升而上升。

粗略地一看，價格水平效應和通貨膨脹預期效應似乎是一回事。因貨幣供給增加而導致價格水平的提高，將使利率也隨之上升。不過，二者之間存在著微妙的差別，這就是將它們作為不同的效應加以討論的原因。

假設今天貨幣供給的一次性增加導致明年價格上漲到一個更高的水平。在明年這一年裡，隨著價格水平的上升，利率通過價格水平效應也隨之而上升。只有到了年底，當價格水平漲至最高水平時，價格水平效應才能達到最大。

在這一年裡，由於人們預期通貨膨脹率會更高，故通過通貨膨脹預期效應，價格水平也將使利率上升。但是，當價格水平在第二年裡停止上升時，通貨膨脹率和通貨膨脹預期都將降為零。這樣，早些時候因預期通貨膨脹上升而導致的利率上升將下降。可見，與價格水平效應不同的是，當價格水平效應在第二年效應最大時，預期通貨膨脹效應的影響反而最小（沒有影響）。因此，兩種效應的基本差異是：價格停止上漲，價格水平效應仍然存在，但此時已不存在通貨膨脹預期效應。

4.2.4 可貸資金（利率）理論

可貸資金理論的代表人物有羅伯森、俄林、繆爾達爾、林達爾、勒納等，他們在保留古典利率理論關於投資與儲蓄決定利率的基本結論的基礎上，吸收了凱恩斯理論中的貨幣因素，提出了利率由可貸資金的供求關係決定的可貸資金理論。

在分析影響利率的因素時，可貸資金理論可以簡化為債券供求分析框架。可貸資金的需求可以用債券的供給代替，可貸資金的供給可以用債券的需求來代替，對債券市場供求的分析也因此等同於對可貸資金的供求分析。

利率和債券價格存在反向關係，利率越高，債券價格越低；債券需求越大，債券供給越小。在利率—債券量的二維坐標系中，債券需求曲線向上傾斜，債券供給曲線向下傾斜。見圖4-2。

图 4-2 债券市场利率的决定

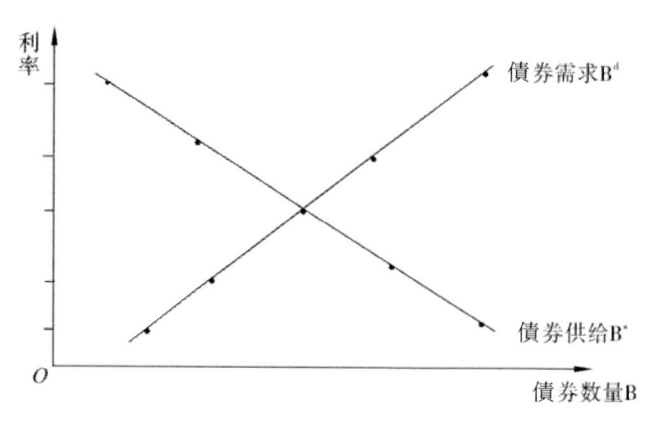

在可贷资金理论的分析框架内，分析影响利率的因素，等同于分析经济生活中哪些因素会导致债券供给曲线或债券需求曲线移动，从而引起均衡利率的变化。

4.2.4.1 债券需求曲线的移动

导致债券需求曲线移动的因素主要有：财富、债券相对于替代资产的预期回报率、债券相对于债券替代资产的风险、债券相对于债券替代资产的流动性等。

（1）财富。在经济周期的扩张时期，债券需求随着财富的增加而增加，债券的需求曲线向右移动。不过，需求曲线移动的幅度（增加）将视债券是属于奢侈品还是必需品而定。同理，在衰退时期，随着收入和财富的减少，债券需求减少，需求曲线左移。

（2）预期回报率。对于一年期贴现债券而言，持有满一年，则其预期回报率就等于利率。预期回报率与债券价格或利率完全相关。

对到期日超过一年的债券，预期回报率可能偏离利率。如果人们预期明年利率比原先估计的要高，则长期债券的预期回报率将下降，且每一利率水平上的需求量将会减少。预期未来利率上升将减少对长期债券的需求，使需求曲线左移。

相反，预期未来利率下降则意味着长期债券的价格上升幅度大于原先的估计，从而更高的预期回报率增加了每一债券价格和利率上的债券需求量。预期未来下降将增加对长期债券的需求，使需求曲线右移。

其他资产预期回报率的变化也使债券的需求曲线发生移动。假如人们突然看好股市并预期未来股票价格上涨，则股票的预期资本利得率和预期回报率都会上升。又假定对债券的预期回报率保持不变，则相对于股票来说，债券的预期回报率下降，从而对债券的需求减少，需求曲线左移。

预期通货膨胀的变动通过影响诸如汽车和房屋这样的有形资产（也称为不动产）的预期回报率，也可对债券的需求产生影响。例如，预期通货膨胀率从5%上升至10%，将导

致未來汽車和房屋的價格上升，名義資本利得率增加。結果，不動產的預期回報率上升，使得債券相對於不動產的預期回報率降低，債券需求降低。或者，我們可以將預期通貨膨脹率的上升看成債券實際利潤的下降，債券相對的預期回報率的減少導致債券需求下降。因此，預期通貨膨脹率的上升減少了對債券的需求，導致需求曲線左移。

（3）風險。如果債券市場上的價格波動加劇，則與債券有關的風險增加，債券的吸引力降低。債券的風險增加，導致債券需求減少，需求曲線左移。

相反，如果另一資產市場，如股票市場的價格波動加劇，則債券的吸引力增大。替代資產的風險增大，導致債券的需求增加，需求曲線右移。

（4）流動性。如果更多的人參與債券市場交易，從而使得債券變現更為迅速，則債券流動性的增加將使每一利率水平上債券的需求量增加。債券流動性的增加，導致債券需求增加，需求曲線右移。類似地，替代資產的流動性增加，減少了對債券的需求，使需求曲線左移。

4.2.4.2 債券供給曲線的移動

導致債券供給曲線發生移動的因素較多，其中主要有各種投資機會的盈利能力預期、通貨膨脹率預期、政府活動等。

（1）各種投資機會的盈利能力預期。企業預期盈利的投資機會越多，它就越願意借款並增加未清償債務的數量，從而為這些投資融通資金。在經濟迅速成長時期，如產業週期的擴張階段，投資的預期盈利能力很高，因此在既定債券價格和利率水平上，債券供應量增加。因此，在產業週期的擴張階段，債券供給增加，供給曲線右移。類似地，在衰退時期，預期盈利的投資機會減少，債券供給減少，供給曲線左移。

（2）預期通貨膨脹率。我們前面講過，名義利率減去通貨膨脹率的實際利率更準確地計量了實際借款成本。給定利率，則當預期通貨膨脹率上升時，實際借款成本下降，故在任一給定的債券價格和利率上，債券的供給數量增加。預期通貨膨脹率上升導致債券供給增加，供給曲線右移。

（3）政府活動。政府活動對債券供給產生多方面的影響。政府通常通過發行國債來彌補財政赤字。如果赤字額大，則政府需發行更多的債券來加以彌補，從而在每一債券價格上債券的供給增加，利率上升。政府赤字增加導致債券供給增加，供給曲線右移。

在西方國家，地方政府也通過發債來彌補開支不足，這對債券的供給也會產生影響。在後邊的章節中，我們將看到由於貨幣政策操作涉及債券買賣，故貨幣政策也將影響債券的供給。

4.2.4.3 債券需求曲線或供給曲線移動對均衡利率的影響

在供給曲線不變的條件下，債券需求曲線向右移動，均衡利率將下降，債券需求曲線向左移動，均衡利率將上升；在需求曲線不變的條件下，債券供給曲線向右移動，均衡利

率將上升，債券供給曲線向左移動，均衡利率將下降。

一般來說，在可貸資金框架下，影響利率的因素分析可歸納為：

（1）居民財富。居民財富增加，使得債券需求曲線右移，均衡利率下降。

（2）預期利率。預期利率上升，使得債券需求曲線左移，均衡利率上升。

（3）預期通貨膨脹率。預期通貨膨脹率上升，使得債券需求曲線左移，使得債券供給曲線右移，其共同作用的結果是，儘管均衡數量變動的方向不確定，但均衡利率上升的結果是確定的。這就是著名的費雪效應。

（4）債券相對於其他資產的風險。債券相對於其他資產的風險上升，使得債券需求曲線左移，均衡利率上升。

（5）債券相對於其他資產的流動性。債券相對於其他資產的流動性增加，使得債券需求曲線右移，均衡利率下降。

（6）政府赤字。政府赤字增加時，如果政府通過發債來為赤字融資，則導致債券供給曲線右移，均衡利率上升。

（7）企業盈利預期。企業盈利預期增加，使得債券供給曲線右移，均衡利率上升。

（8）產業週期。在產業週期擴張階段，經濟中生產出來的商品和勞務大量增加，國民收入隨之增加。此時，因為商業企業有許多可獲利投資的機會，所以它們更願意通過借款來融通資金。這樣，在任一給定的債券價格和利率水平上，商業企業願意發行更多的債券（即債券的供給增加），債券供給曲線右移。與此同時，經濟擴張也影響了對債券的需求。隨著經濟週期的擴張，財富增加，債券需求也將增加，需求曲線右移。已知供給曲線和需求曲線都向右移，則新均衡點也必然右移。不過，視供給曲線移動幅度大於需求曲線或者相反，新的均衡利率可能上升也可能下降。

4.3　利率的結構

在經濟生活中，利率有許多種，有存款利率、貸款利率、同業拆借利率、回購利率、國債利率、企業債券利率等，各種類型的利率又有1月期、半年期、1年期、3年期、5年期等各種期限的利率。利率決定理論研究的是利率的總體水平，忽略了各種利率的結構差異。利率結構理論研究的則是各種結構因素與利率之間的關係。利率的結構，主要包括兩類，即利率的風險結構和利率的期限結構。利率的風險結構考察的是期限相同而風險因素不同的各種信用工具利率之間的關係；利率的期限結構考察的是風險特徵相同而期限不同的各種利率之間的關係。

4.3.1 利率的風險結構

利率的風險結構，主要是由信用工具（金融證券）的違約風險、證券的流動性以及稅收等因素決定的。

4.3.1.1 違約風險

當投資者購買一種信用工具（金融證券）時，往往要面臨一種違約風險，即證券的發行人可能無法按期還本付息。證券的違約風險越大，它對投資者的吸引力就越小，因而證券發行者需支付的利率就越高，以彌補購買者所承擔的高違約風險。風險證券和無風險證券之間的利率差被稱為風險補償。

假設最初企業債券與國債的違約率風險相同。在這種情況下，它們的均衡價格與利率都相等，即 $P_1^C = P_1^T$，$i_1^C = i_1^T$，企業債券的風險溢價（$i_1^C - i_1^T$）為零。

當企業遭受損失導致違約的可能性增大時，企業債券的違約風險上升，預期回報率下降。這樣，企業債券的回報變得更加不確定。根據資產需求理論，如果企業債券相對於無違約風險債券的預期回報率下降，相對風險上升，則企業債券需求下降。結果如圖 4-3 所示，國債需求曲線從 D_1^C 向左移動至 D_2^C。

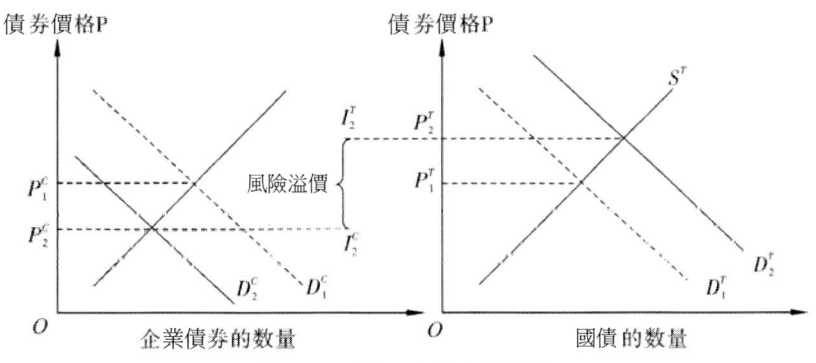

圖 4-3 違約風險對利率的影響

同時，相對於企業債券，無違約風險債券的預期回報率上升，相對風險降低，國債變得更受歡迎，需求增加，結果如圖 4-3 所示，國債需求曲線從 D_1^T 向右移動至 D_2^T。

從圖 4-3 中可以看出，企業債券的均衡價格從 P_1^C 下降至 P_2^C，由於債券價格與利率負相關，企業債券的均衡利率上升至 i_2^C。同時，國債的均衡價格從 P_1^T 上升至 P_2^T，均衡利率下降至 i_2^T。企業債券與無違約風險債券的利差從零上升至（$i_2^C - i_2^T$）。所以，具有違約風險的債券的風險溢價總是為正，且風險溢價隨著違約風險的上升而增加。

4.3.1.2 流動性

一些證券的還本付息可能沒有問題，但缺乏流動性，即在到期前，持有者很難把它轉讓出去以獲得現金，這同樣會影響購買者的購買熱情，原因是人們總是偏好於流動性較高、容易變現的資產。所以，在其他條件相同的情況下，流動性越高的證券，利率將越低；相反，流動性越低的證券，利率將越高。

4.3.1.3 稅收因素

相同期限的證券之間的利率差異，不僅反應了證券之間的風險、流動性不同，而且還受到稅收因素的影響。不同國家對不同的證券要徵收一定水平的稅，如美國的聯邦政府債券的利息收入要交所得稅，而州和地方政府債券的利息收入可以免交聯邦所得稅。難怪美國的聯邦政府債券雖然違約風險幾乎為零，流動性也很高，但其利率卻始終高於有一定違約風險且流動性也差一些的州和地方政府債券。證券持有人真正關心的是稅後的實際利率，所以，若證券的利息收入的稅收因證券的種類不同而存在著差異的話，這種差異就必然要反應到稅前利率上來。稅率越高的證券，其稅前利率也越高。

4.3.2 利率的期限結構

利率的期限結構指利率與期限之間的變化關係，研究的是風險因素相同而期限不同的利率差異是由哪些因素決定的。

利率與期限的關係通常有三種情形：①利率與期限不相關，各種期限的利率相等；②利率與期限正相關，期限越長，利率越高；期限越短，利率越低；③利率與期限負相關，期限越長，利率越低；期限越短，利率越高。在現實生活中，第一種和第三種情形都很少見，最常見的是第二種情形。

有關利率期限結構，有兩個現象特別值得注意：一是各種期限證券的利率往往是同向波動的；二是長期證券的利率往往高於短期證券。對於這兩個現象，西方經濟學有三種解釋，這三種解釋構成了三個經典的利率期限結構理論，分別是：預期理論（Expectations Theory）、市場分割理論（Segmented Market Theory）和優先聚集地理論（Preferred Habitat Theory）。20世紀80年代之後，利率期限結構理論又有了新的發展。

4.3.2.1 預期理論

預期理論最先是由費雪於1896年提出的，後經盧茲等人的發展而形成，是最早的一種利率期限結構理論。由於具有容易理解和方便量化等多種優點，目前該理論在資本市場上仍被廣泛地用於利率衍生品種的定價依據。

預期理論假定整個證券市場是統一的，不同期限的證券之間具有完全的替代性；證券購買者以追求利潤最大化為目標，對不同期限的證券之間沒有任何特殊的偏好；持有和買賣債券沒有交易成本，這意味著投資者可以無成本地進行證券的替代；絕大多數投資者都

能對未來利率形成準確的預期並依據預期做出投資選擇。

在上述假定條件下，一次性長期投資的預期收益和多次連續性等量短期投資的預期收益相等，從而可以推出長期債券利率是期限內預期短期利率的平均值。

這裡用一個簡單的例子加以說明：假定某一投資者有兩年期的閒置資金，打算投資於債券。他可以購買 1 年期的債券，等到一年後將收回的本息再用於購買 1 年期的債券；他也可以現在就購買 2 年期的債券。設在期初時，1 年期債券的年利率為 R_t，2 年期債券的年利率為 R_{2t}，預計一年後的 1 年期債券年利率為 R_{t+1}，則前一種投資的預期收益率為 $(1+R_t)(1+R_{t+1})-1$；後一種投資的預期收益率為 $(1+R_{2t})^2-1$。

由於投資者對債券的期限沒有特殊偏好，所以在均衡的情況下，這兩種投資策略的預期收益率應該相等，從而有：

$$(1+R_t)(1+R_{t+1})-1 = (1+R_{2t})^2-1$$

忽略等式兩邊高階無窮小項差異，則有近似式：

$$R_{2t} \approx (R_t+R_{t+1})/2$$

從上式可以看出，2 年期的債券利率等於當前的 1 年期債券利率和預期的一年後債券利率的平均數。依此類推，可以得到 n 年期債券的利率等於 n 年期限內預期短期利率的平均值。

預期理論的基本結論是：證券的長期利率是短期利率的函數。因此，長期利率同現在的短期利率之間的關係依賴於現在的短期利率同預期短期利率之間的關係。它們的關係具體表現為：如果未來每年的短期利率一樣，現期長期利率就等於現期短期利率，收益率曲線表現為一條水平線；如果未來的短期利率預期要上升，現期長期利率將高於現期短期利率，收益率曲線表現為一條向上傾斜的曲線；如果未來的短期利率預期要下降，現期長期利率將低於現期短期利率，收益率曲線表現為一條向下傾斜的曲線。

預期理論將不同期限的債券看成一個密切聯繫的統一體，從而為證券市場上不同期限的證券利率的同向波動提供瞭解釋。但預期理論無法解釋收益率曲線向上傾斜的現狀，因為沒有任何理由能讓人們總是傾向於相信未來的短期利率會高於現在的短期利率。

4.3.2.2 市場分割理論

市場分割理論是由庫爾伯特森（J. M. Culbertson）等人於 1957 年提出的。市場分割理論首先對預期理論的完全替代假設提出了批評，認為各種期限的證券之間毫無替代性，它們的市場是相互分割、彼此獨立的，因而每種證券的利率都只是由各自的供求狀況決定的，彼此之間並無交叉影響。

市場分割理論認為產生市場分割的原因有五個：一是投資者可能對某種期限的證券具有特殊的偏好，例如註重未來收入穩定性的投資者可能傾向於選擇長期證券；二是投資者

不能掌握足夠的知識，只對其中的某些證券感興趣；三是不同的借款人往往只對某種期限的證券感興趣，例如零售商往往只需要借入短期資金，而地產商則要借入長期資金；四是某些機構投資者的負債結構決定了它們在短期證券與長期證券之間的選擇，例如保險公司、養老基金等金融機構的負債多是長期的，所以它們以購買長期證券為主，而商業銀行往往以購買短期證券為主；五是缺少易於在國內市場上銷售的統一的債務工具。

市場分割理論對收益率曲線通常向上傾斜即長期利率高於短期利率的現象能夠進行直接的解釋，那就是人們一般更願意持有短期證券，而不願持有長期證券，因而短期利率相對較低。但是由於這種理論將不同期限的證券市場看成是分割的，所以它無法解釋不同期限的證券利率往往同向波動的緣由。因此這一理論也有局限性。

4.3.2.3　優先聚集地理論

優先聚集地理論是由莫迪格利亞尼（Modigliani）和蘇茨（Sutch）於1966年提出的。優先聚集地理論認為預期理論和市場分割理論對現實缺乏解釋力的原因在於它們的假設條件不符合現實，預期理論假設的不同期限的證券之間具有完全的替代性在現實中並不成立，原因是不同的投資者有不同的期限偏好；而市場分割理論所假設的各種期限之間的證券毫無替代性在現實中也不成立，原因是投資者的偏好不是絕對的，一旦不同期限的證券預期收益率差額達到一定的臨界值，投資者可能放棄他所偏好的那種證券，轉而投資於預期收益率較高的證券。

仍以前面的例子來說，假如投資者更偏好於1年期證券，只有當2年期證券的預期收益率高出1年期的預期收益率部分超過P時，投資者才去選擇2年期證券，那麼均衡條件是：

$$(1+R_{2t})^2 - 1 = (1+R_t)(1+R_{t+1}) - 1 + P$$

根據前面相同的推理，可得：

$$R_{2t} = \frac{P}{2} + \frac{R_t + R_{t+1}}{2}$$

這便是最簡單的優先聚集地理論表達式，式中的$P/2$，也就是長期利率和短期利率平均值之間的差額，可以被看成是一項期限補償，它的大小取決於投資者對不同證券期限的偏好強度；其正負則取決於投資者究竟偏好於哪一種證券，如果投資者偏好於短期證券，則該項為正，反之則為負。由於長期證券的價格對利率較為敏感，波動性（即風險）比短期證券大，所以期限補償一般為正數。

優先聚集地理論是在更接近現實的假設基礎上得出的，能夠較好地解釋長期利率高於短期利率的現象，也能解釋不同期限證券的利率同向波動的現象。

4.4 中國的利率結構

4.4.1 利率的風險結構

首先我們以中國銀行間債券市場為例考察一下利率的風險結構。銀行間債券市場是指依託於中國外匯交易中心暨全國銀行間同業拆借中心（簡稱同業中心）和中央國債登記結算公司（簡稱中央登記公司）的，包括商業銀行、農村信用聯社、保險公司、證券公司等金融機構進行債券買賣和回購的市場。經過近幾年的迅速發展，銀行間債券市場目前已成為中國債券市場的主體部分。大部分記帳式國債、政策性金融債券及部分企業債都在該市場發行並上市交易。

下面我們以10年期的固定利率國債、政策性金融債和企業債為例說明利率的風險結構。見圖4-4。

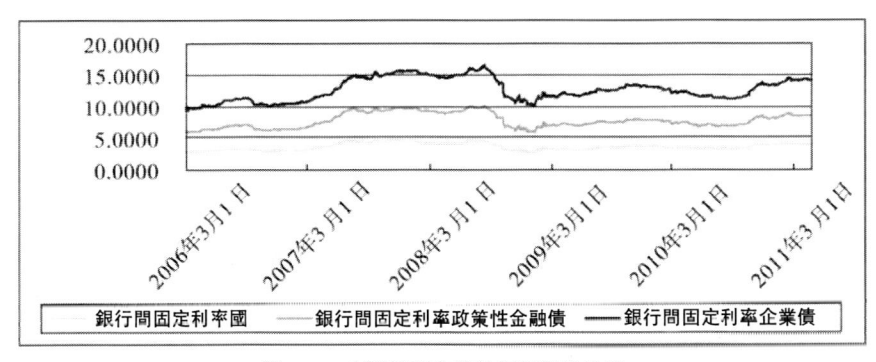

圖4-4　中國債券市場的利率風險結構

從圖4-4中可以看出，在期限相同的國債、政策性金融債和企業債中，即期收益率最高的是企業債，其次是政策性金融債，最低的是國債。在圖4-4中，從數據的起點2006年3月1日到數據的終點2011年3月1日，這一趨勢始終沒有改變。這一現象反應了我們前面所講的利率的風險結構，同學們可以嘗試用我們前面講過的理論來解釋。

4.4.2 利率的期限結構

國債是中國銀行間債券市場上的一個重要品種，與其他類型債券相比較，國債的發行主體是國家，具有極高的信用度，被譽為「金邊債券」。下面以中國銀行間債券市場上的國債為例，考察中國的利率期限結構，見圖4-5。

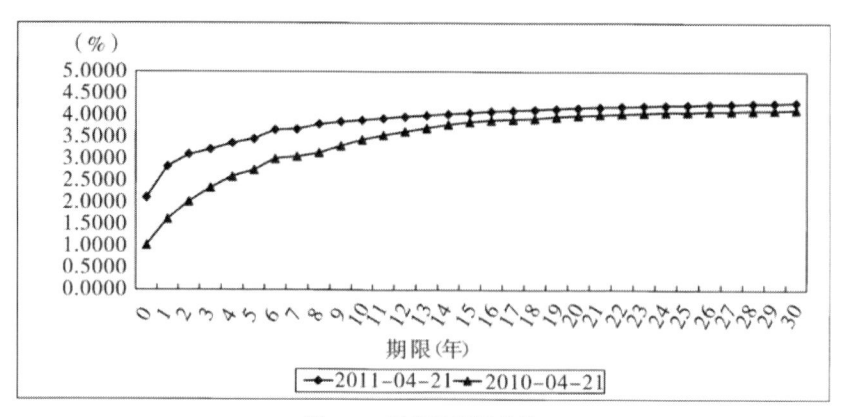

圖 4-5　利率的期限結構

圖4-5中上面一條是2011年4月21日國債的收益率曲線,下面一條是2010年4月21日國債的收益率曲線。從圖4-5可以看出,中國的利率期限結構也呈現出我們前面講的形態:收益率曲線向上傾斜;短期利率和長期利率同時升降;典型的收益率曲線是向上傾斜的。這與我們前面講過的收益率曲線的形態是一致的。大家可以嘗試著用我們講過的理論解釋中國國債利率的期限結構。

本章小結

從債權人的角度看,利息是債權人從債務人那裡獲得的多出本金的部分,是債權人因貸出貨幣資金而獲得的報酬;從債務人的角度看,利息是債務人向債權人支付的多出本金的部分,是債務人為取得貨幣資金的使用權所花費的代價。不同的理論對利息的本質進行了探討。

利率又叫利息率,是一定時期內單位本金所對應的利息,是衡量利息高低的指標,具體表現為利息額同本金的比率。

根據計息的不同方式,利率有不同的計算方法。最常用的利率衡量指標是到期收益率。到期收益率是指從債務工具上獲得的回報的現值與其今天的價值相等的利率。

利率決定理論經歷了從早期的利率決定論、馬克思的利率決定論,到古典學派的實物資本供求利率決定論、凱恩斯的貨幣供求利率決定論,再到希克斯和漢森等人的一般均衡利率決定論的發展過程。

利率的風險結構考察的是期限相同而風險因素不同的各種信用工具利率之間的關係;

利率的期限結構考察的是風險特徵相同而期限不同的各種利率之間的關係。

對影響利率因素的分析，是基於利率決定理論做出的。流動性偏好理論和可貸資金理論，是比較好的分析框架。

思考題

1. 如何理解利息和利率？

2. 運用流動性偏好理論和可貸資金理論來解釋利率的順週期性（即經濟繁榮時利率上升、經濟衰退時利率下降）。請畫出正確的供求圖形。

3. 如果人們突然預期股票價格將急遽上漲，請預測利率將發生什麼變化。請畫出正確的供求圖形。

4. 如果政府保證，一旦某家公司破產，它將負責對債權人清償，請預測該公司債券的利率將發生什麼變化。同時，國債的利率將發生什麼變化？

5. 為什麼說利率市場化是經濟發展的必然？

5 匯率

學習目標

在這一章,我們將討論外匯、匯率、外匯市場、匯率決定和影響匯率變動的因素等內容。學完本章後,你應當:

- 掌握外匯定義、匯率標價方法和外匯市場相關內容;
- 學會使用供求分析的基本工具考察長期和短期決定市場匯率的主要因素,知道這些因素如何影響匯率變動;
- 瞭解中國人民幣匯率制度。

重要術語

外匯　外匯市場　匯率　直接標價法　間接標價法　即期匯率　遠期匯率
購買力平價理論　國內資產需求　利率平價條件　均衡匯率　匯率制度

外匯市場是金融市場的重要組成部分,在開放經濟和經濟全球化背景下,其地位和作用日益重要。外匯市場的存在,使得購買力在國際上的轉移成為可能,國際的債權債務關係得以清償,國際資本得以流動,同時也為外匯的保值和投機提供了場所。在外匯市場中,最令人關注的問題是匯率問題,這一點無論是從理論的角度還是從實踐的角度都是毋庸置疑的,因此匯率的決定與變動也將是本章關注的重點。本章首先介紹外匯、外匯市場、匯率等基本概念,然後在供求分析的基本框架下,分別說明在長期中和短期內決定匯率水平的因素是什麼,接著再闡述這些因素是如何促使匯率隨時間而變動的。最後介紹匯率制度的基本概念和類型,以及現行人民幣匯率制度的主要內容。

5.1 匯率的定義

5.1.1 外匯

金融領域的外匯概念有廣義和狹義之分。廣義的外匯泛指一切以外國貨幣表示的資產。國際貨幣基金組織把外匯定義為：「外匯是貨幣行政當局（中央銀行、貨幣機構、外匯平準基金組織及財政部）以銀行存款、財政部國庫券、長短期政府債券等形式保存的，在國際收支逆差時可以使用的債權。」這個定義就是從廣義角度做出的。廣義的外匯定義通常用於各國管理外匯的法令中。如中國 1996 年 1 月頒行的《中華人民共和國外匯管理條例》中對外匯的解釋就是依此定義：「外匯是指下列以外幣表示的可以用作國際清償的支付手段和資產，具體包括：①外國貨幣，包括鈔票、鑄幣；②外幣支付憑證，包括票據、銀行存款憑證、郵政儲蓄憑證；③外幣有價證券，包括政府債券、公司債券、股票等；④特別提款權、歐洲貨幣單位；⑤其他外匯資產。」

狹義的外匯是指以外幣表示的可直接用於國際結算的支付手段。依此概念，外國貨幣、外幣有價證券、特別提款權以及其他外匯資產由於不能直接用於國際結算支付，因此都不能算是外匯，而只有存放在國外銀行的外幣資金，以及將對銀行存款的索取權具體化了的各種外幣票據才是外匯。具體來說，狹義的外匯包括以外幣表示的匯票、支票、本票、銀行付款委託書、銀行存款憑證、郵政儲蓄等。狹義的外匯概念對我們理解外匯市場的運行和匯率的形成是有幫助的，因為外匯市場的交易大多數情況下就是以不同貨幣計值的銀行存款之間的交易，我們在外匯市場中看到的匯率報價通常也就是以此交易為基礎所形成的匯率。

從外匯的定義可以看出，外匯具有三個突出的特點：一是普遍接受性，即外匯必須是在國際上被普遍認可和接受的資產；二是可償性，即外匯債權應該保證能夠得到貨幣發行國的償付；三是可兌換性，即某種形式的外匯應該可以自由地兌換為其他外幣資產。

5.1.2 匯率

匯率，也稱匯價、外匯牌價或外匯行情，是指一國貨幣用另一國貨幣表示的價格，或以一個國家的貨幣折算成另一國貨幣的比率。匯率可以有兩種表示方法，既可以用本國貨幣來表示外國貨幣的價格，也可以用外國貨幣來表示本國貨幣的價格，並據此分為直接標價法和間接標價法。

直接標價法，是指以一定單位的外國貨幣作為標準，折算成若干單位的本國貨幣來表示的匯率。目前，除英、美等少數國家外，大多數國家都採用這類標價法。在直接標價法

下，如果本國貨幣數量增加，說明買入（或賣出）某固定單位數量的外國貨幣需支付（或得到）較多的本國貨幣，即表示外幣增值或本幣貶值，稱為外匯匯率上升或本幣匯率下降；反之，如果本國貨幣數量減少，則稱為外匯匯率下降或本幣匯率上升。

間接標價法，是指以一定單位的本國貨幣作為標準，折算成若干單位的外國貨幣來表示的匯率，即本幣數量不變，用外國貨幣的數量變化來表示匯率的變化。外國貨幣數量減少，說明本幣貶值或外幣升值；反之，則說明本幣升值或外匯貶值。為了避免混淆，在本書中如無特別說明，一般都是採用直接標價法。

匯率的種類很多，在不同的場合，根據不同的需要，人們經常會使用到不同的匯率概念。比如，按照外匯交易中交割期限的不同，匯率可分為即期匯率和遠期匯率。即期匯率是指進行即期外匯交易時所使用的匯率。遠期匯率是進行遠期外匯交易時所使用的匯率，它由交易雙方在成交合同中商定，在未來合同到期實際進行貨幣交割時使用。

5.1.3 外匯市場

外匯市場是指由外匯需求和外匯供給雙方以及外匯交易仲介機構所構成的買賣外匯的交易系統。這一交易系統由有形市場和無形市場共同組成。有形市場是指有具體、固定的交易場所，有嚴格交易規則的集中交易市場，外匯買賣雙方在營業日的一定交易時間內進行集中的外匯交易。這類市場大多位於歐洲國際金融中心所在地，如荷蘭阿姆斯特丹外匯市場、德國法蘭克福外匯市場等。無形市場是指沒有固定的交易場所，外匯買賣雙方通過現代化的通信設備和計算機網路系統來進行外匯買賣所形成的交易網路。隨著現代通信技術和網路技術的發展，為了適應外匯交易量不斷擴大的需要，這種無形市場現在已成為了國際外匯市場的主要形式，普遍流行於英國、美國、瑞士、遠東等國家和地區。

現代的國際外匯市場除了具有上述無形性的特徵外，還具有其他一些突出的特點。首先，國際外匯市場是高度一體化的。世界各地的外匯市場上交易的貨幣具有同一性，即沒有差異或同質性很高且價格趨於均等化。影響外匯市場行情的因素很多，因此市場匯率也是瞬息萬變，一旦幾種貨幣比價之間出現有利可圖的差異，馬上就會發生大規模的套匯行為，即在不同外匯市場上低買高賣的行為，這種套匯行為最終會促使各個外匯市場上的匯率趨於一致。其次，國際外匯市場在時空上是連續不停運轉的。目前世界上大約有三十多個外匯市場，其中最重要的有歐洲的倫敦、法蘭克福、蘇黎世和巴黎，美洲的紐約和洛杉磯，亞洲的東京、新加坡和香港等。這些外匯市場分別位於全球的不同時區，由於時差的存在，各國外匯市場開市和閉市的時間也就不同，從而在全球範圍內形成了一個在時間上和空間上都連續不斷的國際外匯市場。最後，國際外匯市場的外匯行情波動性大，政府干預行為突出。1973年以後，西方國家普遍開始實行浮動匯率制，外匯市場的動盪不穩也就成為一種經常現象。尤其是進入20世紀80年代以後，由於世界經濟發展不平衡加劇以及

國際資本流動進一步趨於自由化，西方主要國家貨幣匯率的波動更加劇烈和頻繁。為了減輕匯率波動給各國對外經貿以及金融活動帶來的影響，各國政府不得不時常介入外匯市場，對匯率進行干預。總的來看，各國政府對外匯市場的匯率干預，與對其他市場的干預相比，無論是規模上還是頻率上都要大得多。

要瞭解外匯市場的結構與交易，首先需要瞭解外匯市場的參與者。一般說來，外匯市場的參與者主要有以下四類，它們進入外匯市場進行交易的目的各有不同：

（1）外匯銀行，又叫外匯指定銀行，是由本國中央銀行批准，可以經營外匯業務的商業銀行或其他金融機構。外匯銀行又可分為三種類型：專營或兼營外匯業務的本國商業銀行；在本國的外國商業銀行分行及本國與外國的合資銀行；其他經營外匯買賣業務的本國金融機構，如信託公司、財務公司等。外匯銀行不僅是外匯供求的主要仲介，而且也是外匯買賣的最大「客戶」，是外匯市場的主體。其參與外匯交易的主要目的是為了獲利，其利潤來自外匯買賣的差價。

（2）客戶，是指在外匯市場中與外匯銀行有外匯交易關係的公司或個人。他們是外匯市場上實際的外匯供求者，其進入外匯市場的目的，要麼是為了交易性的外匯買賣，如個人為了出國探親、訪問、旅遊、出國考察、個人匯款等，企業為了進口、出口、存款、借款、投資、利潤匯出等；要麼是為了投機性的外匯交易，如外匯投機商在預測匯率漲跌的基礎上，在外匯市場上進行各種買賣操作，以賺取風險利潤。

（3）外匯經紀人，是指在外匯市場上為銀行與銀行、銀行與客戶之間的外匯交易進行介紹、接洽並賺取佣金的中間商。如同外匯銀行一樣，外匯經紀人也必須經過所在國中央銀行的核准才能參與市場。外匯經紀人在外匯市場上的作用主要在於提高外匯交易的效率，因為其一般總能在較短的時間內替委託人找到相應的交易對象，並能在多家交易對象的報價中找出最好的價格。

（4）中央銀行。各國的中央銀行都承擔著維持本國貨幣穩定的職責，所以經常會通過購入或拋出某種國際性貨幣的方式來對外匯市場進行干預，以便把本國貨幣的匯率穩定在希望的水平上或幅度內，從而實現本國貨幣金融政策的意圖。當然，中央銀行干預外匯市場的範圍與頻率很大程度上取決於該國政府實行什麼樣的匯率制度。

根據交易者的不同，可將外匯市場劃分為三個交易層次：一是客戶市場，是指由外匯銀行和客戶之間的外匯交易所形成的市場，又稱為「零售外匯市場」。二是同業市場，是指外匯銀行之間進行外匯交易所形成的市場，又稱為「批發外匯市場」。這類市場交易占外匯市場交易總額的90%以上。三是中央銀行與外匯銀行之間的交易市場。

外匯市場上的交易方式種類很多，最基本的是即期交易和遠期交易。即期外匯交易，是指交易雙方以當時外匯市場的價格成交，並在成交後的兩個營業日內辦理有關貨幣收付交割的外匯交易。這是外匯市場上最常見、最普遍的交易方式。遠期外匯交易，是指交易

雙方先簽訂合同，規定買賣外匯的數量、匯率和未來交割外匯的時間，到了規定的交割日期交易雙方再按合同規定辦理貨幣收付的外匯交易。

匯率的種類很多，在不同的場合，根據不同的需要，人們經常會使用到不同的匯率概念。下面我們按照不同的標準，對匯率的種類做一個劃分：

（1）按照外匯交易中交割期限的不同，匯率可分為即期匯率和遠期匯率。即期匯率是指進行即期外匯交易時所使用的匯率。遠期匯率是進行遠期外匯交易時所使用的匯率，它由交易雙方在成交合同中商定，在未來合同到期實際進行貨幣交割時使用。

（2）按照銀行買賣外匯角度的不同，匯率可分為買入匯率和賣出匯率。買入匯率也叫外匯買入價，是指銀行向客戶買入某種貨幣時使用的匯率；賣出匯率也叫外匯賣出價，是指銀行向客戶賣出某種貨幣時使用的匯率。需要說明的是，對於買賣雙方來說，買入匯率和賣出匯率是相對的，即一方的買入匯率和賣出匯率分別就是另一方的賣出匯率和買入匯率。

在一般大眾媒體的金融消息中，我們經常會看到「中間匯率」或「中間價」的概念，這是銀行外匯買入價和賣出價的算術平均。中間價在會計上可以充當調整外幣業務的記帳匯率。另外，現實中也有「現鈔匯率」或「現鈔價」的概念，這是指銀行買賣外國貨幣現鈔時使用的匯率。因為一般國家都有規定，外幣現鈔不能在本國流通使用，一家持有外鈔的銀行只有將外鈔運送到發行國或其他可收兌該貨幣現鈔的地區，存入那裡的銀行並記入本行在該銀行開立的存款帳戶後，才能加以運用。所以，外鈔在能夠作為國際支付手段加以使用之前，一般都要加上諸如運鈔費、保險費、收兌費等成本支出，因此銀行買入外幣現鈔的價格一般要低於普通的外匯買入價，而賣出外幣現鈔的匯率與普通外匯賣出價相同。

（3）按照外匯匯付方式的不同，匯率可分為電匯匯率、信匯匯率和票匯匯率。電匯匯率是指銀行賣出外匯後，用電報或電傳的方式通知其國外分行或代理行付款時使用的匯率。電匯付款快，銀行利用客戶在途資金的時間短，並且國際電傳費用也高，因而電匯匯率比一般匯率要高。近年來由於匯率波動增加，為防範風險，國際上大額外匯買賣基本上都採用電匯付款的方式，外匯市場上公布的匯率一般也都是電匯匯率。信匯匯率是指銀行賣出外匯後用信函方式通知付款時使用的匯率。由於信匯時間較長，銀行可以利用在途資金的時間較長，所以信匯匯率較電匯匯率要低。目前，在外匯交易中採用信匯付款方式的較少。票匯匯率是指銀行買賣匯票、支票或其他票據時採用的匯率。票匯匯率和信匯匯率一樣，因匯票從銀行售出到其國外分支機構或代理行付款有段時間，銀行可以利用在途資金的時間長，因而較電匯匯率要低。

（4）按照匯率是否直接涉及關鍵貨幣，匯率可分為基本匯率和套算匯率。基本匯率是指一國貨幣對其關鍵貨幣的匯率。所謂關鍵貨幣，是指在國際結算中廣泛用作支付手段而

被各國普遍接受的可自由兌換貨幣。一國貨幣與其關鍵貨幣的匯率通常被作為確定該國貨幣與其他國家貨幣匯率的基礎。目前，世界上很多國家都將美元作為其關鍵貨幣，並以此確定其基本匯率。套算匯率是指兩種貨幣通過各自對共同的關鍵貨幣的匯率套算出來的匯率。如人民幣的基本匯率是人民幣對美元的匯率，日元的基本匯率是日元對美元的匯率，這樣，人民幣對日元的匯率就可以通過它們各自對美元的匯率套算出來。使用基本匯率和套算匯率的方法來確定一國貨幣的對外匯率是國際上通用的做法，它至少有兩方面的好處：首先，如果要將一國貨幣和所有其他國家的貨幣兌換比率都一一確定出來，工作量非常之大，而使用套算匯率既可反應本幣和其他貨幣之間的價值關係，同時又簡化了工作。其次，在基本匯率的基礎上採用套算匯率，能使各個國際外匯市場上各種貨幣兩兩之間的匯率基本上保持一致，從而防止大規模的套匯活動。

在當前的國際匯率制度背景下，匯率的頻繁波動是外匯市場上的常態。匯率變動通過影響國際貨物和服務項目的貿易來影響資本在國際上的流動，從而影響一國的國內物價水平、國內就業水平和國民收入水平，甚至影響一國的產業結構。總之，作為一個重要的宏觀經濟變量，匯率水平的高低及其變動，對一個國家的外部和內部經濟活動都會產生深遠的影響，從而影響國際經濟交往。正因為如此，在貨幣金融學中要討論關於匯率決定和變動的問題，它是預測匯率走勢、制定匯率政策等金融實踐活動的理論基礎。

5.2 匯率的決定

下面我們將分別從長期和短期的角度考察匯率的決定。如同在自由市場上交易的所有商品或資產一樣，外匯市場上某種貨幣的價格——匯率也是由該種貨幣的供給和需求共同決定的，因此我們將始終把對匯率決定的分析置於供求分析的框架之中。

5.2.1 長期中匯率的決定

匯率在長期內是如何決定的？根據一價定律，兩個國家的同一種商品，如果不考慮運輸成本，則無論在哪國生產，該產品的價格都應當是一樣的。由此可以計算出貨幣之間交換的比例，匯率就據此確定出來了。比如，在中國，鋼材價格是 4,000 元/噸，在美國，鋼材價格是 500 美元/噸，那麼，人民幣與美元之間的兌換比例就應該是 8∶1，即 8 元人民幣兌 1 美元。根據金融學的無套利原理，如果匯率偏離8∶1，則外匯市場就會出現套利機會，在市場力量的作用下，匯率會重新回到均衡的水平。

一價定律簡單明了，但是會遇到一個問題：我們生活的世界，商品數量難以計數，究竟用什麼品種作為匯率計算的基準才好呢？因為，按照不同的商品計算可能得出完全不同

的匯率。為了解決一價定律遇到的難題，購買力平價理論就應運而生了。

購買力平價理論認為：人們之所以需要外國貨幣，是因為它在外國具有對一般商品的購買力；外國人之所以需要本國貨幣，也是因為它在本國具有購買力。因此，一國貨幣的對外匯率，主要是由兩種貨幣在其各自國內所具有的購買力決定的，即兩種貨幣的購買力之比決定了兩國貨幣的兌換比率。而一國貨幣的購買力是其國內整體物價水平的倒數，因此，均衡匯率就等於兩國物價水平的比率。進一步來看，在一定時期內，匯率的變化也要與該時期兩國物價水平的相對變化成比例。比如在一段時期內，A國國內的物價水平相對於B國國內的物價水平上升了10%，則在該時期內B幣相對於A幣將升值10%。

但是，購買力平價理論並不能充分地解釋長期中匯率的決定與變動，這可能主要是因為很多商品和勞務的價格計入了一國的價格水平，但它們並沒有進行跨國交易，因此即使它們的價格確實上漲了並導致了該國整體價格水平相對於另一國的價格水平上漲，也不會對兩國匯率帶來直接的影響。

一般認為，在長期中，對一國貨幣匯率的影響主要來自於對其可貿易產品（即該國可用於出口以滿足別國居民需求的貨物和勞務）的需求。因此，就A國和B國來說，在其他條件不變時，任何導致A國產品相對於B國產品需求增加的因素，都有使A國貨幣升值的趨勢，因為要購買A國的產品需用A國的貨幣，對A國產品需求的增加，就會帶來在外匯市場上A幣供給的減少和A幣需求的增加，從而使得A幣相對於B幣升值；反之，任何導致A國產品相對於B國產品需求減少的因素，都會使A幣貶值。

那麼，哪些因素會影響本國產品相對於外國產品的需求呢？一般認為，這樣的因素主要有四個，即相對價格水平、關稅和限額、對本國產品相對於外國產品的偏好以及生產率。下面我們分別考察在其他條件不變時，這些因素各自變動對匯率的影響。

下面我們對匯率的討論將以A國和B國為例，它們的貨幣分別為A幣和B幣。假定A國為本國並採用直接標價法，匯率值為E，即A幣對B幣的匯率可表示為：1單位B幣＝E單位A幣。

（1）相對價格水平。當A國產品價格上升而B國產品價格不變時，對A國產品的需求會下降而對B國產品的需求會相對上升，則對A幣的需求下降而對B幣的需求相對上升，從而A幣相對於B幣趨於貶值，即E值趨於上升。相反，如果B國產品價格上升，從而A國產品的價格相對下跌時，則A幣相對於B幣就會趨於升值，E值將趨於下降。

結論：在長期中，一國價格水平相對於別國價格水平的上升，將導致該國貨幣貶值；一國相對價格水平的下降，將導致該國貨幣升值。

（2）關稅和限額。關稅主要是針對國外進口產品徵收的稅收，限額是對可以進口的外國產品的數量限制，它們都構成自由貿易的壁壘，從而會對匯率產生影響。如果A國對來自B國的某些進口產品徵收關稅或實施限額，這些貿易壁壘就會增加對A國同類產品的需

求，在其他條件不變時，對 A 國產品需求的增加會促使 A 幣趨於升值，E 值趨於下降。

結論：一國實施關稅和限額會促使其貨幣在長期中趨於升值。

（3）對本國產品相對於外國產品的偏好。如果 B 國居民的偏好發生變化，變得更加喜愛 A 國的產品，則對 A 國產品出口需求的增加會促使 A 幣趨於升值，E 值趨於下降；相反，如果 B 國產品在 A 國變得更受歡迎，則對 B 國產品出口需求的增加會使 A 幣趨於貶值，E 值趨於上升。

結論：在長期中，對一國出口產品偏好的增強將導致該國貨幣升值；相反，對進口產品偏好的增加會導致該國貨幣貶值。

（4）生產率。如果 A 國的生產率高於 B 國的生產率，則 A 國的工商企業可以在降低其產品相對於 B 國產品價格的情況下仍保證獲利，產品價格的下降會增加對 A 國產品的需求，從而 A 幣趨於升值，E 值趨於下降；相反，如果 A 國的生產率低於 B 國，則其產品的價格會變得相對昂貴，需求減少，A 幣趨於貶值，E 值趨於上升。

結論：在長期中，如果一國生產率相對於其他國家有所提高，則該國貨幣將趨於升值；若一國生產率低於其他國家，則該國貨幣將趨於貶值。

表 5-1 對上述長期中幾個因素對匯率的影響作了總結。其中↑表示上升或增加，↓表示下降或減少。表中只列示了各因素上升或增加時對匯率 E 值的影響，各因素下降或減少時對 E 值的影響與之正好相反。

表 5-1　　　　　　　　　　　長期中影響匯率的因素

因素	因素的變動	匯率 E 的反應
國內物價水平	↑	↓
貿易壁壘	↑	↑
進口需求	↑	↓
出口需求	↑	↑
生產率	↑	↑

5.2.2　短期中匯率的決定

上面分析匯率在長期中的決定時強調了產品進出口需求對匯率決定的作用，但這樣的分析結論卻無法適用於短期內匯率的決定，因為我們在現實中經常可以觀察到在上述長期因素未發生明顯變化時，外匯市場上匯率卻有相當劇烈的波動。事實上，各國外匯市場的交易額一般都要比同期進出口額大得多，比如美國每年的外匯交易額都是其當年進出口總額的 25 倍多。那麼，是什麼原因決定了外匯市場的交易呢？或者說，是什麼原因決定了

人們要把本幣資產（用本國貨幣計值的存款）換成外幣資產（用外國貨幣計值的存款）或者相反呢？下面我們將用現代的資產需求理論對此進行分析。

按照資產需求理論的理解，在短期內，影響人們對本幣資產和外幣資產需求最重要的因素是兩種資產之間相對的預期回報率。假如 A 國居民或 B 國居民預期 A 幣存款回報率高於 B 幣存款，則對 A 幣存款需求增加，從而會相應降低對 B 幣存款的需求。因此可以說，是兩種貨幣資產之間相對的預期回報率決定了兩種貨幣之間的交易或兌換，從而決定了匯率。下面我們將分別考察 A 幣存款和 B 幣存款的預期回報率，在此基礎上來確定均衡匯率。

（1）國內資產的供給曲線。我們從國內資產的供給曲線開始討論。國內資產包括人民幣存款、債券、股票等。為了簡便起見，我們用美元代表任何外國的貨幣。在短期，這些國內資產的供給都是不變的。因此，國內資產的供給曲線 S 是一條沒有彈性的垂直線。

（2）國內資產的需求曲線。在其他因素不變的條件下，對應於任意即期匯率水平的需求量構成國內資產的需求曲線。用 E_t 表示即期匯率，E^e_{t+1} 表示預期匯率。根據資產需求理論，國內資產需求量最重要的決定因素是國內資產的相對預期回報率。

容易證明，對國內資產的需求與匯率呈負相關的關係。見圖 5-1。

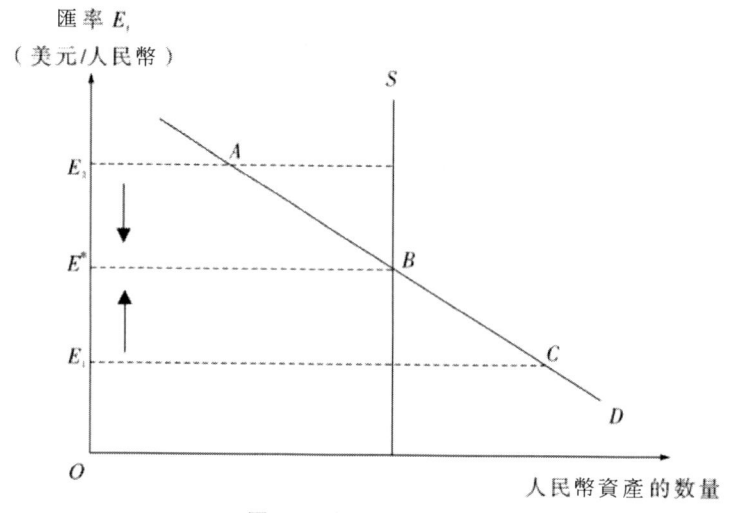

圖 5-1　外匯市場的均衡

與我們在微觀經濟學中學到的供求原理相同，外匯市場在人民幣資產供給量等於需求量時到達均衡。在圖 5-1 中，需求曲線與供給曲線的交點 B 點即為均衡點，B 點對應的匯率 E^* 即為均衡匯率。

如果匯率為 E_2，高於均衡匯率 E^*，則對人民幣資產的供給量大於需求量，就會出現超額供給。這時，想賣出人民幣資產的人比想買入人民幣資產的人多，人民幣的價值將會

下跌。只要匯率水平高於均衡匯率,就會存在人民幣資產的供給量大於需求量的情況,人民幣價值就會持續下跌,直至達到均衡匯率 E^*。

同樣道理,如果匯率為 E_1,低於均衡匯率 E^*,則對人民幣資產的需求量大於供給量,就會出現超額需求。這時,想買入人民幣資產的人多於想賣出人民幣資產的人,人民幣的價值就會上升。只要存在對人民幣資產的超額需求,人民幣價值就會持續上升,直至達到均衡匯率 E^*。

5.2.3 利率平價條件

利率平價條件(Interest Parity Condition)反應的是國內利率、外國利率和本幣預期升值率之間的聯繫。下面我們來推導這一條件。

假設人民幣資產的利率為 i^D,不存在任何其他資本收益,那麼它的預期回報率是以人民幣支付的 i^D。同理,外國資產的利率為 i^F,它的預期回報率是以外國貨幣支付的 i^F。要比較人民幣資產和外國資產的預期回報率,投資者必須將投資回報轉換為他們所使用的貨幣單位。

假設有一個中國人靳融和一個美國人華爾杰。現在我們先考察美國人華爾杰對人民幣資產和以其本國貨幣(美元)計價的外國資產的預期回報率的比較。如果他想知道以美元衡量的人民幣資產的預期回報率,那麼一定不會是 i^D,預期回報率應當根據人民幣的預期升值率或貶值率來調整。比如,如果華爾杰預期人民幣升值3%,以美元衡量的人民幣資產的預期回報率就應當較 i^D 高出3%,因為用美元來衡量,人民幣的價值升高了3%。因此,如果人民幣資產的利率為4%,人民幣的預期升值率為3%,以美元衡量的人民幣資產的預期回報率就為7%,即4%的利率加上3%的美元預期升值率。相反,如果1年後人民幣預期貶值3%,以人民幣衡量的美元資產的預期回報率就只有1%,即4%的利率減去3%的人民幣預期貶值率。

即期匯率以 E_t 表示,下一期的預期匯率以 E_{t+1}^e,人民幣的預期升值率就可以寫成 $(E_{t+1}^e - E_t)/E_t$。剛才的推理說明,用外國貨幣美元衡量的人民幣資產的預期回報率 R^D 等於人民幣資產的利率與人民幣預期升值率之和,即:

以美元表示的 $R^D = i^D + \dfrac{E_{t+1}^e - E_t}{E_t}$

然而,華爾杰以美元表示的外國資產的預期回報率 R^F 正是 i^F。因此,以美元來衡量,人民幣資產的相對預期回報率即人民幣資產和美元資產預期回報率的差額,是從上面的表達式中減去 i^F,即:

相對 $R^D = i^D - i^F + \dfrac{E_{t+1}^e - E_t}{E_t}$

隨著人民幣資產相對預期回報率的上升,外國人願意持有更多的人民幣資產和更少的

外國資產。

下面，我們從美國人華爾杰的角度，考察有關持有人民幣資產還是美元資產的決策。按照前面的方法，我們可以知道，以人民幣表示的外國資產的預期回報率 R^F 等於外國資產的利率 i^F 加上外國貨幣的預期升值率，即減去人民幣的預期升值率 $(E^e_{t+1}-E_t)/E_t$，故：

$$以人民幣表示的\ R^F = i^F - \frac{E^e_{t+1}-E_t}{E_t}$$

比如，如果美元資產的利率等於5%，人民幣預期升值3%，那麼以人民幣衡量的美元資產的預期報酬率為2%。靳融賺取5%的利率，由於人民幣升值，以人民幣衡量的美元的價值下跌了3%，因此他預期會損失3%。

靳融投資人民幣資產，以人民幣衡量的預期報酬率 R^D 等於 i^D。因此，以人民幣衡量，人民幣資產的相對預期回報率等於用 i^D 減去剛才的表達式，即：

$$相對\ R^D = i^D - (i^F - \frac{E^e_{t+1}-E_t}{E_t}) = i^D - i^F + \frac{E^e_{t+1}-E_t}{E_t}$$

這個公式同華爾杰所計算的人民幣資產相對預期回報率（以美元衡量）的公式是相同的。所以，無論是華爾杰以美元計算，還是靳融以人民幣計算，人民幣資產的相對預期回報率都是相同的。因此，如果人民幣資產的相對預期回報率上升，外國人和本國人的反應是相同的，都會增加持有人民幣資產，減少持有外國資產。

假設我們生活的世界中資本可以自由流動，外國人可以很容易地購買人民幣資產，中國人也可以很容易地購買外國資產。根據無套利原理，人民幣資產和美元資產的預期回報率必然沒有差別。也就是說，相對預期回報率必須等於0。這一條件可以寫為：

$$i^D = i^F - \frac{E^e_{t+1}-E_t}{E_t}$$

這個公式就是利率平價條件。它表明，國內利率等於外國利率減去本國貨幣的預期升值率。

5.3 匯率的變動

在某一個時點上，國內資產的供給是不變的。因此，導致匯率變動的因素主要是國內資產需求曲線的移動。國內資產的需求量取決於美元資產的相對預期回報率。根據需求定律，在即期匯率 E_t 不變的情況下，其他因素的變動引起的需求量變動，都會導致需求曲線的移動。

如果其他因素不變，在給定的匯率水平上，某一因素能夠增加國內資產相對於外國資產的預期回報率，則該因素將導致對國內資產需求量的上升，國內資產的需求曲線就會向

右移動。如果某一因素會降低國內資產相對於外國資產的預期回報率，則該因素將導致對國內資產需求量的下降，國內資產的需求曲線就會向左移動。以下一些因素就是會導致國內資產需求曲線移動的變量：

5.3.1 國內利率

假設人民幣利率為 i^D。假設即期匯率以及其他所有因素不變，如果人民幣資產的國內利率 i^D 上升，人民幣資產相對於外國資產的回報率上升，人們將願意持有更多的人民幣資產。在每一給定的匯率水平上，人們對人民幣資產的需求量都會增加，因此，在圖5-2中，需求曲線從 D_1 向右移動到 D_2。D_2 與供給曲線的交點 B 處實現了新的均衡，均衡匯率從 E_1 上升到了 E_2。所以，國內利率水平 i^D 的上升推動需求曲線 D 向右移動，導致本幣升值（E 上升）。

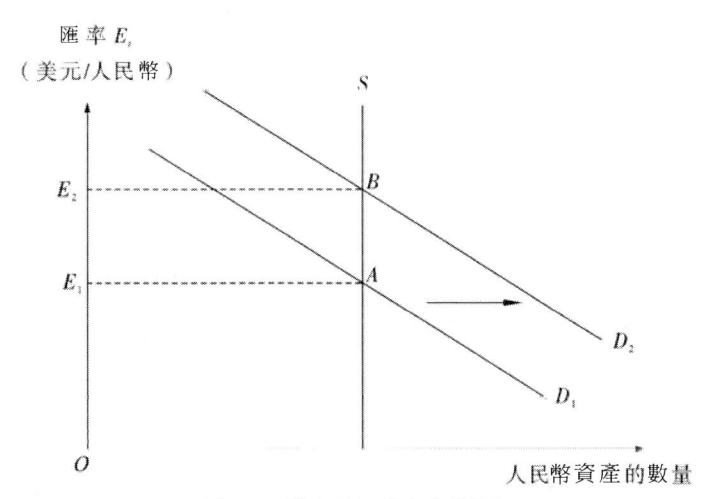

圖 5-2 國內利率 i^D 上升的影響

5.3.2 外國利率

假設外國資產的利率為 i^F。假設即期匯率以及其他所有因素不變，如果外國利率 i^F 上升，外國資產相對於人民幣資產的回報率將上升。那意味著，人民幣資產的相對預期回報下降，則人們願意持有的人民幣資產減少。在每一匯率水平上，人民幣資金的需求量都減少，因此，圖5-3中需求曲線從 D_1 向左移動到 D_2。在點 B 處實現了新的均衡，匯率從 E_1 下降到 E_2，人民幣價值下跌。與此相反，外國利率 i^F 下降會增加人民幣資產的相對預期回報率，推動需求曲線向右移動，匯率上升。因此，外國利率水平 i^F 的上升推動需求曲線 D 向左移動，導致本幣貶值；外國利率水平 i^F 的下降推動需求曲線 D 向右移動，導致本幣升值。

图 5-3　外国利率 i^F 上升的影响

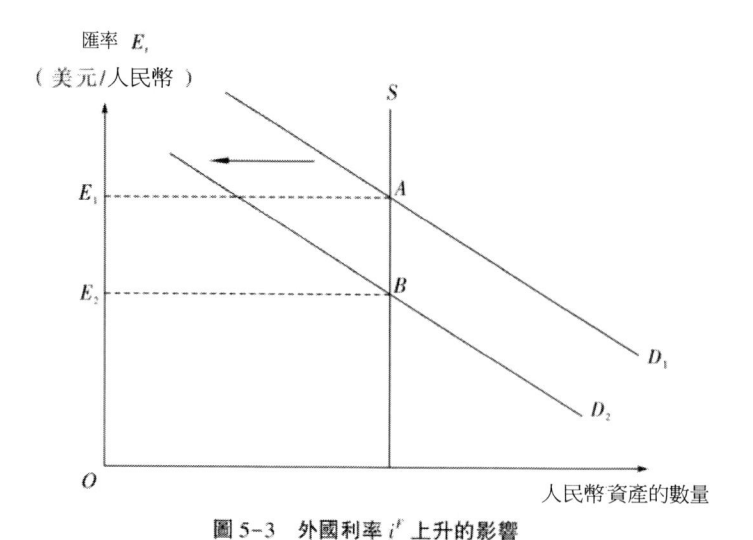

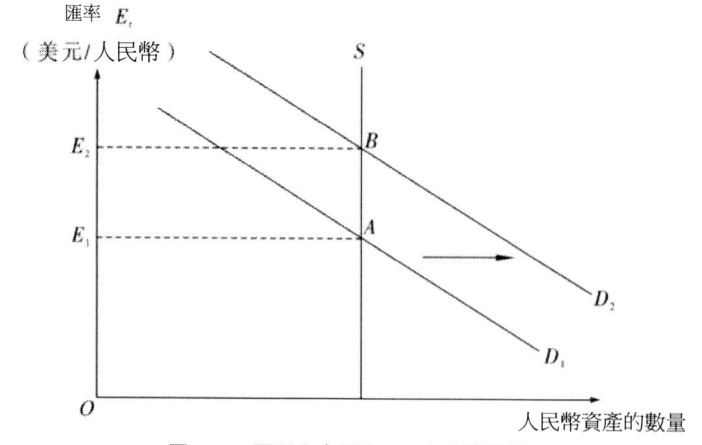

5.3.3　预期未来汇率的变动

由于国内资产的需求取决于未来再出售的价格，因而对未来汇率水平的预期在当前需求曲线的移动中扮演着重要的角色。引起预期汇率 E_{t+1}^e 上升的任何因素都会增加人民币预期升值率。这样，人民币资产的相对预期回报率上升，将增加任何给定汇率水平上的人民币资产需求量，导致图 5-4 中的需求曲线从 D_1 向右移动至 D_2。均衡汇率上升到 D_2 与 S 相交的点 B。所以，预期未来汇率 E_{t+1}^e 上升会引起需求曲线向右移动，导致本币升值。同理，预期未来汇率 E_{t+1}^e 的下降会引起需求曲线向左移动，导致本币贬值。

图 5-4　预期未来汇率 E_{t+1}^e 上升的影响

本章前面介紹了長期匯率的決定因素：相對物價水平、相對貿易壁壘、進出口需求與相對生產率。這四個因素會對預期未來匯率產生影響。根據購買力平價理論，如果預期中國物價水平相對於其他國家持續上升，人民幣將在長期內貶值。這樣，中國預期相對物價水平的上升有降低 E^e_{t+1}，進而減少人民幣資產相對預期回報率的趨勢，因此會推動需求曲線向左移動，導致即期匯率貶值。見表 5-2。

表 5-2　　　　　推動國內資產需求曲線移動並影響匯率的因素

因素	因素變動	每一匯率水平對應的需求量的變動	匯率 E_t 的反應
國內利率	↑	↑	↑
外國利率	↑	↓	↓
預期國內物價水平	↑	↓	↓
預期貿易壁壘	↑	↑	↑
預期進口需求	↑	↓	↓
預期出口需求	↑	↑	↑
預期生產率	↑	↑	↑

註：表中只反應了各個變量上升（↑）的情況。變量下降對匯率的影響與「匯率 E_t 的反應」一列恰恰相反。

5.4　人民幣匯率制度

1994 年以前，中國先後經歷了固定匯率制度和雙軌匯率制度。1993 年年底，中國人民銀行發布了《關於進一步改革外匯管理體制的公告》，公告中規定：自 1994 年 1 月 1 日起，改革現行匯率制度，將官方匯率與調劑市場匯率實行並軌，建立以市場供求為基礎的、單一的、有管理的浮動匯率制度，以適應中國建立社會主義市場經濟體制的需要，進一步加快改革開放進程。

5.4.1　1994 年人民幣匯改主要內容

（1）單一匯率。在 1994 年以前，國內仍存在著雙重匯率，即國家外匯管理局每天公布的官方匯率和外匯調劑市場上的市場匯率。自 1994 年 1 月 1 日起，人民幣匯率實現官方匯率和調劑匯率並軌。並軌後的人民幣匯率，向調劑市場匯率靠攏，即 1 美元兌換 8.27 元人民幣。

（2）以市場供求為基礎的匯率。新的外匯體制需要形成統一的銀行間外匯交易市場。國內原有的各省市的外匯調劑中心，只是初級的外匯市場，是地方性的分割市場，無法形

成單一的價格機制。新的銀行間外匯市場是外匯指定銀行相互調劑外匯餘缺的交易場所，它將打破地區界限，建成全國統一的市場，交易和清算由聯網計算機處理。並軌後的人民幣匯率，主要根據外匯市場的供求狀況決定。作為過渡，在 1994 年 4 月 1 日以前這段時期，是由中國人民銀行根據前一日全國 18 個主要外匯調劑中心的加權平均價，每日公布人民幣對美元交易的中間價，並參照國際外匯市場行情，公布人民幣對其他主要貨幣的匯率。各種外匯交易均按這個匯率結算。從 4 月 1 日起，人民幣匯率由銀行間外匯市場的加權平均價形成。

(3) 有管理的浮動匯率。

①對中國境內機構的經常項目外匯實行銀行結售匯制度。境內機構的經常項目外匯收入，除了少數允許保留現匯外，都必須按當日匯價賣給外匯指定銀行，這是出口結匯制。境內機構和個人的經常項目用匯，可持有效憑證和商業單據到外匯指定銀行支付購匯，這稱為售匯。外商投資企業經常項目外匯可開立外匯結算帳戶，經外匯管理局核准保留最高金額，超過部分必須結匯。對資本項目實行帳戶制度，其外匯收支實行審批制度。外商投資企業必須進行外匯登記，經外匯管理局核准後，可以到外匯指定銀行開立資本金帳戶。境內機構借用國外貸款和發行境外外幣債券，都必須經外匯管理局核准，開立外匯帳戶。外商投資企業借用國外貸款，必須報外匯管理局備案。對外擔保及境外撥資也須經外匯管理局批准。

②對外匯指定銀行之間每日買賣外匯的價格和各外匯指定銀行向客戶掛牌公布的匯率，實行浮動幅度管理。如外匯指定銀行在制定港元和日元的掛牌價時，其現匯買入價和賣出價可在中國人民銀行公布的交易中間價上下各 1% 的幅度內浮動，美元現匯的買入價與賣出價可在中國人民銀行公布的中間價上下各 0.15% 的幅度內浮動，其他掛牌現匯買入價與賣出價之間的價差不得超過 0.5%。

③中國人民銀行通過直接參與外匯市場的交易，買進或賣出外匯，干預人民幣匯率的生成以穩定匯率。中國人民銀行還可通過對國內利率和貨幣供應量的調節等手段，實施對人民幣匯率的宏觀調控。如當外匯市場外匯供不應求，人民幣對外面臨貶值壓力時，中國人民銀行可採取提高利率、減少貨幣供應等手段來抑制過度的外匯需求；而當外匯供過於求，人民幣面臨升值壓力時，可進行相反的操作。

從 1994 年匯改到 1997 年以前，人民幣匯率穩中有升，海內外對人民幣的信心不斷增強。但此後由於亞洲金融危機爆發，為防止亞洲周邊國家和地區貨幣輪番貶值使危機深化，中國作為一個負責任的大國，主動收窄了人民幣匯率浮動區間。隨著亞洲金融危機的影響逐步減弱，中國經濟持續平穩較快發展，經濟體制改革不斷深化，金融領域改革取得了新的進展，外匯管制進一步放寬，外匯市場建設的深度和廣度不斷拓展，這些都為進一步完善人民幣匯率形成機制創造了條件。同時，推進人民幣匯率形成機制改革，也是緩解對外貿易不平衡、擴大內需以及提升企業國際競爭力、提高對外開放水平的需要。

5.4.2 2005 年人民幣匯改主要內容

為建立和完善中國社會主義市場經濟體制，充分發揮市場在資源配置中的基礎性作用，建立健全以市場供求為基礎的、有管理的浮動匯率制度，經國務院批准，中國人民銀行就完善人民幣匯率形成機制改革有關事宜發布公告。其主要內容如下：

（1）自 2005 年 7 月 21 日起，中國開始實行以市場供求為基礎、參考一籃子貨幣進行調節、有管理的浮動匯率制度。人民幣匯率不再釘住單一美元，形成更富彈性的人民幣匯率機制。

（2）中國人民銀行於每個工作日閉市後公布當日銀行間外匯市場美元等交易貨幣對人民幣匯率的收盤價，作為下一個工作日該貨幣對人民幣交易的中間價格。

（3）2005 年 7 月 21 日 19 時，美元對人民幣交易價格調整為 1 美元兌 8.11 元人民幣，作為次日銀行間外匯市場上外匯指定銀行之間交易的中間價，外匯指定銀行可自此時起調整對客戶的掛牌匯價。

（4）現階段，每日銀行間外匯市場美元對人民幣的交易價仍在中國人民銀行公布的美元交易中間價上下 0.3% 的幅度內浮動，非美元貨幣對人民幣的交易價在中國人民銀行公布的該貨幣交易中間價上下一定幅度內浮動。

5.4.3 2007 年以來匯改主要內容

2007 年 5 月 21 日，中國人民銀行宣布將人民幣兌美元匯率日波動區間從 0.3% 擴大至 0.5%。

2012 年 4 月 16 日，中國人民銀行宣布銀行間即期外匯市場人民幣兌美元匯率波動區間由 0.5% 擴大至 1%，外匯指定銀行為客戶提供當日美元最高現匯賣出價與最低現匯買入價之差不得超過當日匯率中間價的幅度由 1% 擴大至 2%。

2014 年 3 月 17 日，中國人民銀行宣布銀行間即期外匯市場人民幣兌美元交易價浮動幅度由 1% 擴大至 2%，外匯指定銀行為客戶提供當日美元最高現匯賣出價與最低現匯買入價之差不得超過當日匯率中間價的幅度由 2% 擴大至 3%。

2015 年 8 月 11 日，中國人民銀行發布關於完善人民幣兌美元匯率中間價報價的聲明。自 2015 年 8 月 11 日起，做市商在每日銀行間外匯市場開盤前向中國外匯交易中心提供的報價應主要參考上日銀行間外匯市場的收盤匯率，並結合上日國際主要貨幣匯率變化以及外匯供求情況進行微調。

人民幣匯率已逐步形成以市場供求為基礎、雙向浮動、有彈性的匯率運行機制。人民幣匯率形成機制改革近 10 年來穩步推進，在此期間，人民幣匯率浮動幅度逐步擴大，從 2005 年的 0.3% 擴大至 2%；2015 年，人民幣匯率中間價形成機制進行了改革，使其更為市場化。目前，人民幣匯率按照「前日收盤匯率 + 一籃子貨幣匯率變動」的既有機制正常

運行，人民幣匯率的雙向波動逐步被市場接受。2016年10月人民幣加入SDR（特別提款權），中國人民銀行將進一步完善市場化匯率形成機制。

本章小結

1. 外匯概念有廣義和狹義之分。廣義的外匯泛指一切以外國貨幣表示的資產，這一概念通常用於各國管理外匯的法令中。狹義的外匯是指以外幣表示的可直接用於國際結算的支付手段。外匯具有三個突出的特點：普遍接受性；可償性；可兌換性。外匯市場是指由外匯需求和外匯供給雙方以及外匯交易仲介機構所構成的買賣外匯的交易系統，這一交易系統由有形市場和無形市場共同組成。外匯市場的參與者主要有以下四類：外匯銀行、客戶、外匯經紀人和中央銀行。

外匯市場有三個交易層次：一是客戶市場，又稱為「零售外匯市場」。二是同業市場，又稱為「批發外匯市場」。三是中央銀行與外匯銀行之間的交易市場。外匯市場上最基本的交易方式是即期交易和遠期交易。

2. 匯率是指一國貨幣用另一國貨幣表示的價格，或以一個國家的貨幣折算成另一國貨幣的比率。匯率有兩種表示方法，即直接標價法和間接標價法。

3. 一價定律和購買力平價理論為匯率的長期決定提供了比較好的解釋。一國貨幣的對外匯率，主要是由兩種貨幣在其各自國內所具有的購買力決定的，均衡匯率就等於兩國物價水平的比率。在一定時期內，匯率的變化也要與該時期兩國物價水平的相對變化成比例。一般認為，在長期中，對一國貨幣匯率的影響主要來自於對其可貿易產品的需求。影響本國產品相對於外國產品需求的因素主要有相對價格水平、關稅和限額、對本國產品相對於外國產品的偏好以及生產率。

4. 按照資產需求理論的理解，在短期內，影響人們對本幣資產和外幣資產需求的最重要的因素是兩種資產之間相對的預期回報率。假如本國居民或外國居民預期本幣存款回報率高於外幣存款，則對本幣存款需求增加，從而會相應降低對外幣存款的需求。因此，兩種貨幣資產之間相對的預期回報率決定了兩種貨幣之間的交易或兌換，從而決定了匯率。在本幣資產和外幣資產是完全替代品的假設下，利率平價條件是外匯市場的均衡條件。利率平價條件是指外幣利率等於本幣利率減去外幣的預期升值率，或本幣利率等於外幣利率加上外幣的預期升值率。只有當利率平價成立時，或者說當本幣存款和外幣存款的預期回報率相等時，人們才願意繼續持有手中已持有的本幣存款和外幣存款，這時外匯市場處於均衡狀態。均衡匯率的含義是：在這一匯率條件下，人們沒有動力將其持有的某種貨幣存款資產轉換為另一種貨幣存款，即不再為資產轉換而從事外匯交易，從而匯率處於相對穩定狀態。

5. 要理解均衡匯率是如何隨時間而變動的，就必須瞭解是什麼因素導致了國內資產需求曲線發生位移。本幣存款的預期回報率等於本幣存款的利率減去外幣的預期升值率，這其中有三個因素，即當期匯率、本幣存款利率和預期未來匯率可以影響本幣存款的預期回報率，而當期匯率的變動只能導致本幣存款的預期收益沿著該預期回報率線相應地變動，因此能促使該線發生位移的因素就只有本幣存款利率和預期未來匯率。

思考題

1. 如何理解現代國際外匯市場的特徵？
2. 請用供求分析的方法來說明長期中決定匯率的因素是什麼。
3. 你是如何理解利率平價條件和均衡匯率概念的？
4. 說出影響匯率變動的因素並以圖示說明其變動的過程。
5. 利用本章基本原理和媒體信息，分析人民幣匯率短期與長期走勢。

6 金融衍生工具

學習目標

在這一章中，我們將討論常見的金融衍生工具包括金融遠期（Forward）、金融期貨（Futures）、金融期權（Options）和互換（Swap）。[①] 學完本章，你應當知道：
- 金融遠期及其相關知識；
- 金融期貨及其相關知識；
- 金融期權及其相關知識；
- 互換及其相關知識。

重要術語

金融遠期　金融期貨　金融期權　互換

金融衍生工具，是指由基礎金融工具衍生而來的金融產品。金融衍生工具除了對避險者提供風險分散的功能外，也提供了套利及投機的機會。

6.1 金融遠期

6.1.1 金融遠期的定義

金融遠期工具是一種遠期合約，是指交易雙方同意在將來的某一確定的日期，按事先

[①] 進一步閱讀可參考：約翰·赫爾（John Hull）. 期權、期貨和其他衍生品［M］. 7版. 北京：清華大學出版社，2011.

規定的價格買入或出售既定數量的某種資產的一種協議。遠期合約的交易在櫃臺（OTC）市場上（通常是在兩家金融機構之間或金融機構與某一客戶之間）進行。遠期合約不需要保證金。遠期合約通常用來對沖價格波動帶來的風險。

6.1.2 金融遠期的分類

目前常見的金融遠期合約主要有遠期外匯綜合協議（簡稱 SAFE）、遠期利率協議（簡稱 FRA）。

遠期外匯交易是指交易雙方先簽訂遠期交易合同，確定交易的數量、匯率和交割期限，然後在合約到期時再按合同規定辦理貨幣交割收付的交易。其基本功能是規避匯率變動的風險，固定進出口貿易和國際借貸投資的成本和收益。

遠期利率協議是交易雙方達成的、同意在未來某個約定的日期（協議起息日或結算日），對雙方約定的名義借款本金在未來一段時間內（從起息日開始至協議到期日）按約定利率與市場實際利率之差計算的利息差額進行交割的一種遠期協議。在協議到期時，如果市場實際利率高於協議中約定的協議利率，則名義本金貸款人向借款人支付利息差額；反之，名義本金借款人向貸款人支付利息差額。

名義本金借款人簽訂遠期利率協議的目的主要是為了防範未來市場實際利率上升可能使未來的實際借款成本上升的風險，而名義本金貸款人簽訂遠期利率協議的目的主要是防範未來市場實際利率下跌可能使未來實際貸款收益下跌的風險。

6.1.3 金融遠期合約相關概念

遠期合約中的買方（也稱多方）承諾在未來某特定日期以某特定價格購買合約的標的資產，簡稱為多頭（Long Position）。合約的賣方（也稱空方）承諾在該日期以該價格出售該標的資產，簡稱為空頭（Short Position）。在合同訂立時，遠期合約中多空雙方所確定的成交價格稱為交割價格（Delivery Price），而假定合約是在該時刻訂立的，遠期合約所確定的交割價格稱為該遠期合約在某特定時刻的遠期價格（Forward Price）。在遠期合約訂立時，遠期價格和交割價格是完全一致的，隨後遠期價格將會偏離交割價格。

6.1.4 金融遠期合約的收益和損失

在遠期合約的有效期內，遠期合約的價值隨金融標的物市場價格的波動而變化。當市場價格高於合約約定的交割價格時，應由賣方向買方支付價差金額；當市場價格低於合約約定的交割價格時，應由買方向賣方支付價差金額。按照這種交易方式，遠期合約的買賣雙方可能形成的收益和損失都是無限大的（圖6-1）。

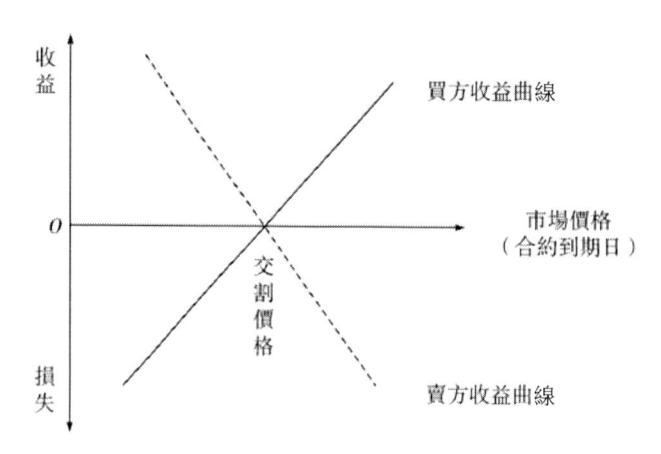

圖 6-1　遠期金融合約的收益/損失

遠期合約交易案例：

假定今日為 2016 年 11 月 28 日，中國某公司知道該公司將於 3 個月之後（即 2017 年 2 月 28 日）收到 100 萬美元。公司要求對沖美元與人民幣匯率波動帶來的風險。銀行報出 3 個月遠期外匯匯率為 6.092,0 人民幣/美元。因此該公司可與銀行訂立遠期合約，約定該公司於 2017 年 2 月 28 日將 100 萬美元以 6.092,0 人民幣/美元的價格賣給銀行。假定合約存續 1 個月以後（即 2016 年 12 月 28 日），人民幣對美元匯率下跌為 6.000,0 人民幣/美元。

（1）該遠期合約中，公司持有空頭，銀行持有多頭，不論匯率此後如何變動，雙方都負有在 3 個月後（2017 年 2 月 28 日）以 6.092,0 人民幣/美元的價格買入（銀行）和賣出（公司）100 萬美元的義務。

（2）在 2016 年 11 月 28 日，遠期合約的遠期價格為 6.092,0 人民幣/美元，與其交割價格一致。

（3）在 2016 年 12 月 28 日，合約的交割價格仍然是 6.092,0 人民幣/美元，其遠期價格則相當於在 2016 年 12 月 28 日訂立、交割日期同為 2017 年 2 月 28 日（2 個月期）同類遠期合約的交割價格，即 6.000,0 人民幣/美元。

6.2　金融期貨

6.2.1　金融期貨的定義

金融期貨合約是由交易所統一設計推出，並在交易所內集中競價交易的標準化的遠期

合約，達成合約的雙方同意按合約規定的將來某一特定時間和其他條件以成交價格對合約中載明的標準數量的標的資產進行實際交割。期貨合約除了價格是由交易雙方通過競價方式達成的以外，其他條款如交割時間、地點、方式、標的資產的品種、合約的大小等都是事先由交易所統一設計規定好的，因此它是一種標準化遠期合約，便於在交易所通過公開競價方式進行集中的大規模交易。買賣金融期貨合約只需要繳納一定比例的保證金，因而期貨交易具有很強的槓桿特性。與金融遠期合約類似，買入期貨合約後所持有的頭寸簡稱多頭；賣出期貨合約後所持有的頭寸簡稱空頭。

6.2.2　金融期貨的種類

（1）外匯期貨合約。外匯期貨合約是以各種可以自由兌換的國際貨幣作為合約標的物的期貨合約。它是國際上出現最早的金融期貨。目前，較為活躍的外匯期貨主要有美元、英鎊、歐元、日元等。外匯期貨主要用來防範匯率波動的風險。

（2）利率期貨合約。利率期貨合約是以長期國債、短期國庫券等作為合約標的物的期貨合約。由於這類合約中的標的物——債券的價格與利率波動密切相關，並且這類期貨主要是用來防範利率波動風險的，因此這類合約被稱為利率期貨合約。

（3）股票指數期貨合約。股票指數期貨合約是指以股票價格指數為交易對象的標準化期貨合約。由於股票指數是當期股票價格平均值與基期價格平均值之間的比率，並不是實在的金融資產，其本身無法進行交割，所以這種交易通常採用的是現金交割方式。股指期貨合約的價格等於某種股票指數的點數乘以規定的每點價格。各種股指期貨合約每點的價格不盡相同，比如，恒生指數每點價格為 50 港元，即恒生指數每降低一個點，該期貨合約的買者（多頭）每份合約就虧 50 港元，賣者每份合約則賺 50 港元；每升一個點則反之。股指期貨的出現，使投資者可以在更為廣泛的範圍內投資於整個股市而不只是單只股票上，從而避免了進行證券組合投資的麻煩。中國金融期貨市場已推出股指期貨，股指標的為滬深 300 指數，其交易規則見表 6-1。

表 6-1　　　　　　　滬深 300 指數期貨合約交易基本規則

合約標的	滬深 300 指數
合約乘數	每點 300 元
報價單位	指數點
最小變動價位	0.2 點
合約月份	當月、下月及隨後兩個季月
交易時間	9：15-11：30，13：00-15：15
最後交易日交易時間	9：15-11：30，13：00-15：00

表6-1(續)

每日價格最大波動限制	上一個交易日結算價的±10%
最低交易保證金	合約價值的12%
最後交易日	合約到期月份的第三個周五（遇法定假日順延）
交割日期	同最後交易日
交割方式	現金交割
交易代碼	IF
上市交易所	中國金融期貨交易所

滬深300指數是由上海和深圳證券市場中選取300只A股作為樣本編制而成的成分股指數。滬深300指數樣本覆蓋了滬深市場六成左右的市值，具有良好的市場代表性。

假設股指期貨價位現為5,000點，則一手合約相應的面值為：5,000×300=150（萬元），按12%保證金率計算，買賣一手合約需用保證金為：150×12%=18（萬元）。

若價位上漲至5,500點，則一手合約相應面值為：5,500×300=165（萬元），按12%保證金率計算，買賣一手合約需用保證金為：165×12%=19.80（萬元）；若保證金率上調至15%，則所需保證金為：165×15%=24.75（萬元）。

6.2.3 金融期貨的交易過程

建倉也叫開倉，是指交易者新買入或新賣出一定數量的期貨合約。在期貨市場上，買入或賣出一份期貨合約相當於簽署了一份遠期交割合同。如果交易者將這份期貨合約保留到最後交易日結束，就必須通過實物交割或現金清算來了結該筆期貨交易。大部分交易者一般都在最後交易日結束之前擇機將買入的期貨合約賣出，或將賣出的期貨合約買回，即通過一筆數量相等、方向相反的期貨交易來衝銷原有的期貨合約，以此了結期貨交易，解除到期進行實物交割的義務。這種買回已賣出合約，或賣出已買入合約的行為稱為平倉。建倉後尚未平倉的合約叫未平倉合約或者未平倉頭寸，也叫持倉。交易者建倉之後可以選擇兩種方式了結期貨合約：要麼擇機平倉；要麼保留至最後交易日並進行實物交割。

6.2.4 金融期貨的交易特點

（1）由於金融期貨合約的買賣雙方不必考慮交易對手的信用程度，因而金融期貨交易的速度和可靠性得到大大提高。

（2）金融期貨交易的最終目的並不是資產所有權的轉移，而是通過買賣金融期貨合約規避金融現貨價格風險。

（3）在金融期貨交易中，合約的了結並不一定必須是履行實際交貨的義務，買賣金融

期貨合約者在規定的交割日期前的任何交易日都可以通過進行數量相同、方向相反的交易而將所持有的合約相互抵消（即所謂「平倉」），無須再履行實際交貨的義務。

6.2.5　結算準備金與交易保證金

結算準備金：一般由會員單位按照固定標準向交易所繳納，為交易結算預先準備的資金。

交易保證金：會員單位或客戶在期貨交易中因持有期貨合約而實際支付的保證金。

6.2.6　金融期貨交易結算

金融期貨結算是指期貨結算機構根據交易所公布的結算價格對客戶持有頭寸的盈虧狀況進行資金清算的過程，劃分為交易所對會員進行結算和會員公司對其所代理的客戶進行結算。交易所在結算銀行開設專用結算帳戶，會員在結算銀行開設專用資金帳戶。交易所與會員之間期貨業務資金的往來結算通過資金管理電子化系統或結算櫃臺在交易所專用結算帳戶和會員專用資金帳戶之間進行劃轉。

交易所實行每日無負債結算制度。每日無負債結算（又稱逐日盯市）是指每日交易結束後，交易所按當日結算價結算所有合約的盈虧、交易保證金，收取手續費等費用，相應增加或減少會員的結算準備金。每日結算後，交易所向會員提供結算報表，會員據此對投資者進行結算。交易所在每日結算時劃轉當日盈虧。當日結算時的交易保證金超過昨日結算時的交易保證金部分從會員結算準備金中扣劃。當日結算時的交易保證金低於昨日結算時的交易保證金部分劃入會員結算準備金。手續費等各項費用從會員的結算準備金中扣劃。結算後，會員的結算準備金餘額為負時，交易所即向會員發出追加保證金通知，會員必須在下一交易日開市前補足保證金。交易所可根據市場風險和保證金變動情況，在交易過程中進行結算並發出追加保證金通知，會員必須在通知規定的時間內補足保證金。未按時補足保證金的，交易所可按有關規定對其強行平倉。強行平倉是指當會員、投資者違規時，交易所對有關持倉進行平倉的一種強制措施。當會員、投資者出現下列情形之一時，交易所有權對其持倉進行強行平倉：結算準備金餘額小於零並且未能在規定時間內補足；持倉量超出其限倉規定；因違規受到交易所強行平倉處罰；根據交易所的緊急措施應予強行平倉，等等。

案例：中國金融期貨交易所滬深300股指期貨交易保證金比率為12%，假設股指期貨價格現為2,000點，某客戶買入了5張滬深300股指期貨合約，那麼，該客戶必須向交易所支付2,000×300×5×12%＝36（萬元）的開倉保證金。假設客戶買入後的第五個交易日，股指期貨價格跌至1,900點。由於價格下跌，客戶的浮動虧損為（2,000－1,900）×300×5＝15（萬元），客戶保證金帳戶餘額為36－15＝21（萬元），這一餘額小於持倉保證金1,900×300×5×12%＝34.2（萬元），客戶需要把保證金補足至34.2萬元，需追加保證金34.2－21＝13.2（萬元）。

6.3 金融期權

6.3.1 金融期權的定義

金融期權是指一種提供選擇權的交易合約，指賦予合約買方在將來某一特定時間，以交易雙方約定的某一執行價格，買入或賣出某一特定標的金融資產的權利。

6.3.2 金融期權的要素

（1）期權費。它是指期權合約的買方為取得期權合約所賦予的權利而向期權合約的賣方支付的費用。對期權合約買方來說，支付了一定期權費之後可獲得買入或賣出某金融資產的權利；對期權合約賣方來說，期權費是他出售期權合約所得的報酬。

（2）期權交易的參與者。它主要包括期權合約的買方、賣方以及期權交易的經紀商。

金融期權的買方，是指在金融期權交易過程中，通過支付一定的期權費，從而獲得在特定時間內按執行價格買入或賣出一定數量金融產品權利的交易方。期權的買方有權選擇是否行權。

金融期權的賣方，是指在金融期權交易過程中，通過提供期權合約獲得期權費，並承擔在期權合約有效期內履行期權合約義務的交易方。

金融期權交易的經紀商主要是指為金融期權交易雙方提供仲介服務並收取一定佣金的機構。

（3）執行價格。它是指在期權合約中雙方協定的履行合約時買入或賣出期權標的物的價格。

（4）開始日、到期日和交割日。期權合約的開始日又稱生效日，是指期權交易雙方在合約中規定的由買方行使權利或買方權利生效的第一日。期權合約到期日又稱失效日，是指期權合約中指定的買方執行權利的最後一日。期權合約的交割日又稱清算日，是指按照合約規定，由合約的買方提出行使期權、合約的賣方履行合約義務的清算日。

（5）金融期權合約的標的物。它是指合約中規定的供買賣的金融產品。合約標的物可以是股票、債券等傳統金融產品，也可以是金融期貨等衍生產品。

6.3.3 金融期權的分類

（1）按照期權買方權利的不同劃分為看漲期權和看跌期權。

看漲期權（Call Options）：簡稱買權，指賦予合約的買方在未來某一特定時期以交易雙方約定的價格買入標的金融資產的權利。

看跌期權（Put Options）：簡稱賣權，指賦予合約的買方在未來某一特定時期以交易雙方約定的價格賣出標的金融資產的權利。

（2）按照買方執行期權時限的不同劃分為歐式期權、美式期權和百慕大期權。

歐式期權（European Options）：該期權的買方只能在期權到期日才能執行期權（即行使買進或賣出標的金融資產的權利）。

美式期權（American Options）：該期權的買方可以在期權到期日以前的任何時間執行期權。

百慕大期權（Bermuda Options）：該期權的買方可以在到期日前所規定的一系列時間內執行期權。

6.3.4 實值、平值與虛值期權

對於看漲期權，當標的物金融資產的市場價格高於執行價格時，該看漲期權合約一般會被執行，因而稱其處於實值狀態；當標的物金融資產的市場價格等於執行價格時，該看漲期權合約可以被執行也可以不被執行，因而稱其處於平值狀態；當標的物金融資產的市場價格低於執行價格時，該看漲期權合約不會被執行，因而稱其處於虛值狀態。

對於看跌期權，情況正好相反。當標的物金融資產的市場價格低於執行價格時，該看跌期權合約一般會被執行，因而稱其處於實值狀態；當標的物金融資產的市場價格等於執行價格時，該看跌期權合約可以被執行也可以不被執行，因而稱其處於平值狀態；當標的物金融資產的市場價格高於執行價格時，該看跌期權合約不會被執行，因而稱其處於虛值狀態（表6-2）。

表6-2　　　　　　　　　　實值、平值與虛值期權

狀態	看漲期權	看跌期權
實值狀態	市場價格>執行價格	市場價格<執行價格
平值狀態	市場價格＝執行價格	市場價格＝執行價格
虛值狀態	市場價格<執行價格	市場價格>執行價格

6.3.5 金融期權的盈虧分布

金融期權交易買方是通過將執行價格與同期市場價格相比較來確定是否買入或賣出期權合約的。因此，在考慮到期權費的情況下，我們進一步對金融期權合約的盈虧分布進行分析（表6-3）。[1]

---

[1] 吳少新. 貨幣金融學 [M]. 北京：中國金融出版社，2011：171-172.

表 6-3　　　　　　　　　　金融期權的盈虧分布表

市場價格狀態	看漲期權	看跌期權
市場價格＞執行價格＋期權費	有利可圖	
市場價格＝執行價格＋期權費	扯平	
市場價格＜執行價格＋期權費	無利可圖	
市場價格＞執行價格－期權費		無利可圖
市場價格＝執行價格－期權費		扯平
市場價格＜執行價格－期權費		有利可圖

表 6-3 的金融期權盈虧分布情況還可以用圖來反應。現以買入看漲期權的圖形加以說明（圖 6-2）。在執行價格 E 處，期權合約的市場價格等於執行價格，此時執行期權合約，看漲期權買方受損，損失為期權費；在 E 點左邊，市場價格低於執行價格，買方放棄期權，其損失為期權費；在 E 與 X 之間，期權的市場價格高於執行價格，買方行使期權，但行使期權的收益不足以彌補期權費，因而仍有損失，但損失越來越小；當市場價格位於 X 點時，買方行使期權獲得的收益正好彌補期權費，最終收益為零；當市場價格在 X 點右邊時，期權的市場價格大於執行價格和期權費之和，買方行使期權的收益大於期權費，因而最終獲得正的收益，其收益隨著市場價格上升而越來越大。從圖 6-2 中可以看出，買入看漲期權的買方損失是有限的，而收益則可能是無限大的。這種分析思路同樣也適用於圖 6-3 賣出看漲期權、圖 6-4 買入看跌期權和圖 6-5 賣出看跌期權。

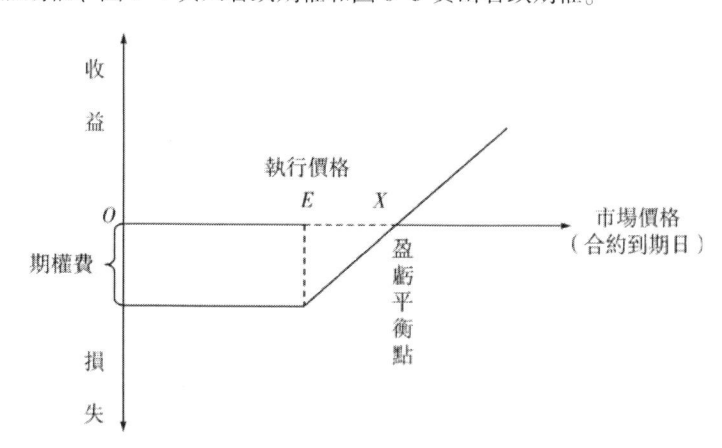

圖 6-2　買入看漲期權盈虧分布圖

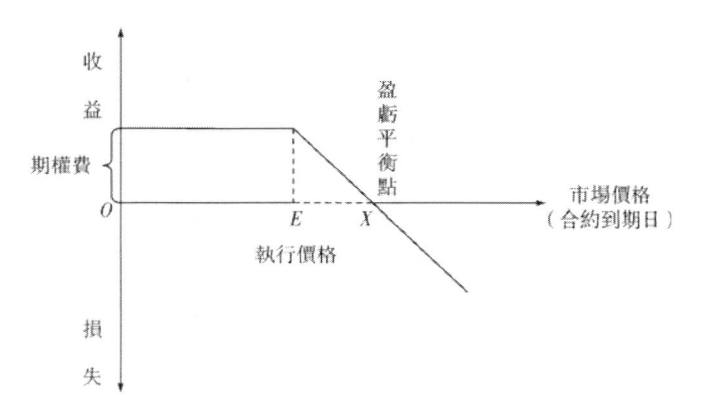

圖 6-3　賣出看漲期權盈虧分布圖

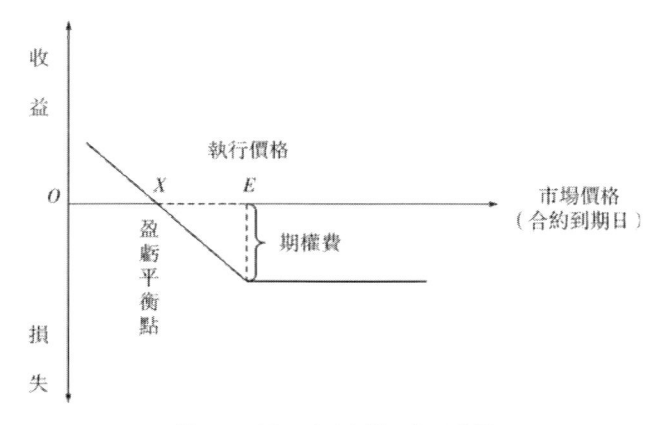

圖 6-4　買入看跌期權盈虧分布圖

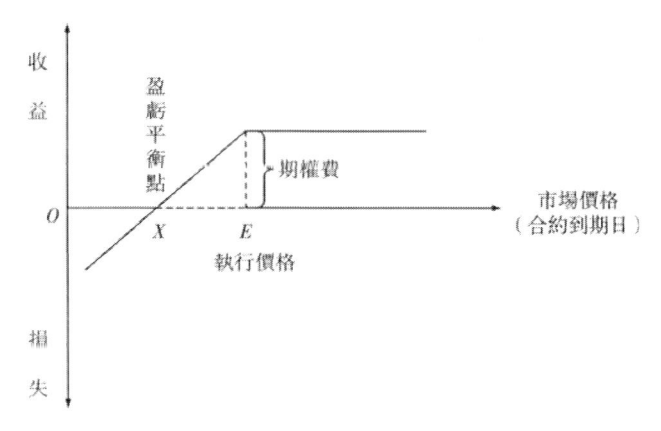

圖 6-5　賣出看跌期權盈虧分布圖

6.4 互換

互換是一種雙方約定在未來的某日交換彼此所要支付的利息或本金的金融交易。互換業務主要包括利率互換和貨幣互換。

利率互換是指雙方同意在未來的一定期限內根據兩筆同種貨幣、金額相同、期限相同的本金交換利息現金流的活動。通常，其中一方的利息是以固定利率計算出來的，而另一方的利息是以浮動利率計算出來的。雙方進行利率互換的主要原因是由於雙方在獲得固定利率貸款和浮動利率貸款上各有優勢，因此雙方都可以獲利。在利率互換中，雙方並不交換本金，只是交換利息的差額。

貨幣互換是指交易雙方在未來一定期限內交換期限相同的兩種貨幣的本金和利息。交換的雙方通常在不同國家的金融市場上具有融資的比較優勢，而又需要另外一種貨幣，所以貨幣互換就出現了。在貨幣互換中，雙方交換本金，互相為對方支付利息，在期限結束時，互相再換回本金，結束貨幣互換。貨幣互換使雙方不但可以利用對方的比較優勢降低籌資成本，還可以獲得外幣資金，繞開國際資本借貸的關卡限制。

案例：A公司借入固定利率資金的成本是10%，浮動利率資金的成本是LIBOR+0.25%；B公司借入固定利率資金的成本是12%，浮動利率資金的成本是LIBOR+0.75%。假定A公司希望借入浮動利率資金，B公司希望借入固定利率資金。問：

(1) A、B兩公司間有沒有達成利率互換交易的可能性？
(2) 如果它們能夠達成利率互換，應該如何操作？
(3) 它們各自承擔的利率水平是多少？

【解析】見表6-4所示。

表6-4　　　　　　　　　　A、B兩公司融資情況

	A公司	B公司	利差
固定利率	10%	12%	2%
浮動利率	LIBOR+0.25%	LIBOR+0.75%	0.5%
相對優勢	固定利率	浮動利率	

如果A公司借入固定利率資金，B公司借入浮動利率資金，則二者借入資金的總成本為：10%+LIBOR+0.75%=LIBOR+10.75%。

如果A公司借入浮動利率資金，B公司借入固定利率資金，則二者借入資金的總成本為：LIBOR+0.25%+12%=LIBOR+12.25%；

由此可知，第一種籌資方式組合發揮了各自的優勢，能降低籌資總成本，共節約 LIBOR+12.25%－（LIBOR+10.75%）＝1.5%，即存在「免費蛋糕」。但這一組合不符合二者的需求，因此，應進行利率互換。即 A 公司借入固定利率資金，B 公司借入浮動利率資金，並進行利率互換，A 公司替 B 公司支付浮動利率，B 公司替 A 公司支付固定利率。假定 A 和 B 平分「免費蛋糕」，即各獲得 0.75%。

在這一過程中，A 公司需要向固定利率債權人支付 10% 的固定利率，向 B 公司支付 LIBOR-0.5% 的浮動利率（直接借入浮動利率資金需要支付 LIBOR+0.25%，因獲得 0.75% 的免費蛋糕，因此，需向 B 公司支付 LIBOR-0.5%），並從 B 公司收到 10% 的固定利率，因此，A 公司所需支付的融資總成本為：10%+LIBOR-0.5%-10% = LIBOR-0.5%，比它以浮動利率方式直接籌資節約 0.75%。

在這一過程中，B 公司需要向浮動利率債權人支付 LIBOR+0.75% 的浮動利率，向 A 公司支付 10% 的固定利率，並從 A 公司收到 LIBOR-0.5% 的浮動利率，因此，B 公司所需支付的融資總成本為：LIBOR+0.75%+10%－（LIBOR-0.5%）= 11.25%，比它以固定利率方式直接籌資節約 0.75%。

B 公司應該向 A 公司淨支付：10%－（LIBOR-0.5%）= 10.5%-LIBOR

本章小結

金融遠期合約是指交易雙方同意在將來的某一確定的日期，按事先規定的價格買入或出售既定數量的某種資產的協議。遠期合約中的買方（也稱多方）承諾在未來某特定日期以某特定價格購買合約的標的資產，簡稱為多頭。合約的賣方（也稱空方）承諾該日期以該價格出售該標的資產，簡稱為空頭。金融遠期合約的收益和損失由市場價格和交割價格決定。

金融期貨是一種交易雙方在未來特定日期或期限內按事先協定的價格交割一定數量的金融商品的合約。金融期貨交易的最終目的並不是資產所有權的轉移，而是通過買賣金融期貨合約規避金融現貨價格風險。期貨交易中合約的了結可通過平倉解決，無須再履行實際交貨的義務。期貨交易需要保證金。中國金融期貨市場已推出股指期貨，股指標的為滬深 300 指數。

金融期權是一種提供選擇權的交易合約，指賦予合約買方在將來某一特定時間，以交易雙方約定的某一執行價格，買入或賣出某一特定標的金融資產的權利。按照買方執行期權時限的不同劃分為歐式期權、美式期權、百慕大期權等。按照期權買方權利的不同劃分為看漲期權和看跌期權。期權收益和損失由執行價格和市場價格決定。

互換是一種雙方約定在未來的某日交換彼此所要支付的利息或本金的金融交易。互換

業務主要包括利率互換和貨幣互換。

思考題

1. 什麼是金融遠期工具？
2. 什麼是金融期貨？如何計算其保證金？
3. 什麼是金融期權？什麼是看漲期權？什麼是看跌期權？如何計算看漲期權收益和損失？
4. 什麼是互換？

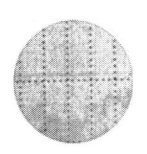

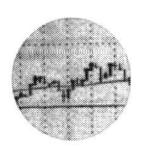

第三篇　　金融機構

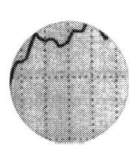

7 商業銀行業務與管理

學習目標

商業銀行是金融體系中最重要的機構之一，在金融市場和宏觀調控中發揮著獨特的作用。在這一章，我們將介紹商業銀行的起源、功能、組織結構、業務情況及有關商業銀行資產負債管理與風險管理的知識。學完本章後，你應當知道：
- 商業銀行的基本功能；
- 商業銀行的組織結構與發展趨勢；
- 商業銀行經營管理原則與理論演化；
- 商業銀行的主營業務；
- 商業銀行風險的種類與風險管理方法。

重要術語

商業銀行　分業經營　全能銀行　資產業務　負債業務　中間業務　表外業務　「三性」原則　資本管理　資產負債管理　風險管理

7.1 商業銀行概述

商業銀行是金融體系中最重要的金融機構之一，在經濟生活中發揮著非常重要的作用。大多數人對於銀行這個概念是既熟悉又陌生的。之所以熟悉，是因為我們都知道銀行是做鈔票生意的，在紛繁複雜的現代經濟生活中，幾乎每個人、每個家庭、每個企業甚至任何國家都要同銀行打交道；抬頭望去，到處可以看到銀行營業場所、有關銀行的廣告，自己的親朋好友也有不少人在銀行工作，經常能便利地獲得銀行的資訊，商業銀行對於我

們而言的確是非常熟悉的。

但是，銀行對於我們來說，它卻又顯得很陌生。因為，在那些銀行大廈裡，從那些西裝革履的銀行家手裡，是如何能夠源源不斷地流出鈔票，煥發出影響一切、控制一切的魔力的呢？這確實有些讓人感到不可思議。

7.1.1 商業銀行是如何產生的

7.1.1.1 商業銀行的起源

「銀行」（Bank）一詞，起源於義大利語的 Banca 或 Banco，意思是早期的貨幣兌換商借以辦理業務活動時使用的板凳。

14 世紀和 15 世紀的歐洲，各國、各地區之間的商業往來日益頻繁。但是由於不同國家、不同地區發行的貨幣，在名稱、成色、重量、材料等方面各不相同，給人們的交易帶來了諸多不便。正是在這個背景下，貨幣兌換商應運而生。

早期的貨幣兌換商僅僅辦理鑒別與兌換貨幣的技術性業務，同時收取一定的手續費。經過長期的業務活動，貨幣兌換商的職能也慢慢得到了擴展。

擴展的第一個職能是貨幣保管。貨幣持有者常常需要有個地方能安全地保管他們的貨幣。當時的委託保管與現代的存款不同，不僅沒有利息，而且還要繳納保管費。

擴展的第二個職能是匯兌。商人們為了避免長途攜帶貨幣的風險，委託貨幣兌換商進行匯兌。即在 A 地，商人把貨幣交給他們，然後持他們開出的收據到 B 地的指定場所提取貨幣。後來，商人又以這些收據進行商業支付，並委託貨幣兌換商代為支付現金。這樣，貨幣兌換商開出的收據便成了早期的匯票。隨著這些業務的發展，貨幣兌換商逐漸演變為貨幣經營商。

隨著早期資本主義的發展，貨幣經營商手中累積的資金越來越多。在這樣的基礎上，自然而然也就產生了貸款業務。當貨幣經營商不僅依靠上述業務所累積的資金貸款，而且還通過向貨幣持有者提供服務和支付利息等方法吸收存款來擴展貸款業務時，就意味著貨幣經營業完成了向銀行業的轉換。

1694 年，在英國政府的支持下，由私人創辦了英格蘭銀行。它是最早出現的股份制銀行，它的建立標誌著現代商業銀行的誕生。從此，現代商業銀行體系在世界範圍內普及開來。

縱觀商業銀行的發展史，從貨幣兌換商演變至原始商業銀行再演化為現代商業銀行，有三個關鍵點：

第一，全額準備金制度演變為部分準備金制度，使商業銀行的信貸業務得以擴大；

第二，保管憑條演化為銀行券，使現代貨幣得以產生；

第三，保管業務演化為存款業務，並使支票制度、結算制度得以建立，使商業銀行具有了貨幣創造、信用創造的功能。

與西方的銀行相比，中國的銀行產生較晚。中國現代銀行是在19世紀中葉外國資本主義銀行入侵後才發展起來的。最早來到中國的外國銀行是英國的麗如銀行（Oriental Banking Corporation），其後資本主義國家紛紛來華設立銀行。外國資本主義銀行雖然對中國的國民經濟造成了極大的破壞，但在客觀上也對中國銀行業的發展起到了一定的刺激作用。1897年，中國通商銀行在上海成立，標誌著中國自行開辦的現代銀行正式誕生。

7.1.1.2 商業銀行的概念與類型

傳統的商業銀行是指以吸收存款、發放貸款、辦理結算為基本業務，以獲取利潤為目的的，具有獨立法人資格的金融企業。必須同時具備以上幾點，才能被稱為商業銀行。現代意義上的商業銀行是指運用公眾資金，以獲取利潤為經營目標，以多種金融資產和金融負債為經營對象，具有綜合性服務功能的，並在經濟生活中起著多方面作用的金融服務企業。

《新帕爾格雷夫貨幣金融大辭典》對銀行的定義是「充當儲蓄者和投資者之間的金融仲介，它們（銀行）以活期和儲蓄存款形式從居民手中吸收存款並將它們轉化為真實的投資資本」。上述定義均是從銀行在經濟中發揮的融資仲介功能及所能從事的、區別於投資銀行和其他非銀行金融機構的核心業務——吸收存款、發放貸款——對銀行做出的界定。然而，隨著經濟的持續發展，傳統的商業銀行業務模式正面臨著越來越多的挑戰，商業銀行必須與時俱進，開拓更加廣闊的業務領域，提供更加多元化的服務。

對於商業銀行有三種常見的分類方法：

一是按資本所有權劃分，商業銀行分為私人的、股份的和國家所有的銀行三種類型。私人銀行由若干出資人共同出資建立，一般規模較小；股份制商業銀行以股份公司形式存在，是現代商業銀行的主要形式；國有商業銀行由國家或者地方政府出資建立，一般規模較大。

二是按業務覆蓋地域劃分，商業銀行分為地方性銀行、區域性銀行、全國性銀行和跨國銀行。它們的業務覆蓋範圍依次增大。

三是按經營模式劃分，商業銀行可以分為職能分工型和全能型銀行。所謂職能分工，是指法律明確規定了各個金融機構從事的業務範圍，彼此之間不可相互進入。而全能商業銀行，又稱綜合型商業銀行，它們可以經營一切銀行業務和證券業務等。

7.1.2 為什麼需要商業銀行

由商業銀行的起源可以看出，它們是為了滿足經濟社會的需要而產生的一類機構，它們具有非常重要及特殊的功能。其功能主要表現在以下幾個方面：

（1）信用仲介功能。現代商業銀行最基本的職能作用就是將資金由盈餘單位轉移到具有投資價值與機會的資金短缺單位，使有限的資金發揮最大的經濟效益。商業銀行作為間接性的金融仲介機構，在融資過程中發揮了特殊的功能，具有不可替代的職能作用。商業

銀行可以將閒置在社會各個角落裡的零星、短期的資金集中起來,轉化為投資於交通、通信、建築、貿易、各種消費領域的長期資金,起到聚沙成塔、變「定」為活、續短為長、提高經濟效益的神奇作用。在這個資金運動的過程中,商業銀行充當了資金盈餘者與資金短缺者的信用仲介,順利實現了有限資金的合理融通。

(2) 支付仲介功能。商業銀行通過對不同帳戶間的存款的轉移,代替客戶對商品或勞務進行支付(如簽發支票、電子支付、匯劃資金、辦理轉帳結算等)。商業銀行支付仲介職能的發揮,使其處於貨幣流通的十字路口,成為經濟結構的關鍵齒輪。通過商業銀行的有效運作,一方面擴大了商業銀行的資金來源,另一方面則大大減少了現金的使用,節省了流通費用,加速了資金週轉,提高了資金配置效率。

(3) 信用創造功能。信用創造功能是商業銀行的特殊功能,是在信用仲介和支付仲介的基礎上發展而來的。商業銀行信用創造包括信用工具和信用量的創造。

一方面,商業銀行可以創造各種信用工具,如銀行券、存款貨幣等;另一方面,在部分準備金制度下,商業銀行可以用吸收的存款發放貸款,而這些貸款在非現金結算的條件下又可以轉化為存款。如此循環往復,商業銀行就可以創造出數倍於原始存款的派生存款,從而擴大貨幣供應量,擴大信貸規模。

(4) 經濟調節功能。商業銀行的信用創造功能是政府能夠調控的,銀行是政府追求社會經濟目標的重要的政策傳導工具。比如發展中國家的貨幣當局往往會根據宏觀經濟的需要,主動對商業銀行採取「窗口指導」、調整存款準備金率、提供流動性便利等措施來調節社會融資規模、保障金融體系的穩定性。一些商業銀行也會根據政府提出的產業發展規劃、經濟發展目標,用手中的信貸工具——利用貸款期限、利率的高低、擔保條件、授信額度等方式——進行適當的調節,以達到優化投資結構、影響企業生產經營活動、調節消費的目的,從而實現政府的經濟政策目標。

(5) 金融服務功能。金融服務是商業銀行利用其在社會經濟活動中的特殊地位,以及在經營業務過程中所獲得的大量信息,運用電子計算機等先進的技術手段和工具,為客戶提供的各種綜合性服務。這些服務主要包括諮詢顧問、代收代付、信託租賃、投資理財以及擔保等。

隨著經濟的發展,商業銀行之間的競爭日益加劇,巨大的競爭壓力推動其不斷進行金融創新,通過提供更加個性化的金融服務來滿足客戶愈加多元與複雜的需求,在增強客戶拓展能力的同時提高客戶黏度。近些年來,隨著金融脫媒現象的日趨嚴重與利率市場化的加速推進,商業銀行傳統的信貸業務發展受到制約,而其金融服務功能逐漸成為其營業收入的重要來源,對商業銀行的可持續經營影響深遠。

7.1.3 商業銀行的組織制度

商業銀行的組織制度可以從其外部與內部兩個方面加以認識。

7.1.3.1 商業銀行的外部組織形式

商業銀行的外部組織形式也稱為商業銀行制度,即指商業銀行在社會經濟生活中存在的形式。受所在國政治、經濟、法律等多方面因素與國際金融發展的影響,各國商業銀行的組織形式各有其特徵,大體上可以分為以下幾種類型:

1. 單元制

又稱單一銀行制或獨家銀行制,是指那種僅設立總行,業務活動完全由總行經營,下面不設立任何分支機構的商業銀行的組織形式。目前,這種制度僅存於美國。從歷史上看,美國的單元制銀行的建立,是為了防範銀行間的兼併,防止國民經濟受到少數銀行資本的控製;同時,也是為了促使銀行更加致力於本地區經濟的發展,並達到理想的規模。所以說,單元制銀行是美國特殊經濟條件下的特殊產物。從某種程度上講,它是與商業銀行的發展方向背道而馳的,它不利於銀行資本的集中,也會削弱商業銀行向外部發展的整體競爭力。所以,它才僅限於美國的一定歷史時期。目前情況已經改變,其數量在不斷減少。

2. 分支行制

又稱總分支行制,就是在設立總行的同時,又在總行之下設立眾多的分支機構的商業銀行制度。這是當今世界上絕大多數國家的商業銀行所採取的外部組織形式。

對於商業銀行來講,實行分支行制有許多優點,主要表現在:

(1) 分支行制可以使商業銀行規模擴大,管理更加專業化,取得規模經濟效益,降低平均成本;

(2) 分支行制有利於資金在總分支行之間靈活調撥,高效率使用有限的資金,獲得更大的收益;

(3) 分支行制擴大了商業銀行的業務基礎,業務領域更加寬廣,從而有效地分散了風險,有利於保障穩定增長的利潤水平;

(4) 實行總分支行制的商業銀行,由於其經營規模龐大,與國民經濟的發展關係十分密切,這樣的結果,一方面便於國家對其實行更加專業化的宏觀金融管理,另一方面它又往往能與政府、中央銀行、大型企業之間保持良好的關係,為銀行自身的發展創造了良好的外部條件。

事實上,由於金融競爭加劇,銀行資本集中趨勢增強,以及新興技術在銀行領域廣泛使用,商業銀行業務日益國際化,這些都迫使單元制商業銀行向分支行制商業銀行轉化。在當今世界上,所有的實力雄厚的商業銀行都是分支行制的銀行。隨著世界經濟金融一體化的發展,單元制商業銀行正逐步退出歷史舞臺,取而代之的必將是分支行制的商業銀行。

3. 銀行持股公司制

又稱為集團制商業銀行。最早的銀行持股公司出現在美國,是美國商業銀行為了避開

銀行法規的各種限制，在州內或跨州設立分支行的分支行制。它是指以一家或多家銀行的股票作為其資產的公司。這種公司雖然名義上擁有多家銀行，而且從表面上看這些銀行也是其附屬機構，但實際上，這些銀行控股公司往往是由商業銀行組建並由商業銀行操縱和控製的一種組織。例如在美國，銀行持股公司已經成為商業銀行制度的主要形式，大多數的商業銀行都由銀行持股公司擁有。例如美國花旗集團中的旅行者集團就是由花旗集團控股的。

銀行持股公司的出現，除了逃避相關管制之外，它還能有效地幫助商業銀行突破相關法規對其業務的限制，介入其他行業的業務中去，如保險、證券等，從而進一步擴大了銀行經營規模，增強了自身實力；另外，在銀行資金不足的時候，銀行持股公司還可以從各種渠道籌措資金，從而避免了對商業銀行本身進行籌資的某些限制，如利率的限制、資金來源渠道的限制等。正因為如此，銀行持股公司才成為最受銀行家歡迎的、最具影響力的變相的分支行形式。

中國的商業銀行法規定中國銀行業實行嚴格的分業經營制度。但在分業經營制度下，為了適應業務多元化的需要，國內銀行開始通過發展銀行持股公司來推動金融綜合經營，如中信銀行、光大銀行、中國銀行等紛紛成立金融控股集團，在原銀行基礎上增加了證券公司、信託投資公司等獨立法人機構，而中國工商銀行則通過在香港收購小銀行建立工銀亞洲公司的方式涉足投資銀行業務。其他銀行或者實體企業紛紛跟進，使得這一組織形式在中國迅速發展。

4. 連鎖銀行制

也稱聯合銀行制，是指兩家以上的商業銀行受控於同一個人或者同一個集團但又不以股權公司的形式出現的制度。它與銀行持股公司的差別在於：它不設置銀行持股公司，而是通過若干商業銀行相互持有對方的股票、相互成為對方的股東的方式形成連鎖銀行。這些連鎖銀行從表面上看是互相獨立的，但在業務上互相配合、互相支持、經常互相調劑資金餘缺、互通有無，而且，其最終的控製權往往掌握在同一個財團手中。連鎖銀行制的作用和銀行控股公司制一樣，都是為了在連鎖的範圍內發揮分支機構的作用，彌補單一銀行制的不足，規避法律對設置分支機構的限制。這種體制盛行於美國中西部地區，但存在比例遠小於銀行控股公司。

5. 代理銀行制

代理銀行制又稱往來銀行制，指商業銀行相互間簽有代理協議，委託對方銀行代辦指定業務的制度。在國際銀行之間，代理關係是非常常見的。比如，國內商業銀行到外國開展業務，進入東道國的初期一般會尋找代理銀行。代理制最發達的是實行單元銀行制的美國，這種制度可以突破不準跨區域設立分支機構的限制。

7.1.3.2 商業銀行的內部組織結構

對於商業銀行的內部組織結構究竟如何設置，並無一個統一的模式，但是，要以其能

夠充分發揮商業銀行的各項職能、並開展有效的經營為原則。

在國際上，商業銀行一般採取股份有限公司的組織形式。因此，在通常的情況下，我們可以把商業銀行的內部組織形式分成三大塊：決策機構、執行機構和監督機構。具體結構如圖7-1所示。

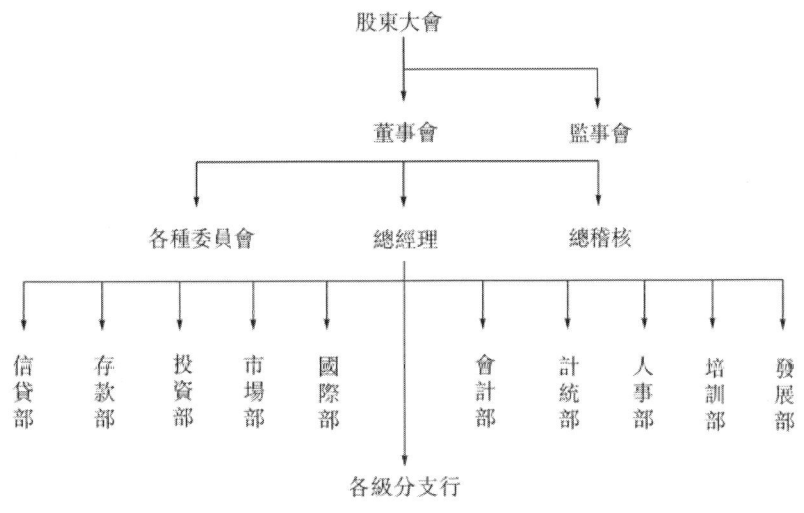

圖7-1 商業銀行內部組織形式

決策機構一般包括股東大會、董事會以及董事會下設的各種委員會，如戰略發展委員會、風險管理委員會等。

執行機構則包括商業銀行的總經理（行長）及其領導下的副總經理（各副行長）、各執行委員會、各業務部門、各級分行以及各職能部門。執行機構負責實施決策部門的各項決議，具體從事商業銀行的各項業務活動，對商業銀行進行日常的經營與管理。

監督機構則主要包括監事會和直接向董事會負責的總稽核。

7.1.4 商業銀行的發展趨勢

世界經濟一體化，金融自由化進程加快以及信息技術的突飛猛進，正推動著全球銀行業發生深刻的變化。那麼，商業銀行未來的主要發展趨勢是什麼呢？

7.1.4.1 經營電子化與自動化

商業銀行經營電子化體現為計算機系統取代傳統的手工操作，以電子化方式自動處理日常業務。隨著信息技術日新月異的發展和銀行之間的競爭加劇，電子計算機技術和信息處理技術的廣泛應用不斷推動著商業銀行的電子化進程，改變著銀行服務業的面貌。具體表現在：①大部分業務以電子網路為媒介進行，社會各界與銀行的直接接觸大為減少；②電子轉帳替代現鈔甚至支票，2004年美國通過了《21世紀支票清算法案》，這一法案促

使紙質票據向電子化轉變；③電子化節約了大量紙張費、印刷費、郵寄費，業務處理加快，工作人員減少，工作效率提高，經營成本降低；④電子網路把各國際金融中心緊密地聯繫在一起，全球範圍內的資金和信息轉移速度越來越快。

7.1.4.2 經營方式網路化

自從世界上第一家網路銀行——美國「安全第一」網路銀行（Security First Network Bank）於 1995 年在互聯網上開業以來，國際金融界便掀起了一股網路銀行風潮，還進行了業務創新，比如引入直銷模式，代表性的全球性網路直銷銀行有 ING Direct、匯豐 Direct 等。從當前網路銀行的發展勢頭來看，21 世紀的銀行市場將是建立在計算機通信技術基礎上的網路銀行的天下。

網路銀行利用國際互聯網，在為客戶提供開（銷）戶、查詢、支付、轉帳、個人理財、信用卡等服務的同時，也為自己搜集信息、發布信息、創新產品等提供便利。其成本十分低廉，一般只占收入的 15%～20%，而相比之下，傳統銀行的成本收入比則為 60% 左右。作為虛擬化的電子空間，網路銀行沒有建築實體，只有網址，銀行將不再以雄偉氣派的建築物為標誌，傳統的銀行地理分支機構將會減少，網路銀行將使 21 世紀的金融由具有地理概念的多中心走向無形化和無中心化。

7.1.4.3 業務多元化與全能化

一方面，在金融電子化和金融產品創新的推動下，傳統商業銀行正迅速向綜合服務機構轉變，業務範圍擴展至社會生活的各個領域，特別是通過電子網路，進一步提供諸如旅遊、諮詢、交通和娛樂等全方位的公共服務，並充當電子商務的媒介角色。銀行網點正逐漸成為集存（貸）款、財務諮詢、委託理財、外匯買賣、代理稅務、保管箱等多功能於一身的「金融連鎖店」。

另一方面，在商業銀行與其他金融機構進行合併、兼併或收購控股的條件下，商業銀行逐漸發展成為集銀行、證券、信託、保險等業務於一身的金融集團。作為集團旗艦角色的商業銀行實際上已經可以為任何單一客戶提供包括銀行業務、證券買賣、委託投資、代理各項社會服務在內的全能服務，成為真正的「金融百貨公司」。

7.1.4.4 金融活動全球化

隨著世界經濟的迅速發展，金融自由化以及現代科技在銀行領域的廣泛應用，世界各國的金融市場、金融機構已經有機地結合在一起，金融證券化則進一步強化了各國金融市場直接的利益相關性。在各國放鬆金融監管、開放金融市場的條件下，大型商業銀行、投資銀行和其他金融機構之間的跨國併購和分支機構擴張實現了商業銀行的全球化服務。例如，我們稍加留意就可以發現世界頂級的商業銀行機構如匯豐銀行、德意志銀行、摩根大通銀行和花旗銀行等就活躍在我們身邊，它們是全球跨國公司和政府信貸市場上重量級的競爭者。

7.1.4.5 競爭激烈化與監管動態調整

隨著商業銀行業務的電子化、多元化、全球化，傳統市場趨於飽和，傳統業務的邊際利潤正在下降，業務競爭日趨激烈，傳統的監管模式也隨之動態調整。在 20 世紀末期，美國率先放鬆銀行監管，其標誌性事件是 1999 年 11 月通過了《金融服務現代化法》，隨後「鬆綁風」蔓延至全球。但監管放鬆這一趨勢在美國發生「次級貸款」危機後有所放緩。

從銀行內部來說，面對日漸縮小的利差和多樣化的服務需求，銀行一方面要提高服務層次，為客戶量身打造個性化的金融產品，加大創新力度和服務深度；另一方面又必須控制服務價格，確保競爭中的成本優勢，這對商業銀行的經營管理能力提出了越來越高的要求。同時，商業銀行外部競爭也日趨激烈：首先，隨著直接融資市場的進一步發展與完善，商業銀行的資金媒介份額逐步下降，其融資角色正在弱化；其次，商業銀行與高科技企業相互滲透、相互競爭的態勢愈加明顯，其面臨著信息技術產業的不斷挑戰；最後，在金融監管不斷放鬆的趨勢下，一旦金融監管當局放寬銀行市場的進入條件，市場上將出現更多各具特色的銀行機構，加劇銀行業競爭。在中國共產黨十八屆三中全會上通過的《中共中央關於全面深化改革若干重大問題的決定》中，允許具備條件的民間資本依法發起設立中小型銀行等金融機構被列為關鍵改革目標之一。2013 年 11 月，銀監會發布了修訂完善的《中資商業銀行行政許可事項實施辦法》，明確民營資本和國有資本進入金融領域的條件一致，為未來民營銀行的市場准入降低了門檻。

7.2 商業銀行的經營管理理論

7.2.1 經營管理的一般原則

商業銀行作為一類特殊的金融企業，也具有一般企業的基本特徵，即追求利潤的最大化。但商業銀行主要進行負債經營，如果將追求利潤作為經營的唯一目標，則會面臨極大的風險。所以，西方國家的商業銀行都把盈利性、安全性、流動性作為業務經營的三大原則。中國的商業銀行法中也明確規定：商業銀行應以安全性、流動性、盈利性作為經營原則。

7.2.1.1 安全性

安全性是指商業銀行的資產、收益、信譽及經營生存發展條件免遭損失的可靠程度。由於銀行特殊的資產負債結構與盈利模式，其在日常經營中面臨著不同層級和種類的風險，僅微觀層面的風險就有信用風險、市場風險、操作風險和流動性風險等，因而堅持安全性原則，避免或降低風險，不僅是商業銀行盈利的客觀前提，也是它生存和發展的基

礎；不僅是銀行經營管理的微觀要求，也是社會安定的宏觀要求。

為了保證安全性，商業銀行必須要合理安排資產規模，提高資產質量；不斷補充自由資本，提高自由資本在全部負債中的比重；遵紀守法，合法經營。

7.2.1.2 流動性

流動性是指商業銀行資產在不受損失的前提下迅速變現的能力。與其他企業相比，商業銀行資金的流動更加頻繁，現金資產的收支頻率更高、收支速度更快，且收支時間事先無法準確預測。這就要求商業銀行必須保持足夠的資金以便能夠隨時應付客戶提現及滿足客戶貸款的需求。

流動性的高低對商業銀行的業務經營至關重要，流動性過低會加大經營風險，而流動性過高則會影響盈利能力。因此，商業銀行在流動性不足時應及時予以補充和提高；而當流動性過高時應盡快減少資金占用，提高盈利能力。商業銀行主要通過留存適度的準備金、保持一定比例的短期資產、投資流動性較強的有價證券、利用同業拆借市場等途徑來保持適度的流動性。

7.2.1.3 盈利性

盈利性是指商業銀行獲得利潤的能力，追求利潤是商業銀行的最終目標。利潤為商業銀行擴大經營規模提供了物質基礎，也為商業銀行經營績效的比較提供了一種衡量的標準。

商業銀行的盈利是商業銀行營業收入與營業支出的淨差額。根據兩者的主要內容，影響商業銀行盈利性指標的因素主要有存貸款規模、資產結構、自有資金比例及經營效率等。商業銀行盈利的多少取決於資產收益、服務收入、營業成本等因素，因此，在盈利性原則的指引下，商業銀行應通過各種增加資產收益、服務收入，降低營運成本的手段來提高盈利水平。

7.2.1.4 「三性」原則之間的關係

安全性、流動性、盈利性是商業銀行在經營過程中必須時刻注意並嚴格遵循的三大原則。它們之間既有相互統一的一面，也有相互矛盾的一面。

從統一的角度講，安全性是前提和基礎，只有保證經營的安全，才能去追求正常的盈利；同時，流動性是條件和手段，只有保證了信貸資金的正常流動，才能確立商業銀行的信用仲介地位；最後，盈利性是目的。

從矛盾的角度講，流動性強、安全性好，盈利率一般較低；盈利性較高的資產，往往流動性較差，風險較大。因此，銀行家們只能從實際出發，統一協調，尋求最佳的均衡點。

基於「三性」原則的基本要求，商業銀行經營管理理論經歷了一個漸進的演變歷程。

7.2.2 資產管理理論

金融機構並非總能全面地審視其資產和負債情況。在初期階段，銀行業長時間秉持著資產管理理念，並以銀行資產的安全性和流動性為管理的重點。這是因為：早期的商業銀

行的資金來源渠道較為固定，大多為吸收的活期存款；而同時，工商企業的資金需求也較為單一，一般只是短期的臨時放款；加之當時的金融市場尚不夠完善、發達，銀行的變現能力極低；而且，作為商業銀行的最後貸款人的中央銀行還未建立。所以，在這樣的情況下，為了保證商業銀行的安全與穩定，商業銀行必須考慮自身資金的安全性與流動性，以便保證應付存款的隨時提取與貸款的發放需求。當時，商業銀行主要是通過對資產結構的恰當安排來實現「三性」原則的追求目標，由此便形成了資產管理理論。該理論共經歷了三個不同的發展階段，即商業性貸款理論、轉移理論、預期收入理論。

7.2.3　負債管理理論

負債管理理論是在資產管理理論之後出現的商業銀行經營管理理論。

7.2.3.1　負債管理理論的形成

負債管理理論產生於20世紀60年代中期以後，它的形成是多方面因素共同作用的結果。

（1）追求高額利潤的內在動力和市場激烈競爭的外在壓力，是負債管理理論形成的主要原因。隨著銀行業務的不斷拓展，盈利性已經成為銀行經營和發展的主題，僅僅靠過去的通過調整資產結構來實現流動性的要求，已經無法滿足追求利潤的需要了，再加之各種金融機構的發展、競爭的日益加劇，銀行家們越來越強烈地感覺到應當從負債方面來考慮擴大資金來源以滿足銀行的資金需求。

（2）經濟的發展，資金需求的上升，迫切需要銀行為社會提供更多的資金。20世紀50~60年代，西方國家進入戰後的繁榮時期，經濟的高速發展，使社會各方對資金的需求猛增，其增長速度大大超過存款的增長速度。商業銀行為了滿足新的貸款需求，迫切需要到存款以外的市場尋找新的資金來源。與此同時，由於通貨膨脹加劇，使負債經營有利可圖。所以說，經濟形勢的變化，給商業銀行負債業務的開展，既提出了新的要求，也創造了有利的條件。

（3）銀行管理制度的限制以及社會經濟中嚴重的通貨膨脹，使存款利息在吸引資金方面的競爭力不斷下降。單靠傳統的吸存方式，已經無法滿足銀行資產業務對資金的需求了，客觀上要求銀行發展多種負債形式。同時，金融市場的發展、金融資產的多樣化，也為銀行負債經營創造了條件。

（4）存款保險制度的建立與發展，進一步增強了銀行家的冒險精神，刺激了負債經營的發展。

以上種種原因的共同作用，產生了商業銀行負債管理理論。一般認為該理論始於1961年美國花旗銀行發明、首創的大額可轉讓定期存單以及其轉讓市場的建立。由此，引發了一種全新的商業銀行經營管理理念——負債管理理論的產生。

7.2.3.2 負債管理理論的基本內容

負債管理理論,是以負債為經營重點來保證銀行資產流動性的經營管理理論。該理論認為:商業銀行在保證流動性方面,沒有必要完全依賴建立分層次的流動性的儲備資產的方式。一旦商業銀行需要週轉資金,完全可以向外舉債。

該理論的主要特徵表現在以下方面:

第一,以負債作為保證商業銀行流動性的經營重點。負債管理理論認為:只要商業銀行有廣大的借貸市場,它的流動性就會有一定的保障,商業銀行就沒有必要在資產業務上保持大量的、具有較高流動性的資產,而盡可能地將其投入到有盈利的貸款項目中去。必要時,甚至可以通過擴充債務來保持貸款規模的擴大。

第二,主動負債是該理論的重要方法。商業銀行可以通過負債經營來保證流動性的要求,就不像以前那樣單純地依靠吸收存款這種被動的負債方式了,該理論主張大力發展主動性的負債方式,積極向外借債。商業銀行主要通過發行大額可轉讓定期存單、發行金融債券、進行同業拆借、向中央銀行借款、向國際金融市場借款等方式來籌措資金,以解決自身流動性不足的問題。

第三,負債經營是實現商業銀行流動性和盈利性均衡的工具。對銀行的流動性要求主要來自存款的提取和貸款的發放。以前,在資產管理理論時代,銀行流動性的保證主要是通過建立分層次的流動性儲備資產實現的,這在很大程度上是以犧牲商業銀行的盈利性為代價的。而負債經營不僅可以通過擴大負債向外籌資金來保證流動性,而且使商業銀行經營者們放心大膽地去操作、使用資金,完全沒有後顧之憂,可以勇敢地去逐利,盡可能地將有限的資金投放到高盈利的資產項目上去。所以說,負債管理理論是使銀行盈利性和流動性達到均衡目標的理想工具。

7.2.3.3 負債管理理論的意義及局限性

該理論的產生,對於傳統的銀行業來講,是一場革命,因為它一改銀行界傳統、保守、穩健的經營作風,強調進取心,崇尚冒險精神,鼓勵不斷地開拓與進取,是銀行經營管理理論的一大發展。

其理論上的積極意義具體表現在:首先,為銀行加強經營管理、保證流動性方面提供了新的方法和理論,較好地解決了流動性與盈利性之間的矛盾;其次,為銀行擴大信貸規模、增加貸款投放創造了條件;最後,由於主動負債增強了銀行的資金實力,因而也就增強了銀行的市場競爭力,擴大了市場影響力,商業銀行的作用更加顯著。

其理論上的局限性也是不容忽視的,具體表現在:

第一,與「三性」均衡的要求發生矛盾。首先,該理論主張的主動負債會造成較高的成本;其次,為了保證必要的利差,資金就要高進高出,這必然會加大銀行盈利的風險;最後,這樣做的結果使銀行盈利與流動的均衡更多地依賴外部的條件,即市場上資金的充足程度。因此,隨著市場經營條件的變化,該理論內在的矛盾越來越尖銳、突出。事實

上,單靠銀行負債來維持流動性,會使銀行的負債結構發生變化,銀行變得十分脆弱,短期資金來源所占的比重越來越大、自有資金所占的比重越來越小、借短放長的現象日益嚴重,銀行經營的安全受到極大的威脅。

第二,負債經營可能引起債務危機,導致經濟的全面波動,特別是可能引發、助長通貨膨脹。商業銀行通過擴大負債來滿足對資金的需求,這就為擴大信貸規模提供了可能性。而信貸規模的不適當的擴大,會成為產生信用膨脹的主要原因,又是通貨膨脹進一步惡化的直接導因。

第三,如果商業銀行的外部債務過多,而資產又不能及時收回,為了保證銀行資產的流動性,只好濫用自己信用創造的功能,形成更多的派生存款,最終可能引發通貨膨脹等問題。

綜上所述,可以看出:經濟的發展給商業銀行的經營提出了更高的要求,僅僅使用負債管理理論已經越來越不能適應銀行經營發展的需要,客觀上要求對資產和負債進行全面的管理,於是資產負債管理理論便應運而生了。

7.2.4 資產負債管理理論

資產負債管理是指商業銀行在業務經營過程中,按照實際需要,運用科學的管理手段,對經營的各類資產與負債進行計劃與統籌安排,對其進行控制與調節,使之在總量上均衡、結構上優化,從而實現「三性」的均衡,達到商業銀行自我控制、約束與發展的理想境界。

7.2.4.1 資產負債管理理論的產生原因

首先,該理論的產生是經濟環境變化的客觀要求。20世紀70年代以後,整個世界的經濟形勢處於「滯脹」的階段。針對該狀況,從銀行的角度來講,要求它必須嚴格控製貨幣供應量和信貸規模,並通過對信貸結構的調整來促進產業結構的調整、提高經濟效益,逐步消除經濟中的「滯脹」現象,所以客觀上要求對商業銀行的資金進行全面的、綜合的管理,不能盲目地通過亂鋪攤子、擴大經營規模來提高效益。

其次,該理論的產生是金融形勢變化的客觀要求。隨著市場經濟的發展、社會的進步,商業銀行在國民經濟中的地位與作用日益明顯。但從另一個角度看,各銀行之間的競爭也是日趨激烈,脫媒現象更加嚴重,這就要求商業銀行在爭取資金來源方面提供更加優惠的條件、提供更加方便、周到的服務。但是,這樣做就會加大商業銀行的經營成本,所以,這實際上是對商業銀行的經營提出了更高的要求,要求商業銀行必須精打細算,因而客觀上產生了對資產負債進行綜合管理的要求。與此同時,金融市場的發展,也為商業銀行對資產負債進行全面綜合管理、增加盈利創造了條件。

最後,外部環境的變化,對商業銀行「三性」原則又提出了更高的要求。由於市場環境已經變得十分複雜,對商業銀行安全性的要求更高;市場的複雜化又要求商業銀行的資

金必須具備充足的流動性來保證支付，但是這兩方面又影響了盈利性，解決的辦法就是進行資產負債綜合管理。

上述種種原因迫使商業銀行經營管理者在資金管理過程中要不偏不倚，從資產和負債的綜合性上來考慮「三性」原則的具體實施，即如何以最低的成本籌集資金，以最大的利潤來安排剩餘資金。

7.2.4.2 資產負債管理理論的原則

資產負債管理的原則是指在總體上管理銀行的資產和負債時，應當注意遵循的一些帶有普遍規律的關係。

1. 對稱原則

對稱原則是指商業銀行在資產與負債問題上，對規模、結構、期限均有對稱的要求。因為商業銀行的資金來源與資金運用是一對相互聯繫、相互制約與相互依賴的矛盾統一體。

從規模上看，一般要求是有多少資金來源，就要相應安排多少資金運用；負債的結構與資產的結構應該相互適應；另外，從期限上看，還要求商業銀行的資金運用應該根據資金來源的流轉速度來決定，以負債的期限結構來制約資產的期限結構，負債到期時資產也到期，通過不斷到期的資產來滿足商業銀行清償的要求。應該指出的是：這種對稱絕不是簡單的、靜態的對等，而是一種建立在合理經濟增長基礎上的動態的平衡，或者說是一種原則上或者是方向上的對稱，尤其需要注意的是商業銀行資產和負債之間的相互轉化是不可避免的，償還期是否對稱，可以用平均流動率來衡量，即：

$$平均流動率 = \frac{資產的平均到期日}{負債的平均到期日} \times 100\%$$

若平均流動率>1，表示資金運用過度；平均流動率<1，表示資金運用不足。

2. 目標互補原則

目標互補原則認為：商業銀行經營的「三性」原則中，存在著一種共同的東西，即效用，它們的效用之和就是銀行的總效用。因此，對這三個目標可以進行比較和相加，也可以相互替代。即流動性、安全性的降低，可以通過盈利性的提高得到補償。這樣，銀行的總效用可以說是沒有改變的。反過來，盈利的減少也可以由流動性或安全性的提高來補償，從而不會降低銀行的總效用。

也就是說，安全性、流動性和盈利性三大基本目標的均衡協調，不是非要各占一定比例、不能變動的絕對平衡，而是可以相互替代與補充的。如果我們把安全性和盈利性比喻成一個天平的互相抗衡的兩端，則流動性正好是槓桿的支點，要使三個基本目標這具天平達到平衡，銀行經營管理人員既可以調整兩端的重量，也可以調整支點的位置，最終達到相同的平衡效果。

目標互補原則大大深化了人們對商業銀行經濟效益的認識，為銀行經營者提供了重要

的管理方法。

3. 資產分散原則

資產分散原則指商業銀行的資產無論是從總體結構的安排上，還是某一具體業務的種類上，或是貸款客戶的選擇上，都應該適當地分散，避免過於集中，盡量選擇一些相對獨立、相關係數較小的內容（如客戶、證券、貸款、投資等）以降低風險發生的頻率和程度，減少壞帳損失。也就是說，「不要把雞蛋放在一個籃子裡」。

在實際工作中，即使管理得最好的銀行，也無法將風險降至0，而堅持資產分散原則，則至少可以把風險控製在某一限度內。銀行切忌因某種資產運用盈利較高，便把資產全部集中於它而企圖獲大利，因為其結果往往是得不償失的，或者說風險極大。

7.2.4.3 資產負債管理的方法

具體的資產負債管理方法有資金池法、資金分配法、線性規劃法和比例管理法。由於比例管理法是目前中國商業銀行主要使用的資產負債管理方法，下面就對其做主要介紹。

資產負債比例管理的實質是通過建立關於商業銀行的安全性、流動性和盈利性等各方面的一系列指標體系，並根據經驗值和實踐發展的實際需求來確定各個指標相應的最佳值域，以此作為衡量商業銀行的運作是否正常的標準。商業銀行常採用的資產負債比例管理的主要指標分為五類。

第一類是反應資產與負債關係比率的指標，如資本充足率、資本資產比率、存貸款比率、流動性比率、中長期貸款與定期存款比率、呆帳準備金率等。

第二類是反應資產結構的比率指標，如各類貸款（工商貸款、農業貸款、消費貸款、信用貸款、擔保貸款和對單一客戶貸款等）占總資產的比率、流動性資產與總資產比率等。

第三類指標是反應資產質量的指標，主要是各級不良貸款比率等。

第四類是反應負債結構的比率，包括各類存款（活期存款、定期存款、儲蓄存款等）占總負債的比率、拆借資金率（淨拆入資金與總負債之比）、負債與資本比率等指標。

第五類是反應盈利能力的指標，主要有資本收益率、資產收益率、營運淨收入率、每股利潤、生息資產率等指標。

中國商業銀行法規定，商業銀行應當遵守下列資產負債比例管理的規定：資本充足率不得低於8%；貸款餘額與存款餘額的比例不得超過75%[①]；流動性資產餘額與流動性負債餘額的比例不得低於25%；對同一借款人的貸款餘額與商業銀行資本餘額的比例不得超過10%。

在資產負債比例指標體系的五類指標中，通過對每個指標標準值的設定和調整，銀行管理者能夠更好地實現盈利性、流動性、安全性的均衡。該指標體系及其相應的標準值可以將商業銀行的經營約束在「三性」和諧統一的範圍內，而單一的資產負債比例指標或者

---

① 2015年10月1日起施行的《中華人民共和國商業銀行法》已取消該條款。

資產負債比例指標都難以體現資金的「三性」平衡。因此，相對而言，資產負債比例管理法是適合於商業銀行經營管理的一種較好的方法。

7.2.5 資產負債外管理理論

20世紀80年代，國際原油市場供需失衡，導致原油價格大跌，同時發展中國家又發生了嚴重的債務危機。在此背景下，眾多國家為轉移信用風險，改善銀行體系信貸資產惡化的現狀，先後走上了放鬆金融管制和金融自由化之路。比如，在此期間美國取消了Q條例，完成了利率市場化改革。

金融市場化改革使銀行同業之間以及銀行與其他金融機構之間的競爭變得更加激烈，來自傳統存貸款利差的收益越來越少，銀行必須謀求新的利潤增長點。同時，在技術進步、金融創新的浪潮推動下，新的融資工具和業務方式層出不窮，為銀行業務範圍的拓展提供了新的可能性。立足於資產負債表內業務管理的資產負債綜合管理顯示出其局限性，於是資產負債外管理理論逐漸興起。該理論主張銀行應在傳統的負債和資產業務以外開拓新的業務領域與盈利源泉。例如，銀行在當時就開發出「票據發行便利」這樣一種融資工具，它對借貸雙方均有利：對借款人而言，取款靈活、成本低；對票據持有人而言，它屬於短期資產，風險小，而且不記入資產負債表。該產品受到了市場的廣泛歡迎。同期，代表性表外業務——衍生金融工具也開始登上歷史舞臺。該理論還提倡將原本資產負債表內的業務轉化為表外業務。例如，將貸款轉讓給第三者、將存款轉售給急需資金的單位等。

資產負債外管理理論的興起是對資產負債綜合管理理論的補充，前者用於管理銀行表外業務，後者用於管理銀行表內業務。目前，兩者都被應用於全球頂尖級商業銀行的經營管理之中。

7.3 商業銀行經營的主要業務

基於「三性」原則，商業銀行資金的來源與運用一直是其理論分析的重點。資產業務和負債業務也是銀行傳統的主營業務，這些業務一般會在資產負債表中得到反應。隨著經濟全球化、金融市場化進程的加快以及信息技術的飛速發展，全球銀行業的業務構成也發生著深刻的變化，除傳統的資產負債業務外，表外業務和中間業務對保障銀行的財務可持續正變得越來越重要。

7.3.1 銀行財務報表概述

商業銀行有兩種主要財務報表——資產負債表和利潤表，兩種報表的主要項目分別如表7-1和表7-2所示。

表 7-1　　　　　　　　　商業銀行資產負債表的主要項目

資產（資金的利用和支出）	負債+所有者權益（資金的來源和投入）
現金及存放同業的款項（一級儲備）	公眾存款（活期存款、儲蓄及定期存款）
流動性證券（二級儲備）	非存款負債
證券投資（產生收入的部分）	
貸款和備抵科目	所有者權益（股本、資本公積、留存收益等）
其他資產（固定資產等）	

註：資產等於負債加所有者權益之和。

表 7-2　　　　　　　　　商業銀行利潤表的主要項目

收入（使用資金及其他資產生產和銷售業務的收益）
貸款和投資的利息收入
非利息收入（其他資產經營的收入）
支出（獲得提供服務需要的資金及其他銀行資源的成本）
存款的利息支出
非存款借款利息支出
工資和期間費用支出
貸款損失準備
其他支出
稅前淨營業收入（上面所列的收入−支出）
稅收
證券交易的收益或損失
淨收益（稅前淨營業收入−稅收+證券投資淨收益）

註：總收入減去總成本必須等於淨收益。

　　資產負債表列出了商業銀行某一特定時刻所吸收的用於發放貸款和投資的資金（即資金的投入）總數和組成，以及貸款、證券和其他資金使用（即資金的產出）的分配額度。資產按照其流動性的強弱順序排列，負債按照其償還期的長短排列，所有者權益則按照其永久性遞減的順序排列。

　　利潤表中的資金投入和產出列出了銀行獲得存款和其他資金的成本及使用這些資金獲得的收入。

　　利潤表顯示了銀行向公眾出售銀行業務，例如發放貸款、金融租賃、財務顧問服務等所獲取的收入（現金流入）。此外，它還顯示了銀行獲得這些收入所支付的成本，這些成本包括：支付給儲戶和銀行其他債權投資者的利息、雇傭管理人員和其他員工的支出、租用營業場所及採購辦公設備產生的營業成本、向政府繳納的營業稅和增值稅等。

　　最後，銀行利潤表顯示的某時期內從所有收入扣減所有成本得到的淨收益，淨收益可以用於彌補虧損、計提公積金和一般風險準備金、股利分配，若還有剩餘，可以通過未分

配利潤等結轉到資產負債表中去。

7.3.2 資產業務

銀行的資產業務就是資金運用的業務。該業務至少在目前還是中國商業銀行最重要的業務，它是商業銀行獲取利潤的主要來源。商業銀行的資產包括現金資產、貸款資產、證券資產、匯差資產、固定資產等。表7-3列示了某國內代表性商業銀行2014年年底和2015年年底資產科目的構成及財務狀況。

表7-3　　　　　某中資跨國銀行資產負債表數據之一　　　　單位：人民幣百萬元

資產項目	2015年12月31日	2014年12月31日
總資產	14,786,678	13,537,357
現金及存放中央銀行款項	2,155,294	2,288,289
存放同業款項	584,093	654,957
貴金屬	173,540	191,625
拆出資金	351,371	310,144
以公允價值計量的金融資產	56,129	44,035
衍生金融資產	58,178	26,433
買入返售金融資產	73,821	94,957
應收利息	71,754	69,832
發放貸款和墊款	8,027,160	7,377,812
可供出售金融資產	688,981	445,465
持有至到期投資	1,710,303	1,355,313
應收款項類投資	593,910	425,026
長期股權投資	94,414	94,761
投資性房地產	1,951	2,036
固定資產	85,685	85,772
無形資產	12,418	12,084
遞延所得稅資產	24,085	26,277
其他資產	23,591	32,539

7.3.2.1 現金資產

現金資產是銀行持有的現金以及現金等價物，它是商業銀行所有資產中最富有流動性的部分，是商業銀行的一級儲備。現金資產主要由以下四個部分組成：

（1）庫存現金。庫存現金即商業銀行業務庫中的現鈔和硬幣，主要用於客戶取現和商業銀行本身的日常開支。它與商業銀行存在中央銀行的存款一併計入存款準備金。庫存現

金不能生息，保管有風險且費用昂貴，所以其經營原則就是保持適度的規模。

（2）在中央銀行的存款。此即為商業銀行按照規定比例提繳的存款準備金。這部分資產作為中央銀行控製商業銀行信貸規模、執行宏觀貨幣政策的支點和基礎，由中央銀行統一支配與管理。中國對存款準備金率實施動態差異化的管理方式。截至2015年年底，中國大型商業銀行的存款準備金率為17%。

（3）同業存款。它是指商業銀行存放在代理行和相關銀行的款項。商業銀行在其他銀行保持存款的目的是為了便利銀行在同業之間開展代理業務和清算收付。由於同業存款屬於活期存款性質，可以隨時支取，因而可以視為商業銀行的現金資產。

（4）在途資金。它也稱托收未達款，是指銀行收到以其他銀行為付款人的票據，已向票據交換所提出清算或已向其他銀行提出收帳，但尚未正式記入準備金存款帳戶或存放同業中的款項。這部分款項在收妥之前一般是不能抵用的，但收妥後即成為在中央銀行的存款或同業存款，所以也可將其視為現金資產。

目前在西方國家，商業銀行現金資產占總資產的比重約為5%，中國商業銀行的均值約為10%，上述代表性銀行近兩年的比重均超過15%。該部分資產雖然數額不大，但作用特殊、意義重大。國內外商業銀行現金資產持有量存在較大的差異。資產負債的結構差異與一國的金融體系的發展程度等因素相關。這些內容我們會在後面的「金融發展」篇學習到。

7.3.2.2 貸款資產

貸款是指商業銀行作為貸款人按照一定的貸款原則和政策，以還本付息為條件，將一定數量的貨幣資金按一定的利率提供給借款人使用，並按約定到期收回本息的一種信用行為。貸款資產是商業銀行中占比最大、最重要的資產。截至2015年年底，中國商業銀行各項貸款餘額99.3萬億元，占資產總額的49.8%，其中，中長期貸款占總貸款比重約55%，上述代表性銀行貸款比重與行業的均值基本一致。按照不同的標準，商業銀行貸款可以劃分為不同的種類。

（1）按貸款期限可劃分為活期貸款、定期貸款和透支三類。其中定期貸款又可以分為短期貸款（期限在一年以內，含一年）、中期貸款（期限為　年到五年，含五年）、長期貸款（期限在五年以上）。

（2）按貸款保障條件不同可劃分為信用貸款、擔保貸款。其中擔保貸款又可以細分為保證貸款、抵押貸款和質押貸款。

（3）按貸款用途可劃分為流動資金貸款和固定資產貸款。

（4）按貸款對象可劃分為工商業貸款、不動產貸款、消費貸款等。

（5）按貸款質量可劃分為正常、關注、次級、可疑、損失五類貸款，其中後三類貸款被稱為不良貸款。「五級分類」是信用風險管理中債項風險分類的基礎。在此之前，中國還有過「一逾兩呆」的貸款質量劃分法。

7.3.2.3 證券投資

商業銀行證券投資業務是指商業銀行將資金用於購買各種有價證券的業務活動,其主要目的是獲取收益、降低風險、補充流動性。

商業銀行證券投資的對象主要有債券和股票兩大類。對於具體投資範圍,各國的規定有所不同。在金融分業經營的國家中,對商業銀行的股票投資管理極為嚴格:或嚴禁商業銀行涉足此類業務,或對個別可以涉足此類投資的特殊情況設定苛刻的限制。在金融混業經營的國家則對此並無嚴格的管理,但不少國家在投資數量和比例上也有限制性的規定。

按照中國商業銀行法和證券法的有關規定,中國商業銀行在境內不得從事信託投資和股票業務。中國商業銀行證券投資的對象主要包括:國債、政策性金融債券、中央銀行票據、短期融資券、中期票據等。在分析流動性風險管理時,我們會發現證券投資業務是平衡商業銀行流動性的重要工具。

7.3.3 負債業務

負債業務是指形成商業銀行資金來源的業務,它是商業銀行最基礎、最主要的業務,是商業銀行開展其他業務的基礎。商業銀行的負債由三大部分組成,即存款負債、借入負債和結算中的負債。表7-4列示了代表性商業銀行在2014年年底和2015年年底負債和所有者權益科目的構成及財務狀況。

表7-4　　　　　某中資跨國銀行資產負債表數據之二　　　　單位:人民幣百萬元

資金的來源和投入	2015年12月31日	2014年12月31日
總負債	13,574,770	12,467,206
向中央銀行借款	364,428	299,656
同業及其他金融機構存放款項	1,746,218	1,814,414
拆入資金	302,878	201,611
以公允價值計量的金融負債	1,617	5,776
衍生金融負債	48,344	29,127
賣出回購金融資產款	176,338	32,376
吸收存款	10,403,693	9,565,329
應付職工薪酬	27,733	28,019
應交稅費	34,455	38,222
應付利息	172,304	160,819
預計負債	3,136	2,332
應付債券	233,986	233,383
遞延所得稅負債	101	121

表7-4(續)

資金的來源和投入	2015年12月31日	2014年12月31日
其他負債	59,539	56,021
所有者權益合計	1,211,908	1,070,151
股本	294,388	288,731
優先股	99,714	71,745
資本公積	138,832	129,404
其他綜合收益	7,104	-346
盈餘公積	109,215	93,868
一般風險準備	172,029	152,633
未分配利潤	390,626	334,116

7.3.3.1 存款業務

存款是銀行接受客戶存入的貨幣資金，存款人可以隨時或按約定時間支取款項的一種信用業務。存款業務是銀行的傳統業務，也是商業銀行最主要的資金來源，通常占到整個資金來源的70%以上，上述代表性銀行吸收存款占總負債比重約77%。銀監會公布的最新數據顯示，截至2015年年底，中國商業銀行各項存款餘額為139.8萬億元，占總負債的75.9%。

按照傳統的劃分方法，一般將存款劃分為活期存款、定期存款和儲蓄存款三大類。目前還應加上「創新存款」。

（1）活期存款是指不規定存款期限，可以隨時存取和轉讓的存款。客戶開立活期存款帳戶的目的是通過銀行進行各種支付結算。由於活期存款存取頻繁，銀行經營這一業務需要付出大量人力物力，營業成本較高，因此大多數國家的銀行對活期存款不支付或僅支付少量利息。例如，美國在1933年通過《格拉斯·斯蒂格爾法》，禁止銀行向普通支票帳戶支付利息。

儘管活期存款可以隨時提取，流動性高，但其對商業銀行依然具有重要的經濟意義：一方面，活期存款派生能力強，利息成本低，是商業銀行提高盈利水平的重要因素；另一方面，活期存款是密切銀行與客戶關係的橋樑。通過頻繁的存取業務，銀行與客戶間加強了信用聯繫，使銀行可以爭取更多的客戶，擴大業務規模和範圍。因此，活期存款一直是商業銀行經營的主要業務。目前，中國商業銀行的活期存款主要來源於企業的存款，而在居民儲蓄存款中，活期存款的比例占20%左右。

（2）定期存款是銀行與存款人雙方在存款時事先約定限、利率，到期後支付本息的存款，原則上不允許客戶提前支取，否則客戶會損失相應利息。定期存款的期限主要有3個月、6個月、1年、2年、3年、5年等。一般而言，定期存款的期限越長，其年利率

越高。由於定期存款的期限較為固定，因此成為商業銀行重要且穩定的資金來源，對商業銀行的長期貸款業務和投資業務都有重要意義。

（3）儲蓄存款主要是針對居民個人積蓄貨幣並取得利息收入而開辦的一種存款業務。儲蓄存款按存款形式的不同可以分為活期儲蓄存款、定期儲蓄存款、定活兩便存款、個人通知存款等。為了保障儲戶利益，各國對經營儲蓄存款業務的商業銀行有著嚴格的管理規定，並要求銀行對儲蓄存款負無限清償責任。

（4）創新存款。為了適應激烈的市場競爭，近年來西方國家的商業銀行開發出一系列新的存款形式。其特點是既能靈活方便地支取，又能對客戶支付利息。這種新型的存款帳戶為客戶提供了更多的選擇，充分滿足了存款人對安全性、流動性與盈利性的多重要求，從而吸引了更多的客戶，同時也為商業銀行擴大了資金來源。

這些存款創新業務主要有：大額可轉讓定期存單（CDs）、可轉讓支付命令帳戶（NOWs）、自動轉帳服務帳戶（ATS）、貨幣市場存款帳戶（MMDA）等。通過存款業務的創新，使以前很多無息存款帳戶變成了有息存款帳戶。2009年美國國會通過了《華爾街改革和消費者保護法》，進一步明確了這方面的內容。

7.3.3.2 借款業務

商業銀行的借款業務也稱為主動負債業務，是指商業銀行主動通過金融市場或直接向中央銀行融通資金的業務，是負債管理理論的實踐。商業銀行的借款途徑主要有以下幾種：

（1）向中央銀行借款。商業銀行向中央銀行借款主要有兩條途徑：再貼現和再貸款。再貼現是商業銀行將其辦理貼現業務所取得的未到期票據向中央銀行申請貼現以融入資金的行為，再貸款是中央銀行向商業銀行提供的放款。

向中央銀行借款並不能隨心所欲，因為由中央銀行流出的資金都是基礎貨幣。中央銀行對商業銀行的借款既有對借貸資金數量的限制，還有對再貼現票據的質量、種類、期限的要求，因此商業銀行只有在萬不得已時才會使用這種借款方式。

（2）同業拆借。同業拆借即商業銀行相互之間、商業銀行與其他金融機構之間的短期借款，其期限大多在1~7天之間，最短只有半天，最長不超過一年。對同業拆借的資金用途各國都有著嚴格的規定，如中國商業銀行法明確規定，金融機構拆入的資金只能用於彌補票據結算、聯行匯差頭寸的不足和解決臨時性的資金需要，禁止利用拆入資金發放固定資產貸款或者用於投資。

（3）回購協議。回購協議是指商業銀行將其持有的有價證券等金融資產暫時出售給其他金融機構、政府甚至企業，並約定在將來某個日期以約定的價格購回的一種協議。這實際上是一種以金融資產作為質押來獲取短期資金融通的融資方式。

（4）轉貼現和轉抵押。轉貼現是指商業銀行將已經貼現但尚未到期的票據轉售給其他銀行以取得資金的行為。轉抵押是指商業銀行將因發放抵押貸款而獲得的借款客戶所提供的抵押品再次向其他銀行申請抵押貸款以取得資金的行為。這兩種方式的手續和涉及的關

係都比較複雜，受金融法規的約束較大。

（5）發行金融債券。發行金融債券是指商業銀行以金融債券為債權債務憑證，向貨幣持有者借入資金並支付利息的融資活動。發行金融債券可以拓寬資金的來源渠道，促進資金來源多樣化。但是發行金融債券也具有一定局限性：金融債券的發行數量、利率、期限等要受到中央銀行的嚴格限制；籌資成本較高；債券的流動性受債券市場發達程度的制約等。

（6）國際金融市場借款。國際金融市場借款也是跨國商業銀行補充資金的重要來源。目前國際金融市場最具規模、影響最大的是歐洲貨幣市場。商業銀行在歐洲貨幣市場上借款主要通過發行固定利率的定期存款、出售票據等方式來籌集短期資金。此外，還可以發行外國金融債券等方式籌措長期資金。

7.3.3.3 結算中的負債

結算中的負債是指在商業銀行的結算業務活動中，一些特殊的結算方式所要求的臨時負債。例如：信用證結算方式可以使購貨單位的開戶行獲得一筆暫時負債，匯票結算、限額結算方式也可以形成類似的負債；此外，由於各種原因而形成的暫收款、應付款，也可視為結算中的負債。這部分負債數量有限，但相對穩定。隨著現代通信技術的發展，這部分負債會越來越少。

結合表 7-4 可以看出，上述代表性商業銀行負債業務中的吸收存款業務是其資金最主要的來源，加上向中央銀行借款、同業存款和債券融資三類業務，占到了該銀行資金來源的 96.5%。如何優化銀行的資金來源問題是中國銀行業改革面臨的重大課題。

7.3.4 中間業務

中間業務就是商業銀行不用或較少占用自己的資金，以中間人的身分為客戶辦理收付和其他委託事項，提供各種金融服務並收取各種費用的業務。該種業務是由資產業務和負債業務衍生而來的，不在資產負債表中反應，具有相對的獨立性。由於中間業務一般不占用商業銀行的資金，因此風險較小，對商業銀行的資本金要求不高，而對於市場的影響力卻很大，一直是商業銀行間競爭的焦點。中間業務的種類繁多，主要包括支付結算類業務、銀行卡業務、代理類中間業務、基金託管類業務和諮詢顧問類業務。

7.3.4.1 結算類業務

結算類業務是商業銀行存款業務的延伸，是連接商業銀行存貸款業務的紐帶。由於交易雙方的貨幣收支絕大部分是通過雙方支票存款帳戶上的資金劃撥來完成的，所以結算業務的作用非常重要。它是利用一定的結算工具，以信用收付代替現金收付，通過收付款雙方在商業銀行開立的存款帳戶，將資金由付款方帳戶劃至收款方帳戶。結算工具主要有支票、匯票、本票、委託收款、信用卡等。該業務的開展，可以大大提高資金的週轉速度、提高結算效率、節約結算成本、保證收付雙方的資金安全；同時，也增強了商業銀行對於企業的監督、控制能力。

7.3.4.2 銀行卡業務

銀行卡是由經授權的金融機構（主要指商業銀行）向社會發行的具有消費信用、轉帳結算、存取現金等全部或部分功能的信用支付工具。銀行卡根據清償方式可分為三種類型：借記卡、貸記卡和準貸記卡。借記卡要求持卡人先存款後支取，不允許透支；貸記卡是可以在一定額度內透支的信用卡；準貸記卡兼具貸記卡和借記卡的部分功能，要求先存款後消費，可以進行小額透支。

7.3.4.3 代理類業務

代理類中間業務指商業銀行接受客戶委託，代為辦理客戶指定的經濟事務、提供金融服務並收取一定費用的業務。商業銀行不參與客戶的決策、不承擔風險，單靠提供服務來收取服務費與手續費，是典型的中間業務。商業銀行開展的代理業務種類較多，包括代理政策性銀行業務、代理中國人民銀行業務、代理商業銀行業務、代收代付業務、代理證券業務、代理保險業務、代理其他銀行的銀行卡收單業務等。商業銀行完全可以在資金以及實力許可的情況下，積極開展各種代理業務，不斷擴大代理範圍、增加代理主體、提高代理質量，提升商業銀行的市場競爭力以及影響力。

7.3.4.4 個人理財業務

個人理財業務是指商業銀行為個人客戶提供的財務分析、財務規劃、投資顧問、資產管理等專業化服務活動。按照管理運作方式的不同，商業銀行個人理財業務可以分為理財顧問服務和綜合理財服務。在理財顧問服務中，客戶接受理財人員提供的理財顧問服務後，自行管理和運用資金，並獲取由此產生的收益和承擔相應的風險。在綜合理財服務中，客戶授權銀行代表客戶按照合同約定的投資方向和方式，進行投資和資產管理，投資收益由客戶獨享或客戶與銀行按照約定方式分享並承擔相應的風險。

個人理財業務是商業銀行中間業務的重要組成部分。在西方發達國家，個人理財業務幾乎進入了每一個家庭，其業務收入已占到銀行總收入的30%以上。2004年9月，中國銀監會正式批准商業銀行開展人民幣理財業務，中國商業銀行理財業務開始迅速發展。截至2015年年底，中國銀行業金融機構共存續理財產品約6萬只，理財資金餘額達到23.5萬億元，較2014年增長56.5%。

7.3.4.5 資產託管類業務

資產託管類業務是指具備一定資格的商業銀行作為託管人，依據有關法律法規，與委託人簽訂委託資產託管合同，安全保管委託投資的資產，履行託管人相關職責的業務。

中國商業銀行資產託管業務起步於20世紀後期，目前，經過監管部門批准的在國內銀行中普遍開展的資產託管類業務品種主要包括證券投資基金託管、證券公司客戶資產託管、信託資產託管、保險資產託管、社保基金託管、企業年金基金託管等十餘個品種。

7.3.4.6 諮詢顧問類業務

諮詢顧問類業務指商業銀行依靠自身在信息、人才、信譽等方面的優勢，收集和整理

有關信息，並通過對這些信息以及銀行和客戶資金運動的記錄和分析，形成系統的資料和方案，提供給客戶，以滿足其業務經營管理或發展的需要的服務活動。它主要包括企業信息諮詢業務、資產管理顧問業務、財務顧問業務、現金管理業務等。

隨著商業銀行的競爭不斷加劇，傳統業務盈利空間不斷縮小，中間業務在商業銀行轉變經營模式、提高盈利水平過程中的作用越來越重要。在國外，商業銀行的中間業務已經發展得比較成熟，如美國、日本、英國的商業銀行中間業務收入占全部收益的比重均在40%左右，而目前中國商業銀行中間業務收入的比重只占總收入的20%左右，未來的發展空間巨大。

7.3.5 表外業務

從字面上理解，表外業務就是資產負債表以外的業務。從廣義上看，它既包括前面的金融服務類的中間業務，也包括或有資產、或有負債的業務；從狹義上理解，就僅指後一類。我們這裡講的是狹義的表外業務，即：這一類業務雖然不在資產負債表中反應，但是與表內的資產業務、負債業務的關係十分密切，可以在一定的條件下轉化為表內的業務，所以也稱之為或有資產、或有負債。它最大的特點就是要求商業銀行對市場有比較準確的預測，對客戶的信譽度要求也較高，對商業銀行的管理水平和具體操作人員的基本素質要求嚴格，業務的收益率較高，但風險也較大。

進入20世紀80年代以來，西方商業銀行的表外業務飛速發展，其根本原因應歸結為規避利率和匯率波動帶來的巨大風險、逃避金融監管當局對商業銀行資本金的監管要求、取得更多的盈利、應對更加激烈的市場競爭、滿足日益多樣化的客戶需求，以及科學技術進步提供的可能性等因素。表外業務的出現與發展，為商業銀行的可持續發展打開了一片嶄新而寬闊的市場空間。表外業務主要包括擔保或類似的或有負債、承諾類業務和金融衍生工具三大類。

7.3.5.1 貸款承諾

貸款承諾是指商業銀行向客戶做出承諾，保證在未來的一定時期內，根據一定的條件，隨時應客戶的要求提供貸款。商業銀行在提供這種承諾時，一般要按照一定的比例向客戶收取承諾費。貸款承諾一般以商業銀行向客戶提供一個信貸額度的方式進行，在這個額度內，商業銀行將隨時根據客戶的貸款需要提供貸款。

7.3.5.2 備用信用證

備用信用證實際上是商業銀行為其客戶開立的信用保證書，保證了備用信用證持有人對第三方依據合同所做出的承諾。該業務涉及三方當事人：①開證人（Issuer）；②開證申請人（Account Party）；③受益人（Beneficiary）（通常是關心其向申請人提供的資金安全性的出借人）。通常，開證申請人與受益人之間已經達成某種協議，根據該協議，開證申請人對於受益人負有償付或其他義務。商業銀行應開證申請人要求向受益人開立備用信用

證，保證在開證申請人未能按照協議償付或履行其義務時，代替開證申請人向受益人進行償付。商業銀行為此而支付的款項轉化為商業銀行對於該開證申請人的貸款（在大多數情況下，備用信用證只是備而不用）。通過開展此項業務，開證申請人可以大大提高自身的市場信譽，而商業銀行也從中獲取了手續費收入。

7.3.5.3 貸款銷售

銀行貸款可以通過資產證券化的渠道來籌集新的資金，其本身還可以出售給新的所有人。實際上，貸款銷售（Loan Sales）現在已廣為流行，各種規模的金融機構均有此做法。就商業銀行而言，通過貸款銷售，不僅可以直接減少風險資產的比例，提高資產的流動性，還可以通過為貸款購買者提供收取利息、監督債務人財務狀況等售後服務方式，獲取一定的收益。在國際信貸市場上，貸款的主要購買者包括商業銀行、保險公司、養老基金、非金融機構以及大型證券交易商（如高盛與摩根士丹利）。這些貸款的銷售者有德意志銀行、摩根大通、荷蘭國際集團等。

貸款銷售有幾種不同的形式，最常見的類型有：參與貸款（Participate Loan）、轉讓（Assignment Loan）和貸款剝離（Loan Strip）。

除此之外，商業銀行的表外業務還包括大量的衍生金融業務，如金融期貨、期權、遠期、互換、掉期等，它們是近年來國際金融機構金融創新的主要成果，也是金融工程研究的主要內容，這些內容在前面的金融市場和後面的金融創新章節中都有介紹。

表外業務對於商業銀行來說就像是一把「雙刃劍」，既可以帶來巨大收益，也可以帶來巨大風險。由於表外業務不反應在商業銀行的資產負債表中，同時又常常以或有資產、或有負債的形式存在，因而具有相當大的隱蔽性，一旦客戶違約或商業銀行市場預測判斷失誤或操作失誤，都有可能給商業銀行造成極大的風險損失，甚至是滅頂之災。英國巴林銀行、美國雷曼兄弟公司的破產就是典型的案例。所以，商業銀行等金融機構必須在嚴格的自律以及金融監管約束下謹慎行事。

7.4 商業銀行的風險管理

商業銀行業屬於高風險行業，所以，風險管理是商業銀行經營管理的重要組成部分。事實上，前面介紹的資產、負債以及兩者的綜合管理都屬於風險管理的範疇。

7.4.1 銀行風險管理概述

7.4.1.1 商業銀行風險的概念

風險，就是由於事物的不確定性而導致損失的可能性。商業銀行風險就是指商業銀行經營過程中由於各種不確定因素的存在而使商業銀行遭受經濟損失的可能性。商業銀行風

險在商業銀行業務開展過程中，是一種必然存在的客觀現象，所以，商業銀行的風險管理貫穿銀行管理的始終。

7.4.1.2 商業銀行風險的特徵

雖然商業銀行風險的發生是多種因素造成的，但其發生仍然是有規律可循的。

（1）商業銀行風險的普遍性。這是指商業銀行的業務普遍存在風險，絕對的安全是不存在的。這是因為：商業銀行業務是以信用為基礎的，商業銀行是信用的融資中心，在這個相互密切聯繫的信用多邊關係體中，風險是無處不在、無時不在的。

（2）商業銀行風險的擴散性。這是指由於商業銀行的地位與特殊的作用，使其一旦發生風險，就很容易蔓延與擴散，從而給社會經濟造成極大的殺傷。這是因為商業銀行不僅向社會提供信用，而且還在很大程度上創造信用。它的派生存款的放大功能在風險發生時也會使損失得到同樣的放大。另外，在高度發達的經濟社會裡，很多商業銀行和全社會的經濟體共同構成一個信用體系，商業銀行處在信用融資中心的地位，信用體系中的任何一個終端發生風險，都會不可避免地將風險傳遞到信用網路的各個角落。

（3）商業銀行風險的隱蔽性。由於商業銀行的信用創造功能，因而使它可以在很長一段時間內通過不斷創造新的信用來維持和掩蓋或試圖補救已經失敗的信用關係，或者是已經發生的信用風險損失，而且可以使其潛伏下來。只有當這一假象難以繼續掩蓋下去的時候，才會以突發的方式暴露出來，並且一發而不可收拾。此時，任何補救措施都為時已晚。

（4）商業銀行風險的客觀性。這是說，無論是自然界的各種天災，還是經濟社會中各種人為的災禍，都是客觀存在的，它是不以人們的意志為轉移的。商業銀行風險滋生於商品經濟之中，是客觀存在的。

7.4.1.3 商業銀行風險的種類

商業銀行的風險可以有很多種表現形式，對於銀行風險的分類也有不同的劃分標準。根據誘發風險的原因的不同，巴塞爾銀行監管委員會將商業銀行面臨的風險分為信用風險、市場風險、操作風險、流動性風險、國家風險、聲譽風險、法律風險以及戰略風險八大類。前面四項是商業銀行較常見的、可以主動管理的風險類別，後面將做詳細介紹。

（1）信用風險，也稱違約風險，是指由於商業銀行債務人的債務違約行為而導致貸款或證券等商業銀行持有的資產無法按期足額收回本金和利息從而造成損失的可能性。

（2）市場風險，是指因市場價格的不利變動從而造成商業銀行表內及表外業務發生損失的可能性，包括利率風險、匯率風險、股票風險、商品價格風險等。其中，利率風險是商業銀行面臨的最大的市場風險。

（3）操作風險，是指由於銀行內部的信息系統、控製系統或公司治理機制的不完善以及外部事件影響從而造成銀行損失的可能性。

（4）流動性風險，是指商業銀行無法以合理成本及時獲得充足資金，用於償付到期債務、履行其他支付義務和滿足正常業務開展的其他資金需求的風險。這些風險可能會使銀

行蒙受信譽損失或經濟損失，甚至有發生擠兌、倒閉的可能性。

（5）國家風險，是指在商業銀行從事的跨國貸款業務中，借款人因其國家政治、經濟、社會環境變化，使其不能按照合同規定償還商業銀行債務本息的可能性。

（6）聲譽風險，是指由商業銀行經營、管理及其他行為或外部事件導致利益相關方對商業銀行負面評價的風險。2009年1月，巴塞爾銀行監管委員會新資本協議徵求意見稿中明確將聲譽風險列為第二支柱，成為商業銀行的八大風險之一，並指出銀行應將聲譽風險納入風險管理的流程中，並在內部資本充足率和流動性預案中適當覆蓋聲譽風險。

（7）法律風險，是指由於市場環境的變化而引發的有關法律條款或章程的變化，或者是有關經濟、金融法規不健全，或者是已有的法規對商業銀行風險的規定不具體，或者是有關法律的層次不高、約束力差等原因，導致商業銀行經營策略或投資方向、投資方式發生變化所造成的銀行資金損失的可能性。

（8）戰略風險，是指銀行在追求短期商業目的和長期發展目標的系統化管理過程中，不適當的未來發展規劃和戰略決策可能威脅銀行未來發展的潛在可能。

7.4.2 銀行風險管理方法

商業銀行在業務經營中，風險是不可避免的，因而必須正視風險存在的客觀事實，未雨綢繆，提前採取相應的措施並加以防範。商業銀行需要根據各種業務發生風險的概率，適度安排業務種類、比例和規模，研究預測好資金的投向，註重客戶與項目的合理選擇，使風險得到有效分散；同時，要運用好銀行自身以及外部的各種管理手段和技能，將風險最大限度地予以控製、降低、轉移、消除與化解。

7.4.2.1 風險的預防

預防風險是指對於可能發生的風險設置層層防火屏障。可以說，商業銀行抵禦風險的預防措施有很多，例如：上繳的法定存款準備金是貨幣當局限制和調控商業銀行信用擴張、為商業銀行安全經營之需而準備的資金，保持一定數額的超額準備金，是商業銀行為了保證存款的提取和貸款的發放以及合理的投資而準備的；普通呆帳準備金和專項呆帳準備金的提取是為了防備並補償貸款本息可能遭受的損失；保持一些資本損失準備金是為了防備因災害、失竊以及虧損等原因造成的資本損失，等等；最終的一層「防火牆」就是保持充足的資本金，它除了滿足金融監管當局的規定比率、購置銀行必需的固定資產和維持公眾對商業銀行的信心以外，還可以彌補日常週轉中偶發性的資金短缺，在銀行虧損或破產時保護存款人與債權人的利益等。

7.4.2.2 風險的迴避

迴避風險是指商業銀行對於風險明顯的經營活動所採取的避讓的處理方式。它實際上是對風險的事前控製，是針對已經意識到的高風險，採取主動放棄或拒絕承擔風險的辦法。例如，在商業銀行的經營過程中，主動放棄對某一產業、某一企業或某一項目的貸款支持。

商業銀行經常採用的規避風險的方法有避重就輕的投資選擇方式、「收硬付軟」「貸硬借軟」的幣種選擇方式，揚長避短、趨利避害的債務互換方式，資產結構短期化方式等。

風險的迴避是一種較為保守的風險控製辦法。不承擔風險自然也就不會蒙受風險損失，但同時也意味著市場份額的降低和盈利機會的喪失，從而使銀行自身在競爭激烈的市場中處於不利地位。所以，銀行經營管理者應該持有的正確態度是：正確權衡風險與效益的關係，主動迴避那些風險與效益不匹配的、自己不熟悉的業務，主動爭取那些風險與效益相匹配的、自己熟悉並可以駕馭的業務，既要保證銀行信貸資金的安全，又要保證銀行的經濟效益。

7.4.2.3 風險的分散

分散風險是為了防止風險過於集中而將風險組合多元化的一種措施。其最基本的做法就是通過資產結構的多樣化，選擇彼此相關係數較小的資產進行合理組合與搭配，使高風險資產的風險向低風險的資產擴散，以降低整個銀行資產組合的風險程度，即「不把雞蛋放在一個籃子裡」。

商業銀行分散風險的方式很多，其中包括：銀行客戶分散、銀行信貸資金期限分散、銀行貸款利率分散、銀團貸款等。除此之外，銀行風險的分散還包括銀行信貸資產在行業、地區、幣種等方面的結構性分散。

7.4.2.4 風險的轉移

轉移風險也是一種事前控製風險的手段。它是指利用某些合法的交易方式和業務手段，將可能發生的風險全部或部分轉嫁給他人承擔，以保證銀行自身資金安全的行為。

商業銀行風險轉移的途徑和方式主要有：風險資產出售、擔保、抵押、保險、市場交易等。

7.4.2.5 風險的補償

風險補償是指商業銀行用資本、利潤、抵押品拍賣收入等資金補償其在某種風險上遭受的損失。

可以說，無論怎樣完善的風險防範與控製機制，都無法完全控製所有風險損失的發生。由於銀行風險的防範與控製只是相對的，而風險的發生卻是絕對的，所以，一旦風險發生，造成銀行資金、信譽的損失，最重要的問題就是立即止損，並對損失進行及時補償。否則，勢必削弱商業銀行的信貸資金實力，降低銀行信譽，影響其日後經營活動的正常開展。

商業銀行風險補償的方式主要有：貸款時要求提供擔保和抵押物、按規定比例提取各種呆帳準備金、保持充足的資本金等。

金融風險管理的過程可以歸納為五個步驟，即風險識別、風險評估、風險管理方法選取、實施風險控製手段、評價風險管理效果。下面結合商業銀行面臨的四種主要的風險類別，分別論述其風險管理的主要過程。

7.4.3 信用風險管理

由於銀行業面對的傳統風險是信用風險，巴塞爾銀行監管委員會對信用風險做了深入的研究，發現信用風險敞口主要來源於信貸業務以及債券投資業務。此外，前述的幾種表外業務也都存在信用風險，如衍生金融工具、貸款承諾和信用證等。

7.4.3.1 信用風險的識別

信用風險識別是指銀行通過對經營環境變化情況、客戶或交易對手的瞭解、考察與分析，辨別出債務人或交易對手違約可能性或信用質量的變化，以及識別造成的損失的過程。主要有系統性分析和非系統性分析兩種方法。

1. 系統性分析

任何單一的經濟個體都是在一定的宏觀環境下活動的，因此，在對經濟個體進行具體分析之前，需要對宏觀的系統性環境進行研究。美國麻省理工學院2002年的一項研究發現，40%~50%的發達金融體信用損失來源於系統性風險。具體來講，系統性風險主要包括宏觀經濟風險、行業風險、區域風險等。

宏觀經濟風險是指因與整體經濟發展趨勢相關的各種經濟變量、政策變量的變化而導致銀行業務基本面變壞的風險。通常，經濟所處的經濟週期階段與面臨的財政貨幣政策是主要衡量因素。

行業風險是指各個行業分別面臨的風險。銀行準備貸放資金的企業都處於某一特定行業中，因而銀行就必須評估各行業的特殊風險。在收益差不多的情況下，不考慮其他因素，銀行就會將信貸資源更多地分配於風險相對小的行業。行業風險一般包括行業週期因素、行業結構因素、上下產業鏈條因素等。

區域風險是指單個區域面臨的風險。企業經營都受制於一定的地理位置（要麼是市場受約束，要麼是辦公場地位於一定的區域），因此，由某一地理環境決定的各種風險因素會對區域內企業造成普遍的影響。如地震高發地區的生產經營成本會更高（更高的房租成本、人員成本等），經營風險更大；再如中國基礎設施齊全，產業鏈完備，人才儲備較多，因而營運效率較高，較之其他東南亞國家糟糕的情況，風險要低一些。

2. 非系統性分析

對信用風險的非系統性分析，主要是指對經濟個體的分析，包括對經濟個體的基本信息分析、財務狀況分析和非財務因素分析。由於篇幅有限，這裡只詳細介紹針對單一法人客戶的分析範式。

（1）單一法人客戶的定性分析

定性分析主要包括非財務因素分析，定性分析是商業銀行信用管理的主要內容。其關注的重點，從宏觀層面講，有客戶的類型、基本經營情況、信用狀況等；從微觀的角度講，主要包括管理層風險分析、生產與經營風險分析、擔保分析等。

①管理層風險分析。它主要是對企業管理者人品、經營能力或管理獨立性的分析。如企業經營歷史記錄、所有者的品德與誠信度、中高層管理人員的素質、管理者與所有者的獨立性等。

②生產與經營風險分析。企業面臨的所有風險總歸是經營管理的風險，企業經營管理不善，會導致信用風險等各種風險。生產與經營分析包括企業目標及戰略是否準確、產品研發是否順利、定位是否符合消費者需求、原料供應是否穩定、生產上技術是否成熟、勞資關係是否融洽、銷售能力是否強大，等等。

③擔保分析。在其他因素確定時，擔保能有效減少銀行面臨的信用風險。擔保主要分為保證、抵押、質押等。保證是指在銀行和借款人之間引入第三方保證人，讓其承擔連帶責任，為按約償還貸款提供支持。保證分析主要包括保證人資格、財務實力、保證意願、法律責任的約束分析。抵押與質押都是在借款合同中將一定的資產所有權進行擔保，當借款人無法履行合同時，商業銀行可將擔保資產進行拍賣或進行其他處置，用所得收益償還貸款。不同的是抵押不需要轉移所有權，而質押需要將資產轉移至債權人。

(2) 單一法人客戶的定量分析

定量分析是與定性分析相互對應的分析方法，互為補充。其分析的重點包括銀行對企業的經營成果、財務狀況以及現金流量情況的詳細分析。這一分析廣泛應用於法人客戶。財務分析是一項系統工程，它包括了從財務報表出發的各種指標或數值的綜合理解，主要包括財務報表分析、財務比率分析和現金流量分析。

①財務報表分析。這主要是對企業資產負債表和損益表進行分析，這有助於銀行深入瞭解客戶的經營狀況或可能存在的問題。它的主要內容有四：識別和評價財務報表風險；識別和評價經營管理狀況；識別和評價資產管理狀況；識別和評價負債管理狀況。識別和評價財務報表風險時，主要關注財務報表的編制方法及其質量能否充分反應客戶實際和潛在的風險，如是否如實提供會計信息、報表編制基礎是否一致、有無隨意變更會計處理方法等。識別和評價經營管理狀況時，主要是指通過分析損益表，識別和評價客戶的銷售情況、成本控制情況以及盈利能力。識別和評價資產管理狀況時，主要包括資產質量、資產流動性以及資產組合分析。識別和評價負債權利狀況時，主要指對資產負債期限結構的分析。

②財務比率分析。財務比率主要分為四大類：盈利能力比率、效率比率、槓桿比率、流動比率。盈利能力比率是衡量管理層將銷售收入轉換為實際利潤的效率，體現管理層控制費用並獲得投資收益的能力。這主要包括銷售毛利率、銷售淨利率、資產淨利率、總資產收益率。效率比率又稱營運能力比例，體現了管理層控製和管理資產的能力。這類比率主要包括存貨週轉率、存貨週轉天數、應付帳款週轉率、應收帳款週轉天數、流動資產週轉率、總資產週轉率和資產回報率（ROA）、權益收益率（ROE）。槓桿比率體現了企業所有者利用自有資金獲得融資的能力，也體現了企業償債資格和能力，包括資產負債率、有形淨值債務率、利息償付比率（利息保障倍數）。流動比率體現了客戶短期償債的能力，

主要包括流動比率和速動比率。

③現金流量分析。現金流量分析就是對企業編製的現金流量表進行分析，主要是分析出入企業的現金流情況。企業的現金流情況分為三個方面：經營活動的現金流、投資活動的現金流、融資活動的現金流。經營活動現金流是指企業在日常經營過程中，由非投資或籌資活動產生的現金流量，如銷售貨物收到現金或購買材料支出現金等；投資活動現金流量是指企業長期資產（非金融資產）的購建等投資或處置活動產生的現金流，如收回投資分得股利收到現金或購建固定資產導致現金流出等；籌資活動是指導致企業資本及債務規模和構成發生變化的活動，如吸收股權投資或借款收到現金，或償還債務導致現金流出等。在分析企業現金流量時，應當全面考察與信用風險相關的信息。一般而言，包括現金流量的總量分析、結構分析和趨勢分析。通過這些分析，可以考察企業財務還款能力和可能性。

7.4.3.2 信用風險的度量

信用風險度量是現代信用風險管理的基礎，它包括兩大類：客戶評級以及債項評級。客戶評級是指商業銀行對客戶償債能力和意願的計量和評價；而債項評級是指對客戶違約後的債項損失大小的估計。客戶評級與債項評級構成了信用風險評價的兩個維度。

1. 客戶評級

目前，商業銀行對客戶信用風險的度量主要有專家判斷法和信用評分法兩種。

（1）專家判斷法。這是指商業銀行對客戶信用評級時依賴於專業人員的主觀判斷。這些專家通常是銀行的資深員工，經過長期職業生涯訓練，他們累積了信用分析的經驗和技能，並獲得了內部認可和權威。在信用評審中，這些專家的分析結果和意見將成為發放貸款以及貸款條件的主要依據。他們考慮的因素主要分為五個，即品格（Character）、資本（Capital）、能力（Capacity）、擔保品（Collateral）、商業環境（Condition），這個分析法也被稱為5C法。

①品格。這是指客戶的誠實守信程度或「還款意願」，是對客戶聲譽的度量。具體包括企業負責人的品德、經營管理水平、資金運用狀況、經營穩健性等。這些特徵經常可以通過企業與銀行或其他債權人的關係反應出來。

②資本。這是指企業的資金實力和財務槓桿情況。一般來說，企業資本雄厚，其抵禦風險的能力就越強，違約可能性越低；企業槓桿率越高，債務情況越嚴重，意味著企業償還壓力越大，違約事件的可能性就越高。

③能力。這是指企業的還款能力，分為兩個方面：企業未來現金流的變動趨勢及波動性；企業的管理水平。企業未來現金流變動趨勢向下，波動性增加，管理水平的減弱，都將增大信用違約風險。

④擔保品。擔保品因為其特殊的連帶性質，有利於降低風險，從而是貸款發放和定價的關鍵因素之一。實務中，銀行對擔保品的優先權越高，擔保品的價值越高，貸款風險越低。

⑤商業環境。企業經營都是處於一定的環境之下的，環境的變化會或多或少地影響企業經營績效，從而對企業信用能力產生衝擊。具體的商業環境分析類似於本節系統性分析情況，在此不再贅述。

（2）信用評分法。信用評分法是根據借款人一些可觀察的特徵變量計算出的一個數值（得分），用這個值來量化違約風險。這個方法的關鍵是特徵變量和相應權重的選擇。其基本過程是：首先，根據經驗或相關性分析，確定某一類借款人信用風險的主要因素，模擬出具體的函數形式；其次，根據歷史數據進行迴歸，得出相關因素的權重，體現其風險貢獻度；最後，將此類別借款者的相關特徵值與權重帶入估計的函數關係式計算其確定值。商業銀行再根據這個值的大小判斷企業的信用風險水平，進行相應的信用評級，並決定貸款與否。

信用評分法中，Altman 在 1968 年開發的 Z 計分模型最具有代表性。他認為製造類企業違約因素主要有流動性因素、盈利性因素、槓桿性因素、償債能力因素和活躍性因素。具體而言，Altman 用五個財務指標來表示，最終的 Z 函數為：

$Z = 0.012 X_1 + 0.014 X_2 + 0.033 X_3 + 0.006 X_4 + 0.999 X_5$

上式中，

X_1＝（流動資產－流動負債）／總資產，代表流動性因素；

X_2＝留存收益／總資產，代表槓桿性因素；

X_3＝息稅前利潤／總資產，代表盈利性因素；

X_4＝股票市值／債務帳面價值，代表償債能力因素；

X_5＝銷售額／總資產，代表活躍性因素。

Z 值代表違約風險的大小，Z 值越高，違約概率越小。Altman 指出，Z 值大於 3.3 時，企業基本沒有違約風險；當 Z 值小於 1.81 時，企業存在很大的破產風險。

2. 債項評級

債項評級，是對交易本身的特定風險的度量和評估，反應客戶違約後的債項損失大小。特定風險因素包括抵押、優先性、產品類別、地區、行業等。

（1）債項風險分類，也即信貸資產風險分類。我們在前面已瞭解過五級分類，這種分類法是目前債項分類的國際標準，其具體內容如下：

①正常。借款人能夠履行合同，不存在任何影響貸款償還的消極因素，銀行有充分的理由相信借款人能夠按時足額償還貸款，貸款損失率為零。

②關注。儘管借款人目前有能力償還貸款本息，但存在一些可能對償還不利的影響因素。這些不利因素如果繼續下去，償還能力會受到影響，貸款損失概率大於零但小於 5%。

③次級。借款人的還款能力出現明顯問題，完全依靠其正常營業收入已無法足額償還貸款本息，需要通過處置資產或額外融資來保證。此時貸款損失率較大，約 30%～50%。

④可疑。借款人無法足額償還貸款本息，即使執行擔保，也肯定要造成較大損失。損

失概率在50%~75%之間。

⑤損失。借款人無法償還本息，無論採取何種措施，本息都無法收回或只能收回極少部分。損失概率為100%。

（2）債項評級的計算。債項評級主要是通過計算借款人的違約損失率來表現的。它是指借款人違約後貸款損失占總貸款的比例。違約回收率與違約損失率對應，表示貸款回收的比例。二者相加之和為1。通常違約損失率的計算方法有兩種：市場價值法和回收現金流法。

①市場價值法。它的思想是通過市場上類似資產的信用價差和違約概率推算違約損失率，其假設前提是市場能及時有效地反應債券發行企業的信用風險變化，主要適用於已經在市場上發行並且可交易的大企業、政府、銀行類債券。

②回收現金流法。它的計算過程是根據違約歷史清收情況，預測違約貸款在清收過程中的現金流，先算出違約回收率；然後用1減去這個值得到違約損失率，即違約損失率＝1-違約回收率＝（回收金額-回收成本）/違約風險暴露。

7.4.4 市場風險管理

市場風險是指由於金融市場因素如利率、匯率、證券價格、商品價格等的不利變化而導致銀行資產業務、負債業務和表外業務發生損失的可能性。其中，利率風險是商業銀行市場風險管理的重點。市場風險識別與信用風險識別有共同之處，故從略。本部分主要講述市場風險的度量。市場風險的度量方法有很多，如缺口—久期分析、在險價值（VaR）分析和壓力測試等。

7.4.4.1 缺口—久期分析

這種分析方法屬於敏感性分析方法的子類別。敏感性分析主要包括：缺口分析、久期分析、凸性分析（γ分析）、德爾塔分析（δ分析）、波動性分析（θ分析）等。限於篇幅，僅介紹銀行進行利率風險管理常用的缺口分析和久期分析。

（1）缺口分析。缺口分析是計量利率變動對銀行當期收益的影響的一種方法。這種方法先將銀行的所有生息資產和付息負債按照重新定價的期限劃分到不同的時間段（如1個月以下、1個月至3個月、3個月至1年、1至5年、5年以上等）；再在每個時間段內，將利率敏感性資產減去利率敏感性負債，就得到了每個時期的缺口；最後用這個缺口值乘上利率變動，即得出這一利率變動對銀行淨利息收益的影響。其公式為：

淨利息收入變化=（利率敏感性資產-利率敏感性負債）×利率變化

當某一時期內資產大於負債時，缺口為正，就產生資產敏感性缺口，利率下降會導致銀行淨利息收入減少。因此，資產敏感性缺口需要防範的是利率下降的風險。當某一時期內負債大於資產時，缺口為負，就產生負債敏感性缺口，利率上升會導致銀行淨利息收入減少。此時銀行需要防範的是利率上升的風險。

（2）久期分析。久期分析也稱為持續期分析，它測度的是證券價格變動對收益率的影響。其近似公式為：

$$\frac{\mathrm{d}P}{\mathrm{d}y} = -P\frac{D}{1+y} = -P\,D^*$$

上式中，P 代表證券價格；y 表示到期收益率；$\frac{\mathrm{d}P}{\mathrm{d}y}$ 表示到期收益率的變動引起的證券價格變動；D 表示麥克雷持續期①；D^* 表示修正的持續期。從這個式子可以看出，持續期越長，價格波動也就越大，風險越高。

7.4.4.2 在險價值（VaR）分析

在險價值是指在正常的市場條件下、給定時間與給定的概率水平下，持有一種證券或資產組合可能遭受的最大損失。大多數 VaR 模型都是用來測度短期風險的，例如監管資本報告將 VaR 中的給定時間定為 1 天或 10 天等。為了使得算出的 VaR 值具有實踐意義，1998 年《巴塞爾協議》規定置信水平 c 為 99%，內部風險控製計算時使用更嚴格的置信水平，如 99.96% 等。VaR 分析試圖回答的問題是：在較低的概率下（比如說 1% 的可能性下，或者說置信水平 99% 時），既定時間內可能遭受的最大損失是多少。VaR 的計算有兩種：均值 VaR 和零值 VaR。

均值 VaR = 預期收益（損失）－置信水平下可能遭受的最大損失

均值 $\text{VaR} = E(V) - V^* = V(1+\mu) - V(1+R^*) = V(\mu - R^*)$

零值 VaR = 置信水平下可能遭受的最大損失

零值 $\text{VaR} = -V(1+R^*)$

上式中，V 表示風險敞口的初始值；V^* 表示置信水平下可能遭受的最大損失；μ 表示預期收益率；R^* 表示置信水平下可能遭受最大損失的收益率；均值 VaR 表示的是資產價值的相對損失；零值 VaR 表示的是資產價值的絕對損失，也被稱為「絕對 VaR」。

7.4.4.3 壓力測試

如果說 VaR 分析是正常市場情況下的風險估計，那麼壓力測試則是估算小概率事件（如突發的極端不利情形）所可能造成的損失。因此，壓力測試和情景分析一樣也是對 VaR 方法的一種補充。常見的壓力種類有 7 種：利率、匯率、權益資產價格、商品價格、信用價差、互換價差和波動性。壓力測試就是分析這些類別的壓力發生極端不利的變化時，金融機構的損失承受能力。又由於這些壓力的極端變化往往發生在一定的情景中，所以壓力測試往往會結合情景分析和敏感性分析進行模擬。

金融機構根據壓力測試的結果，針對市場風險有重大衝擊的情景制定應急預案。通常

---

① 麥克雷持續期表示一項資產每筆現金流的加權平均日期，其權數為每筆現金流現值除以債權價格。持續期計算公式為：$D = \frac{1}{P}\left(\frac{1 \cdot CF}{1+y} + \frac{2 \cdot CF}{(1+y)^2} + \cdots + \frac{(n-1) \cdot CF}{(1+y)^{n-1}} + \frac{n \cdot (CF+F)}{(1+y)^n}\right)$

的措施有減少風險暴露、對沖等。高級決策層應定期對壓力測試的設計和結果進行審查，不斷完善壓力測試程序。

7.4.5 操作風險管理

操作風險是由於銀行內部的信息系統、控製系統或公司治理機制的不完善以及外部事件的影響從而造成銀行損失的可能性。本部分對操作風險管理具體流程進行概括。

7.4.5.1 風險識別

風險識別是風險管理過程的初始階段，風險識別是否準確、完備，對後續的風險管理至關重要。概括起來，操作風險識別過程主要包括六個方面內容：①潛在操作風險的整體情況；②銀行運行所處的內外環境狀況；③銀行的戰略目標；④銀行提供的產品和服務；⑤銀行獨特的環境因素；⑥銀行內外部環境的變化以及變化速度。

7.4.5.2 風險評估和量化

在風險識別的基礎上，銀行需要根據情景分析、歷史損失經驗，綜合業務環境和內部控製因素，對所有被識別的操作風險因素進行測評，決定哪些風險可以接受，哪些風險不能接受，哪些風險需要控製或加以轉移。

風險評估過程一般從業務管理和風險管理兩個層面展開，所遵循原則為由表及裡原則、自下而上原則和從已知到未知原則。

風險評估方法有自我評估、損失事件數據法和流程圖法等。目前主要運用的是自我評估法。自我評估法是在內部控製體系的基礎上，開展全員風險識別，從損失大小和損失概率兩方面來評估風險大小。

風險度量是對操作風險暴露的量化過程。《巴塞爾新資本協議》裡對操作風險的度量有三種方法：基本指標法、標準法和高級衡量法。

1. 基本指標法

它是以單一的指標為整體操作風險衡量標準，進而以此為基礎配置操作風險資本的方法。其基本原理是，商業銀行按此法應持有的操作風險資本為：前三年中，年收入為正的所有年份收入乘以固定比例，然後將其加總並求平均值。如果某年收入為負，則計算時將其舍去。其計算公式為：

$$K_{BIA} = \sum_{1}^{n} (GI_i \times \alpha)/n$$

上式中，K_{BIA}表示基本指標法所需資本；GI表示前三年中各年的總收入；n表示前三年中總收入為正的年數；α為15%，由巴塞爾銀行監管委員會設定，將行業範圍的監管資本要求與行業範圍的指標聯繫起來。

2. 標準法

其步驟是：首先，將商業銀行業務分為八條業務線，即公司金融、證券投資、零售銀行業務和資產管理等（具體組成見表7-5），然後分別計算每條業務線的總收入；再將各

業務線總收入乘以各業務線的資本要求係數（β）；最後把各業務線對應的資本要求加總，即得標準法下的操作風險資本要求。其公式為：

$$K_{TSA} = \left\{ \sum_{1-3} max\left[\sum_{i=1\cdots8}(GI_i \times \beta_i), 0 \right] \right\} / 3$$

上式中，K_{TSA} 表示按標準法計算的資本要求；GI_i 表示第 i 條業務線的年收入；β_i 表示第 i 條業務線的資本要求係數

表 7-5　　　　　　　巴塞爾銀行監管委員會對各業務線值的規定

產品線名稱	β 值（%）
公司金融	18
交易和銷售	18
零售銀行業務	12
商業銀行業務	15
支付和清算	18
代理業務	15
資產管理	12
零售經紀	12

3. 高級衡量法

它是巴塞爾銀行監管委員會為調動銀行管理操作風險的積極性，實現從定量監管到定性監管的轉變而鼓勵採用的方法。商業銀行如果滿足一定的標準，就可以通過內部操作風險計量系統計算監管資本要求。使用該方法需得到監管當局的批准，一旦批准實施，不經監管當局批准，商業銀行不能退回採用原來相對簡單的方法。

實施高級衡量法的標準分為資格要求、定性標準、定量標準等。

①資格要求。資格要求是指商業銀行必須達到監管當局的最低標準，即銀行的董事會和高級管理層應當積極參與監督操作風險管理架構；風險管理系統穩健可靠且運轉良好；有充足的資源支持在主要業務線、控制和審計領域採用該方法。

②定性標準。商業銀行必須具備獨立的操作風險管理部門，負責制定全面的操作風險流程和方案；商業銀行應當將內部操作風險評估系統整合到日常風險管理流程之中，評估結果應當作為銀行操作風險狀況監測和控製流程的有機組成部分；操作風險管理部門必須定期向各級管理部門報告，如業務管理層、高級管理層和董事會，銀行必須有針對損失情況採取適當行動的程序；商業銀行的風險管理系統必須文件齊備，商業銀行日常程序需遵守成文規定；商業銀行的操作風險管理流程和計量系統必須定期接受內部或外部審計師的審查，這些審查必須涵蓋業務部門的活動和操作風險管理崗位。

③定量標準。巴塞爾銀行監管委員會認為，無論商業銀行採用何種計量方法，都必須充分考慮到潛在的、嚴重的概率分布「尾部」損失事件。其具體標準為：任何操作風險內部計量系統必須與巴塞爾銀行監管委員會所規定的操作風險範圍和損失事件類型一致；商

業銀行需將預期損失與非預期損失相加得到監管資本要求，除非商業銀行證明在內部業務實踐中已準確計算出預期損失；商業銀行的風險計量系統應當足夠「精密」，充分考慮到損失分布的「尾部」損失事件；不同的操作風險估計結果應當加總，得到最低監管資本要求；任何風險計量系統都必須具備某些關鍵要素，以滿足穩健標準，這些要素包括內部數據和相關外部數據的使用、情景分析和反應銀行經營環境內部控製系統情況的其他因素。

7.4.6 流動性風險管理

商業銀行各類風險都會殊途同歸於流動性風險之上，流動性風險管理是商業銀行資產負債管理的重要組成部分。廣義的流動性風險包括流動性不足和流動性過剩帶來的風險，狹義的流動性風險專指流動性不足帶來的損失可能性，本節內容主要分析流動性不足帶來的風險。

7.4.6.1 流動性風險的識別

結合前述的定義，流動性不足的風險實際上是指商業銀行的流動性資產無法及時償付到期負債、繳納法定存款準備金、履行貸款承諾等，或即使能夠彌補，但需要付出額外的成本從而帶來損失的可能性。因此，識別流動性風險，重點在於分析商業銀行的流動性資產和流動性負債。

資產流動性是指銀行的資產在變現時不受損失的能力。變現能力越強，支付的成本越低，資產的流動性越強。可以用來滿足所有負債和未來貸款承諾的資產，包括現金及存放中央銀行款項、存放同業款項、拆出資金、發放貸款和墊款。商業銀行一般也可以通過回購和逆回購交易、出售債券以及其他額外融資方式來滿足不可預期的現金淨流出。

負債流動性是指銀行籌資時能夠以較低的成本及時獲得所需要資金的能力。籌資成本越低，流動性越強。對應銀行的資產負債表可以看出，流動性負債主要有向中央銀行借款、同業拆入資金、賣出回購金融資產等。

結合我們之前學習的財務報表概述的內容，你對流動性資產和負債項目的組成和排序會有更深入的理解。

7.4.6.2 流動性風險的度量

1. 比率分析

反應商業銀行等機構流動性水平的比率主要包括：流動資產比率、流動負債比率、流動比率等。其中：

流動資產比率＝流動性資產／總資產

上式中，流動性資產指期限較短（不超過1年）、變現能力較強的資產，如現金、銀行存款、國債、可隨時出售的股票等。流動性資產比率反應了銀行資產的流動性。一般而言，這個比率越高，銀行的資產流動性越大。銀行應付潛在流動性需求的能力越強，流動性風險越小。其公式為：

流動負債比率＝流動性負債／總負債

上式中，流動性負債表示到期時間小於1年的負債。在其他條件一定時，流動負債比率越大，說明銀行短期償債壓力越大。如果銀行無法在短期內籌措到足夠的資金，那麼銀行將立刻陷入流動性不足的困境中。

流動比率＝流動性資產／流動性負債

這個比率越大，銀行面臨的流動性風險越小。

除上述比率外，總股本／總資產、風險資產／總資產、核心負債／總負債、流動性指數等都能從某一方面反應銀行流動性風險的大小。

2. 缺口分析

流動性缺口是指銀行資產與負債之間的差額。其計算公式為：

流動性缺口＝流動性供給（資產）－流動性需求（負債）

當流動性缺口為正時，流動性供給大於流動性需求，流動資金過剩，不造成狹義的流動性風險。當流動性缺口為負時，流動性供給小於流動性需求，流動性不足，此時流動性風險暴露。

3. 新的國際監管比率

將流動性風險監管作為核心是《巴塞爾協議Ⅲ》[①]對於之前版本的重要突破。該協議確立了兩個全球統一的流動性風險監管指標：短期監管指標（LCR，流動性覆蓋率）和長期監管指標（NSFR，淨穩定資金比率），具體內容如表7-6所示。

表7-6　　　　　　巴塞爾銀行監管委員會流動性風險監管指標

	流動性覆蓋率	淨穩定資金比率
計算公式	優質流動性資產儲備／未來30日的資金淨流出量	可用的穩定資金（ASF）／業務所需的穩定資金（RSF）
最低標準	100%	100%
監管目標	短期流動性風險監測	調整期限錯配，穩定資金來源
標準引入安排	2011年進入觀察期，最終於2015年達到最低標準	2012年進入觀察期，在2018年以前達到最低標準

從第一個指標的計算公式可以看出，流動性覆蓋率的目的在於保證金融機構持有的高質量的流動性資產可以用於抵消短期內的淨現金流出的突發情況。

淨穩定資金比率的分子是金融機構能獲得的長期穩定資金，分母為應對表外潛在或偶然需求而需要增加的流動性。該指標用於保障各種金融衍生工具等表外業務融資，應具有與其流動性風險匹配的、能滿足最低限額的穩定資金來源。其目的在於防止銀行在市場繁榮、流動性充裕時期過於依賴批發性融資，引導金融機構對表內外資產的流動性風險進行充分評估。

[①] 2010年12月出抬的《巴塞爾協議Ⅲ》流動性指標的有效性受到業界質疑。2013年1月巴塞爾銀行監管委員會公布了新版《巴塞爾協議Ⅲ》，即目前正式施行的版本。

綜上所述，這兩個新的監管比率實際上都是強制要求金融機構持有一定比例的優質流動性資產或資金，以便能夠應對未來一段時間的資金流出，預防出現資不抵債的情況。除了這兩個監管指標外，巴塞爾銀行監管委員會還列舉了合同期限錯配、融資集中度、可用的無變現障礙資產和與市場有關的監測工具這四個輔助性的有關流動性風險管理的量化監測工具。

本章小結

1. 商業銀行是金融體系中最重要的金融機構之一，在經濟生活中發揮著重要的、獨特的職能作用。傳統意義的商業銀行是指以吸收存款、發放貸款、辦理結算為基本業務的、以獲取利潤為目的的金融企業。但是，近30年來，全球商業銀行發生了深刻的變化，呈現出了許多新的發展趨勢。

2. 商業銀行在開展業務的過程中，需自始至終地堅持「三性」原則。在銀行的發展過程中，形成了與市場發展相吻合的經營管理理論，這些經營管理理論已發展到了第四個階段，其各個階段有著緊密的內在邏輯聯繫。

3. 商業銀行開展的業務主要有負債業務、資產業務、中間業務和表外業務。負債業務就是商業銀行資金來源業務，包括存款負債、借入負債和結算中的負債；資產業務是商業銀行資金運用業務，是商業銀行獲取利潤的主要來源，是商業銀行發揮信用仲介、信用創造、政策調節等功能的載體；中間業務、表外業務的發展引領了商業銀行發展的新方向，為資產負債表外管理理論的發展注入了新活力。這兩類業務的概念在外延上有交集，但在風險承擔等概念的內涵角度則容易識別兩者的差異。

4. 巴塞爾銀行監管委員會將商業銀行面臨的風險分為信用風險、市場風險、操作風險、流動性風險、國家風險、聲譽風險、法律風險以及戰略風險八大類。前四類風險是商業銀行進行主動風險管理的重點。風險管理的方法包括風險的預防、迴避、分散、轉移與補償等。

思考題

1. 試述商業銀行自產生以來的功能有何變化，未來的主要發展趨勢對其功能有何影響。
2. 試述商業銀行管理理論的演變，並找出其邏輯主線。
3. 試結合商業銀行資產負債表對銀行主營業務分類，再結合利潤表分析銀行未來最具有發展前景的業務是什麼。
4. 簡述商業銀行中間業務與表外業務的聯繫與區別，以及它們對傳統的資產負債管理理論提出了哪些挑戰。
5. 試述商業銀行風險管理的定義與方法，並且陳述信用風險管理Z值評分法的思想。

8 非銀行金融機構

學習目標

本章將介紹各國金融體系中的非銀行金融機構。學完本章後，你應當知道：
- 常見的非銀行金融機構的類型、概念、特徵；
- 非銀行金融機構在金融體系中的功能；
- 非銀行金融機構的經營管理理論；
- 非銀行金融機構的主營業務；
- 非銀行金融機構在中國的發展狀況。

重要術語

投資銀行　證券公司　保險公司　信託公司　租賃公司　投資基金　財務公司
信用合作社　政策性金融機構　金融資產管理公司　貨幣經紀公司　汽車金融公司

在各國金融機構體系中，除商業銀行外，還有很多非銀行金融機構，儘管它們當中的部分機構也自稱為銀行，例如我們經常聽說的投資銀行、影子銀行等，但它們實際上與商業銀行存在兩個明顯的差別：一是業務範圍不同。商業銀行傳統的業務是吸收存款（主要是活期存款）、發放貸款，提供支付結算服務，是貨幣市場的主要參與者；非銀行金融機構一般不能吸收活期存款（限制向公眾吸收存款），需在許可範圍內開展業務，業務一般都具有專業性，它們是資本市場的主要參與者。二是功能不同。通過上一章的學習，我們知道商業銀行有獨特的信用創造功能，這一功能是非銀行金融機構所不具備的。

除此之外，在經濟全球化、市場化和新信息技術推動下的金融創新讓商業銀行與非銀行金融機構的區別變得日益模糊，非銀行金融機構已越來越多地介入銀行服務的領域，從而與銀行展開了更為直接的競爭。本章將對各國金融體系中普遍存在的幾類非銀行金融機構的基本理論與業務經營做綜合介紹，並對中國的非銀行金融機構的情況進行概括性描述。

8.1 投資銀行

8.1.1 投資銀行基本理論

投資銀行是資本市場中最重要的一類仲介機構，它產生於歐洲，在西方已有幾百年的歷史。現代投資銀行業最發達的國家是美國，投資銀行（Investment Bank）這一稱謂也主要是在美國使用，在英國、澳大利亞及原先的英聯邦國家，人們習慣地稱之為商人銀行（Merchant Bank），在日本則被稱為證券公司（Securities Co. Ltd）。儘管名稱不同，但從其業務與功能來看，都具有現代投資銀行的性質。

目前，理論界對於投資銀行的定義還沒有一致的結論。美國著名的金融投資專家羅伯特·庫恩根據業務範圍的寬窄，提出了四種投資銀行的定義：

（1）廣義投資銀行是指任何經營華爾街金融業務的金融機構，其業務包括證券、國際海上保險、不動產投資等幾乎全部金融活動。

（2）較廣義投資銀行是指經營全部資本市場業務的金融機構，其業務包括證券承銷與經紀、企業融資、兼併收購、諮詢服務、資產管理、創業資本等，但不包括證券零售、不動產經紀、保險、抵押銀行業務等。

（3）較狹義投資銀行是指經營部分資本市場業務的金融機構，業務包括證券承銷與經紀、企業融資、兼併收購等，不包括創業資本、基金管理、風險管理等業務。

（4）狹義投資銀行是指僅從事一級市場證券承銷和資本籌措以及二級市場證券交易和經紀業務的金融機構。這是最傳統的投資銀行定義。

庫恩認為，上述第二種定義即較廣義的投資銀行定義是最能概括美國投資銀行現狀的定義，因為根據「以為公司服務為準」的原則，投資銀行應以提供各種服務來媒介資金盈餘者和資金短缺者。而那些業務範圍僅限於幫助客戶在二級市場上出售或買進證券的金融機構，其作用僅是方便了交易，因此只能被稱為證券經紀公司。

作為一類典型的非銀行金融機構，投資銀行與商業銀行的區別是明顯的，儘管大多數國家已從法律上消除了投資銀行和商業銀行之間的業務界限，但在理論上和現實中，兩者的區別依然存在。

一是從本源上講，商業銀行是存貸款銀行，存貸款業務是其本源業務，其他各種業務都是在此基礎上衍生和發展起來的；投資銀行是證券承銷商，證券承銷業務是其業務中最核心的一項。

二是從功能上看，商業銀行行使間接融資的職能，具有資金盈餘者的債務人和資金短缺者的債權人的雙重身分，從而承擔了資金融通過程中的所有風險，為降低風險，其活動

場所主要側重於短期資金市場；投資銀行行使的是直接融資的職能，它只是作為資金供需雙方的媒介，並不介入投資者和籌資者之間的權利與義務關係，因此投資銀行一般側重於資本市場的活動。

三是從利潤構成上看，商業銀行的利潤首先來自於存貸差，其次才是資金營運收入和表外業務收入；投資銀行的利潤主要來自於佣金，包括一級市場承銷證券獲得的佣金、二級市場作為證券交易經紀收取的佣金以及金融工具創新中資產及投資優化組合管理中收取的佣金，其次才是資金營運收入和利息收入。

四是從管理方式上看，商業銀行的經營更註重安全性，這是由其負債的「硬約束」和資產的「軟約束」特徵決定的，因此它的資產除各項貸款外，資金營運主要在同業往來和國債與基金等低風險的證券投資上；投資銀行在控製風險的前提下更註重以獲取高收益為目標的開拓創新，其資金營運主要在風險較高的股票、債券、外匯及掉期、衍生工具等契約式投資上。

從上述投資銀行與商業銀行的區別可以看出，正是由於投資銀行在資本市場上承擔了金融仲介的重要角色，資本供給者與資本需求者的金融交易才得以順利進行。具體來說，投資銀行在媒介資本供求雙方的過程中，發揮了諮詢、策劃與操作的仲介作用，並為籌資的成功提供法律上和技術上的支持，從而發揮了直接融資的功能。更進一步來看，投資銀行通過發揮其直接融資功能，促進了一國資本市場的發展，推動了產業集中和結構調整，對提高全社會資源配置的效率發揮了至關重要的作用。

8.1.2 投資銀行的主要業務

根據投資銀行的定義，現代投資銀行的主要業務可分為以下幾類：

（1）證券承銷。證券承銷是指在證券發行市場上，投資銀行接受發行人的委託代為承銷證券並以此獲得承銷手續費收入，這是其基本業務和本源業務。投資銀行承銷的範圍很廣，包括本國中央政府和地方政府、政府部門發行的債券，各種企業發行的債券和股票，外國政府與外國公司發行的證券，以及國際金融機構發行的證券，等等。

（2）證券交易。投資銀行的證券交易業務主要是在二級市場上充當證券經紀商和自營商的角色。前者是充當客戶的委託代理人，接受客戶指令，促成客戶的買入或賣出交易，從而收取委託佣金；後者是自己擁有證券，參與證券投資獲取投資收益。

（3）項目融資。項目融資是為項目公司融資，它是一種以項目未來的現金流量作為擔保條件的無追索權或僅有有限追索權的融資方式。項目融資的組織安排工作需要具有專門技能的機構來完成，一般由投資銀行或商業銀行的項目融資部承擔這一任務。

（4）企業的兼併與收購。投資銀行參與併購業務，除了一般的企業兼併、收購和接管外，還包括公司槓桿收購、公司結構調整、資本充實和重新核定、破產與困境公司的重組等較為複雜的籌劃與操作。投資銀行在其中的作用主要是提供信息和籌集資金。

(5）基金管理。投資銀行利用其在證券市場中的特殊地位，以及豐富的理財經驗和專業知識，可以分別承擔基金的發起人、管理人和託管人等職責。

(6）風險投資。風險投資又稱創業資本或風險資本，指新興公司在創業期和拓展期所融通的資金。這樣的公司由於規模小、資信差、風險大，難以通過貸款籌資或公開發行股票，往往只能以私募的辦法為其融資。

(7）理財顧問。投資銀行可為客戶提供財務諮詢和投資諮詢等業務，這一業務往往同投資銀行的其他業務相伴相生，並滲透到其各項業務之中。

(8）資產證券化。這是指把流動性較差的資產，如金融機構的一些長期固定利率放款或企業的應收帳款等，通過投資銀行或商業銀行予以重新組合，以這些資產作為抵押來發行相應的證券，從而實現相關債權的可流動化。

(9）金融衍生工具。金融衍生工具是一種雙邊合約，其合約價值取決於基礎金融資產的價格及其變化。主要的金融衍生工具有期貨、期權、互換三種。金融衍生工具自產生以來就是商業銀行和投資銀行競爭的領域，商業銀行和投資銀行同時在衍生市場上運作，對金融產品進行創新並以這些產品的交易商身分開展業務。

8.1.3 中國的投資銀行業

從世界各國的歷史來看，投資銀行大都是由證券公司發展而來的。中國目前的投資銀行業還處於起步階段，其主體也是由專業證券公司構成的。如果嚴格地從現代投資銀行的功能和業務範圍來看，在中國除了成立於1995年8月的中國國際金融有限公司以外，目前幾乎還沒有真正意義上的投資銀行。

8.1.3.1 中國投資銀行業的發展

投資銀行業務的發展必須以證券市場的發展壯大為基礎。中國從1981年恢復發行國債，到1988年允許國債流通，再到1990年和1991年滬、深證券交易所分別成立，經過一系列探索和試點，才逐漸產生了中國的證券市場，經營傳統投資銀行業務的證券公司也才應運而生。從1985年1月2日新中國第一家證券公司——深圳經濟特區證券公司開始試辦以來，在短短的30幾年內，中國證券公司從無到有、從小到大，發展速度極其驚人。據統計，截至2015年年底，中國123家證券公司總資產為6.4萬億元，淨資產為1.5萬億元，客戶交易結算資金餘額（含信用交易資金）2.1萬億元，託管證券市值33.6萬億元，受託管理資金本金總額11.9萬億元。

除了專業的證券公司以外，中國還有一大批業務範圍較為寬泛的金融投資公司、產權交易與經紀機構、資產管理公司、財務諮詢公司等在從事投資銀行的其他業務。例如，華融、長城、東方、信達四大資產管理公司，還有中信集團、招商集團等國家主要大型金融企業控股的金融證券公司都在逐步向投資銀行方向發展。然而，由於其產生與發展的時間較短、速度較快，中國投資銀行業存在著許多問題。

8.1.3.2 中國投資銀行業存在的問題

(1) 資本規模小，競爭實力弱。與國外一些大的投資銀行相比，中國的投資銀行顯得勢單力薄，因此一方面很多需要資金實力支撐的業務無法開展，另一方面中國的投資銀行抗風險能力差，信譽較低，從而在未來資本市場逐步開放的環境中，必然處於不利地位。針對這一問題的對策主要有兩個：一是開通投資銀行正常的融資渠道，二是在業界內部進行重組整合。

(2) 業務範圍狹窄，創新程度不足，缺乏核心競爭力。中國投資銀行呈現出業務結構雷同、業務品種單一的局面，主要集中在經紀、承銷和自營三項業務，企業併購、資產證券化、創新業務、國際化業務等其他業務還有待開拓。從收入來源看，中國大部分證券公司的經紀業務和自營業務收入占到總收入的 80% 左右，也就是說，國內證券公司對風險較大的股票自營業務依賴程度較高，存在較高的經營風險。而在美國，證券公司收入來源多元化，經紀、自營、承銷三項業務只占總收入的 40% 左右。今後發展投資銀行業務，必須走出狹隘的發行與交易的圈子，大膽開拓思路，創新業務，在多元化發展的基礎上，註重培養自己的專長和特色，形成業務上的核心競爭力。

(3) 高素質專業人才缺乏。近幾年中國證券業從業人員數量大幅增長，但在一些創新業務的開展上仍然缺乏高素質專業人才。應把培養投資銀行專業人才放在重要的戰略地位上，力爭培養和造就一批既具備完善的知識結構、對國內經濟有透澈研究並熟諳國際投資銀行業務規則，又富有開拓、創新精神的高素質專業人才。

(4) 投資銀行業普遍存在不規範行為。如在證券發行承銷過程中的弄虛作假、過度包裝，在二級市場上與上市公司合夥操縱、誤導或欺騙公眾投資者，在企業併購策劃中惡意侵吞國有資產，以及挪用客戶保證金，進行違規融資、帳外經營等。其原因主要在於法律法規不健全和券商自身的風險意識差。所以應盡快完善中國相關的法律法規，不斷更新和填補有關的法律制度空白，提高證券行業自律組織的管理水平，促使證券公司在運用各種競爭手段的同時，更加註重業務經營的規範性和風險性。

8.1.3.3 中國投資銀行業的法制建設

儘管存在著諸多問題，但是，中國的投資銀行業正面臨著有史以來最大的市場需求，因為隨著中國經濟體制改革的迅速發展和不斷深化，社會經濟生活中對投融資的需求會日益旺盛，國有大中型企業在轉換經營機制、民營企業在謀求未來發展等方面也將越來越依靠資本市場發揮其作用，這些都將為中國投資銀行業的長遠發展奠定堅實的基礎。2012 年以來，監管機構陸續出抬了大批政策法規，旨在規範中國證券行業發展的同時為其創新發展掃除障礙。

為加快證券公司的創新發展，中國證監會從 2012 年至今，先後發布了《關於證券公司證券自營業務投資範圍及有關事項的規定》《關於推進證券公司改革開放、創新發展的思路與措施》《證券公司及基金管理公司子公司資產證券化業務管理規定》等文件，明確

了證券自營業務的投資範圍，允許證券公司通過設立子公司投資其他金融產品；明確了證券公司創新發展的基本目標，為證券公司資產管理、自營、代銷金融產品、櫃臺交易、資產證券化等多項業務的創新發展創造了良好條件。

為了保證投資者的權益，證監會自2012年以來先後發布了《中國證券監督管理委員會信訪工作規則》《證券期貨市場誠信監督管理暫行辦法》等文件，規範證券公司客戶資產管理活動，保護投資者的合法權益，為維護證券市場秩序提供了更為合理完善的參考。

我們相信，隨著市場參與主體的成熟度不斷提高，信息披露越來越規範，法制等市場基礎設施不斷健全和完善，中國投資銀行業將會有更加光明的前景。

8.2 保險公司

8.2.1 保險基本理論

關於保險的定義，不同的保險學說有不同的解釋，而現代較通常的理解可從兩個方面來定義：

一是從經濟角度定義，保險是一種分攤意外事故損失的財務安排，是由許多人把損失風險轉移給保險組織，保險組織能依據大數法則正確預見損失發生的金額，並據此制定保險費率，通過向所有成員收取保險費來補償少數成員遭受的意外事故損失。15世紀時，英國女王伊麗莎白在其頒布的詔書中對保險的表述就是據此定義的：「保險是將損害由少數人的重負擔變成多數人的輕負擔。」

二是從法律角度講，保險則是一方（保險人）同意補償另一方（被保險人）損失的合同安排，保險合同以保單形式體現，被保險人通過購買保單把損失風險轉移給保險人。

由上述兩方面的定義來看，保險具有三個最基本的特點：

首先，就分擔損失而言，保險具有互助的性質；

其次，就保險雙方需訂立合同而言，保險又是一種合同行為；

最後，從保險的目的或保險合同的主要內容來看，保險是為了對災害事故損失進行經濟補償。

2009年2月修訂通過的《中華人民共和國保險法》第二條中將保險表述為：「本法所稱保險，是指投保人根據合同約定，向保險人支付保險費，保險人對於合同約定的可能發生的事故因其發生所造成的財產損失承擔賠償保險金責任，或者當被保險人死亡、傷殘、疾病或者達到合同約定的年齡、期限等條件時承擔給付保險金責任的商業保險行為。」

作為一種經濟補償制度，保險由一些基本的要素構成，主要包括可保風險、多個經濟單位集合、保險基金、保險合同、保險機構以及數理依據。

（1）可保風險是構成保險的第一要素。現實社會經濟生活中的風險是多種多樣的，但並不是所有風險都可以通過保險方式予以轉移。保險公司能夠提供保險的風險必須具備以下三個條件：

①可保風險不具有投機性，即被保險人只有因風險受到損失的可能性，而沒有因風險獲得收益的可能性。

②可保風險必須具有偶然性和不可預知性，即風險發生與否、發生的時間、發生的狀況、發生的程度都是不確定的，並且不能是由被保險人的故意行為引起的。

③可保風險必須是大量的、同質的、分散的。風險同質是指風險的性質相同或相近，只有這樣，風險發生的規律才可以被把握。當然，保險公司可以同時經營若干不同類型的同質風險。風險的分散性是指一個風險事故的發生和另一個風險事故的發生之間沒有必然的聯繫或引致關係，只有這樣才能保證概率論和大數定律發揮作用。

（2）多個經濟單位集合是指保險需要結合有共同風險顧慮的個人或單位，形成集體的力量來分擔風險。它體現了保險的互助性。

（3）保險基金是投保人所繳納的保險費的總和。保險機制對損失的分攤，是建立在有雄厚的保險基金的基礎之上的，沒有這一物質基礎，保險的經濟補償功能便無法實現。

（4）保險合同是投保人和保險人之間約定權利與義務的經濟協議，商業性的保險經濟活動必須以合同方式來約定和維繫。

（5）保險機構也是保險的要素之一，一般以保險公司的形式存在，但也可能是自然人，如英國的勞合社。

（6）數理依據之所以成為保險的構成要素，是因為保險經營的基礎是建立在科學的數理計算（即保險精算）之上的，保險價格、保險利潤分配、保險金額損失率、保險標的的數量、死亡率、利率、費用率等，以及由此確定的未來責任準備金和總準備金，無一不需要數理技術或方法來進行測算。

由上述保險的定義可知，保險的基本功能應當是分擔風險和補償損失，但提供保險的保險機構或保險公司的功能卻遠不僅此。

除基本的分擔風險和補償損失的功能外，保險公司還具有投資和防災防損的功能。保險公司通過收取保險費而聚集了規模龐大的保險基金，以備賠償被保險人的經濟損失。但風險事故不可能同時發生，因此保險基金也不可能一次全部地賠償出去，總有一部分基金處於閒置狀態。為了避免資金閒置浪費，保險公司通常會採取金融型經營模式，將其掌握的部分保險基金以投資的方式運用出去，保險公司也因此而成為各國金融市場上一類非常重要的機構投資者。

保險公司之所以具有防災防損的功能，首先是因為其日常業務就是與災害事故打交道，從而累積了豐富的防災防損的工作經驗，因此有能力承擔防災防損的社會責任。其次是因為減少災害事故損失能相應減少保險的賠付，從而增加保險資金累積和降低費率，因

此保險公司從自身利益出發也有動力加強防災防損的社會工作。

8.2.2 保險公司的主要業務

現代社會的保險業務種類是非常豐富的，我們可以按照不同的分類標準對其有一個大致的瞭解。

（1）按保險對象來劃分，可分為財產保險、責任保險、保證保險、人身保險。

①財產保險的對象是被保險人的財產，以災害事故造成的財產損失作為保險標的。其主要險種有火災保險、海洋運輸保險、內陸運輸保險、盜竊保險、地震保險、水患保險、政治風險保險等。

②責任保險是承保被保險人因自己作為或不作為而給他人造成人身傷害或財產損失時依法承擔民事賠償責任的保險。其主要險種有普通責任保險、受託人責任保險、職業責任保險、勞工保險和雇主責任保險、個人責任保險等。

③保證保險是由保險人代被保險人向權利人提供擔保，當被保險人不履行契約義務、失去信用或有犯罪行為，致使權利人受到經濟損失時，保險人負賠償責任。其主要險種有契約保證保險、信用保險、忠實保證保險等。

④人身保險是以人的壽命或身體為保險標的的保險，按其保險範圍分類，可分為人壽保險、人身意外傷害保險和健康保險。

（2）按實施的形式劃分，保險可分為法定保險和自願保險。

①法定保險也稱強制保險，是由國家通過立法規定的保險。國家規定對某些危險範圍較廣、影響人民利益較大的保險標的，凡符合法律規定範圍的，不管投保人願意與否，都必須將該項標的或與該項標的有關的法定賠償責任按規定向保險人投保，且保險人不得拒絕承保。如很多國家對國內鐵路、輪船、飛機實施旅客意外傷害強制保險。法定保險具有承保面廣、標準統一、長期而穩定的特點。

②自願保險是法定保險的對稱，是指投保人和保險人自願協議訂立的保險。

（3）按業務承保的方式分類，保險還可分為原保險、再保險、重複保險、共同保險。

原保險是保險人與投保人最初達成的保險。再保險是一個保險人把原承保的部分或全部險種轉讓給另外一個保險人。重複保險是指一個保險標的有幾份保險單或被保險人的幾份保險單有同一保險責任。共同保險是指保險人和被保險人按事先約定的比例或方法共同分擔損失。

8.2.3 中國的保險業

8.2.3.1 中國保險業的發展

新中國成立後，國內的第一家專業保險公司，是成立於1949年的中國人民保險公司，後於1959年並入中國人民銀行國外業務局，停辦國內保險業務。改革開放後，從1980年

開始，中國人民保險公司恢復國內保險業務，標誌著中國保險事業開始了新的發展。30多年來，中國保險業的發展十分迅速，主要表現在：

（1）長期由中國人民保險公司獨家經營的局面已經被打破，多元化的機構體系已經形成。1979年中國恢復保險業務後，中國人民保險公司完全壟斷了市場。1988年平安保險公司的成立打破了這一格局。同年，交通銀行成立保險部（太平洋保險公司的前身）。這兩家股份制保險公司成立後，迅速地把業務拓展到全國範圍，同中國人民保險公司展開了競爭。從1990年開始，股份制的新華、泰康、華泰及外資友邦、東京上海、皇家太陽聯合等保險公司先後成立，市場競爭主體多元化的態勢開始形成。截至2015年年底，全國保險業總資產達到12.4萬億元，較年初增長22%，在2010年的基礎上實現翻番。保險機構種類也比20世紀末齊備，已形成財產險公司和人身險公司為主，再保險公司、保險資產管理公司、出口信用保險公司和農村保險互助社為輔的市場格局。

（2）保險市場正逐步走向成熟。從產品種類看，保險產品不斷趨於多樣化，已由20世紀80年代的幾十種增加到2015年的數百種。全國保費收入由1980年年底的4.6億元增加到2015年年底的2.4萬億元。伴隨著保費收入以大大高於國民收入和人口數量增長的速度增加，中國的保險深度（保費收入/GDP）和保險密度（保費收入/人口總數）這兩個保險市場成熟度指標不斷增長。

我們也必須看到，在快速發展的過程中，中國的保險業也存在著許多問題，有待於在未來的進一步發展中加以解決。

8.2.3.2　中國保險業存在的問題

（1）市場過於集中，競爭度比較低。儘管無論是壽險還是產險市場的市場集中度都在逐年下降，但保險業的行業集中度仍然在70%以上，中國保險市場結構仍屬於高度寡占。從保監會發佈的年度報告來看，2015年四大壽險巨頭——中國人壽、太保壽險、平安壽險、新華保險仍占據了市場份額的大半。

（2）保險仲介市場還不成熟，保險經紀、保險公估等仲介和輔助機構整體服務水平較低。這使得保險公司對保險業務的各個領域都不能放棄，結果是力量分散，什麼都不精。

（3）保險產品差異性不大，創新能力差。這可能既有制度上的不完善，也有人員素質方面的原因。

（4）保險產品的行銷手段比較單一落後，過度依賴人員促銷，在非強制性險種產品的推銷上缺乏有效手段，大多數基層推銷人員對產品本身的特性並不熟悉，難以說服客戶。

（5）保險市場區域發展不平衡。相對於東部地區，西部地區的保險市場發展滯後，尤其是廣大農村地區的保險覆蓋率極低，全國涉農的專業保險機構數量極少，這與中國的農業大國地位不匹配。

（6）保險資金投資面臨限制。現階段中國保險資金投資主要涉及銀行存款、國債、企業債券、金融債券、證券投資基金以及不動產、未上市股權等。2015年度保險資金投資於

前三類的比重超過55%，已較以前年度有所改善。保費收入的快速增長與保險資金的有效運用仍然是一個亟須解決的問題。

8.2.3.3 中國保險業的法制建設

自2012年起，為進一步提高保險資金運用效率，保監會連續發布了資產配置、委託投資管理、債券投資、股權及不動產投資、基礎設施債權計劃投資、境外投資、金融衍生產品投資、股指期貨交易、類證券化金融產品投資、保險資產管理公司等十項新規，在投資範圍和資金託管機構等方面實現了較大突破。

一是增加投資品種，允許投向類證券化金融產品和股指期貨交易等，並將債券投資品種擴大至現有市場公開發行的所有債券。

二是提高投資上限，將投資上市企業股權、不動產的上限分別由5%、10%提高至10%和20%。

三是降低投資門檻，保險公司投資無擔保非金融企業（公司）債券、未上市企業股權和不動產時，上季末償付能力充足率下限均由150%下調至120%。

四是放寬境外投資，允許保險資金投資25個發達經濟體和20個新興市場國家的股票、股權、不動產。

五是拓寬保險資產管理公司業務範圍，允許其受託管理養老金、企業年金、住房公積金等。

六是開放投資管理市場，建立市場化競爭機制，引入證券公司和基金公司等交易對手。保險資金運用市場化改革使中國保險資金投資範圍基本接近成熟保險市場水平，保險公司資產配置的主動性和靈活性得到增強，有利於資產負債的匹配、市場風險的分散和投資收益的提升。

8.3 信託公司

8.3.1 信託基本理論

從字義上理解，信託是指以信任為基礎的委託行為。經濟活動中的信託，是指擁有資金、財產及其他標的物的所有人，為獲得更好的收益或達到某種目的，委託受託人代為運用、管理、處理財產及代辦有關經濟事務的經濟行為。一個典型的信託行為要涉及三方關係人，即委託人、受託人和受益人。

（1）委託人是主動提出設立信託關係的一方關係人，其條件是必須擁有作為信託標的物的財產的所有權或具有委託代辦經濟事務的合法權利。委託人的權利除了設立信託時的授予權外，在信託關係存續期間，還有權對受託者管理不當或違反信託目的的行為提出異

議，並要求彌補損失；有權查閱有關處理信託事務的文件和詢問信託事務；有權准許受託者辭職或要求法院免去其職權；當信託關係結束而又找不到信託財產的歸屬者時，有權得到信託財產等。

（2）受託人是接受委託人的授權，並按約定的信託條件對信託財產進行管理或處理的信託關係人。受託人必須具有受託行為能力，即必須有執管產權，並管理、運用和處理財產的能力。受託人可以由個人和法人承擔，當受託人為法人時，必須擁有一定的資本金，並須經政府主管部門審核批准後取得信託經營權。受託人的權利主要有兩項，一是根據信託契約具有合法地對信託財產進行獨立管理和處理的權利；二是具有收取報酬、獲得收益的權利和收取費用、要求補償（非自己主觀過失造成的）損失的權利。受託人的基本義務主要有：忠於職守，妥善管理和處理受託財產；在因管理不善或處理不當，或逾越信託權限致使信託財產遭受損失時，有彌補損失的義務；受託人必須將自有財產和信託財產分別管理，對不同委託人的財產也要分別管理。

（3）受益人是指享受信託利益的人。各國法律對擔任受益人一般沒有特別的條件限制，除根據法律規定為禁止享有財產權者外，其他人均可成為信託受益人。受益人最首要的權利是索取按信託合同規定的信託財產及其所產生利益，此外受益人還擁有許多與委託人相同的權利，如具有在一定條件下要求受託人彌補損失或取消處理的權利，有權查閱、過問信託事務處理的有關資料和情況等。當然，一般來講，受益人在信託期間對信託財產只享有利益之權，而無財產的物權，即無權處理、轉移、抵押、分割信託財產或發生其他損害信託財產的行為。

從上述三方關係人的權利與義務來看，信託最突出的特徵是對信託財產所有權的分割。在信託關係成立後，受託人以所有人身分管理、處理信託財產，以自己的名義對外與第三人進行有關信託財產的交易並承擔相應的民事責任，但必須是為了受益人的利益而管理、處理信託財產，信託財產在法律上不能看成是受託人的自有財產。因此，信託的實質是將責任和利益分開，承擔財產管理責任的人即受託人並不享有利益，而享有財產利益的人卻不承擔管理的責任。信託的這一特徵使它特別適合於因時間、精力和能力等因素限制而不能親自管理財產的人進行理財安排，信託也因此而成為現代社會中一種廣受歡迎的財產管理制度。

信託的基本功能是對財產事務的管理和融通資金。財產事務管理是指受託人受託為委託人管理、處理一切財產與經濟事務的功能。信託的這一功能具有廣泛性、多樣性和適應性的特點。廣泛性是指信託作為一種財產管理制度，其服務對象的範圍遍及整個社會，無論是個人還是法人，有民事行為能力人還是無民事行為能力人，成年人還是未成年人，都可通過信託方式解決財產方面的問題。多樣性和適應性是指根據信託的標的資產不同、信託目的不同，信託業務的具體方式也可以是多種多樣的，受託人可以根據委託人的要求選擇相應的業務方式。

融通資金是指受託人通過一部分信託業務而進行的資金籌措的功能。信託的這一功能與銀行信貸的融資功能相比有兩個根本不同點：首先是二者所體現的經濟關係不同。銀行信貸是授信與受信的關係，是以還本付息為條件、以貨幣資金為載體的使用權讓渡的借貸活動；信託是委託與受託的關係，在一定條件下表現為財產使用權和所有權的同時轉移，並且最終是為指定的受益人謀取利益的。其次是二者所表現的融資形式不同，信託融資不像銀行信貸那樣單獨進行，而是經常伴隨著其他形式，如融資與融物相結合、融資與財務管理相結合、融資與直接金融相結合、融資與商業信用相結合，等等，因此信託融資絕不是簡單重複銀行信貸融資。

8.3.2 信託公司的主要業務

信託機構是指從事信託業務、充當受託人的法人機構。其組織形式一般有信託公司、信託銀行和銀行內部設立的信託部，當然，銀行的信託部通常不具有獨立法人地位。根據信託機構的經營範圍不同，可分為兼營信託機構和專營信託機構。在兼營信託機構中，多是信託業務和銀行業務兼營，如日本的兼營信託機構就是以信託業務為主兼營銀行業務。而在實行銀行業和信託業分離的國家，如目前的中國，法律不允許設立兼營信託機構。專營信託機構是指專門辦理信託業務的經濟組織，它們辦理的信託業務是包括代理、租賃、諮詢等業務在內的廣義信託業務。信託機構所辦理的信託業務中，絕大部分是金融信託，而貿易信託和保管信託所占比重較小，因此人們通常把信託機構列為非銀行金融機構，但這並不意味著信託業務都屬於金融業務，因為單純的貿易信託和保管信託並不具有融通資金的作用。

在很多國家，信託機構的業務種類非常寬泛，有信託類業務、代理類業務、租賃類業務、諮詢類業務及其他類業務，其中信託類業務是最能體現信託機構業務特徵的。按照不同的劃分標準，信託類業務又可分為不同的種類。

（1）按信託財產的性質劃分，信託可分為為金錢信託、動產信託、不動產信託、有價證券信託和金錢債權信託。金錢信託是指設立信託時，信託財產為貨幣（包括現金和存款）形態，並規定信託結束時仍以貨幣形態交付受益人的信託。動產信託是指以各種動產作為信託財產而設定的信託。所謂動產，是指能夠位移，且位移後不降低原有價值和使用價值的財產，如運輸設備、機器設備、家具、貴金屬等。不動產信託是指委託人把房屋、土地等不動產轉移給受託人，由其代為管理和運用的信託。有價證券信託是指委託人將股票、債券等有價證券作為信託財產托付受託人對其進行保管和運用的信託。金錢債權信託是指委託人將自己的貨幣債權憑證交給信託機構，委託其向債務人收回貸款、貨款或其他貨幣債權的信託業務。

（2）按信託目的劃分，信託可分為擔保信託、管理信託、處理信託、管理和處理信託。擔保信託是以擔保債務清償為目的而設定的信託，一般是在信用擔保業務中，信託機

構要求委託人提供抵押、質押財產或保證金的那一部分業務，受託人掌管信託財產只是為了保證委託人清償債務。管理信託是以保護信託財產的完好或運用信託財產以增加收益為目的的信託，在信託期間，受託人只有信託財產管理權，而無處分權。處理信託是指改變信託財產性質、原狀以實現財產增值的信託。管理和處理信託通常由受託人先管理財產，最後再處理財產，這種信託形式通常被企業當成一種促銷和融資的方式，在銷售一些價值量巨大的商品如房屋和大型設備時使用。

（3）按委託人的不同劃分，信託可分為個人信託、法人信託和個人法人通用信託。個人信託是指委託人為自然人的信託。幾個個人共同委託的仍屬個人信託。法人信託是指由具有法人資格的企業、公司、社團等作為委託人而設立的信託。這類信託大多與法人的經營活動有關。個人法人通用信託是指既可由個人作為委託人也可由法人作為委託人而設立的信託業務。

（4）按受益人的不同劃分，信託可分為自益信託、他益信託、私益信託和公益信託。自益信託是以委託人指定自己為受益人的信託。他益信託是以委託人以外的第三人為受益人的信託。私益信託是委託人為了自己或特定的第三人的利益而設立的信託。公益信託是以公共利益為信託目的的信託。公益信託中受益人應具備的條件通常由委託人指定，但具體受益人是不特定的，而是符合規定條件的任何人，委託人也可以是受益人之一。

（5）按信託事項的法律依據劃分，可分為民事信託和商事信託。民事信託是指信託事項所涉及的法律依據是在民事法律（民法、繼承法、婚姻法、勞動法等）範圍之內，受託人處理這類信託業務除遵守信託法規和信託契約外，還應遵守有關民事法規的規定。商事信託是指信託事項所涉及的法律依據在商法（公司法、證券法、票據法、擔保法等）規定的範圍之內，受託人處理這類信託業務時，除遵守信託法規和信託契約外，還應遵守有關商法的規定。

8.3.3 中國的信託業

中國的信託業始於一家私營銀行——聚興誠銀行上海分行1919年設立的信託部。1921年，第一家信託公司——上海通易信託公司成立。1931年以後，官營的信託機構也開始出現，如中國銀行和交通銀行於1931年設立了信託部，1933年設立了上海興業信託社，1935年設立了中央信託局。但總的來說，在新中國成立以前，信託業實際開展的信託業務並不多，並且大多是房地產和證券業務，有的還經營儲蓄和保險業務。新中國成立以後，隨著社會主義改造任務的完成，到1952年年底，原有的信託業徹底消失。

1979年10月中國銀行成立信託諮詢部，中國的信託業開始恢復並迅速發展，最高峰時達1,000餘家。由其在業務範圍上基本不受限制，使得信託公司演變為金融百貨公司，而真正的信託業務幾乎從未被涉及，從而屢屢暴發危機，因此每隔幾年就被國家清理整頓一次。1999年開始的第5次清理整頓是最嚴厲的一次，經過重組整合之後，全國只保留了

60家規模較大、效益好、管理嚴格、真正從事受託理財業務的信託投資公司。與此同時，信託制度的建設同步進行。歷經多年的反覆，2001年10月1日，《中華人民共和國信託法》正式施行。這部法律和2002年5月9日起施行的《信託投資公司管理辦法》以及2002年7月18日起施行的《信託投資公司資金信託管理暫行辦法》，構建了中國信託業的基本法律框架。以此為標誌，中國信託業基本結束了長達3年的「盤整」格局，躍出谷底，步入規範運行的軌道，從以信貸、實業和證券為主營業務和主要收入來源的模式，轉向以「受人之托，代人理財」為主營業務，以收取手續費、佣金和分享信託受益為主要收入來源的金融機構。

根據《信託投資公司管理辦法》的規定，信託公司的業務範圍可劃分為五大類：①信託業務，包括資金信託、動產信託、不動產信託；②投資基金業務，包括發起、設立投資基金和發起設立投資基金管理公司；③投資銀行業務，包括企業資產重組、購並、項目融資、公司理財、財務顧問等仲介業務，發起、管理投資基金、國債和企業債券的承銷業務；④中間業務，包括代保管業務、信用鑒證、資信調查及經濟諮詢業務；⑤自有資金的投資、貸款、擔保等業務。

中國的信託機構自改革開放以來幾經反覆，在近十年取得了飛速的發展。自2004年以來，信託公司的信託資產規模每年都有大幅度的提升，平均每年提升40%以上。由於經營範圍的廣泛性、產品種類的多樣性、經營手段的靈活性、服務功能的獨特性，可以對不同種類的市場需求和服務對象，通過信託品種的創新設計、組合運用，對信託財產和自有資金採取出租、出售、貸款、投資、同業拆放、融資、租賃等多種方式，全方位滿足各類市場需求，具有極明顯的綜合優勢。因此，作為一類可以提供多元化金融產品和服務的金融機構，信託公司未來在中國將會有廣闊的發展空間。

8.4　租賃公司

8.4.1　租賃基本理論

簡單地說，租賃是一種通過讓渡租賃物品的使用價值而實現資金融通的信用形式。與其他信用形式相同，租賃產生和發展的社會經濟基礎也是私有制的產生和商品經濟的發展。為了更好地把握租賃的特徵，我們將其發展大致分為傳統租賃和現代租賃兩個階段。

傳統租賃是對現代租賃產生之前的所有租賃形式的統稱，也可稱為經營租賃，是一種出租人將自己經營的出租設備或用品反覆出租的租賃。與租賃的現代形式相比，傳統租賃的特徵主要有：①交易一般只涉及出租人和承租人兩方當事人，並且出租人擁有或購買租賃物品的行為是獨立的，其決策過程一般與承租人無關。②在租賃期限內，出租人要提供

與租賃物品有關的各類服務如修繕、維護、保養等，也承擔租賃設備過時的風險。③非全額清償，即出租人的全部租賃投資不能從單個承租人的租金支付中回收，而是來源於不同承租人在每一租期內所繳納租金之和。④可解約性，即在租賃期滿之前，承租人可根據自己對租賃物品的實際需要情況，在規定的時限內提出請求，以提前終止本次租賃合同。承租人並不因此承擔額外支出。⑤租賃物品的所有權在租賃期滿後一般不轉移，承租人只有退租或續租兩種選擇。

現代租賃是20世紀50年代發展起來的新型租賃形式，它具有租賃的一般特徵，但在所包含內容上已大大超過了傳統租賃的基本內容。現代租賃最突出的特徵是融資與融物的結合，因此通常也被稱為融資租賃或金融租賃。根據國際統一私法協會《國際融資租賃公約》中的定義，融資租賃是指這樣一種交易過程：出租人根據承租人的請求及提供的規格，與第三方（供貨商）訂立一份供貨合同，從供貨商處購得承租人所需的工廠、資本貨物或其他設備。同時，出租人與承租人訂立一份租賃合同，以承租人支付租金為條件，授予承租人使用設備的權利。

從上述融資租賃的定義中我們可以清楚地看到現代租賃形式所具有的融資與融物相結合的特點。企業在需要進行設備投資時，並不直接購買所需設備，而是向租賃公司提出具體要求，由租賃公司代為融資，並根據企業的要求從設備供應廠商處購進相應的設備，然後交給承租企業使用。在租賃期間，承租人只要按時交付租金，就可以像使用自己擁有的設備那樣使用租來的設備。

與傳統租賃形式相比，現代租賃的特徵表現在：①融資租賃一般涉及三方相互關聯的當事人，即出租人、承租人、供貨商，並由兩份合同構成，即買賣合同和租賃合同。②擬租賃的設備由承租人自行選定，由此出租人也只負責按承租人的要求給予融資便利和購買設備，但並不承擔設備缺陷、延遲交貨等責任和設備維護的義務。③全額清償，即在基本租期內只存在一個特定的承租人用戶，出租人從該用戶收取的租金總額應等於該項租賃交易的全部或絕大部分投資及利潤。④不可解約性，即承租人不能以退還設備為條件提前中止租賃合同。⑤在租賃期內租賃物品的使用權屬於承租人，但從法律角度講，租賃物品的所有權始終是屬於出租人的。

由上述租賃的定義和特徵來看，一項租賃業務尤其是現代租賃業務可包含多項功能。

一是融資功能。這是對承租人而言的。並且與銀行信貸的融資功能相比，租賃融資還具有某些特殊的優勢。比如，租賃可以為承租人提供100%的融資，而銀行貸款一般不是全額融資；有些融資租賃形式可以享受稅收上的優惠，如投資稅收減免、加速折舊等；有些融資租賃形式在會計處理上可以不計入承租人的負債，因此也不影響承租人的負債比率。

二是投資功能。這是對出租人而言的。租賃作為一種新型的投資方式，並不是投資於整個產業，而只是投資於出租給企業的某種設備，並且始終由出租人自己擁有設備的所有權，從而實現了投資主體的多元化和投資形式的多樣化。

三是促銷功能。這是對供貨廠商而言的。企業用租賃的方式向客戶推銷新產品，可以減輕客戶因對產品不瞭解而產生的顧慮，使新產品更快地進入市場。另外企業還可通過向客戶提供相應的服務，與客戶保持經常的往來，從而保持產品的市場份額。

正如英國人馬休·培根早在1798年所預見的那樣，租賃這種信用形式的利益一旦為人們所認識，它便會被擴展到「任何一種行業和財物」中去。如今，現代租賃業所包括的範圍已經極其廣泛，種類日趨繁多，服務也更加周到。同時，隨著各國及全球有關現代租賃在立法、會計、稅收、監管等方面規定的不斷推出，租賃業的經營環境也日益得到改善。未來，隨著租賃業務越來越多地跨越國界，現代租賃將在國際貿易與經濟全球化的過程中開拓更廣闊的天地。

8.4.2 租賃公司的種類

除上述傳統租賃和現代租賃的一般劃分方法以外，還可按照租賃公司涉及的經營活動進行劃分：

（1）按徵稅上的不同處理可將租賃分為節稅租賃和非節稅租賃。

①節稅租賃又稱真實租賃，是指出租人有資格獲得加速折舊、投資減稅等稅收優惠，並以降低租金的形式向承租人轉讓部分稅收優惠，承租人支付的租金可作為費用從應稅利潤中扣除，從而使其用於租賃設備的成本支出低於貸款購買設備的成本支出。

②非節稅租賃又稱銷售租賃，是指允許承租人在租賃期末以名義留購價留購租賃物件並獲得設備所有權。這種租賃在稅收上被視為一項買賣交易，享有與買賣交易相同的稅收待遇，即由承租人而非出租人作為設備的所有者享受稅收折舊優惠和期末殘值，但承租人支付的租金不能當成費用從成本中扣除。

（2）按租賃中出資者的出資比例不同可將租賃分為單一投資租賃和槓桿租賃。

①單一投資租賃是由出租人負責承擔購買租賃設備的全部投資，這是一種傳統的租賃交易方式。

②槓桿租賃是20世紀70年代末在美國發展起來的一種結構較為複雜的融資租賃交易形式。它是指在一項租賃交易中，出租人只需投資租賃設備購置款項20%~40%的金額，即可在法律上擁有該設備的完整所有權，享有如同對設備完全投資的同等稅收待遇。設備購置款項的其餘60%~80%由銀行、保險公司或信託公司等金融機構提供的無追索權貸款來解決，但需出租人以租賃設備作為抵押，以轉讓租賃合同和收取租金的權利作為擔保。

（3）根據租賃業務的具體方法還可分為直接租賃、轉租賃、售後回租等方式。

①直接租賃是由出租人用從金融市場籌措的資金向供貨廠商購買設備，然後直接租給承租人使用。出租人可視租期長短、支付租金次數和間隔期的不同，利用其在金融市場上的籌資優勢，借入長短期比例搭配合理的資金，以降低實際貸款成本，增強競爭力。

②轉租賃是由租賃公司根據用戶需要，先從其他租賃公司（一般為國外公司）租入設

備，然後再轉租給承租人使用。這一形式適用於租賃機構自身借貸能力較弱、資金來源有限、融資技術不發達，而承租人又迫切需要國外只租不賣的先進技術設備的情況。

③售後回租租賃是指設備物主將自己擁有的資產賣給租賃公司，然後再從該公司租回使用。回租實際上是一種緊急融資方式。作為租賃物的設備就是企業的在用設備，其銷售只是形式，未作任何轉移。其優點是：承租人既保留了原有設備的使用權，又可把固定資產變為流動資產以提高資金的使用效率。

8.4.3　中國的租賃業

新中國的租賃業務是在20世紀60年代起步的。1964年，北京市機電設備租賃公司租賃供應站開始營業，隨後，類似的租賃機構在全國發展了大約30家。但由於得不到有關方面的重視，這些機構有的營業慘淡，有的關停並轉，不久就都銷聲匿跡，租賃業未能正式發展。直到改革開放初期的1981年4月，才由中國國際信託投資公司（簡稱中信公司）、北京市機電設備公司和日本東方租賃公司合資成立了中國第一家中外合資租賃公司——中國東方租賃有限公司。同年7月，由中信公司和國家物資部等單位聯合組建了中國租賃有限公司，從而掀開了中國租賃業的新篇章。

經過30多年的時間，中國的租賃業發展迅速，但由於種種原因，從20世紀90年代初期起，租賃公司逐步陷入了經營困境，普遍存在著租賃主營業務比例較低、經營範圍較為混亂、租金拖欠嚴重等問題。這導致了中國一些成立較早的租賃公司面臨著資產質量嚴重惡化、支付困難、正常的業務經營難以為繼的狀況。所以，從20世紀90年代中期開始，中國租賃業進入重組整頓時期。到2002年底，由中央銀行監管的金融租賃公司有12家，由外經貿部監管的中外合資租賃公司有40多家，由國家經貿委貿易市場局監管的從事設備租賃的內資租賃公司有幾十家。按照當時的有關法規，可以合法開展融資租賃業務的只有12家金融類和40多家中外合資類租賃公司。

2007年3月，銀監會頒布了《金融租賃公司管理辦法》，允許中國商業銀行投資設立金融租賃公司，中國金融租賃業又開始了新一輪的發展，無論是從專業公司的數量，還是從涉及金融的程度看都得到了快速的發展。當年末，銀行系金融租賃公司便開始進入公眾的視野。2011年發布的《外商投資產業指導目錄（2011年修訂）》將外商融資租賃公司從限制類調整為允許類，商務部陸續出台了加大內資租賃公司發展力度的政策。次年，中國融資租賃公司達560家，比2011年增加近300家，其中外資租賃企業增長一倍以上，已達460家。這意味著中國金融租賃業務已經迎來了快速發展的黃金時期。由於有銀行的支撐，銀行系金融租賃公司成為資本市場中不可忽視的一支重要力量。

可以預見，新近出現的外資租賃井噴式增長和內資租賃一體化格局的醞釀，將不僅從三大主體層面增大行業出租人的差異性，也會推動各主體在市場開拓和爭奪中的內部差異日漸擴大。目前中國的融資租賃市場滲透率約5%，而歐美市場的滲透率普遍在20%左右。

中國作為全球第二大經濟體，無論從國際橫向比較，還是從自身經濟增速考量，市場空間之大顯而易見。中國租賃行業的發展還處於非常初級的階段，從租賃在整個經濟中的滲透率看，融資租賃行業仍遊離於主體經濟之外，這就需要租賃從業者進行更為廣泛的創新。相信隨著行業內部創新和外部環境的改善，中國的租賃業將會在經濟發展中發揮越來越大的作用。

8.5 投資基金

8.5.1 投資基金基本理論

如果按照一種基金組織或機構來理解，投資基金是按照共同投資、共享收益、共擔風險的基本原則和股份公司的某些原則，運用現代信託關係的機制，以基金方式將各個投資者彼此分散的資金集中起來，交由投資專家運作和管理，主要投資於證券等金融產品或其他產業部門，以實現預定的投資目的的投資組織制度。在美國，它被稱為共同基金、互惠基金或投資公司，在英國、日本等國被稱為投資信託基金，在中國則被稱為投資基金。

投資基金也可作為基金證券來理解，是指由投資基金組織發行的受益憑證或股票。它和一般的股票、債券一樣，都是金融投資工具，但又有些不同於一般股票、債券的特點。首先，一般的股票反應的是產權關係，債券反應的是債權關係，而投資基金反應的是信託關係。其次，股票和債券所獲資金主要投向實業，而投資基金籌集的資金主要投向其他有價證券及不動產。最後，股票的收益取決於發行公司的經營效益，因此是不確定的，投資於股票有較大風險。債券的收益一般事先確定，投資風險較小。而投資基金主要投資於有價證券，而且這種投資選擇可以靈活多樣，從而使投資基金的收益和風險可能介於股票和債券之間，這就增大了投資者的選擇空間。

1868年11月，在英國組建的「海外和殖民地政府信託」，是世界公認的設立最早的投資基金機構。20世紀20年代後，投資基金傳入美國。美國的基金資產在1950年還只有25億美元，1990年已增至10,669億美元，1998年4月共同基金資產已突破50,000億美元，基金數目則由1950年的98只增加到1997年的6,778只。進入80年代以後，投資基金在世界範圍內得到了快速的發展。

投資基金之所以廣受歡迎、發展迅速，是因為它本身所具有的一些突出的特點與功能。首先，投資基金實行專家管理制度，其專業管理人員都經過專門訓練，具有豐富的證券投資和其他項目投資經驗，因而投資成功率較高。這對於那些沒有時間或沒有能力專門研究投資決策問題的中小投資者來說尤其具有吸引力。其次，投資基金將眾多中小投資者的小額閒散資金集中起來，可產生兩方面的好處：一是具有降低交易成本的規模效應，因

為一般來說，單位證券買賣的佣金成本是隨交易數量增大而遞減的；二是投資基金集中了大量資金後，就擁有了多元化經營的有利條件，可以保證在一定的收益水平上將投資風險降到最低限度。再次，投資基金流動性強，變現性好。當投資者需要現金或者由於其他原因要抽回投資時，可以在證券市場上自由地將基金出售而收回現金，對開放式基金來說則可以隨時辦理贖回。最後，投資基金在投資手續與操作上都比較規範，投資目標與基本策略都是預先規定好的，不能隨意改變，而且，基金的投資人大會有權對經理人員的經營方針提出意見，甚至有權更換經理人員，因此投資基金的操作透明度相對較高。另外，投資基金從其產生以來，尤其是高速發展的最近幾十年，其回報率確實是相當可觀的，這自然也是其深受投資者歡迎的重要原因。

8.5.2 投資基金的種類

投資基金的內容和種類都十分豐富，並且有不斷創新發展的新形式。下面僅介紹幾種常用的分類方法。

（1）按組織形態的不同分為公司型投資基金和契約型投資基金。

公司型投資基金是依據公司法設立的投資基金，是一種由委託人發起組織以投資為目的的投資公司（或稱投資基金公司），發行投資基金股份，由投資者購買投資基金股份、參與共同投資的信託財產形態。歐美國家的投資基金一般為公司型的。契約型投資基金是依據信託法、投資信託法而設立的投資基金，一般由基金管理公司（委託人）、基金保管機構（受託人）和投資者（受益人）三方通過訂立信託投資契約而建立起來。亞洲地區的投資基金一般採用這種形式。

（2）按基金變現方式的不同分為開放型投資基金和封閉型投資基金。

開放型投資基金發行的股票或受益憑證的總數是不固定的，可根據基金發展的需要追加發行。投資者也可根據市場狀況和各自的投資決策，或者要求發行機構按現期淨資產價值扣除手續費後贖回股份或受益憑證，或者再增加買入股份或受益憑證。封閉型投資基金的發行總額有限制，一旦完成發行計劃，就不再追加發行。投資者不得要求發行機構贖回股份或受益憑證，但可將其在證券交易所公開轉讓，轉讓價格由市場供求決定。

（3）按投資目標的不同分為成長型基金和收入型基金。

成長型基金追求資本長期增值並注意為投資者爭取一定的收益，其投資對象主要是市場中有較大升值潛力的小公司股票或是新興行業的股票。這類基金的投資策略是盡量充分運用其資金，當行情較好時，甚至借入資金進行投資。為了擴大投資額，這類基金經常會把投資者的應得股息也重新投入市場，因此其股息分配只占投資收益的一小部分。收入型基金注重當期收入最大化和基金價格增長，其投資對象主要是績優股和利息較高且收入穩定的債券，其投資策略強調穩健和分散風險，並注意滿足投資者對收益的要求，因此一般都會按時派發股息。

（4）按基金運用規則的不同分為固定型投資基金和管理型投資基金。

固定型投資基金是指信託基金一旦投資於預先確定的證券，在整個信託期間，原則上不允許變更，即不允許投資證券的轉賣與重買。管理型投資基金又稱自由型、融通型投資基金，其經營者可以根據市場情況，對購進的證券自由買賣，不斷調整組合結構。

（5）按投資地域或國界的不同分為國內投資基金和國際投資基金。

國內投資基金是指在本國籌資並投資於本國金融工具的基金。國際投資基金是指在一國籌資並投資於另一國金融工具的基金。其主要種類有完全投資於外國證券的「海外基金」、主要投資於外國證券同時也對本國證券進行投資的「環球基金」、以基金投向國或投向地命名的「國家基金」，等等。

8.5.3 中國投資基金業

8.5.3.1 投資基金在中國的發展

受金融市場發展滯後的制約，中國的投資基金是在20世紀90年代以後才興起的，尤其是1992年，中國投資基金發展迅猛，當年有經各級人民銀行批准的37家投資基金成立，規模共計22億元人民幣。其中，由中國農村發展信託投資公司等5家金融機構共同發起的中國第一家規範化的公司型封閉式投資基金——淄博鄉鎮企業投資基金得到中國人民銀行總行批准成立。同年10月，中國第一家規範化的專業基金管理公司——深圳投資基金管理公司也開始投入運行。以1997年11月14日《證券投資基金管理暫行規定》的發布為標誌，中國投資基金業經過了三個歷史階段的發展：

第一階段：1997年底前的投資基金創業階段，或稱「老基金」階段。該階段基金的特點是：基金的發起、組織結構及信息披露不規範；基金類型單一、規模小；投資結構不合理；法律建設滯後。

第二階段：1998年3月23日基金金泰和基金開元的成立，標誌著中國基金投資制度開始走向規範化發展階段，通常稱為「新基金」階段。該階段基金的特點為：註重法制建設，基金規模迅速擴大，品種結構多樣化，基金隊伍逐年壯大，管理規模兩極分化。

第三階段：2001年3月，華安創新基金的成立，標誌著開放式基金在中國的誕生，是基金業發展的第三個階段。該階段基金的特點為：基金規模不斷擴大，基金銷售異常火爆，基金收益迅速增加。

自1998年以來，中國證券投資基金業已走過了18個年頭。在這18年的發展歷程裡，中國基金經歷了2001—2005年的五年熊市，也經歷了2006—2007年的牛市（資產規模年增長分別為81.7%和282.5%），更經歷了2008年市場暴跌（資產規模縮減40.8%）之後的持續震盪。縱觀基金行業的發展歷程，基金業總體發展速度較快，在資本市場的影響力日趨增強。

8.5.3.2　中國投資基金業存在的問題

雖然投資基金在中國取得了迅速的發展,但是在發展中也出現了一些問題:

(1) 證券市場金融產品單一,制約證券投資基金的選擇。證券投資基金之所以逐步替代個人投資,是因為它能夠通過證券投資組合降低風險。國外成熟的資本市場由股票、債券和長期抵押貸款市場構成,債券市場又由國債、公司債和市政債組成。但是,中國目前的證券市場還很不發達,證券投資基金可以選擇的對象只有股票、國債等少數幾種金融產品,企業債尚未得到很大的發展,國有股和法人股的全流通尚未完全實現,且中國國債的流動性、品種數量和交易規模還非常有限,導致證券投資基金的可投資空間很小,基金管理人難以對其進行組合,也就會使基金規避風險的作用無法充分發揮。

(2) 基金管理人存在嚴重的道德風險。中國的基金是由基金管理公司成立的,而基金管理公司的大股東一般都是證券公司、銀行或者信託公司,這樣,在基金持有人利益與基金公司控股股東利益發生矛盾時,基金管理公司往往不是服務於基金持有人,而是服從於基金管理公司的控股股東的利益,將收益內部化,而將風險外部化,進而損害基金持有人的利益,因此產生了基金管理人的道德風險。

(3) 市場監督管理體系不夠健全。一方面,監管機構過多,監管權限分散。由於證券投資基金在運作的過程中要受到銀監會、證監會以及保監會三家相互獨立機構的監督,所以監管權限比較分散,這三家獨立的監管機構之間也很難進行有效的協調與溝通,這就嚴重制約了證券投資基金監督管理效果的發揮。另一方面,證券投資基金缺乏完善的自律組織,這就導致其自身約束力不強。

8.5.3.3　中國基金業的法制建設

為了解決基金行業發展中存在的問題,促進基金行業快速發展,近年來,監管層出抬了眾多行業新規。2012年12月28日第十一屆全國人民代表大會常務委員會第三十次會議對《中華人民共和國證券投資基金法》進行了修訂,新的基金法自2013年6月1日起施行。

新基金法主要在以下方面做出了改進:

第一,將非公募基金納入了基金法監管範疇,並明確了「公開募集」與「非公開募集」的界限。

第二,新規取消了基金公司主要股東的經營範圍,並對「註冊資本不低於三億元人民幣」的限制給予了更靈活的說法,為現有股東類型以外的進入企業設立基金公司留出了餘地。

第三,就基金的投資範圍,新證券投資基金法規定,基金財產可投資於:上市交易的股票、債券;國務院證券監督管理機構規定的其他證券及其衍生品種。此外,2012年年底頒布的《證券投資基金管理公司子公司管理暫行規定》為基金公司以設立子公司的方式拓展業務範圍掃清了障礙。隨著眾多新規的落地實施,基金業將迎來群雄逐鹿的時代,標誌著中國基金業的發展又踏上了一個新的臺階。

8.6 其他非銀行金融機構

8.6.1 財務公司

財務公司（Finance Company）也叫金融公司，在國外是指一類通過出售商業票據、發行股票或債券以及向商業銀行借款等方式來籌集資金，並用於向購買汽車、家具等大型耐用消費品的消費者或小型企業發放貸款的金融機構。

國外的財務金融公司可分為三種類型：

一是銷售金融公司，是由一些大型零售商或製造商建立的，旨在以提供消費信貸的方式來促進企業產品銷售的公司。

二是專門發放小額消費者貸款的消費者金融公司，它的作用是為那些在其他渠道難以獲得貸款的消費者提供貸款資金。

三是商業金融公司，主要向企業發放以應收帳款、存貨和設備為擔保的抵押貸款，或者以買斷企業應收帳款的方式為企業提供資金。後者業務的風險較高，因此利潤也較高。

在中國，財務公司是「企業集團財務公司」的簡稱，是一類由大型企業集團內部成員單位出資組建並為各成員單位提供金融服務的非銀行金融機構。其宗旨是支持國家重點集團或重點行業的發展。其主要業務包括：吸收成員單位的存款；對成員單位發放貸款、辦理委託貸款及票據承兌和貼現；對成員單位產品的購買者提供買方信貸；辦理成員單位產品的融資租賃業務；買賣和代理成員單位買賣國債及成員單位發行的債券；為成員單位辦理擔保、信用鑒證、資信調查和經濟諮詢等業務。財務公司在辦理有關業務的過程中，應嚴格執行國家金融方針、政策及金融監管部門的有關規定，接受金融監管部門的領導、管理、監督、協調和稽核。財務公司為獨立的企業法人，必須實行獨立核算、自負盈虧、自主經營、照章納稅。

財務公司在中國的發展相對來說是比較順利的，從 1987 年 5 月中國人民銀行正式批准設立中國第一家企業集團內部的財務公司——東風汽車工業財務公司開始，中國財務公司相繼經歷了初級發展階段（1987—1991 年）、快速發展階段（1992—1995 年）和規範及穩步發展階段（1996 年至今），財務公司的數量和規模也從無到有，逐步發展壯大。

2004 年 8 月，中國銀監會新頒布的《企業集團財務公司管理辦法》對財務公司在中國金融體系中的地位與作用進行了重新界定，將財務公司定位為「以加強企業集團資金集中管理和提高企業集團資金使用效率為目的，為企業集團成員單位提供財務管理服務的非銀行金融機構」，這一定位確定了財務公司的基本性質和功能，為企業集團加強集團資金管理、提高資金使用效率、依法合規經營創造了條件，也為財務公司持續穩健發展打下了

堅實的基礎。同時，新辦法還降低了設立財務公司的標準，調整了財務公司的業務範圍，並且在各方面加強了對財務公司的風險控制。為優化資產結構，提高資金效率，不少財務公司已開始介入資本市場，加大了國債、企業債券投資及股票一級市場申購、少量二級市場運作的力度，成為資本市場上不容忽視的一類穩健保守的機構投資者。

截至2015年年底，中國共有224家企業集團財務公司，涉及石油、化工、鋼鐵、電力、煤炭等國民經濟多個行業。許多大型企業集團如中石油、中石化、五礦集團等大都設立了財務公司並不斷發展壯大，成為中國金融市場上不可忽視的力量。

8.6.2　信用合作社

信用合作社是由個人集資聯合組成，以互助為主要宗旨的合作金融組織。其基本經營目標是以簡便的手續和較低的利率，向社員提供信貸服務，幫助經濟力量薄弱的個人解決資金困難，以免遭高利盤剝。從性質上來講，合作金融同股份制金融最基本的差別在於，前者主要或優先為合作者提供互助性金融服務，而後者則面向社會提供商業性金融服務。最早的信用合作社創建於德國的農村，目前各國信用合作社的主要種類有：農村信用合作社、農牧漁業生產信用合作社、土地信用合作社、城市信用合作社、小工商業者信用合作社、勞動者信用合作社、住宅信用合作社等。這類金融機構一般規模不大，主要資金來源於合作社成員繳納的股金、公積金和吸收的存款。貸款主要用於解決其成員的資金需要，起初主要發放短期生產貸款和消費貸款，後來開始為解決生產設備更新、改造技術等提供中長期貸款，並逐步採取以不動產或有價證券作為擔保的抵押貸款方式。

新中國成立後成立的農村信用社是農村勞動人民集資建立的社會主義集體所有制的金融組織，是合作經濟的一種形式。從開展業務上看它是一種合作金融的形式，但從法律上講它與典型意義上的合作金融存在著根本的差別。因為合作金融始終承認、確保合作者對股本的個人財產所有權，而新中國傳統的集體所有制金融不存在集體中成員的個人財產所有權。另外，國內還有一類金融機構名為城市信用合作社，它是在改革開放以後，為適應大量個體、私營及小集體企業急遽增長的金融服務需求，在城市地區陸續組建的，但它們基本上都是按股份制形式組織起來的。按照國家的政策規定，城市信用社的財務分配，遵循對集體企業的原則，而業務服務則定位於面向社會，主要為個體、私營及小集體企業提供各種融資業務，發揮國家銀行難以顧及的「拾遺補缺」的作用。因此，城市信用社基本上是在股份制小商業銀行的軌道上發展，並不具有合作金融組織所應具有的基本特徵。

自1996年以來，中國農村正規金融體系基本上形成了政策性功能、商業性功能和合作性功能相區別的三類金融機構，即分別設立了中國農業發展銀行、中國農業銀行和農村信用合作社。從形式上和一定程度的實際功能上看，已經初步形成了以農村信用社這種合作金融為基礎，中國農業銀行這種商業金融和中國農業發展銀行這種政策金融各司其職，二者間彼此分工合作、相互配合的農村金融體系。中國農業發展銀行的職能是管理國家的

政策性貸款，業務範圍較窄，在基層一般不設營業網點。中國農業銀行由於商業化的利潤目標驅使，其基層網點正在逐步收縮，對廣大農村的業務量也在減少，工作重心轉向城市和有關農業基礎設施的大型項目上。其他原來在縣一級設機構網點的商業銀行（工行、建行）正在紛紛撤點，而新興的股份制商業銀行一般都集中在城市。這樣，為農村經濟提供金融服務的組織就只有農村信用合作社了。但同時我們也看到，近年來中國農村金融特別是農村信用社相對於其他領域的改革和發展以及現實的需要來說還是滯後的。一方面，是廣大農民在調整經濟結構、發展現代農業過程中急需資金支持；另一方面，卻是農村信用社經營規模普遍偏小，資金實力不足，服務手段落後；同時，在產權關係不清晰的背景下，農村信用社內部經營管理問題較多，虧損嚴重，存在著較大的經營風險。

在經歷了長時間的摸索和徘徊之後，2003 年年初召開的中央農村工作會議確定了中國農村信用社改革的總體要求，即「明晰產權關係，強化約束機制，增強服務功能，國家適當扶持，地方政府負責」。這五項要求，既是對以往農村信用社改革經驗的總結，也是對新一輪農村信用社改革基本輪廓的闡述和概括。從 2003 年下半年開始，農村信用社改革試點按東、中、西三大地區有選擇地逐步展開。在產權制度改革上，農村信用社的明晰產權分為三類，即股份制改造、股份合作制和完善合作制。這三類不同的產權關係，基本囊括了現階段農村信用合作社不同的發展條件，是實事求是深化改革的體現。這樣就避免了以往歷次改革中不顧各地、各信用社的實際而實行的「一刀切」或「上檔次」式的產權關係改革。在管理體制的改革上，方案中將農村信用社的管理責任交由省級政府負責，同時由國家監管機構依法實施監管，農村信用社自我約束、自擔風險。這樣一方面明確了管理責任，另一方面也顧及到了地方統籌發展的自主性。農村信用社改革逐步改善了過去產權不清晰、治理結構混亂、效率低下、風險過高、支農作用不突出等問題，產權制度實現了重大突破，法人治理結構初步形成，自主經營、自我發展、自我約束、自擔風險的機制正在形成，歷史包袱初步化解，風險狀況有所緩解，各項業務穩步發展，服務「三農」力度在不斷加強。

截至 2015 年年底，農村合作金融機構各項貸款餘額 11.87 萬億元，其中：涉農貸款餘額 7.73 萬億元、小微企業貸款餘額 5.69 萬億元，該類機構在減少中國金融發展的區域差異中作用巨大。該類機構的資金來源中，存款負債貢獻最大，其中個人存款又占全部存款的 72.6%。它們也在積極地拓展資產負債表外業務，2015 年實現中間業務收入 318 億元，同比增長 25.2%。

8.6.3 政策性金融機構

政策性金融是在一國政府的支持和鼓勵下，以國家信用為基礎，嚴格按照國家規定的範圍和對象，以優惠的存貸款利率或條件，直接或間接為貫徹、配合國家特定經濟和社會發展政策而進行的一種特殊性資金融通行為。它的範圍涵蓋了一切規範的政策性貸款，一

切帶有特定政策性意向的存款、投資、擔保、貼現、信用保險、存款保險、利息補貼等一系列特殊性的資金融通行為。

8.6.3.1 政策性金融的特徵

（1）政策性。它服從和服務於政府的某種特殊的產業或社會政策目標或意圖。

（2）優惠性。它以比商業性金融更加優惠的利率、期限、擔保等條件提供貸款或保證提供貸款。

（3）融資性、有償性。它是一種在一定期限內有條件讓渡資金使用權的資金融通活動。正是由於政策性金融與商業性金融有明顯的區別，因此我們將政策性金融機構視為一類特殊的非（商業）銀行金融機構。

政策性金融機構是指那些由一國政府或政府機構發起、出資創立、參股、保證或扶植的，不以利潤最大化為其經營目標，而是專門為貫徹或配合政府特定社會經濟政策或意圖，在法律限定的業務領域內，直接或間接地從事某種特殊政策性融資活動，從而充當政府發展經濟、促進社會穩定發展、進行宏觀經濟調節的管理工具的金融機構。在規範的市場經濟國家中，政策性金融機構既不同於中央銀行，也不同於商業性金融機構。

8.6.3.2 政策性金融機構的特徵

（1）由政府或政府機構出資創立、參股、保證或扶植。實踐中，政策性金融機構的設立方式多種多樣，但無一不是以政府作為堅強後盾，同政府有著種種密切的聯繫。

（2）不以盈利或利潤最大化為經營目標。當然，這並不意味著政策性金融機構完全忽視項目的效益性，運行的結果必然是虧損的，而只是說它主觀上不以營利為動機。

（3）具有特定而有限的業務領域和對象，如農業、中小企業、特定產業的進出口貿易、經濟開發、住房等領域。政策性金融機構一般不同商業性金融機構競爭，而只是補充後者的不足。

（4）遵循特殊的融資原則。一是特殊的融資條件或資格，一般是從商業性金融機構得不到或不易得到所需資金的條件下，才有從政策性金融機構獲得融資的資格。二是特別的優惠性，包括貸款期長、利率低、有政府貼息等優惠條件。三是政策性金融機構一般充當「最後貸款人」或「最終償債人」的角色。

（5）依據某種特定的法律法規。由於政策性金融機構種類繁多，其宗旨、經營目標、業務領域與業務方式各異，所以它一般不受普通銀行法的制約，而是各自按照特定的單一法律或法規開展活動。

從上述政策性金融及其機構的定義和特徵我們可以看出，政策性金融除了具有與商業性金融相同或類似的功能即金融仲介的功能以外，還具有其特殊的功能。

8.6.3.3 政策性金融機構的特殊功能

（1）對一國的基礎產業和薄弱產業進行直接扶植與強力推進的功能。

（2）以市場經濟為前提，對以商業性金融為主體的金融體系的運行有補充與輔助的

功能。

（3）政策性金融機構的直接融資對以商業利潤為動機的民間投資有誘導、引發或促其擴張的功能。

（4）政策性金融可以利用其在特定領域或行業融資的豐富經驗和專業人才，對相關產業或企業提供全面而地道的服務，從而具有服務與協調的功能。

始建於1994年的三家政策性銀行，是中國最具有代表性的政策性金融機構，它們是：國家開發銀行、中國進出口銀行和中國農業發展銀行。國家開發銀行辦理國家重點建設貸款的貼息業務。中國進出口銀行的主要任務是為大型機電成套設備進出口提供買方信貸和賣方信貸，為商業銀行的成套機電產品出口信貸辦理貼息及出口信用擔保。中國農業發展銀行承擔國家糧棉油儲備和農副產品合同收購、農業開發等業務中的政策性貸款，代理財政支農資金的撥付及監督使用。

政策性銀行自成立以來，在社會主義計劃經濟向市場經濟轉軌的過程中，積極承擔了加強宏觀調控、實現政府發展戰略目標、促進國有專業銀行商業化改革等多重使命。然而目前，政策性銀行的經營環境已經發生變化，需要對其職能定位進行動態調整。2007年第三次全國金融工作會議提出按照「分類指導」「一行一策」原則進行政策性銀行改革，政策性銀行商業化轉型的改革思路正式確立。

國家開發銀行作為政策性銀行改革試點單位，率先啟動了商業化改革。經國務院批准，國家開發銀行於2008年12月11日整體改制為國家開發銀行股份有限公司，成為第一家由政策性銀行轉型而來的商業銀行，標誌著中國政策性金融機構向開發性金融過渡的實質性進展。中國進出口銀行和中國農業發展銀行目前在繼續深化內部改革，為進行全面改革創造條件。

8.6.4　金融資產管理公司

國際上廣義理解的「金融資產管理公司」是指由國家出面專門設立的以處理銀行不良資產為使命的金融機構。它們也是一類特殊的政策性金融機構。

2000年11月1日，《金融資產管理公司條例》第二條對該類型公司做出明確定義：「金融資產管理公司，是指國務院決定設立的收購國有銀行不良貸款，管理和處置因收購國有銀行不良貸款形成的資產的國有獨資非銀行金融機構。」同時第三條規定了其經營目標：「金融資產管理公司以最大限度保全資產、減少損失為主要經營目標，依法獨立承擔民事責任。」

20世紀90年代，由於體制原因、行政干預原因、企業自身管理體制和經營機制不適應市場經濟需要從而無法償還貸款以及銀行管理體制缺陷等因素，國有銀行不良資產出現巨額累積，歷史包袱越來越重。中央銀行的一項統計表明，國有商業銀行不良資產總額約2.3萬億元，占貸款總額的25.4%，巨額的不良資產對銀行自身的穩健與安全將產生直接損害。

為了化解由此可能導致的金融風險，中國於 1999 年相繼設立了 4 家金融資產管理公司，即中國信達資產管理公司（CINDAMC）、中國東方資產管理公司（COAMC）、中國長城資產管理公司（GWAMCC）和中國華融資產管理公司（CHAMC），分別收購、管理和處置四家國有商業銀行和國家開發銀行的部分不良資產。

中國組建金融資產管理公司是為了同時達到以下三個目的：

一是改善 4 家國有獨資商業銀行的資產負債狀況，提高其國內外資信度；同時深化國有獨資商業銀行改革，把國有獨資商業銀行辦成真正意義上的現代商業銀行。

二是運用金融資產管理公司的特殊法律地位和專業化優勢，通過建立資產回收責任制和專業化經營，實現不良貸款價值回收最大化。

三是通過金融資產管理，對符合條件的企業實施債權轉股權，支持國有大中型虧損企業擺脫困境。

隨著大型商業銀行不良資產清理工作的基本完成和金融體系不良資產的逐步減少，四家金融資產管理公司面臨著轉型和發展的新任務。2008 年以來，遵循「一司一策」的原則，中國積極推進金融資產管理公司從「政策性」到「商業性」機構轉型。截至 2015 年年底，信達和華融兩家資產管理公司已完成改革試點，均實現了公開上市。2015 年 8 月，另外兩家機構的股份制改革方案也已經獲得國務院批准。

8.6.5 貨幣經紀公司

貨幣經紀公司最早起源於英國外匯市場，是金融市場的交易仲介。它的服務對象僅限於境內外金融機構，可從事的業務包括：境內外的外匯市場交易、境內外貨幣市場交易、境內外債券市場交易、境內外衍生產品交易。目前，全球最大的四家貨幣經紀公司提供了幾乎所有金融產品的經紀服務，另有為數眾多的規模較小的經紀公司則提供個別產品的專項經紀服務。國際貨幣經紀巨頭們通過全球龐大的交易網路全天 24 小時提供貨幣經紀服務，並滲透至債券、信貸和外匯期權等金融產品市場。

中國貨幣經紀業最初興起於 1984 年。伴隨著中國貨幣市場的產生與發展，當時全國相繼建立了不同形式、不同規模的資金同業拆借市場，人民銀行又先後在各地建立了短期融資中心，這些機構在一定程度上具備了貨幣經紀公司的某些特徵。1996 年融資中心所有的債務清理工作移交給人民銀行，由中國外匯交易中心通過電子經紀系統為國內金融機構提供外匯交易、人民幣資金拆借、債券交易的仲介經紀業務，外匯交易中心也具有某些現代貨幣經紀的特點。隨著中國第一家貨幣經紀公司——上海國利貨幣經紀有限公司的成立，專業化的貨幣經紀仲介服務開始進入中國金融市場。

根據銀監會 2005 年 8 月 8 日公布的《貨幣經紀公司試點管理辦法》，在中國進行試點的貨幣經紀公司是指經批准在中國境內設立的，通過電子技術或其他手段，專門從事促進金融機構間資金融通和外匯交易等經紀服務，並從中收取佣金的非銀行金融機構。根據銀

監會的規定，貨幣經紀公司可以從事以下部分或全部的業務：①境內外外匯市場交易；②境內外貨幣市場交易；③境內外債券市場交易；④境內外衍生產品交易；⑤經中國銀行業監督管理委員會批准的其他業務。

需要指出的是，基於中國金融市場目前的發展狀況和中國外匯管理的規定，《貨幣經紀公司試點辦法》對貨幣經紀公司的業務範圍做出了相應的規定，現階段允許開辦的業務只包括貨幣經紀公司的部分基本業務。根據國際經驗，對貨幣經紀公司明確了不做自營的中立性原則，嚴格規定不得展開自營業務。同時規定，貨幣經紀公司只能向金融機構提供有關外匯、貨幣市場產品、衍生產品等交易的經紀服務，不允許從事自營交易，不允許向自然人提供經紀服務，也不允許商業銀行向貨幣經紀公司投資。這不僅能夠保證貨幣經紀以完全的中立性確保交易的公正，不會採取有意抬高或壓低價格的方式侵害客戶利益，也不會在行情變化時為了滿足自營要求而壓後客戶的交易委託。同時，將保證貨幣經紀業在活躍交易、提高流動性時，不會為金融市場增加系統性的風險。目前，中國的貨幣經紀公司主要有以下五家：上海國利貨幣經紀有限公司、上海國際貨幣經紀有限責任公司、平安利順國際貨幣經紀有限責任公司、中誠寶捷思貨幣經紀有限公司、天津信唐貨幣經紀有限責任公司。

8.6.6 汽車金融公司

汽車金融主要是指在汽車的生產、流通、購買與消費環節中融通資金的金融活動，包括資金籌集、信貸運用、抵押貼現、證券發行和交易以及相關保險、投資活動。它是汽車製造、流通、服務維修等相關實體經濟領域發展到一定階段後與金融業相互結合滲透的必然結果。

中國銀監會於2003年10月3日頒布了《汽車金融公司管理辦法》，規定汽車金融公司是為中國境內的汽車購買者及銷售者提供貸款的非銀行金融企業法人。同年11月12日，頒布《汽車金融公司管理辦法實施細則》，正式允許國內外符合條件的機構在國內開辦汽車金融公司，開放國內汽車消費信貸及相關業務。這標誌著中國汽車金融服務也進入了以汽車金融公司為主導的專業化時代。2004年8月3日，銀監會正式核准上汽通用汽車金融有限責任公司開業，這是銀監會核准開業的第一家汽車金融公司。

近年來，中國汽車產業一直保持著快速增長的良好態勢，汽車消費市場顯現出巨大潛力，汽車消費信貸在培育和促進中國汽車消費市場發展中發揮了重要作用。汽車金融十年來保持了年均15%的增長率。市場分析機構預測，從2015年到2020年，中國的汽車金融市場總量將從目前的約7,000億元突破至10,000億元以上。

但應該看到，中國的汽車消費信貸市場尚處於起步階段，現有貸款規模遠不能滿足汽車消費市場的需要，而且業務主體單一，開辦汽車消費信貸業務的主要是商業銀行和汽車企業集團財務公司，還沒有像國外那樣的汽車信貸專業機構，市場潛力還遠遠沒有得到開

發、真正最有需求的汽車廠商尚未進入這一市場。未來的發展重心應該放在構建具有中國特色的專業性汽車金融公司上，要拓展汽車金融公司的資金渠道，開放包括發行債券、同業拆借或資產證券化等業務領域，發揮汽車金融公司的專業化優勢和資金實力優勢。

本章小結

1. 傳統上商業銀行和非銀行金融機構的區別主要體現在兩個方面：業務範圍和功能。由於金融創新的湧現，商業銀行和非銀行金融機構的區別已日益模糊，非銀行金融機構已越來越多地介入銀行服務的領域，從而與銀行展開了更為直接的競爭。

2. 現代意義上的投資銀行是指經營全部資本市場業務的金融機構，其業務包括證券承銷與經紀、企業融資、兼併收購等。投資銀行與商業銀行的區別可以從本源業務、功能、利潤構成、管理方式等方面進行比較。

3. 保險可以從經濟角度和法律角度進行定義。保險的基本要素主要包括可保風險、多個經濟單位集合、保險基金、保險合同、保險機構以及數理依據。保險的基本功能是分擔風險和補償損失。除此之外，還具有投資和防災防損的功能。保險業務的種類有：財產保險、責任保險、保證保險、人身保險；法定保險、自願保險；原保險、再保險、重複保險、共同保險。

4. 信託是「受人之托、為人理財」的經濟行為，涉及三方關係人：委託人、受託人和受益人。信託最突出的特徵是對信託財產所有權的分割，基本功能是對財產事務的管理和融通資金。本章介紹了信託業務的五種分類方法。

5. 租賃是一種通過讓渡租賃物品的使用價值而實現資金融通的信用形式。現代租賃具有許多不同於傳統租賃的特點，最突出的特徵是融資與融物結合，因此通常也被稱為融資租賃或金融租賃。它同時具有融資功能、投資功能和促銷功能。租賃的種類可分為傳統租賃和現代租賃；節稅租賃和非節稅租賃；單一投資租賃和槓桿租賃；直接租賃、轉租賃和售後回租等。

6. 投資基金是按照共同投資、共享收益、共擔風險的基本原則和股份公司的某些原則，運用現代信託關係的機制，以基金方式將投資者分散的資金集中起來，交由投資專家營運，以實現預定目的的組織。它具有一些突出的特點與功能，市場認可度高。投資基金的種類有公司型投資基金和契約型投資基金；開放型投資基金和封閉型投資基金；成長型投資基金和收入型投資基金。

7. 其他的非銀行金融機構還有財務公司、信用合作社、政策性金融機構、金融資產管理公司、貨幣經紀公司、汽車金融公司。

思考題

1. 試比較投資銀行和商業銀行在金融體系中的功能有哪些不同。
2. 列舉保險制度的構成要素，說說你對這些要素有何理解。
3. 本章介紹了哪些信託業務？談談它們在你熟悉的金融領域的應用情況。
4. 簡述現代租賃相對於傳統租賃具有哪些特點。
5. 投資基金為什麼能在全球範圍內迅速發展？
6. 你對中國金融市場化改革中的政策性銀行的作用有何看法？簡述之。
7. 在金融機構混業經營的趨勢中，你認為各類金融機構有哪些潛在的合作機會？

9 金融監管

學習目標

在這一章中,我們將討論金融監管的含義、必要性,目標與原則,同時分別介紹銀行業監管、證券業監管和保險業監管,介紹金融監管的國際組織與規則。學完本章後,你應當知道:

- 金融監管的理論;
- 金融監管的目標與原則;
- 金融監管的國際原則;
- 金融監管的主要體制和發展趨勢。

重要術語

金融監管　監管機構　金融監管的收益與成本　巴塞爾協議　資本充足率
監管體制　監管合作

在前面的章節,我們從微觀角度講述了金融風險管理。在本章,我們將從中觀和宏觀角度來繼續講述金融風險應對,這就是金融監管的內容。金融監管的內容主要包括銀行監管、證券監管和保險監管三部分。在本部分,除介紹相關的監管機構外,還要介紹與監管相關的法律、原則。

9.1 金融監管的經濟學分析

隨著金融業的發展,金融理論也得到了迅速發展。金融監管的理論涵蓋了經濟學、管

理學和社會學領域。本節從經濟學角度對金融監管進行監管收益、成本和監管失靈的分析。

9.1.1　金融監管的收益分析

金融監管的基本出發點是維護社會公眾利益。由於社會公眾利益的高度分散化，決定了只能由國家授權的機構來履行這一職責。20世紀20年代末爆發的美國經濟大危機，要求政府通過金融監管改善金融市場和金融機構的低效率與不穩定狀態，恢復公眾對存款機構和貨幣體系的信心。

以斯蒂格利茨為代表的特殊利益論者把金融監管看成是存在需求和供給的商品。監管是社會不同階層和政治力量之間相互作用的結果。從經濟學的一般原理來看，當某一經濟主體的經濟活動存在外部效益時，其自我追求的利益目標就有可能與社會利益目標發生衝突，這就需要代表社會利益的國家對其活動進行必要的干預，使其行為符合社會公眾利益。金融監管存在外部效益，能改善金融市場和金融機構的低效率；在當前市場經濟國家由私人部門構建金融體系的情況下，包含市場准入限制的金融監管，就可以限制金融業過度競爭和在私人金融部門中形成一定的監管利益，從而達到對金融業進行間接補貼，穩定金融體系的作用。

由於市場存在缺陷，有必要讓代表公眾利益的政府在一定程度上介入經濟生活，通過管制來糾正或消除市場缺陷，達到提高社會資源配置效率、降低社會福利損失的目的。只要監管適當，不僅可以增進社會公眾整體利益，還可以使管制成本降到最低水平。

9.1.2　金融監管的成本分析

進行金融監管必然要付出成本，在市場經濟體制下，要對金融監管的社會成本和監管所能帶來的社會效益進行比較分析。在金融監管裡，成本主要分為顯性成本和隱性成本。顯性成本是金融監管的主要成本，如監管當局的行政預算支出。隱性成本主要表現為間接成本，如過度監管導致的效率損失和道德風險。監管越嚴格其成本就越高。

（1）執法成本。它是金融監管當局在具體實施金融監管的過程中產生的成本，表現為監管機關的行政預算。其成本主要由被監管的金融機構承擔，其餘由政府預算補貼。由於金融監管當局主要關注監管目標的實現，較少考慮降低監管成本，從而有可能造成監管成本過高的現象。

（2）守法成本。它是金融機構為了滿足監管要求而額外承擔的成本損失，通常屬隱性成本，主要表現為金融機構在遵守監管規定時造成的效率損失。如為了滿足法定準備金要求而降低了資金的使用效率；由於監管對金融創新的抑制從而一定程度上限制了新產品的開發和服務水平的提高。

（3）道德風險。金融監管可能產生道德風險，原因有三：一是由於投資者相信監管當

局會保證金融機構的安全和穩定，會保護投資者利益，易於忽視對金融機構的監督、評價和選擇，而只考慮如何獲得收益。這就會導致經營不良的金融機構照樣可以通過提供高收益等做法而獲得投資者的青睞，這增加了整個金融體系的風險。二是保護存款人利益的監管目標，使得存款人通過擠兌的方式向金融機構經營者施加壓力的渠道不再暢通。存款金融機構可以通過提供高利率吸收存款，並從事風險較大的投資活動，提高金融體系的風險。三是由於金融機構在受監管中承擔一定的成本損失，因而會通過選擇高風險、高收益資產的方式來彌補損失。它會造成低風險金融機構補貼高風險金融機構的不良後果，導致金融機構間的不公平競爭。監管過度還會導致保護無效率金融機構的後果，從而造成整個社會的福利損失。

9.1.3　金融監管的失靈分析

金融監管在一定程度上可以糾正市場的缺陷，但也存在失靈問題，即政府管制並不必然實現資源的有效配置。

（1）監管者的經濟人特性。金融監管機關作為一個整體，是社會公眾利益的代表者，在某種程度上超越了個人的利益。但單個的監管人員也是經濟人，具有實現個人利益最大化的動機，如果他掌握了壟斷性的強制權力，就容易被某些特殊利益集團俘獲，成為他們的代言人。通過交換，監管者可以獲得豐厚的回報。

（2）監管行為的非理想化。監管者總是盡力通過監管最大化來彌補市場缺陷，但受到各種客觀因素的制約，不一定能實現目標。制約監管的客觀因素有：監管者對客觀規律的認識具有局限性，監管者的信息不完備，不能準確、及時、全面地掌握被監管者的信息，監管當局採取的措施有時滯。

（3）監管的低效率性。由於監管機關是監管制度的制定者和實施者，不受市場的競爭和約束，沒有改進監管效率的壓力和動機，將導致監管的低效率。

因此，金融監管並不必然帶來金融業的發展。要做到少失靈甚至不失靈，就必須使金融監管受到法律制約，即監管者本身必須受到法律監督和法律約束以防止其腐敗。同時，對金融監管措施的實施必須進行成本效益分析以提高監管的有效性。

9.2　金融監管目標與原則

9.2.1　金融監管的目標

金融監管的目標是金融監管所要達到的最終目的。它決定著金融監管的原則、內容和方法等。縱觀金融監管的歷史，在「寬鬆─嚴格─寬鬆─嚴格」的監管循環中，我們不難

發現，金融發展中出現的問題是促使監管變化的直接因素。解決這些問題形成了監管的一個個目標，而對這些目標的抽象和累積漸漸形成了金融監管的目標集合。

（1）維護金融穩定、安全。1929—1933年的經濟危機是金融監管由寬鬆轉為嚴格的第一個分水嶺，並且使金融監管目標清晰了起來。在這之前，自由經濟占主導，金融監管處於初創階段，大多數國家甚至並無專門的監管機構，因而監管目標更無從明晰。經濟危機的巨大破壞性使人們認識到金融監管的必要性和重要性。要防止金融業崩潰導致的整個國民經濟的連鎖反應，應使金融業保持穩定和安全，這是金融監管的首要目標。隨後美國制定了越來越嚴格的監管法律法規，因其具有強大的影響力，從而代表著世界金融監管的趨勢。

（2）效率性。戰後自由主義思想的盛行和銀行擠兌事件的大大減少使放鬆管制的呼聲很高，同時經濟的膨脹使金融業的競爭越來越激烈。特別是對美國的金融機構來說，嚴格的管制使其受到來自日本和歐洲同行的不公平競爭，從而處於不利地位。這樣，來自理論與實踐、內部與外部的壓力使金融監管趨向寬鬆，這一時期金融監管的目標是在維護金融穩定、安全的基礎上，更強調效率。

（3）保護投資者利益。20世紀90年代以後，金融與經濟危機頻發。金融監管目標是在維護金融體系安全、穩定和效率的基礎上，強調保護投資者利益。危機發生時，廣大的投資者是最大的受害者，同時也是最大的金融參與者，是金融體系的基石。保護投資者利益就是維護金融的穩定、社會的和諧。

9.2.2 金融監管的原則

金融監管的原則是監管過程中監管當局的行為準則。一般來說，公認的原則有以下六個：

（1）依法監管原則。現代社會是法治社會，依法監管與嚴格執法是各國金融監管當局應共同遵守的一項原則。依法監管原則是指金融機構必須接受國家金融管理當局的監督，金融監督必須依法進行，必須保持管理的權威性、嚴肅性、強制性和一貫性，從而實現有效性。

（2）適度監管原則。金融行業的特性決定了監管的必要性，即過度的競爭會造成風險的急遽擴大，而產生的損失則要全社會「埋單」；而壟斷又會限制競爭，造成低效率，導致社會承受無謂的利益損失。因此，金融監管既要防止過度競爭造成的風險，又要防止形成壟斷後競爭不足導致的低效率。金融監管要依據適度監管的原則，不能太鬆也不能太緊。保持金融行業適度的競爭環境，既有利於金融業的健康穩定發展，也有利於促進國民經濟的正常運行。

（3）公平、公正、公開原則。由於金融行業的複雜性，金融機構與其他金融主體具有很大的信息不對稱性。金融監管就是要促使被監管者進行公平、公正、公開的對外經濟行

為，保持良好的競爭環境；同時，對於監管者來說，也要公平、公正、公開地對待被監管者，依法辦事，嚴格執法。總之，該原則倡導透明的金融市場環境，以促進有效競爭。

（4）「內控」與「外控」相結合原則。「內控」與「外控」相結合是指在外部監管的基礎上，要求金融機構進行自我約束，實行內部風險控製。「外控」的局限性在於信息不對稱使監管機構無法全面瞭解各金融機構，無法完全防範風險。而僅有「內控」，缺乏外部監管，金融機構就會利用金融業「負外部性」的特點，以及自身成本和社會成本的不對等，過度進行經營活動，導致整個社會風險的擴大。

（5）綜合性管理原則。綜合性管理原則，是指金融監督應具有綜合配套的系統化和最優化的要求，應將行政、經濟、法律等管理手段配套使用。行政手段是指依靠政府以及企業的行政領導機構自上而下的隸屬關係，採用批示、命令、規定等形式進行強制干預。其優點是效果迅速明顯，缺點是阻礙市場的積極性。經濟手段是指根據客觀經濟規律的要求，政府運用財政、稅收、信貸等手段來調節金融活動。法律手段是指政府運用法律、法規、條例等多種形式，對金融市場進行各種規範化管理。綜合運用這三種手段，能有效彌補單一手段管理的局限性。

（6）持續監管原則。金融行業是一個不斷發展的行業，每天都會有數以億萬計的交易進行，各項風險指標也處於動態的變化中。持續監管的原則要求監管機構必須對金融機構的日常業務經營情況進行連續的、動態的監控，使監管機構能及時準確地掌握金融機構的風險狀況，從而防範和控製風險。

9.3 金融監管的主要內容

9.3.1 銀行業的監管

各國銀行監管機構對銀行業的監管主要內容包括對商業銀行的准入監管、日常監管、存款保險制度和銀行危機處理與退出管理。

9.3.1.1 銀行的准入監管

監管當局對商業銀行的准入監管遵守四個準則：一是自由主義，即法律對銀行的市場准入不加以規定，依據事實而存在。二是特許主義，即銀行的成立依據政府部門或國家頒布的特許令或特別法令。三是準則主義，即商業銀行只要符合法律規定的條件即可申請註冊，無需經監管機構批准。四是核准主義，也稱審批制，即銀行的設立除符合法律的規定外，還需要報請監管機構批准後，方可登記註冊。審批制是現代商業銀行設立與開業的主要監管方式。

對銀行開業的審查、登記、註冊是銀行監管的起點。監管當局對銀行准入的控製是為

了保證新設立的銀行具有良好的品質，並保證銀行數量與社會需要相適應，促進銀行業的適度有效競爭。銀行監管當局對准入的判斷標準既有量的標準，也有質的標準。量的標準主要指最低資本金要求，即設立商業銀行必須達到法定最低註冊資本金，以保護債權人的利益並維持銀行體系的穩定運行。中國設立全國性商業銀行的註冊資本最低限額為10億元人民幣，設立城市商業銀行的最低註冊資本限額為1億元人民幣，設立農村商業銀行的最低註冊資本限額為5,000萬元人民幣。質的標準主要包括銀行業競爭狀況、其高級經營管理人員的素質、法人資格、經營管理的方式與計劃等內容。監管機構在審批商業銀行設立申請時需對其高級管理人員的素質進行考察，包括品質、能力、經驗與信譽等多方面。監管機構在審批商業銀行開業申請時，必須對銀行經營範圍做出明確的規定。商業銀行必須嚴格按照被批准的業務範圍從事經營業務活動。

9.3.1.2 銀行的日常監管

1. 銀行財務狀況的監管

監管當局制定了各項預防性的謹慎性監管，通過現場檢查和非現場檢查對商業銀行的業務經營進行管理和約束。這主要包括對資本充足條件的監管、商業銀行清償能力的管理、商業銀行貸款集中度的管理以及商業銀行信息披露的要求。

資本充足條件指保持銀行正常營運和健康發展所必需的資本比率條件。這主要有：基本資本比率（銀行全部資本與銀行總資產的比率）、總資產與資本的比率、資本與負債的比率、資本與風險資產的比率、法定準備金率、壞帳準備金與貸款總額的比率、綜合性資本充足條件等。1988年巴塞爾銀行監管委員會頒布《統一國際銀行資本衡量與資本標準的協議》，提出了銀行資本充足度的國際標準。協議規定銀行資本與加權風險資產比率不得低於8%，核心資本比率不得低於4%。

監管機構通過資產負債比例對銀行清償能力進行管理，以保證銀行資產的流動性。監管機構對銀行貸款集中度管理的主要方式為正式或非正式地要求各家銀行盡量避免風險集中，對個別借款者規定貸款的比例。

2. 銀行內部控製的監管

監管當局通過發布指導性原則，要求銀行建立科學、嚴密、完備的內控製度。按業務類型來看，主要有：對核心業務內部控製的要求、對資金業務內部控製的要求、對存款及櫃臺業務內部控製的要求、對中間業務內部控製的要求、對會計內部控製的要求和對計算機系統內部控製的要求。中國人民銀行頒布了《加強金融機構內部控製的指導原則》《商業銀行授權授信管理暫行條例》等管理規定，要求商業銀行建立多條內部監控防線，並明確銀行內部監管部門的職能定位。

商業銀行授信業務的內部控製要求商業銀行應當設立獨立的授信風險管理部門，對不同幣種、不同客戶對象、不同種類的授信業務進行集中管理，避免信用失控。其主要內容有：商業銀行資金業務的組織結構應當體現權限等級和職責分離的原則，前臺交易與後臺

結算分離、自營業務與代客業務分離、業務操作與風險監控分離，建立崗位之間的監督制約機制。

3. 商業銀行的稽核與檢查

監管機構根據國家有關規定對金融業務活動進行監督與檢查，是監管機構實施金融監管的具體方法。監管機構稽核的主要內容有：①業務經營的合法性。②資本金的充足性。③資產質量。其主要從金融機構資產的流動性、安全性和效益性方面對資產質量進行稽核，檢查貸款投向是否正確、貸款結構是否合理、貸款的風險程度、貸款擔保狀況和信貸集中度。④負債的清償能力。⑤盈利情況。其主要對收益率、利潤來源及結構是否合理進行稽核。⑥經營管理狀況。其主要稽核金融機構內部控製制度和基本制度的執行情況。

9.3.1.3 存款保險制度

美國是最早建立存款保險制度的國家之一。20世紀20年代末和30年代初發生的經濟大危機，使美國的金融體系遭受重創。1929—1933年的經濟危機期間，平均每年倒閉的銀行數達2,277家，存款人陷入極度恐慌之中。為保護存款人利益，穩定公眾對銀行體系的信心，穩定其金融系統，美國於1933年6月通過的《格拉斯·斯蒂格爾法》建立了聯邦存款保險制度，並於1934年1月設立了聯邦存款保險公司（FDIC）。FDIC被授權對出現問題而發生支付困難或瀕臨倒閉的會員銀行進行處置，包括進行救助、接管、促成併購乃至實施清算及對被保險存款進行償付等。FDIC成為美國商業銀行的重要監管者之一。

存款保險制度要求存款的金融機構為其吸收的存款向存款保險機構投保，當投保機構無力支付存款時，由存款保險機構代為支付限定數額的保險金。建立存款保險制度的目的是維護存款者利益和維護金融業的穩定。各國建立存款保險制度的目的主要有單一目的和雙重目的之分。單一目的指保護存款者利益，雙重目的指不僅要保護存款者利益，還要對破產倒閉的金融機構進行業務接管、提供資金支持或對其營業轉讓給予資金援助。

存款保險制度的組織形式主要有三種類型：①官辦型。即由政府出資組建存款保險機構。加拿大存款保險公司是由聯邦政府出資建立的。②官辦與銀行業合辦型。日本1971年設立存款保險機構，由日本銀行、政府、民間金融機構共同出資。③銀行同業合辦型。英國1982年開始實行存款保護計劃，由參加計劃的銀行出資建立基金。義大利1987年設立了銀行間存款保護基金，由參加基金的銀行共同出資。1970年美國成立全國信用合作社保險基金，由參加基金的信用社共同出資。

儘管各國存款保險制度存在較大差異，但其基本目標是相同的。一是保護存款人的利益，尤其是保護處於多數地位的小額存款人的利益。二是建立對出現嚴重問題的銀行進行處置的合理程序。三是提高公眾對銀行的信心，保證銀行體系的穩定。

但存款保險制度也可能導致道德風險：對存款人而言，存款人可能減少審慎選擇銀行的動力，減弱了對銀行的外部約束。對銀行而言，由於存款者的擠提動機減少，使銀行大膽地放鬆經營；並且風險高的銀行並不繳納更多的保費，從事高風險的經營活動還有可能

獲得高收益，從而將整個銀行體系拖入陷阱。存款保險制度不是萬能的，不能取代監管當局的審慎監管職能、中央銀行的最後貸款人職能和政府出資維護金融體系穩定的職能。

隨著金融體制改革的不斷深化，中國已形成包括國有獨資商業銀行、股份制商業銀行和城鄉信用社在內的種類齊全、機構眾多的銀行業組織體系，社會公眾的金融風險意識明顯增強。2015年5月，中國存款保險制度正式實施。在此之前，有觀點認為，中國建立的是一種目的不明確的存款保險制度，因為每當銀行出現危機時，政府都會主動進行干預以保護存款人的利益。當然，建立存款保險制度，並不意味著一勞永逸，因為存款保險制度還可能引發道德風險等問題，對不同存款規模銀行的影響還有待進一步觀察。基於這些因素，對如何完善中國的存款保險制度還需要進行持續深入的研究。

9.3.1.4 銀行危機處理與退出管理

1. 危機處理管理

雖然各國建立了相應的金融監管體制，但仍無法消除銀行陷入困境的可能。為了保護公眾利益，維護公眾信心，保持銀行體系的穩定運行，監管當局還建立了銀行危機的處理機制，以盡可能地減少破產倒閉導致的損失。危機處理是事後的挽救性措施，主要包括緊急救助、接管和併購。

緊急救助指對暫時出現流動性困難的銀行當局給予資金援助或信譽支持。在銀行陷入困境時，中央銀行通過組織大銀行對陷入困境的銀行提供流動性援助，部分國家的存款保險機構也可以提供貸款、存入資金、購買其資產等方式對發生危機的銀行給予援助。中央銀行或政府可通過出面擔保，幫助有問題的銀行渡過難關。監管機構進行緊急援助的方法：中央銀行提供低利率貸款、金融管理當局和商業銀行建立特別機構提供資金、存款保險機構提供資金、一個或多個大銀行在官方的支持下提供流動性支援。

當財務困難的危機銀行在繼續經營下的價值大於立即破產清算的價值時，為保護銀行債權人的利益和避免銀行破產造成的震盪，監管當局可對其予以接管。監管當局通過成立接管組強行介入危機銀行，行使經營管理權，防止其資產質量和業務經營進一步惡化，盡早恢復銀行的正常經營。

監管當局還可以組織其他健全銀行兼併或收購危機銀行，承擔其部分或全部債務。併購又可分為援助性和非援助性併購兩種。援助性併購指監管當局將向兼併者提供資金援助，或承諾兼併者不會因兼併而遭受損失。非援助性併購指兼併者將對被併購銀行的存款和損失負責，監管當局不提供資金援助。

2. 市場退出管理

在對瀕臨破產的銀行採取各種挽救措施仍不能恢復銀行正常經營的情況下，法院將對其進行破產處理。銀行也可能由於合併、分立或由於銀行的章程規定而自行解散。根據商業銀行法、公司法，中國對危機銀行的處理有接管、兼併等方法。如果危機銀行不能支付到期債務，經中國人民銀行同意，可由法院宣告破產。法院組織人民銀行等有關部門或人

員組成清算組，對其進行清算處理。

9.3.2 證券業的監管

9.3.2.1 證券發行的監管

按照證券法的規定，中國現行的股票發行方式取消了額度和家數指標分配辦法，實行由證券公司推薦、發行審核委員會審核、市場確定發行價格、證監會核准的辦法。股票發行不再規定市盈率上限，發行價格由發行人與承銷商協商確定。對證券發行的監管主要是對發行資格的審核，只有符合了證券發行條件，相關公司才能進入市場發行證券。目前，世界各國對證券發行審核的方式主要有註冊制和核准制。

註冊制是實行公開管理的原則，要求發行人在發行證券前需按照法律規定向證券監管機構申請註冊登記，同時依法提供與發行相關的一切信息和各種資料。證券監管機關的權力僅限於要求發行人所提供的資料真實。註冊制適用於證券市場相對成熟和投資者素質較高的國家和地區。

核准制是實行實質管理的原則，指發行人的證券發行申請須經過監管機構審查批准方能生效，發行人除充分公開其真實情況外，還必須符合公司法、證券法及監管機構規定的必備條件；監管機構有權否決不符合條件的發行申請。監管機構主要對發行人的營業性質、管理人員資格、資本結構、是否有合理的成功機會條件等進行審查。歐洲大陸國家和一些新興的證券市場多採用核准制。

中國當前對發行監管實行的是核准制與主承銷商推薦配套的發行制度。經歷了幾十年的發展，中國證券市場取得了很大的進步，但中國證券市場仍存在資本體系不完善、證券市場法律法規不健全以及投資者的財務和金融知識不系統等問題。因此，中國在證券發行的監管上實行核准制，遵循實質管理原則，由國家出面保護投資者利益。

9.3.2.2 證券交易的監管

對證券交易的監管是監督證券市場的投資者依照法律法規和市場規則公平進行投資活動，禁止內幕交易、操縱市場等證券詐欺活動，維護市場的正常交易秩序，保護全體投資者的利益。證券交易的監管主要包括證券上市制度、市場交易規則、信息披露制度。

證券上市制度是為保證上市證券的質量和流通性而制定的證券上市條件。證券上市的標準因各國的經濟發展水平、證券市場監管思想的不同而不同。證券上市標準的基本內容：

（1）規模標準。這主要指證券發行量和資本總額。證券發行量達到一定的規模，有利於形成活躍的交易，有助於保持市場行情的穩定。

（2）經營標準。上市公司需要有一定的經營年限和連續盈利的經營業績。

（3）證券持有的分布標準。它指證券持有者需達到一定人數，股權應適度分散，有利於活躍交易。

(4) 合規性標準。它指公司財務制度健全、上市證券的規格符合規定等。

市場交易規則指各國的證券監管機構對證券交易的一般規則進行的具體規定，主要包括證券交易程序、競價方式、委託方式、交易單位、成交規則、清算與交割制度等。關於證券的信用交易制度，各國監管部門的態度存在差異。由於信用交易的槓桿作用可能加大證券價格波動幅度，放大市場風險，從而要求對信用交易實行嚴格的管理。

信息披露制度又稱公示制度，即要求證券市場的相關當事人在證券發行、上市、交易等一系列環節，應依據法律和有關規定將一切相關真實信息予以公開。要求信息披露必須及時、真實、準確、全面、規範。在證券發行和上市前，相關機構必須向投資者提供招股說明書、公司債券募集辦法、上市公司公告書及其他資料進行公示；相關機構還需在上市後對有關信息進行定期披露，主要包括反應公司年度內經營業績與財務狀況的年度報告和反應公司上半年度經營業績與財務狀況的中期報告。對重大事件和重大信息，上市公司要及時發布臨時公告。

9.3.2.3 證券流通的監管

公開發行的證券經批准可在證券交易所內自由買賣。各國證券交易所一般都規定了證券上市的標準或條件。對證券流通市場的監管主要包括：對證券交易所的監管、對證券商的監管、對上市公司的監管、對證券經營機構和專業服務機構的監管。

對證券交易所的監管，主要是對證券交易場所的監督管理。目前，世界各國都在加強對證券交易所的監管，將其作為金融市場有效監管的重要環節。首先是對證券交易所的檢查監督，主要監管公開文件資料的真實性、財務狀況和交易行為是否違規。其次是充分發揮證券交易所的自律性監管作用，嚴格執行現有規則並不斷修訂和完善。在中國，中國證監會對證券交易所進行直接管理。中國證監會任命證券交易所的總經理和副總經理，委派證券交易所非會員理事，提出證券交易所理事長、副理事長人選，對證券交易所章程、業務規則的修改進行審批等。

證券商的監管，分為對證券商資格的管理和對證券商交易行為的管理。對證券商交易行為的監管主要包括：證券商代客買賣證券應持公平交易的原則，禁止任何詐欺不法行為；證券自營商對證券市場的影響；凡有隱瞞、詐欺、操縱證券價格，侵占顧客款券，與顧客買賣不按行市等違法行為的證券商，經查實要依法受到民事或刑事處分。

對上市公司的監管，主要是對信息披露制度的執行情況進行監管，完善「事前問責、依法披露和事後追究」的監管制度。對上市公司監管的重點是貫徹執行國家證券法律法規，規範上市公司及其關聯人在股票發行與交易中的行為，督促其按照法律法規的要求，及時、準確、完整地履行信息披露義務。此外，還要依據法律法規的規定，對上市公司的配股、重大變更事項進行審核。

對證券經營機構的監管，主要是對機構的設立進行審批，對機構高級經營管理人員的任職資格進行審查，對機構的經營業務進行日常監督、監察，對機構及其從業人員的違法

違規行為進行查處等。

對證券仲介服務機構的監管，主要包括對從事證券業務的律師事務所、會計師事務所、資產評估機構、證券投資諮詢機構、證券市場信息傳播機構的資格管理和日常業務管理。

9.3.3 保險業的監管

中國保險監督管理委員會根據保險法對中國保險業進行市場准入、保險業務營運、保險業問題處理和退出的監管。

9.3.3.1 保險業市場准入的監管

保險機構市場准入監管的目標是在審批環節上對整個保險體系實施有效的控製，確保保險機構的數量、結構、規模和分布符合國家經濟金融發展規劃和市場需要，並與當局的監管能力相適應。

設立保險機構、從事保險業務必須有符合法律規定的公司章程，並達到符合規定的註冊資本最低限額，有具備任職資格的高級管理人員，有健全的組織機構和管理制度，有符合要求的營業場所，其中資本金、高級管理人員任職資格和保險公司業務範圍是核心內容。未經國家保險監管機關批准，擅自設立保險公司或者非法從事商業保險業務活動的，依法追究刑事責任，並由保險監管機關予以取締。超出核定的業務範圍從事保險業務活動的，由保險監管機關責令改正，責令退還收取的保險費並給予相應的經濟處罰。

9.3.3.2 保險業務營運的監管

對保險機構市場營運監管的具體內容在各國並不完全相同，一般將監督檢查的重點放在償付能力、財務和市場行為等方面。

（1）償付能力監管是保險風險監管的核心內容，主要是對保險公司的資本金和最低償付能力的監管。

①保險業的償付能力是指保險公司償還到期債務的能力。保險公司具有足夠的償付能力才能保障被保險人的利益，增進投保人的信心。保險公司的償付能力主要指實際償付能力和最低償付能力。根據《保險公司管理規定》，保險公司應具有與其業務規模相適應的最低償付能力。保險公司實際償付能力額度為其會計年度末實際資產價值減去實際負債價值的差額。實際資產種類和認可比率由監管部門規定，實際資產價值為各項認可資產價值之和。最低償付能力一般由保險法規定，是保險公司必須滿足的要求，指由保險法規定的保險公司在存續期間必須達到的保險公司認可資產與負債的差額的標準。

②保險公司實際償付能力額度若達不到要求，實際償付能力額度低於最低償付能力額度的，保險公司應當採取有效措施，使其償付能力達到最低償付能力標準。實際償付能力額度低於最低償付能力額度的 50% 或實際償付能力額度連續 3 年低於最低償付能力額度的，中國保監會可將其列為重點監督檢查對象，並對其機構設立和業務範圍等加以限制，

必要時中國保監會可以對其進行接管。

保險公司償付能力的影響因素主要包括宏觀經濟環境、監管法規、自然環境和保險公司自身經營發展戰略等。如在通貨緊縮時，利率的持續下調會使以固定利率產品為主的保險業面臨巨額利差損失，削弱了償付能力。保險監管力度的加強，可以促使保險業資本不斷得到充實，償付能力得到保證。

（2）保險業的財務監管主要有：資本充足性監管、保險保障基金監管、準備金監管和資金運用監管。

①充足的資本金是保險公司正常經營的物質基礎，也是保險公司獲取利潤和維持適當償付能力的重要條件，因此資本充足性的監管非常重要。資本充足性的監管主要指兩個方面：一是規定保險公司的最低資本限額，又稱靜態資本管理；二是實行風險資本管理，又稱動態資本管理。

②為避免保險公司經營失敗給社會造成重大影響，各國的監管部門在對保險市場准入、保險公司經營和保險市場退出進行嚴格監管外，還通過立法的形式建立專門用途的基金，即保險保障基金，用以保護保單持有人的利益，彌補被保險人因保險公司破產而造成的損失。保險保障基金的籌集方式有事前和事後兩種方式。事前籌集即所有保險公司在出現無力履行賠付義務狀況之前，每年按一定標準繳付一定的費用累積保險保障基金的行為；事後籌集是在出現破產倒閉的保險公司之後，由尚存的保險公司繳付保險保障基金。

③保險準備金的監管主要指對提取準備金的種類和數量進行監管。準備金是保險公司根據政府或法律規定從保費和盈餘中提取的一定數量的資金，以維持充足的償付能力，用來履行未到期和未決賠款責任，保障被保險人的權益。財產保險公司應提存未到期責任準備金、未決賠款準備金、長期責任準備金和總準備金，人壽保險公司應提存未到期責任準備金。

④資金運用的監管主要指對資金運用範圍和比例的監管。通過監管確保資金運用的安全，維護保險公司的償付能力；提高保險資金的運用效益，增強保險公司的實力。資金運用是指保險公司將資金投向適當的領域以謀取收益的行為。在現代保險經營中，保險資金運用具有重要的地位，甚至是決定保險公司經營成敗的關鍵性因素。如果保險資金的運用出現較大失誤，造成巨大的投資損失，將給保險公司帶來災難性的後果。基於此，各國都加強了對保險公司的資金運用的監管。

（3）市場行為監管的核心是要求保險機構嚴格依法合規經營，共同遵守法定的競爭規則，維護良好的市場秩序和環境，維護被保險人的利益。對保險機構業務營運的監管，也是通過非現場監控和現場稽核檢查方式實現的。對保險公司的市場行為的監管主要對公司管理、行銷、核保、客戶服務和理賠等環節發揮作用，進行監管的目的是確保保險公司公平又有商業道德地進行經營活動。在保險業的監管中，市場行為監管和償付能力監管之問是相互影響、相互作用的關係。償付能力監管通常對市場行為直接構成影響。如保險公司

必須為累積準備金而制定可以保證資本充足的費率。市場行為也影響償付能力監管的效果，如統一費率會影響保險公司的盈利能力。市場行為監管的內容包括：保險產品及其定價的監管、保險產品促銷和分銷的監管。

①保險產品及其定價的監管。大多數國家要求保險公司在出售產品之前，必須將保單格式送交保險監管部門審批，任何被發現具有條款不公平、詐欺性或違背公眾利益的保單都得不到批准。保險合同屬於附和性合同，在保險人與投保人協商之前，保險條款已經確定，投保人只能通過接受或者不接受表示其意願。它不同於一般商業合同，簽約雙方此前能進行充分的意見表達與協商。投保人所處的地位較為被動。為了投保人的合法權益，各國保險監管機構都對保險條款實施監管。

②國家制定相關的保險法規，目的在於改善保險費率，使其合理、充足、公平。由於費率的確定先於實際損失的發生，對於保險公司來說，制定合理的費率水平非常重要。在制定費率時，不僅要考慮保險公司的預期成本和損失因素，還需要考慮保險公司希望達到的市場競爭力。若費率過高，會影響產品的市場競爭力，同時也侵占了投保人的利益；如果費率過低，容易占領市場份額，但會導致保險公司準備金不足，財務狀況不穩定，甚至影響償付能力。費率監管主要在於費率分類體系是否恰當、有關利潤方面的條款對消費者是否公平、巨災處理是否恰當。

③對保險產品促銷和分銷的監管，主要在於保險產品促銷環節的不正當交易行為、廣告內容和促銷材料內容。不正當交易行為指保險詐欺、回傭、折扣、差價、隨意加減費、誘轉保、非法挪用保單所有人資金等行為。對保險產品的分銷環節的監管，主要在於規定保險代理人和經紀人從業資格，通過教育、監督和指導使從業人員成為專業的、具備職業道德的人。只有滿足規定條件的人才可以獲得從業執照。代理人和經紀人一旦獲得執照，就要服從進一步的監管。

9.3.3.3 保險業問題處理和退出的監管

各國對保險機構問題的處理有所不同，但對保險機構的一般性問題，經常是要求被監管機構按照監管當局的要求採取某些措施。當出現比較大的問題時，保險監管當局有權採取糾正措施或給予緊急救助。如果保險機構仍然無法恢復生存能力，監管當局應盡力促成有實力的保險機構對其進行兼併。當所有努力都無法奏效時，監管當局必須採取依法關閉的斷然措施，以維護保險體系的安全、完整與穩定，減少市場和社會震動。

在中國，對日常保險監管中發現的保險企業存在的各種違法違規問題和不審慎行為，保監會視情節輕重依法進行處理和處罰。保險公司如不能在限期內執行保險監管機關提出的糾正其違法違規的措施，由保險監管機關監督保險機構進行清理整頓。保險法及有關法律法規對保險機構的處罰做出了具體規定，有警告、通報批評、罰款、沒收非法所得、責令停止經營部分業務、整頓、實施接管、責令撤換負責人、吊銷經營保險業務許可證等處罰。

對違反保險法及其他法律規定的行為等情節嚴重者，保險監管機關有權對保險機構實施接管。保險機構違反法律、行政法規，被保險監管部門吊銷經營保險業務許可證的，依法撤銷，由保險監管部門組織清算組進行清算。保險公司不能支付到期債務，經保險監管部門同意，由人民法院依法宣告破產，並由法院組織保險監管部門等有關部門和人員成立清算組進行清算。

9.4　金融監管體制與國際合作

隨著金融業的發展，金融監管體制也隨之發生著變化。金融業經歷了混業→分業→混業的發展階段，金融監管體制也慢慢由集中監管變為集中、不完全集中、分業監管等不同形式，各國根據自己的情況酌情採用。近些年來，全球經濟一體化和金融創新的發展使金融監管面臨著越來越多新的複雜的挑戰，從而促使各國進行金融監管的國際合作。

9.4.1　國際金融監管體制

9.4.1.1　金融監管體制的發展

金融監管體制的模式轉變是隨著金融業發展而來的，因此，在介紹金融監管體制之前，有必要簡要回顧一下金融業的發展歷史。

20世紀30年代之前，金融業的發展處於起步階段，商業銀行占主導地位，而證券業、保險業的影響非常小，往往從屬於商業銀行。中央銀行勉強行使監管職能（這裡是說中央銀行作為專門監管部門負責金融監管才剛起步，監管手段和理念尚不成熟）。因此，這一階段的歷史可以概括為混業經營的歷史。

1929—1933年的世界性經濟危機使金融發展進入分業經營階段。美國通過了著名的《格拉斯·斯蒂格爾法》，使得分業經營開始確立。隨後美國又通過了《1934年證券交易法》《投資公司法》等一系列法案，加強了金融分業制度。

20世紀70年代以後，人們重新認識金融風險，反思金融危機與混業經營的關係，認為混業經營並不是直接造成大規模金融機構倒閉的原因；同時現實生活中越來越激烈的競爭，使得人們逐漸突破金融分業的限制。1999年11月4日，美國通過《金融服務現代化法》，標誌著美國多年來實行的銀行、證券、保險分業經營制度的終結，重新回到混業經營上來。到目前為止，主要的金融業發達國家或地區都已轉變為混業經營體制。

9.4.1.2　金融監管體制模式

受金融業歷史發展影響，金融監管體制模式也經歷了集中監管、分業監管、不完全集中監管等不同監管形式。具體而言，在20世紀30年代之前，金融監管模式是在中央銀行行使監管職能下的集中監管；在30年代之後的近半個世紀裡，分業經營模式大行其道，

金融監管模式變為分業監管；70年代後期至今，各國的監管模式不盡相同（具體內容見表9-1）。總而言之，這一時期的監管是集中監管、分業監管與不完全集中監管共存的局面。

表 9-1　　　　　　　　　主要國家或地區金融業經營和監管體制

國家或地區	金融業經營體制 過去	金融業經營體制 現在	監管體制
美國	分業	混業（1999年，以廢除《格拉斯·斯蒂格爾法》和通過《金融服務現代化法》為標誌）	分業監管
英國	分業	混業（1986年起）	集中監管
日本	分業	混業（1996年11月起）	集中監管
德國	混業	混業	分業監管
瑞士	混業	混業（與保險業分開）	不完全集中監管
荷蘭	混業	混業	分業監管
盧森堡	混業	混業	不完全集中監管
比利時	混業	混業	不完全集中監管
義大利	分業	分業	分業監管
加拿大	分業	分業	不完全集中監管
法國	分業	分業（可持非銀行公司股份，但不超過20%）	分業監管
韓國	分業	分業	集中監管
中國香港	混業	混業	分業監管
中國	分業	分業	分業監管

資料來源：史福厚.金融監管導論 [M].北京：中國對外經濟貿易出版社，2004.

集中監管也稱為統一監管或混業監管，是指對不同的金融行業、金融機構和金融業務均由一個監管機構負責，一般為中央銀行或其他政府機構。日本、韓國和新加坡等國家現在採用這種體制。這種模式能節約人力物力，具有成本優勢、規模效應和適應性強等特點；缺點是易導致官僚主義。

分業監管也稱為分頭監管，是指在銀行、證券和保險領域內分別設置獨立的監管機構，專門負責本領域的全面監管，包括審慎監管和業務監管。在20世紀的大部分時間裡，德國、美國、中國等國家主要施行這種監管體制。這種監管模式具有監管專業化、監管競爭優勢（即監管機構間競爭提高效率）等特點；缺點是協調性差，成本高，容易出現監管真空。

不完全集中監管也稱為不完全統一監管，是處於完全集中監管和完全分業監管之間的一種形式。按照監管機構和監管目標的不完全統一分為牽頭監管和「雙峰式監管」。牽頭監管指在分業監管機構之上設置一個牽頭監管機構，負責不同監管機構之間的協調工作。

典型的國家為巴西。巴西國家貨幣委員會是牽頭監管者，負責協調中央銀行、證券和外匯管理委員會、私營保險監理署和補充養老金秘書局分別對銀行、證券公司和保險公司的監管。「雙峰式監管」是指依據監管目標設立兩類監管機構：一類負責對金融機構進行審慎監管，以控製系統性風險；另一類對金融機構或其他相關機構的金融業務進行監管。代表性國家為澳大利亞。澳大利亞審慎監管局負責所有金融機構的監管，而證券投資委員會負責對金融三大領域的業務經營進行監管。其監管特點介於完全集中監管和完全分業監管之間。

9.4.2 中國金融監管體制

9.4.2.1 中國的金融監管概述

1. 集中單一的金融監管體制

在1984年以前，中國處於「大一統」的金融體制下，1984—1992年為中央銀行行使金融監管職能的初始階段，屬於集中單一的金融監管體制。從1984年中國形成中央銀行、專業銀行的二級銀行體制起，中國人民銀行行使中央銀行職能，履行對銀行、證券、保險和信託業的綜合監管。中國人民銀行主要依靠行政管理金融。

2. 從集中單一的金融監管體制走向分業監管體制

1993—1997年，中國逐漸從集中單一的金融監管體制走向分業監管體制。1992年8月，國務院決定成立國務院證券委員會和中國證券監督管理委員會，將證券業的監管職能從中國人民銀行分離出去，中國人民銀行主要負責對銀行、保險和信託業的監管。1994年中國先後頒布《外資金融機構管理條例》《金融機構管理規定》。1995年全國人大先後通過了《中國人民銀行法》《商業銀行法》《票據法》《保險法》和《擔保法》等金融法律。

3. 分業監管的金融監管體制的形成

1998年至今，中國監管進入深化改革階段，在該階段建立了分業監管的金融監管體制。中國證監會、中國保監會相繼成立，商業銀行與其所辦的信託、證券業務也相繼脫鉤。1998年4月，國務院證券委員會和中國證監會合併組成國務院直屬正部級事業單位。1998年9月，國務院進一步明確中國證監會是全國證券期貨市場的主管機關。1998年11月，中國保險監督管理委員會正式成立，專司對中國保險業的監管，從而將原來由中國人民銀行履行的對保險業的監管職能分離出來。中國人民銀行主要負責對銀行、信託的監管。2003年4月，中國銀行業監督管理委員會正式組建，接管中國人民銀行的銀行監管職能，中國正式確立了「分業經營、分業監管、三會分工」的金融監管體制。

9.4.2.2 中國金融監管的格局

1. 集中監管階段：1984—1992年

改革開放前，中國實行的是高度集中的金融管理體制。當時全國只有一家金融機構即中國人民銀行。中國人民保險公司和中國銀行及中國農業銀行只是中國人民銀行的一個部

門，中國建設銀行是國家財政部的內部機構。

改革開放後，1979—1984 年，中國先後恢復了中國銀行、中國農業銀行、中國建設銀行和中國人民保險公司的業務，外資金融機構開始在北京等城市設立代表處。1983 年 9 月，國務院決定由中國人民銀行專門履行中央銀行職能。1984 年，中國工商銀行成立，中國人民銀行成為現代意義上的中央銀行，負責貨幣政策的制定和金融監管。從此，銀行、證券、信託和保險等所有金融業務歸中國人民銀行監管，形成初步的集中管理體制。

2. 分業監管階段：1992—2003 年

1990 年和 1991 年，上海和深圳證券交易所分別成立，大大推動了中國證券業的發展。1992 年 10 月成立國務院證券委員會和中國證券監督管理委員會，負責股票發行和上市的監管，中國人民銀行仍負責對債券和基金的監管。1995 年頒布的《中華人民共和國中國人民銀行法》第二條規定中國人民銀行在國務院的領導下，制定和實施貨幣政策，對金融業實施監督管理，從而明確了金融監管的主體。1998 年 6 月，國務院決定將證券委員會並入中國證券監督管理委員會，將中國人民銀行的證券監管權移交中國證監會。1998 年 11 月，國務院決定成立中國保險監督管理委員會，將中國人民銀行的保險監管權分離出來，由中國保監會統一行使。2003 年 4 月中國銀監會正式掛牌運作，標誌著中國「一行三會」的金融監管體系初步形成。

3. 中國現階段的金融監管

中國現行金融監管體制的基本特徵是分業監管。按照金融監管的分工，銀監會主要負責商業銀行、政策性銀行、外資銀行、農村合作銀行（信用社）、信託投資公司、財務公司、租賃公司、金融資產管理公司的監管。按監管對象口徑劃分，銀監會成立了政策性銀行部、大型銀行部、股份制銀行部、城市銀行部、農村金融部、外資銀行部、信託部、非銀行金融機構部。隨著監管體制發展的需要，銀監會還設立了普惠金融部、創新部等部門。銀監會自上而下地設立了省局、市分局、縣（市）辦事處體制。而證監會和保監會則分別負責證券、期貨、基金和保險業的監管；內部設立了相應的監管部室，自上而下則建立了相應會、局（省、市、計劃單列）的體制。銀監會成立後，中國人民銀行著重加強制定和執行貨幣政策的職能，負責金融體系的支付安全，發揮中央銀行在宏觀調控和防範與化解金融風險中的作用。這種金融監管組織結構表明，除中央銀行負責宏觀調控外，其他幾個監管機構都集中於行業的微觀規制層面。選擇這種監管體制的最大好處是有利於提高監管的專業化水平並及時達到監管目標，有利於提高機構監管的效率。

由於監管目標和監管工具的多樣性，不同國家採用不同的監管手段來實現既定的監管目標。中國當前的金融監管目標主要分為三個不同的層次：一是最終目標，即金融監管要達到的社會目標，其由一個國家的金融業在國民經濟發展中的地位決定。二是中間目標，即監管當局為了實現監管的最終目標，需要通過一些可度量、可控制的指標體系進行監測。如資本充足率、風險資本評估、金融機構的經營規模、市場結構和競爭實力等指標就

是金融監管過程中的中間指標。三是操作指標,即金融監管當局制定的管理制度和工具,主要包括監管規則、現場監管、業務審批、市場干預、違規懲罰等一些具有操作性的規定和細則。

9.4.2.3 中國金融監管的方向

中國當前的金融監管體制形成了中國人民銀行(包含外匯管理局)、銀監會、證監會和保監會「一行三會」的監管體系。從中國現行金融監管體制看,在總體上,不僅統一了監管框架,加強了監管專業化,提高了監管效率,而且還有利於中央銀行更加有效地制定與執行貨幣政策。

中國現行金融監管體制是中國現有的政治、社會、經濟制度及歷史沿革等多因素共同作用形成的,是依據中國的實際情況架構的符合中國國情的金融監管體系。但隨著金融全球化、自由化和金融創新的迅猛發展,金融業開放加快,金融監管環境發生重大變化,分業監管體制已顯現出明顯的不適應。特別是中國加入WTO後,越來越多的跨國金融集團開始進入中國金融市場,國際大型金融控股公司的進入對中國金融機構的發展和金融監管是重大的挑戰。它們中的大部分是兼營銀行、證券、保險等多種金融業務的金融控股公司。另外,隨著國際金融創新業務的飛速發展,新型金融衍生工具的不斷出現,既增大了金融業風險,又會使傳統的金融監管制度、監管手段失效。

中國金融監管體系正處於不斷建立和完善的過程中,一方面要積極借鑑和吸收國外成熟的金融監管體制的建設經驗,另一方面應結合中國金融監管的環境、目標、主體、方式等因素實現內在的統一和協調。在混業經營下,金融業務出現交叉的趨勢,實施跨產品、跨機構、跨市場的監管,即功能性監管,統一、綜合的監管模式必將成為中國金融監管體制最終的選擇。同時,考慮到中國目前的金融組織體系,無論是銀行業、保險業還是證券業,獨立的金融機構占絕大多數,銀證合作、銀行代銷基金等還僅僅是表層的業務合作,完全突破分業界限的分屬不同金融行業的業務交叉、股權交叉等才剛剛開始。法律還沒有為混業經營提供暢通的途徑。這些都決定了金融統一監管短期內在中國還缺乏緊迫性、缺乏穩固的基礎。

因此,根據中國的具體國情和金融發展階段,在現有監管體制框架基礎上,應做好銀行、證券、保險的分業監管工作,不斷提高監管的專業化水平,完善金融監管協調合作機制,同時對相關法律法規進行修改,逐步將金融監管體制從分業監管轉向混業監管、從機構性監管轉向功能性監管,然後再擇機建立統一的監管體制框架。

9.4.3 金融監管的國際合作

金融監管的國際合作起源於金融的全球化。由於金融危機在各國間的傳染性,一國金融經濟往往不能獨善其身,原先各國各自監管的模式已經不能滿足監管的要求。要控製金融全球化給各國帶來的外在風險,各國監管當局迫切需要加強合作與交流。從近年來的合

作力度可以看出，各國普遍意識到國際金融合作的重要性，越來越多的國家達成合作監管共識；各種國際組織紛紛建立並行使職能，如國際清算銀行（Bank for International Settlement，BIS）、國際貨幣基金組織（International Monetary Funds，IMF）、世界銀行（World Bank，WB）、巴塞爾銀行監管委員會（Basel Commission on Banking Supervision）、世界貿易組織（World Trade Organization，WTO）、國際證券委員會組織（International Organization of Securities Commissions，IOSCO）、國際保險監管協會（International Association of Insurance Supervision，IAIS）和國際會計準則委員會（International Accounting Standard Commission，IASC）等；開展了一些國際性論壇、峰會進行交流，如「20國集團峰會」「金融穩定論壇」等；制定了一系列國際協議和文件，如《巴塞爾協議》《銀行業有效監管核心原則》等。下面主要就金融監管合作的國際性組織和國際性協議部分進行講述。

9.4.3.1 金融監管合作的國際性組織

1. 國際清算銀行

國際清算銀行（BIS）於1930年5月在巴塞爾成立，最初主要是處理一戰後德國賠款問題。後來，各國中央銀行紛紛持有該組織股份，該組織逐漸成為國際性金融協作和服務平臺。其主要業務有：商討國際金融合作問題、從事貨幣和金融問題研究、為各國中央銀行提供金融服務以及受託協助執行國際金融協定。

2. 巴塞爾銀行監管委員會

該委員會是1975年由國際清算銀行促成的，其主要目的是建立銀行監督的基本原則，促進管理者之間的溝通，管理銀行資本和風險。其通過了一系列協議，其中著名的《巴塞爾協議》影響尤為深遠。巴塞爾銀行監管委員會的主要作用在於，通過這些協議，抑制國際銀行業之間的不公平競爭，規範國際銀行業行為，穩定世界金融體系。

3. 國際貨幣基金組織

國際貨幣基金組織（IMF）是二戰後美、英等國為避免再出現類似20世紀30年代的金融經濟混亂而建立的。它歸屬於聯合國，專門負責國際貨幣事務。其主要業務有：監督成員的外匯安排與外匯管制、安排成員定期或緊急磋商、為成員提供一個協調國際貨幣問題的平臺；為成員提供短期資金融通。

4. 世界銀行

世界銀行與IMF都建立於二戰後期，同屬於聯合國，它們的建立體現了人們建立國際金融新秩序的良好願望。IMF側重於向成員提供短期融資，而世界銀行則主要是向發展中國家和地區提供開發性的中長期貸款，資助其長期建設項目，促進其經濟增長與資源開發。

5. 世界貿易組織

世界貿易組織原名關稅與貿易總協定，其核心作用是消除各國間的關稅壁壘、促進貿易在各國間公平進行。對金融業而言，該組織使得成員之間金融市場准入標準趨同，這意

味著各國金融監管標準的趨同。

6. 國際證券委員會組織

國際證券委員會組織（IOSCO）成立於1984年，其前身是成立於1974年的關注南美洲證券市場的「國際證券委員會及類似機構國際協會」。該組織的主要目標有三個：保護投資者，確保市場公平、有效和透明，減少系統性風險。

7. 國際保險監管協會

國際保險監管協會（IAIS）成立於1994年，是一個推動各國保險監管進行國際協調的組織。其宗旨是：加強聯繫與合作，更好地保護消費者權益，促進保險市場的發展，加強與其他金融部門和國際金融機構的合作。

8. 國際會計準則委員會

國際會計準則委員會（IASC）成立於1973年，旨在通過制定合適的國際會計準則，實現會計工作的國際協調，並促進國際資本市場的發展和監管。

9.4.3.2 金融監管的國際性協議

1.《巴塞爾協議》

1987年12月，國際清算銀行召開中央銀行行長會議並通過《巴塞爾提議》，在該提議的基礎上，於1988年7月由巴塞爾銀行監管委員會通過的《巴塞爾協議》（全稱是《關於統一國際銀行的資本計算和資本標準的協議》），就是國際銀行監管方面的代表性文件。制定該協議的目的在於：①通過制定銀行的資本與其資產間的比例，確定出計算方法和標準，以促進國際銀行體系的健康發展；②制定統一的標準，以消除在國際金融市場上各國銀行之間的不平等競爭。該協議的主要內容有：

第一、關於資本的組成，把銀行資本劃分為核心資本和附屬資本兩擋。第一擋是核心資本，包括股本和公開準備金，這部分至少占全部資本的50%；第二擋是附屬資本，包括未公開的準備金、資產重估準備金、普通準備金和呆帳準備。

第二、關於風險加權的計算。協議制定了對資產負債表上各種資產和各項表外科目的風險量度標準，並將資本與加權計算出的風險掛勾，以評估銀行資本所應具有的適當規模。

第三、關於準備比率的目標。協議要求銀行經過五年過渡期逐步建立和調整所需的資本基礎。到1992年年底，銀行的資本對風險加權化資產的標準比率目標即資本充足率為8%，其中核心資本至少為4%。這個協議的影響廣泛而深遠。自其面世以來，不僅跨國銀行的資本金監管需按照協議規定的標準進行，就連各國國內的貨幣當局也要求其轄下銀行遵循這一準則，甚至以立法形式明確下來。中國即是如此，並在《中華人民共和國商業銀行法》中規定商業銀行的資本充足率不得低於8%。

隨著經濟活動、金融危機暴露出的問題，《巴塞爾協議》一直在不斷修訂和完善，總的原則是基於上述資本充足率要求，考慮更多的風險因素，進行更全面和更嚴格的監管。

2.《銀行業有效監管核心原則》

進入 20 世紀 90 年代特別是 90 年代中期以來，許多國家銀行系統的弱點逐漸暴露出來，銀行系統的呆壞帳、銀行違規操作造成的損失、銀行倒閉乃至連鎖的破壞性反應，嚴重威脅到了各國和全世界的金融穩定。對銀行嚴格監管，強化各國金融體系，成為國際上高度關注的焦點。1997 年 9 月，巴塞爾銀行監管委員會正式通過了《銀行業有效監管核心原則》（以下簡稱《核心原則》），為規範銀行監管提出了國際統一的準則。這個原則涉及面廣，確定了一個有效監管系統所必須具備的 25 項基本原則，共分 7 大類：①有效銀行監管的先決條件，②發照和機構，③審慎法規和要求，④持續性銀行監管手段，⑤信息要求，⑥正式監管權力，⑦跨國銀行業。核心原則的主要內容概括而言有以下幾點：

（1）必須具備適當的銀行監管法律或法規；監管機構要有明確的責任、目標和自主權等。

（2）必須明確界定金融機構的業務範圍，嚴格執行銀行審批程序，對銀行股權轉讓、重大收購及投資等，監管者有權審查、拒絕及訂立相關標準。

（3）重申《巴塞爾協議》關於資本充足率的規定，強調監管者應建立起對銀行各種風險進行獨立評估、監測和管理等一系列政策和程序，並要求銀行必須建立起風險防範及全面風險管理體系與程序，以及要求銀行規範內部控製等。

（4）必須建立和完善持續監管手段，監管者有權在銀行未能滿足審慎要求或當存款安全受到威脅時採取及時的糾正措施，直至吊銷銀行執照。

（5）對跨國銀行業的監管，母國監管當局與東道國監管當局必須建立聯繫，交換信息，密切配合；東道國監管者應確保外國銀行與其國內機構一樣，遵循同樣的高標準來從事當地業務。

與 1988 年制定的《巴塞爾協議》不同，核心原則的監管內容和範圍極為廣泛，從制定銀行開業標準、審批開業申請、確定機構設置和業務範圍，到審慎監管以確保銀行制定並執行合理的發展方針，以及建立管理信息系統和風險防範系統等，幾乎涉及銀行運行的全過程。

9.4.3.3 更新中的《巴塞爾協議》

1.《巴塞爾協議Ⅱ》（第三稿）的三大支柱

該版《巴塞爾協議》即《巴塞爾協議Ⅱ》於 2003 年 4 月公布，又稱《巴塞爾新資本協議》，它由三大支柱組成：最低資本要求、監管當局對資本充足率的監督檢查、市場紀律。三大支柱的內容如下：

（1）第一支柱：最低資本要求

根據新協議的要求，有關監管資本構成的各項規定與《巴塞爾協議Ⅱ》（第二稿）保持不變，8%的最低比率也保持不變。主要修改內容反應在對風險資產的界定方面。對風險加權資產的修改主要表現在兩個方面：一是大幅度修改了對老協議信用風險的處理方

法，二是明確提出將操作風險納入資本監管的範疇，即操作風險將作為銀行資本比率分母的一部分。

新協議的主要創新表現在分別為計算信用風險和操作風險規定了三種方法。巴塞爾銀行監管委員會認為這三種不同方法有助於提高銀行風險敏感度，並允許銀行和監管當局選擇它們認為最符合其銀行業務發展水平及金融市場狀況的一種或幾種方法。處理這兩種風險的三種主要方法如表9-2所示。

表9-2　　　　　　　　處理信用風險與操作風險的主要方法

信用風險	操作風險
標準法	基本指標法
內部評級初級法	標準法
內部評級（IRB）高級法	高級計量法（AMA）

（2）第二支柱：監管當局的監督檢查

新協議第二支柱建立在一些重要的指導原則上。業內的反饋意見和巴塞爾銀行監管委員會的工作都強調了監管當局監督檢查的重要性。對風險的判斷和資本充足率的考核僅依據銀行是否符合最低資本要求是遠遠不夠的。因此，新協議提出的監管當局的監督檢查突出了銀行和監管當局都應提高風險評估的能力。毫無疑問，任何形式的資本充足率框架，包括更具前瞻性的新協議，在一定程度上都落後於複雜程度高、不斷變化的風險輪廓，特別是考慮到這些銀行充分利用新出現的各種業務機遇。因此，這就需要監管當局對第二支柱給予充分的重視。

在修改新協議的過程中，巴塞爾銀行監管委員會不斷完善第二支柱的內容。其中一項工作涉及壓力測試。巴塞爾銀行監管委員會認為，在信用風險IRB法下，銀行的資本要足以抵禦惡劣的及不確定的經濟環境。應要求這類銀行對其體系進行足夠保守的壓力測試，其目的是估測在惡劣環境出現時需銀行進一步增加多少資本。銀行和監管當局要將測試結果作為確保銀行持有一定量金額資本的一項手段。一旦資本水平下滑，監管當局可要求銀行降低風險，確保現有的資本可滿足最低資本要求及壓力測試反應出的結果。

其他一些修改內容突出反應在風險集中和使用抵押、擔保、信用衍生品而帶來的剩餘風險的處理上。

（3）第三支柱：市場紀律

第三支柱是前兩個支柱的補充。巴塞爾銀行監管委員會力求鼓勵市場紀律發揮作用，其手段是制定一套信息披露的辦法，使市場參與者掌握有關銀行的風險輪廓和資本水平的信息。巴塞爾銀行監管委員會認為，由於新協議允許銀行使用內部計量方法計量資本要求，公開的信息披露將更加重要。通過信息披露來強化市場紀律，對幫助銀行和監管當局

管理風險、提高穩定性有很多好處。

2003年以來，巴塞爾銀行監管委員會與市場參與者和監管當局對有效的銀行信息披露的範圍和內容交換了意見。這些工作的目的是避免向市場提供過多的信息，使市場難以對其進行分析，無法瞭解銀行真實的風險輪廓。經第二次徵求意見並對有關信息披露各項要求進行認真分析後，巴塞爾銀行監管委員會決定在相當大的程度上減少披露的要求，特別是有關IRB法和證券化方面的披露要求。

巴塞爾銀行監管委員會注意到，監管當局在要求銀行滿足信息披露方面的法律手段不同，可包括對於保持安全性和監管要求的公開信息披露以及在監管報表中必須披露的信息。巴塞爾銀行監管委員會認為，要求銀行與公眾分享信息的手段決定於監管當局的法律授權。

另外，需要把協議裡信息披露的框架與各國會計標準銜接起來，確保新協議將披露要求的重點放在銀行資本充足率上，同時又與銀行須遵守的會計披露標準不矛盾。通過與會計主管部門積極有效地對話，這一目的已經達到。今後，巴塞爾銀行監管委員會將進一步加強與會計主管部門的交流。它們的工作對新協議信息披露的影響很大。關於新協議今後可能做出的修改，巴塞爾銀行監管委員會將考慮其對銀行必須披露的信息量的影響。

2.《巴塞爾協議Ⅲ》的新內容

2010年11月，在韓國首爾召開的G20峰會上，與會者對2008年爆發的全球金融危機進行了反思，在加強金融監管方面形成了廣泛共識，《巴塞爾協議Ⅲ》獲得批准。協議規定了最低資本充足率標準、留存緩衝資本、逆週期緩衝資本及系統重要性銀行的附加資本，並提出了具體的過渡時間表。除此之外，協議還引入了槓桿率和流動性標準作為資本充足率標準的補充。

（1）資本充足率標準方面

第一，提高了最低資本充足率標準。《巴塞爾協議Ⅲ》改進了資本充足率計算方法，提高了監管資本的損失吸收能力，具體體現在：

①該協議將監管資本從現行的兩級分類（一級資本和二級資本）修改為三級分類，即核心一級資本、其他一級資本和二級資本；嚴格執行對核心一級資本的扣除規定，提升資本工具吸收損失的能力。調整後，現行的一級資本和總資本佔風險資產的比例分別不低於4%和8%，將變為核心一級資本充足率、一級資本充足率和資本充足率將分別不低於4.5%、6%和8%。

②該協議優化了風險加權資產的計算方法，擴大了資本覆蓋的風險範圍。協議採用差異化的信用風險權重方法，推動銀行業金融機構提升信用風險管理能力；明確操作風險的資本要求；提高交易性業務、資產證券化業務、場外衍生品交易等複雜金融工具的風險權重。

第二，設立留存緩衝資本。2016年初至2019年初，受監管銀行應逐步設立2.5%的防

護性緩衝資本。設立這項資本的目的是確保銀行維持緩衝資金以彌補在金融和經濟壓力時期的損失。加上了留存緩衝資本後，銀行的最低核心一級資本充足率、一級資本充足率和總資本充足率分別達7%、8.5%和10.5%。

第三，設立逆週期緩衝資本。在過去的資本監管體制下（如《巴塞爾協議Ⅱ》），資本充足率管理和評級體系加劇了銀行體系自身的順週期性因素，加劇了經濟的波動，因此協議Ⅲ提出逆週期緩衝資本作為逆週期的主要調節指標。巴塞爾銀行監管委員會提出逆週期緩衝資本的比例範圍為0~2.5%。

第四，設立系統重要性銀行附加資本。為了避免銀行「大而不倒」的問題，巴塞爾銀行監管委員會認為系統重要性銀行應該具有更強的風險抵抗能力，滿足更高的資本充足率標準，規定系統重要性銀行附加資本比率為1%。

（2）《巴塞爾協議Ⅲ》資本充足率標準實施的具體時間表（見表9-3）

表9-3 《巴塞爾協議Ⅲ》具體實施時間表

年份	最低核心一級資本	最低其他一級資本	二級資本及其他	留存緩衝資本	逆週期緩衝資本	最低總資本+資本緩衝	系統重要性銀行附加資本
2011	2%	2%	4%			8%	
2012	2%	2%	4%			8%	
2013	3.5%	1.0%	3.5%		0~2.5%	10.5%	
2014	4.0%	1.5%	2.5%		0~2.5%	10.5%	
2015	4.5%	1.5%	2%		0~2.5%	10.5%	
2016	4.5%	1.5%	2%	0.625%	0~2.5%	11.125%	
2017	4.5%	1.5%	2%	1.25%	0~2.5%	11.75%	
2018	4.5%	1.5%	2%	1.875%	0~2.5%	12.375%	
2019	4.5%	1.5%	2%	2.5%	0~2.5%	13%	
2020年以後	核心一級≥4.5%、一級+二級≥8%、一級+二級+緩衝≥10.5%						

註：加總計算的結果，是對0~2.5%的緩衝資本取2.5%計算。

（3）槓桿率和流動性標準方面

第一，對被監管銀行設定3%的最低一級資本槓桿率。在2008年全球金融危機中，銀行體系的快速去槓桿化導致了信貸萎縮，槓桿的存在加劇了金融危機對整個經濟的影響。而過去基於資本充足率的監管體制不能對這些風險進行衡量和監控，因此巴塞爾銀行監管委員會引入了槓桿率（核心資本淨額/調整後的資產餘額）標準作為資本充足率標準的有效補充。中國銀監會在《商業銀行槓桿率監管指引》（徵求意見稿）中規定：槓桿率最低要求為4%，從2012年1月1日開始實施，系統重要性銀行應在2013年年底前達標，非系統重要性銀行應在2016年年底前達標。

第二，更新了流動性要求。巴塞爾銀行監管委員會過去在很大程度上忽視了流動性問題，而2008年全球金融危機中，由於流動性問題使得市場金融機構信心不足從而加劇了這場危機，因此，《巴塞爾協議Ⅲ》對銀行的流動性提出了新的要求：流動性比率標準分為短期的流動性覆蓋率指標和中期的淨穩定融資比率指標。這兩個指標是對現行的流動性風險數量控製目標的一個補充。這兩個指標在商業銀行流動性風險管理章節中已有較詳細的討論。

　　上述介紹的幾個方面即是《巴塞爾協議Ⅲ》相比於《巴塞爾協議Ⅱ》的新內容，是進一步提升資本質量和水平的措施，對全球銀行業生態可能產生重塑作用。

　　3.《巴塞爾協議Ⅲ》對中國銀行業的影響

　　2011年銀監會推出以新四大監管工具為核心的國內版《巴塞爾協議Ⅲ》監管標準，這些指標主要包括：資本充足率、動態撥備、槓桿率和流動性指標。相比於原協議而言，其要求更為嚴格。

　　自2013年起，中國商業銀行正式執行《商業銀行資本管理辦法（試行）》。截至2015年年底，商業銀行核心資本充足率為10.9%，一級資本充足率為11.3%，資本充足率為13.5%，資本充足率較年初上升0.27個百分點。

　　從數據來看，中國銀行業的平均資本水平達到了《巴塞爾協議Ⅲ》要求的短期標準。《巴塞爾協議Ⅲ》的過渡期（2011—2019年）比較長，因而在短期內，《巴塞爾協議Ⅲ》對中國銀行業的衝擊不會很大。

　　從長期來看，中國銀行業在銀行資本補充上會面臨《巴塞爾協議Ⅲ》的約束。近年來，國內外經濟形勢複雜，國內銀行業不良資產率有所上升。從2016年開始，銀行的留存緩衝資本和逆週期緩衝資本的計提要求有變化，屆時《巴塞爾協議Ⅲ》可能會對中國銀行業造成較明顯的影響。

　　至於其他三項監管標準的影響，毋庸置疑，它們將與資本充足率監管標準一道使中國銀行業風險控製能力更強，使中國銀行業加快經營轉型，走節約經濟資本的經營道路。

本章小結

　　1. 本章主要對金融監管的經濟學分析、銀行業監管、證券業監管、保險業監管和中國的金融監管體系等內容進行了闡述。

　　2. 金融監管的目標是維持金融穩定，提高金融資源使用效率和保護投資者利益。依據監管法律，在公平、公正、公開原則指導下，「內控」與「外控」相結合，適度監管和綜合管理相結合，進行持續監管。

　　3. 金融監管主要包括市場准入監管、業務營運監管和市場退出監管。

4. 金融監管始於20世紀30年代，經歷了集中監管、分業監管和混業監管等階段。目前國際上主要存在金融監管機構和金融監管協議兩大監管體系。重點介紹了《巴塞爾協議Ⅱ》和《巴塞爾協議Ⅲ》的有關內容。

思考題

1. 為什麼說有效的銀行監管是一種公共產品，而不能完全由市場來提供？
2. 說說金融監管的目標和原則。
3. 存款保險制度對中國不同規模的商業銀行可能帶來什麼影響？請詳述。
4. 簡述當前中國金融監管體制面臨的挑戰和改革的方向。
5. 結合當前中國的經濟形勢，分析《巴塞爾協議Ⅲ》對銀行業帶來的影響，談談你的應對措施。

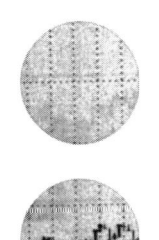

第四篇　貨幣理論與貨幣政策

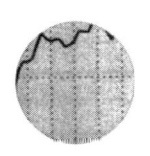

10 貨幣需求

學習目標

在這一章中,我們將學習貨幣需求及各學派的貨幣需求理論,並在此基礎上瞭解中國對貨幣需求的研究是怎樣隨經濟體制改革而發生變化的。學完本章後,你應當知道:

- 什麼是貨幣需求,個人和社會對貨幣的評價有什麼不同;
- 傳統的貨幣數量論是如何研究貨幣需求的,得出了什麼結論;
- 凱恩斯學派的貨幣需求理論及其發展;
- 貨幣學派的貨幣需求理論;
- 中國經濟體制改革與貨幣需求研究的發展。

重要術語

貨幣需求　貨幣流通速度　交易方程式　劍橋方程式　流動性偏好　流動性陷阱　貨幣學派的貨幣需求理論

供給和需求以及它們之間的均衡不僅是經濟學研究的重要內容之一,也是貨幣理論研究的重要內容。因為只有對貨幣需求進行科學的界定,才有可能在此基礎上實現貨幣供求的均衡。而貨幣供求的均衡從宏觀的角度來看,是經濟增長的前提條件,是政府或貨幣政策當局調控宏觀經濟的基本手段之一;從微觀的角度來看,貨幣的供求均衡有利於創造穩定的經濟環境,而對於微觀經濟主體的技術進步和有效管理而言,這種穩定的經濟環境是必不可少的。貨幣需求理論所要研究和解決的問題是:人們為什麼需要貨幣、決定人們貨幣需求的因素是什麼、人們的貨幣需求同實際經濟活動有什麼關係。在本章中,我們將學習貨幣需求及各學派的貨幣需求理論,並在此基礎上瞭解中國對貨幣需求的研究是怎樣隨著經濟體制改革而發生變化的。

10.1 貨幣需求概述

10.1.1 貨幣需求

在經濟學中，「需求」是指一種有支付能力的欲望，是一種能力與欲望的統一體。它包括兩個基本要素：一是人們希望得到或持有；二是人們有能力得到或持有。從這個角度來說，貨幣需求是一種由貨幣需求欲望和貨幣需求能力相互決定的特殊需求，即人們有希望得到或持有貨幣的欲望，同時人們也有得到或持有貨幣的能力。具體來說，也就是在一定時期，人們持有財富或資產的形式是貨幣，而不是商品等實物資產，也不是有價證券等其他金融資產。因此，所謂貨幣需求，就是人們把貨幣作為一種資產而持有的行為。

10.1.2 貨幣需求量

經濟學意義上的貨幣需求量包含以下三點內容：①需求能力與需求欲望的結合；②需求能力可理解為佔有貨幣對應的收入、借款或其他形式的資金來源；③需求欲望可以理解為由需求主體經濟利益決定的各種動機與行為。

對於貨幣的需求，即是需要貨幣所能夠執行的種種職能，如流通手段、支付手段和儲藏手段等。因此，可以對貨幣需求量界定如下：在一定的時間內，在一定的經濟條件下，整個社會需要用於執行交易媒介、支付手段和價值儲藏的貨幣數量。

為了更好地把握貨幣需求量的含義，需要區別宏觀的貨幣需求量與微觀的貨幣需求量、主觀的貨幣需求量與客觀的貨幣需求量、名義貨幣需求量與真實貨幣需求量。

10.1.3 貨幣需求函數

在現代經濟學中，經濟學家們往往用函數式或方程式來表達一定的經濟理論。貨幣需求函數是為了分析貨幣需求量的因素及其變動規律而建立起來的一種函數。它是將決定和影響貨幣需求的各種因素作為自變量，而將貨幣需求量本身作為因變量而建立起來的數量變化關係。建立貨幣需求函數主要滿足以下三個用途：①用於分析各種因素對貨幣需求的不同影響，包括影響的方向和影響的程度；②用於驗證貨幣需求理論分析的結果；③預測一定時期內全社會貨幣需求量及其變化的方向，作為制定貨幣政策、調節貨幣供給的依據。影響和決定貨幣需求的變量有多種，大致可分為三類，即規模變量、機會成本變量和其他變量。規模變量是指決定貨幣需求規模的變量，它包括財富和收入。機會成本變量是指為達到持有貨幣的經濟效益最大而使持幣比率改變的因素，包括市場利率、有價證券的收益率、預期通貨膨脹率、貨幣自身的收益率和其他資產的收益率等。其他變量是指除規模變量和機會成本變量之外的其他影響貨幣需求的經濟因素，如人口、金融機構數量的變動以及現金與貨幣總存量比率、非銀行金融資產與全部金融資產比率的變化等。

10.2　傳統貨幣數量論的貨幣需求理論

在古典學派的經濟學家看來,商品生產者生產商品,其目的並不是為了獲得貨幣,而是將所獲得的貨幣用於購買自己所需要的商品,商品買賣從本質上看是商品和商品之間的交換,貨幣只是一個交易媒介。人們之所以需要貨幣,其主要原因在於取得收入和支出在時間上無法統一,收入的獲得和支出行為之間存在著一個時間差,在這個時間差期間,就必須保有一定的貨幣量。也就是說,古典貨幣需求理論的基本觀點是:主要以貨幣為交易媒介或認為保存貨幣僅為便利交易。

10.2.1　現金交易學說——費雪的交易方程式

美國經濟學家費雪於 1911 年出版了《貨幣的購買力》一書,創立了現金交易學說,並提出了著名的交易方程式:

$$MV = PT \tag{10.1}$$

上式中,M 為貨幣數量,V 為貨幣的流通速度,P 為加權平均的一般物價水平,T 為交易總量,即實際財富與勞務的交易總額。

顯然,在 (10.1) 式中,右方為交易量與平均物價的乘積,左方則為貨幣量與流通速度的乘積。換言之,右方為交易總值,左方為貨幣總值。顯然這是一個恒等式,從學術上說,並無任何意義。為了使交易方程式具有理論上的價值和意義,費雪進行了如下假定:①貨幣流通速度 V 是由社會慣例(如支付制度)、個人習慣、技術發展狀況(如交通運輸和通信技術)以及人口密度等因素決定的。由於這些因素在短期內是穩定的,在長期內變動也極慢,因此,V 在短期內是穩定的,可視為不變的常數。②在充分就業條件下,商品和勞務的交易量 T 變動極小,也可視為常數。③一般物價水平 P 完全是被動的,其變化由其他因素決定,而 P 對其他因素沒有影響。通過這樣的假定,費雪得出了這樣的結論:貨幣數量 M 的變動將導致物價 P 同比例、同方向地變動。貨幣數量的變動是因,一般物價水平的變動是果。由於存在這樣的一種因果關係的推論,恒等式 $MV=PT$ 便具有了理論上的價值和意義。

在 (10.1) 式兩端同除以 V,則為:

$$M = \frac{PT}{V} \tag{10.2}$$

當貨幣市場均衡時,人們手持的貨幣數量 M 就等於貨幣需求量 M_d,因此我們可以用 M_d 代替等式中的 M。用 K 代表等式中的 $1/V$(由於 V 是常量,所以 $1/V$ 也是常量),我們將方程式改寫為:

$$M_d = K \times PT \tag{10.3}$$

等式（10.3）告訴我們，因為 K 為常量，所以由固定水平的名義收入導致的交易水平決定了人們的貨幣需求量 M_d。因此，費雪的貨幣數量理論表明：貨幣需求僅為收入的函數，利率對貨幣需求沒有影響。

費雪之所以得出這一結論，是因為他相信人們持有貨幣的目的僅僅是為了交易，就所持有的貨幣數量而言，沒有多大的選擇餘地。他認為，貨幣需求決定於：①名義收入水平 PT 導致的交易水平；②經濟中影響人們的交易方式和決定貨幣流通速度 K 的制度因素。也就是說，人們之所以需要貨幣，僅僅因為貨幣是一種交易媒介，因此人們需要貨幣的目的也就僅是為了便利商品或勞務的交易。由於該方程式強調貨幣的交易職能，因此也被稱為「現金交易學說」。

10.2.2　現金餘額學說——劍橋方程式

傳統貨幣數量論的另一種形式是現金餘額學說。現金餘額學說是由以馬歇爾和庇古為首的英國劍橋大學經濟學家創立的。庇古根據馬歇爾的觀點，於 1917 年寫了《貨幣的價值》一文，馬歇爾則於 1923 年寫了《貨幣、信用與商業》一書。他們都從另一角度研究貨幣數量和物價水平之間的關係。

劍橋學派經濟學家認為現金交易學說沒有說明使貨幣流通速度發生變化的原因，而要發現這些因素，就必須考察公眾願意以貨幣形態來保持其財產和收入的數額，而這就需要分析人們持有貨幣餘額的動機，即分析決定貨幣需求的因素。

馬歇爾認為，在一般情況下，人們都把財產和收入的一部分以貨幣形式持有，而另一部分則以非貨幣的形式持有，人們所願意持有貨幣的數額實際上是人們在持有貨幣獲得利益、進行投資獲得收益以及用於消費獲得享受三者之間權衡的結果。這種保留在手邊的現金餘額就是貨幣需求。

庇古在馬歇爾理論的基礎上，提出了其著名的劍橋方程式：

$$M = KY \text{ 或 } M = KPy \tag{10.4}$$

上式中，M 為貨幣需求量，即停息在人們手中用於購買商品或勞務的貨幣數量，也就是所謂的現金餘額；K 為人們願意以通貨形式持有的財富占總財富的比例；Y 為名義國民收入；P 為物價縮減指數；y 為實際國民收入，$Y = Py$。

10.2.3　現金交易學說和現金餘額學說的區別

從形式上看，現金交易學說與現金餘額學說相差無幾，只不過是一個簡單的數學變形，並且皆認為貨幣量的變動為物價變動的原因。分析如下：

由交易方程式 $MV = PT$ 可得：

$$M = \frac{PT}{V} = \frac{1}{V}PT \tag{10.5}$$

令 $K = \frac{1}{V}$，則：

$y = T$[①]

但是，從公式所內含的經濟學意義的角度看，二者有著本質的區別：

（1）對貨幣需求分析的側重點不同。現金交易學說重視貨幣的交易媒介的功能；現金餘額學說重視的是貨幣的資產功能和儲藏功能，把貨幣當成保存資產或財富的一種手段。

（2）現金交易學說的研究對象為一段時間內的貨幣流量；現金餘額學說強調的是在某一特定的時點上，人們持有的貨幣存量。

（3）各自強調的決定貨幣需求的因素不同。現金交易學說重視影響交易的貨幣流通速度、金融體制等客觀因素，忽略了經濟主體在金融市場上的主觀意志；現金餘額學說強調人們主觀的資產選擇行為、人的意志、預期、心理因素的作用，這為以後的貨幣需求理論留下了發展的空間和契機。顯然，現金餘額學說的貨幣需求決定因素多於現金交易學說，特別是利率的作用已成為不容忽視的因素之一。

從公式 $M = KY$ 來看，劍橋方程式似乎也同意費雪關於短期內利率對貨幣需求沒有影響的觀點，即認為名義收入是影響貨幣需求的唯一因素。但事實上，雖然劍橋經濟學家常常將 K 視為常量，並同意費雪的貨幣數量決定名義收入的觀點，但他們的理論卻允許個人選擇願意持有的貨幣數量。由於是否採用貨幣形式儲藏財富以及採用貨幣形式儲藏多少財富的決策實際上取決於其他也可以作為儲藏財富的財產的回報率和預期回報率，所以事實上他們考慮了在短期內 K 發生波動的可能性。如果其他資產的回報率和預期回報率發生改變，K 也可能改變。特別是，在隨後凱恩斯對劍橋學派理論的發展中，利率對貨幣需求的影響被放到了一個非常重要的位置上。

貨幣數量論對經濟學的影響很大，許多後續的對貨幣理論的定量分析就是建立在現金交易方程式和現金餘額方程式的基礎之上的，特別是現金餘額方程式，開創了研究貨幣需求的四個新的方向。①從貨幣對其持有者效用的角度，發展為研究經濟主體持幣原因的貨幣需求動機理論；②從持幣機會成本的角度，發展為貨幣需求決定與影響因素理論；③從貨幣作為一種資產的角度，發展為研究數量與結構的貨幣需求分類理論、平方根理論、資產組合理論、貨幣需求函數理論等；④從貨幣供求關係的角度，發展為研究貨幣供求函數交互作用和供求均衡理論。

---

① 嚴格地講，$y \neq T$，因為年收入與年交易總額是兩個並不完全相等的量，因而 $K \neq \frac{1}{V}$。事實上，這裡的 V 並不是一般的貨幣流通速度，而是貨幣的收入流通速度，即一定量貨幣在一定時期內能夠帶來多少收入的比例數，因而劍橋係數 K 也就只能代表單位貨幣收入所需要的貨幣數量。

10.3 凱恩斯與弗里德曼的貨幣需求理論

10.3.1 凱恩斯的貨幣需求理論

在 1936 年出版的著名的《就業、利息和貨幣通論》（簡稱《通論》）一書中，凱恩斯放棄了古典學派將貨幣流通速度視為常量的觀點，發展了一種強調利率重要性的貨幣需求理論。凱恩斯對貨幣需求的分析是從分析人們的持幣動機開始的。凱恩斯認為，人們之所以需要持有貨幣，是因為存在流動性偏好這種普遍的心理傾向。所謂流動性偏好，是指人們在心理上偏好流動性，即願意持有流動性最強的貨幣而不願意持有其他缺乏流動性資產的慾望。這種慾望構成了對貨幣的需求。因此，凱恩斯的貨幣需求理論又被稱為流動性偏好理論。其理論的要點如下：

(1) 貨幣需求是指特定時期公眾能夠而且願意持有的貨幣量。人們之所以需要持有貨幣，是因為人們對流動性的偏好。

(2) 人們對貨幣的需求是基於三種動機，即交易動機、預防動機和投機動機。

①交易動機是指為進行日常交易而產生的持有貨幣的慾望。交易動機的強度取決於收入的大小和收入間隔時間的長短。凱恩斯又將交易動機分為所得動機和業務動機。所得動機主要對個人而言，因為個人的收入是定期取得的，但花費是經常進行的，為了應付日常開支的需要，在收入與支出之間一段時差內需要保持一定數量的貨幣。業務動機主要對企業而言，企業為了應付在收支時差中業務開支的需要，需保持一定數量的隨時可用的貨幣。基於交易動機而產生的貨幣需求稱為貨幣的交易需求。

②預防動機是指人們為了應付不時之需而持有貨幣的動機。凱恩斯認為，出於交易動機而在手中保持的貨幣，其支出的時間、金額和用途可以事先確定。但生活中經常會出現一些未曾預料到的、不確定的支出和購物機會，為此，人們也需要保持一定量的貨幣在手中。這類貨幣需求稱為貨幣的預防需求。

③投機動機是指人們根據對市場利率變化的預測，需要持有貨幣以便尋找機會從中獲利的動機。由於利率的變化將造成證券價格的升降，這使得人們有機會在貨幣與證券之間進行選擇。從這一動機產生的貨幣需求稱為貨幣的投機需求。

由於交易性貨幣需求和預防性貨幣需求均產生於貨幣的流通手段職能，所以，凱恩斯將二者合稱為交易性貨幣需求。

(3) 交易性貨幣需求是收入的增函數，即隨著收入水平的增減，為滿足這種需求所持有的實際貨幣數量將隨之而增減。

(4) 投機性貨幣需求是利率的減函數，即利率上升，投機性貨幣需求將下降；利率下降，投機性貨幣需求將上升。

凱恩斯在解釋人們不願意持有債券而寧願選擇貨幣並犧牲利息的理由時，認為問題在於債券未來市場價格的不確定性。然而，人們選擇貨幣將犧牲債券的利息收入，這就是持有貨幣的機會成本。利息越高，機會成本越大，作為資產持有的貨幣量也就越少；反之，則反是。

（5）由此，凱恩斯得出貨幣需求函數公式：

$$\frac{M_d}{P}=f(i, Y) \tag{10.6}$$

上式中，$\frac{M_d}{P}$ 為實際貨幣需求餘額，i 為利率，Y 為實際收入。

凱恩斯的整個經濟理論體系是通過貨幣將利率與投資、就業以及國民收入等實際經濟因素聯繫起來。利率是由貨幣的供應和需求共同決定的，其中貨幣的供應取決於中央銀行，貨幣的需求則取決於人們的流動性偏好。在流動性偏好一定的情況下，中央銀行增加貨幣供應量，則人們會感覺手中持有的貨幣量過多了，因此會增加債券的購買，從而引起債券價格上升、市場利率下降。當市場利率低於資本邊際收益率的時候，投資將會增加，並通過投資乘數的作用，增加有效需求，使就業與國民收入成倍增長。

但是，凱恩斯也指出，通過變動貨幣供應而控製利率的做法在產業週期的特殊階段也是無效的。他說：「當利率降至某種水準時，流動性偏好可能變成幾乎是絕對的。這就是說，當利率降至該水準時，因利息收入太低，故幾乎每人都寧願持有現金，而不願持有債券票據，此時金融當局對利率即無力再加控製。」[1] 如圖 10-1 中曲線 M_D 的虛線部分 AB，

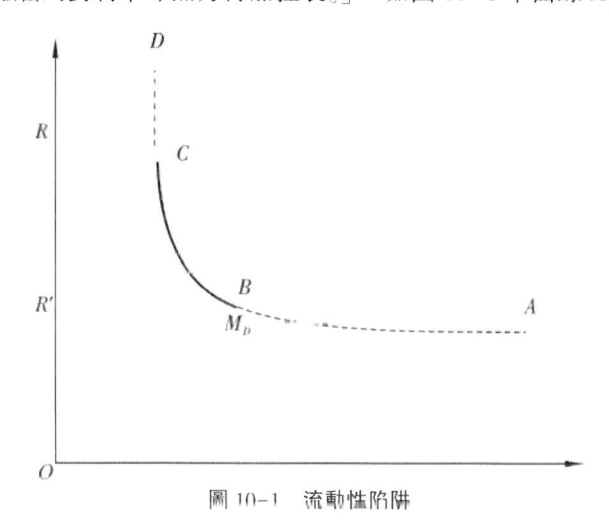

圖 10-1　流動性陷阱

―――――――――――
[1] 凱恩斯．就業、利息和貨幣通論［M］．高鴻業，譯．北京：商務印書館，1983．

當利率降至 R' 時，流動性偏好函數幾乎成為一條水平線，這就是所謂的「流動性陷阱」。它表示當利率降至某一不能再低的水平時，流動性偏好可以無限制地吸納貨幣，流動性偏好成為絕對。之所以產生這種情況，完全可以用貨幣需求的投機動機來解釋。這是因為當利率低至 R' 水平時，人們一致認為利率將迅速上升，此時持有債券會因債券價格下跌而蒙受資本損失，於是在利率為 R' 時，人們普遍要以貨幣形式來持有全部財產，而不以債券形式持有全部財產。貨幣供給的增加並不能使利率降低，因為普遍認為 R' 已經是最低了，預期利率很快就會上漲，因而增加的貨幣存量都被自願儲藏了，貨幣需求成為完全彈性，有如無底洞一般，「流動性陷阱」的名稱即由此而來。

與此相反，當利率高達某一水平時，人們的閒置餘額將盡數投入債券，而使對貨幣的投機需求為零。如圖 10-1 中曲線 M_D 的虛線部分 CD，這就是與「流動性陷阱」相反的所謂「古典區域」。它表示當利率水平高達 R 時，人們普遍預期利率即將下跌，債券價格會上漲，因而持有債券能獲得資本利得。這與古典經濟理論對貨幣需求的研究極為相似——沒有對貨幣的投機需求，「古典區域」的稱謂即由此而來。凱恩斯指出：「因為流動性偏好函數變成了一條直線，以至於利率完全失去了穩定性……人民都要逃避通貨。」與「流動性陷阱」所描述的情形相似，當出現這種極端情況時，金融當局要想通過調節利率來影響貨幣需求也是非常困難的。

凱恩斯得出的貨幣需求不僅與收入有關，而且還與利率有關的結論，與費雪的利率對貨幣需求沒有影響的觀點大相徑庭，但是與劍橋學派的觀點差異則較小，因為後者雖然沒有明確地探討利率對貨幣需求的影響，但並沒有排除利率可能帶來的影響。

通過求解流動性偏好方程式中的貨幣流通速度 PY/M，我們發現，在凱恩斯的貨幣需求理論中，貨幣流通速度並非常量，而是隨著利率變動而波動的一個變量。(10.6) 式可以寫為：

$$\frac{P}{M_d} = \frac{1}{f(i, Y)}$$

在等式兩邊都乘以 Y，用 M 代替 M_d（在貨幣市場均衡時，二者是相等的），得：

$$V = \frac{PY}{M} = \frac{Y}{f(i, Y)}$$

可以看出，由於貨幣需求與利率負相關，因此，當 i 上升時，$f(i, Y)$ 下降，從而貨幣流通速度加快。也就是說，利率上升使人們在既定收入水平上持有較少的貨幣餘額，因此，貨幣的週轉率（貨幣流通速度）必然上升。這一推理過程表明：由於利率波動劇烈，所以貨幣流通速度的波動也很劇烈。

總的來說，凱恩斯的流動性偏好理論是對古典劍橋學派理論的擴展，但在分析人們持有貨幣的動機上，凱恩斯的分析顯然要精細得多。具體地說，凱恩斯假設人們持有貨幣的動機有三種：①交易動機；②預防動機；③投機動機。而且凱恩斯認為交易性貨幣需求與收入正相關，而投機性貨幣需求與利率水平負相關。

凱恩斯貨幣需求模型的重要意義在於：它認為貨幣流通速度並非常量，而與波動劇烈的利率正相關。他的理論反對將貨幣流通速度視為常量的另外一個理由是：人們對正常利

率水平預期的變動將導致貨幣需求的變動，從而使貨幣流通速度也發生變動。這樣，凱恩斯的流動性偏好理論對古典數量論中提出的「名義收入主要是由貨幣數量的變動決定的」觀點提出了質疑。

10.3.2 凱恩斯貨幣需求理論的發展

凱恩斯的《通論》發表以後，在西方經濟學界引起了強烈的反響，被稱為「凱恩斯革命」。其理論流行於西方各國並贏得了眾多的信奉者，形成了所謂的「凱恩斯學派」。這些後來的研究者以凱恩斯《通論》的基本理論體系為基礎，不斷在理論觀點、分析方法和政策主張等方面對凱恩斯的學說進行補充和完善。凱恩斯學派經濟學家對凱恩斯流動性偏好理論的發展是圍繞著三大動機的貨幣需求理論展開的。其中最有代表性的是鮑莫爾、惠倫和托賓。鮑莫爾的存貨模型是對凱恩斯交易性貨幣需求理論的發展，提出交易性貨幣需求不僅是收入的增函數，而且也是利率的減函數；惠倫的最適度預防性貨幣需求模型是對凱恩斯預防性貨幣需求理論的發展，提出預防性貨幣需求是利率的減函數；托賓的資產選擇理論是對凱恩斯投機性貨幣需求理論的發展，在維持投機性貨幣需求與利率呈反向關係的基本結論的前提下，分析了人們在同一時間持有包括貨幣在內的各種不同收益率的金融資產這一客觀情況。

10.3.2.1 交易性貨幣需求理論的發展

在凱恩斯對交易性貨幣需求理論的論述中，雖然也考慮到了利率對交易性貨幣需求可能的影響，稱交易性貨幣需求強度與「取得現款之難易，持有現金之相對成本」有關。但是，凱恩斯並未對此進行深入的研究和闡述。相反，在整個《通論》中，凱恩斯對交易性貨幣需求的研究都僅僅局限在與收入、所得水平的關係上。

凱恩斯之後，很多經濟學家對這一問題進行了深入的研究。美國普林斯頓大學的威廉·鮑莫爾和耶魯大學的詹姆斯·托賓分別獨立地發展了類似的貨幣需求模型。他們研究發現，即使是交易性的貨幣需求，對利率水平也很敏感。

鮑莫爾和托賓的研究是從分析持有貨幣的機會成本和將生利資產轉化為貨幣的交易成本入手。在他們的研究過程中，鮑莫爾和托賓首先將現代管理科學的「最適量存貨控製理論」運用於貨幣需求的研究，他們將為滿足交易動機而持有的貨幣看成與企業為延續生產而保有的存貨一樣，認為存貨的保有要耗費一定的成本，持有滿足交易性動機的貨幣也同樣會發生成本。由於手持貨幣是沒有利息收入的，以現金形式持有交易餘額的成本，也就是放棄持有其他生利資產所獲得的收益，也就是持有貨幣的機會成本。因而，任何經濟主體都會盡量將其所持有的交易餘額降到最少，以降低持有貨幣的機會成本。

假定有一個經濟個體，其每月初獲得 1,000 美元的收入，並在一個月內均勻地將這 1,000 美元花費出去，這樣他的貨幣持有量將如圖 10-2 所示。月初他有 1,000 美元現金，

月末現金餘額為零，則在這一個月裡，他所持有的平均貨幣餘額為 500 美元。[1] 由於其年名義收入為 12,000 美元，平均貨幣餘額為 500 美元，所以貨幣流通速度 ($V = \dfrac{PY}{M}$) 為 12,000美元/500美元＝24（次）。

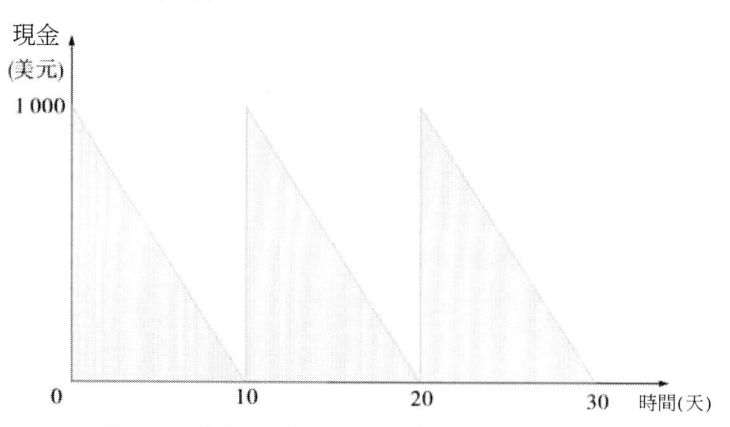

圖 10-2　將全部月收入以現金形式持有時的現金餘額

如果考慮到持有貨幣的機會成本，假定該經濟個體並不把收入全部以貨幣形式持有，而是在月初持有 500 美元現金，併購買 500 美元諸如債券等的收益證券。在月中 500 美元現金花費完畢後，再將 500 美元債券變現以應付後半個月的花費。這樣，他的貨幣持有量將如圖 10-3 所示。在一個月中，其平均現金餘額為 500 美元/2＝250 美元，而貨幣流通速度為 12,000 美元/250 美元＝48（次）。

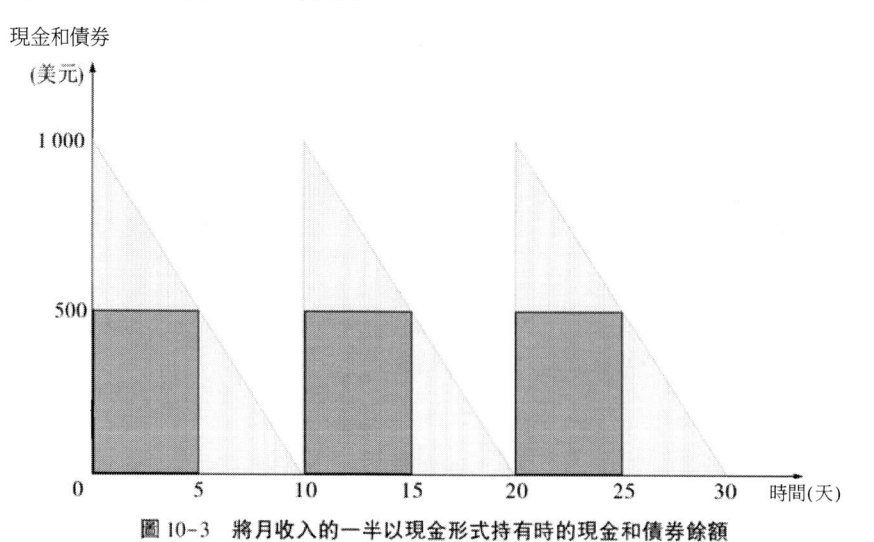

圖 10-3　將月收入的一半以現金形式持有時的現金和債券餘額

① 由於是在一個月中均勻花費掉所有收入,所以如果按 30 天計算,每日花費為 1,000/30 美元,這樣其每日持有的貨幣餘額為一等差數列 1,000,$1,000-\frac{1,000}{30}$,$1,000-\frac{1,000}{30}\times 2$,…,$\frac{1,000}{30}$,0。於是月平均貨幣餘額為 $\frac{1,000+0}{2}=500$ 美元。

在新的選擇中，如果我們假定債券的利率為月息1%，則該經濟個體由於投資債券可以獲得500美元×0.5×1% = 2.5美元的投資收益。

進一步，如果月初他僅僅持有333.33美元的現金，而將剩餘的666.67美元用於購買債券。在第一個10天結束時將333.33美元的債券變現，在第二個10天結束時將剩餘的333.33美元的債券變現以應付日常的花費需求，則其每月可以獲得666.67美元×1/3×1%+333.33美元×1/3×1% = 3.33美元的收益。在這種情況下，他的平均貨幣餘額為333.33美元/2 = 166.67美元，而貨幣流通速度則變為12,000美元/166.67美元 = 72（次）。

沿著這樣的思路，似乎可以得出這樣一個結論：持有的現金越少，投資於債券等生利資產的餘額越多，則獲得的收益也就越多。那麼，是不是將所有的交易餘額在期初全部用於購買生利資產，然後在每一筆交易發生時按其金額逐筆將金融證券再兌換為現金才是最好的選擇呢？

答案是否定的，因為在以上的分析中我們還沒有考慮交易成本這一重要的因素。每一次變現的交易中都將發生各種費用（包括佣金、交易稅、印花稅等外在成本與變現所需的時間與精力等內在成本），而這些費用將直接降低投資的利息收入。每次變現的金額越小，則變現的次數越多，因而花費的費用也就越多，其交易成本也就越大。因此，我們面臨這樣一個選擇：是持有較多的貨幣從而承擔較高的機會成本呢，還是持有較多的債券從而承擔較高的交易成本？這時，一個問題產生了：能否找到一個最佳的貨幣持有量，使得機會成本和交易成本之和最小？

假定某經濟主體在期初將其全部的收入所得 T 以債券的形式持有，每次需要使用現金時取出 C 兌換為現金。假定市場利率為 i，每次買賣債券的交易成本為 b。可得：

收入所得期內套現次數為：$\dfrac{T}{C}$

收入所得期內套現的交易成本為：$\dfrac{bT}{C}$

收入所得期內平均現金餘額為：$\dfrac{C}{2}$

以現金形式持有交易性餘額的機會成本為：$\dfrac{iC}{2}$

設 X 為持有現金的總成本，它包括交易成本和機會成本，則：

$$X = \frac{bT}{C} + \frac{iC}{2} \tag{10.7}$$

於是問題轉化為如何找到一個適當的 C 值，使得 X 的值最小，將（10.7）式對 C 求導，得：

$$\frac{dX}{dC} = -\frac{bT}{C^2} + \frac{i}{2} \tag{10.8}$$

令 $\dfrac{dX}{dC}=0$，求得：

$C=\sqrt{\dfrac{2bT}{i}}$，這就是使總成本最小的 C 值。

又因為在收入所得期內所持有的平均現金餘額為 $\dfrac{C}{2}$，因而交易性貨幣需求的最適量為：

$Md=\dfrac{C}{2}=\dfrac{1}{2}\sqrt{\dfrac{2bT}{i}}$

如果令 $a=\dfrac{1}{2}\sqrt{2b}$，則：

$$Md=aT^{0.5}i^{-0.5} \tag{10.9}$$

這就是著名的「平方根公式」。對這一公式我們可簡要分析如下[①]：

（1）佣金費用 b 的存在是交易性貨幣需求存在的前提條件，如果 $b=0$，則交易性貨幣需求也就等於零，因為債券兌換成現金並不需要花費任何成本，因而完全沒有必要將貨幣保留在手邊，而喪失了投資債券生息的機會。

（2）交易性貨幣需求並不與交易總額（此處等同於總收入）同比例地增長。從（10.9）式可以看出，交易性貨幣需求的收入彈性只有 0.5。也就是說，交易總額增長 1%，對貨幣量的需求只增長 0.5%，貨幣需求的增長將低於交易總額的增長幅度，表明持有現金作為交易目的具有「規模經濟」的效應。

（3）將利率彈性引入交易性貨幣需求，豐富和發展了凱恩斯的貨幣需求理論。「平方根公式」第一次將利率分析引入貨幣的交易需求，明確指出，即使是純粹作為交易工具而持有貨幣，也會蒙受利息機會成本，因而對貨幣的交易需求與利率呈反方向變動。利率越高，手持貨幣的利息機會成本越高，因而決策單位都會自動降低對貨幣的需求，以使其持有貨幣的機會成本降至最低點；反之，利率降低，對貨幣的交易需求會提高。

10.3.2.2 預防性貨幣需求理論的發展

如前所述，凱恩斯認為，人們出於預防動機而產生的貨幣需求與出於交易動機而產生的貨幣需求一樣，其大小主要取決於收入水平，而不受利率變動的影響。在凱恩斯提出這一觀點後，西方經濟學界對其提出了質疑。美國經濟學家惠倫和奧爾等先後發表文章提出了預防性貨幣需求與利率變動有關的觀點，並論證了二者呈負相關的關係。

1966 年，美國經濟學家惠倫（Whalen）發表了一篇名為《現金的預防需求的合理化》的論文，論證了預防動機的貨幣需求與利率是負相關的。

---

① 詳見：陳野華．國外貨幣學說研究［M］．成都：西南財經大學出版社，1992：136-140．

惠倫認為，與交易性貨幣需求以收入和支出為既定的前提條件相反，預防性貨幣需求來自事物的不確定性。人們無法保證他們在某一時期的貨幣收入和貨幣支出與事前預料的完全一致，這就不能排除實際支出超過實際收入，或發生意外情況而臨時需要現金的可能。持有預防性貨幣餘額的本質，是為了防備不確定事項，應付各種意外的支付，因而在某些時候也許就不會加以動用。在這種時候，持有貨幣除了產生利息機會成本外，不可能獲得任何收益。然而，持有的預防性貨幣餘額也許在另外的時候會全部動用，如果這樣，則為持有者贏得了盈利的機會，節約了因未持有現金而必須承擔的交易成本。

惠倫認為，影響最適度預防性貨幣需求的因素主要有三個：一是非流動性成本，二是持有該現金餘額的機會成本，三是收入和支出的平均值及其變化的狀況。非流動性成本是指因低估在某一支付期間內的現金需要而付出的代價，即少持有或不持有預防性貨幣餘額而可能造成的損失，該成本之高甚至是很難估量的；如果人們持有較易轉換成現金的資產（如各種票據），非流動性成本就等於由非現金資產轉換成現金的手續費。惠倫認為，企業和個人不能保證他們能隨時獲得所需要的貸款，故第二種情況應作為理論分析的一般對象。所謂持有預防性現金餘額的機會成本則是指為持有這些現金而需放棄的一定利息收益。以上非流動性成本和持有預防性現金餘額的機會成本構成了持有預防性現金餘額的總成本。

貨幣持有者因此將面臨這樣一個難以兩全的局面：如果他為預防意外而持有較多的貨幣，他就減少了非流動性成本，卻增加了持有預防性現金餘額的機會成本；反之，如果他持有較少的預防性現金餘額，他就減少了持有預防性現金餘額的機會成本，卻增加了非流動性成本。所以，要實現貨幣持有者的利潤最大化目標，就要選擇最適度的預防性現金餘額，以使這兩種成本之和降到最低限度。以下惠倫的公式討論的正是這種情況：

$$C = M \cdot r + P \cdot b \tag{10.10}$$

上式中，r 代表利率，M 代表預防性現金的平均持有額，則持有預防性現金餘額的機會成本就是 $M \cdot r$。b 代表每次將非現金資產轉換成現金的手續費，P 代表一定期間內這種轉換的可能的次數，則預期非流動性成本就為 $P \cdot b$。C 代表的是全部總成本。

惠倫假設，企業和家庭都是風險迴避者，所以，在估計淨支出可能超過預防性現金餘額時，即作最保守的估計，取 $P = S^2/M^2$，其中 S 為淨支出的標準差，代入式（10.10），持有預防性現金餘額的總成本就成了：

$$C = M \cdot r + (S^2/M^2)\, b \tag{10.11}$$

對式（10.11）求 M 的一階導數，並令其為零：

$$\frac{\partial C}{\partial M} = r - \frac{2S^2}{M^3} b = 0 \tag{10.12}$$

從而有：

$$M = \sqrt[3]{\frac{2S^2 b}{r}} \tag{10.13}$$

式（10.13）表明，最適度的預防性現金餘額同淨支出分布的方差 S^2、非流動性的成本 b 正相關，與持有現金餘額的機會成本率 r 負相關。式（10.13）由此證明了前述惠倫關於影響最適預防性現金需求的三個因素的論斷，尤其是證明了預防動機的貨幣需求同樣受利率變動的影響。利率越高，此項貨幣需求越小；利率低，此項貨幣需求越大。預防性現金餘額對利率的彈性為-1/3，預防性現金餘額的需求對收入和支出的彈性為1/3。而在鮑莫爾模型中，現金交易需求的收入彈性和利率彈性分別為 1/2 和-1/2。

惠倫模型的基本結論是：在決定最適度預防性貨幣餘額的過程中，利率起了相當重要的作用。利率的變動會導致預防性貨幣餘額向相反的方向變化。當利率上升時，持有預防性貨幣餘額的機會成本就會提高。於是，持有貨幣的邊際成本就可能超過不持有貨幣的邊際成本，這時，貨幣持有者就會減少他所持有的貨幣，以購買能給他帶來利息收益的金融資產，直到這兩種邊際成本相等為止。這時，兩種機會成本之和最小。當利率下降時，情況則正好相反。可見，預防動機的貨幣需求也同樣是利率的減函數。

根據鮑莫爾模型和惠倫模型，凱恩斯的貨幣需求函數應被修正為：

$$M = L_1(i, Y) + L_2(i) \tag{10.14}$$

並可進一步簡化成：

$$M/P = L(i, Y) \tag{10.15}$$

這也就是凱恩斯學派的貨幣需求函數。它表明，對實際貨幣餘額的需求是由利率和收入兩個因素共同決定的。

10.3.2.3 投機性貨幣需求的發展

在貨幣需求的三種動機中，凱恩斯認為，只有投機性貨幣需求才受利率變動的影響。但這種觀點卻隱含著一個假設，即各人對於自己關於未來利率變化趨勢的預期是確信不疑的，每個人均認為未來利率的高低將如其所預期的那樣。因此，各人將根據他預期利率是上升還是下降來選擇是持有貨幣還是持有債券。當利率較低時，人們預期利率會上升，因此人們將選擇持有貨幣；反之，當利率較高時，人們預期利率會下降，於是人們將選擇持有債券。也就是說，人們只能在貨幣和債券兩種資產之間任擇其一，而不能兩者兼有。顯然，凱恩斯的這種觀點與現實是不相符的。凱恩斯的理論無法解釋在現實經濟生活中投資者既持有債券又持有貨幣的現象。

1958年，美國著名的計量經濟學家、後凱恩斯學派的主要代表詹姆斯·托賓發表了《流動性偏好——對付風險的行為》一文，提出了著名的「資產選擇理論」，用投資者避免風險的行為動機重新解釋流動性偏好理論，開創了資產選擇理論在貨幣理論中的應用的先河。

托賓認為，資產的保存形式不外兩種：貨幣和證券。持有證券可以得到收益，但也要

承擔由於證券價格下跌而受到損失的風險，因此，證券為風險性資產；持有貨幣雖然沒有收益，但不必承擔風險（物價變動的情況除外），故貨幣為安全性資產。一般來說，如果某人將其資產全部投入風險資產，那麼他的預期收益達到最大，與此同時他冒的風險也最大；如果某人的所有資產都以貨幣形式保存在手中，他的預期收益和所要承擔的風險都等於零；如果他將資產分成貨幣和證券各一半，那麼他的預期收益和風險就處於中點。由此可見，風險和收益是同方向變化、同步消長的。若某人的資產構成中只有貨幣而沒有證券，為了獲得收益，他會把一部分貨幣換成證券，因為減少了貨幣在資產中的比例，就帶來了收益的效用。但隨著證券比例的增加，收益的邊際效用遞減而風險的負效用遞增，當新增加證券帶來的收益正效用與風險的負效用之和等於零時，他就會停止將貨幣換成證券的行為。同時，若某人的全部資產都是證券，為了安全，他就會拋出證券而增加貨幣持有額，直到拋出最後一張證券帶來的風險的負效用與收益正效用之和等於零為止。只有這樣，人們得到的總效用才能最大。這就是所謂的資產分散化原則。這一理論說明了在不確定狀態下人們同時持有貨幣和證券的原因。

10.3.3 弗里德曼的貨幣需求理論

1956年，弗里德曼發表了題為《貨幣數量論——一種新的表述》的論文，標誌著貨幣數量論的重新復活。弗里德曼認為，現代貨幣數量論不能像傳統的貨幣數量論那樣，假定充分就業條件下的產量不變，並把貨幣流通速度也作為固定的常數，然後研究貨幣數量同物價的關係。他認為，物價水平或名義收入（貨幣收入）是貨幣需求與貨幣供給共同作用的結果，決定貨幣供應的是貨幣制度，即法律和貨幣當局的政策，而貨幣需求的決定則是貨幣數量論需要研究的問題。這樣，弗里德曼便認為，貨幣數量論並不是關於產量、貨幣收入或物價水平的理論，而是貨幣需求的理論，即貨幣需求由何種因素決定的理論。因此，弗里德曼對貨幣數量論的重新表述就是從貨幣需求入手的。

弗里德曼將貨幣看成是資產（財富）的一種形式，也就是說，貨幣同債券、股票、耐用消費品、房屋及機器等一樣都是資產。因此，人們在考慮如何保有自己的財富時，就要選擇持有的資產是貨幣形式，還是其他形式。這樣，就能夠用消費者的需求和選擇理論來分析人們對貨幣的需求了。

消費選擇理論認為，消費者在選擇消費品時，須考慮三類因素：①收入，這構成預算約束；②商品價格以及替代品和互補品的價格；③消費者的偏好。

影響人們貨幣需求的第一類因素是預算約束，也就是說，個人所能夠持有的貨幣以其總財富量為限。總財富是各種資產形式的總和。由於在實證研究中，很難獲得總財富的估計數，因此，弗里德曼便用收入作為財富的代表。但是，可以表示財富狀況的當期收入又常常增減變動，無一定的規律，不適於代表總財富。為此，弗里德曼又引入了「恆久收入」這一概念，以「恆久收入」作為總財富的代表。所謂「恆久收入」是指過去、現在

和將來的收入的平均數,即長期收入的平均數。

　　同時,弗里德曼注意到在總財富中有人力財富和非人力財富之分。人力財富是指個人獲得收入的能力,非人力財富即物質財富。由於人力財富不能像非人力財富那樣可以隨時在市場上買賣以轉換成收入或其他資產,因此,當人力財富在總財富中所占比例較高時,人們的貨幣需求也會相應增加;反之,貨幣需求將會下降。基於這樣的考慮,弗里德曼便將非人力財富占總財富的比率作為影響人們貨幣需求的一個重要變量。

　　影響貨幣需求的第二類因素是貨幣及其他各種資產的預期收益率,它有些類似於消費理論中的商品與其替代品和互補品之間的價格關係。貨幣能否產生收益,決定於貨幣類型。貨幣的名義收益率可以為零(現金),也可為正(定期存款的利息),或者為負(活期存款的各項費用)。債券和股票的名義收益率則由兩部分構成,一是現期支付的收益,如利息、股息;二是這些資產的名義價格變動所導致的資本利得或資本損失。實物資產的名義收益率是物價水平的變動率,因為物價水平變動,會使得實物資產的名義收益率發生變動。這些資產(除貨幣外)的名義收益率就是人們持有貨幣的機會成本,因此,它們自然也就成為影響人們貨幣需求的主要因素。

　　影響貨幣需求的第三類因素是財富持有者的偏好。此類因素是指人們對於持有貨幣的心理偏好。

　　根據以上的分析,弗里德曼得到的實際貨幣需求函數為:

$$\frac{M}{P} = f(y, \ w; \ r_m, \ r_b, \ r_e; \ \frac{Ldp}{Pdt}; \ u) \tag{10.16}$$

上式中,M 為名義貨幣需求;P 為一般物價水平;M/P 為實際貨幣需求;w 為非人力財富占總財富的比率;r_m 為貨幣的預期名義收益率;r_b 為債券的預期名義收益率;r_e 為股票的預期名義收益率;$\frac{Ldp}{Pdt}$ 為預期物價變動率,即實物資產的預期名義收益率,u 為持幣者的主觀偏好。

　　在提出了如上的貨幣需求函數之後,弗里德曼對式中的各個變量進行了進一步的分析,並進行了一些簡化:

　　(1) 對非人力財富占總財富的比率 w,弗里德曼認為,在一定時期內這是一個相對穩定的值,對收入進而對貨幣需求不可能產生大起大落的影響。

　　(2) u 作為貨幣服務效用的因素,一般說來是相對穩定的,因而貨幣效用不會發生無規則的變化。貨幣提供勞務流量的作用不變,人們對它的嗜好與偏好也就不變。

　　因此,在對貨幣需求函數的分析中可以略去對 w 和 u 的考慮。

　　(3) r_m、r_b、r_e 均受市場利率的影響,可視為市場利率 i 的函數。

　　(4) 對於實物資產收益率對實際貨幣需求的影響,弗里德曼在實證分析後得出的結論是,物價變動只有在變動幅度很大、持續時間很長的情況下才會對實際的貨幣需求產生影

響，而這種情況一般較少出現，因此，也可以忽略 $\dfrac{Ldp}{Pdt}$ 這一因素。

這樣，貨幣需求函數就可以簡化為：

$$\dfrac{M}{P}=f(y,\ i) \tag{10.17}$$

在此基礎上，弗里德曼在對大量經驗數據進行統計計算的過程中，建立了下列迴歸方程式：

$$\dfrac{M}{P}=ay^b\ i^c \tag{10.18}$$

上式中，a、b、c 分別是待定參數。對（10.18）式等號兩端取對數，得：

$$lg\dfrac{M}{P}=lga+blgy+clgi \tag{10.19}$$

弗里德曼在對美國 1892—1960 年歷年的統計資料進行大量研究的基礎上，用最小二乘法計算出：$lga=-3.003$，$b=1.394$，$c=-0.155$。相關係數 0.99。

由這個結果我們可以看出，貨幣需求的收入彈性是+1.394。也就是說，當收入提高 1%時，對貨幣的需求提高 1.394%。對於貨幣需求的收入彈性大於 1 這一點，弗里德曼是這樣解釋的：對貨幣餘額的需求就像人們對奢侈品的需求一樣，它會隨著收入水平的增長而超過此水平的增長。相反，$c=-0.155$ 則表明貨幣需求的利率彈性是相當低的。它表明，就長期而言，貨幣需求的利率彈性較小。當利率提高 1%時，只會引起貨幣需求減少 0.155%。貨幣需求的利率彈性極小這一發現，對現代貨幣數量論具有非常重要的意義。

傳統的貨幣數量論假定，貨幣流通速度是不變的常數。如果把劍橋方程式 $M=KPT$ 作為貨幣需求函數的表達式，則式中 K $\left(K=\dfrac{1}{V}\right)$ 也為固定不變的常數。於是 M 隨 PT 同比例變化。換句話講，人們自願經常保持在手中的平均貨幣量 M 與名義收入或貨幣收入 $Y(Y=PT)$ 同比例變化，人們對貨幣需求的收入彈性等於 1 $[e(Y)=1]$。同時，貨幣流通速度為固定不變的常數，還暗示著這樣的假定：利率對 V 或 K 沒有影響，人們對貨幣的需求唯一決定於收入水平 Y。貨幣需求函數式可以表述為 $M=KPT=KY$，對貨幣需求的利率彈性等於零 $[e(r)=0]$。

凱恩斯的流動性偏好理論假定，影響人們貨幣需求的是兩個因素：收入水平 Y 與利率水平 r，凱恩斯的貨幣需求函數式可以表述為下面的形式：$M=M_1+M_2=L_1(Y)+L_2(r)$。其中的 $L_1(Y)$ 相當於劍橋方程式的 $M=KPT=KY$，即對交易餘額的貨幣需求，其數量隨收入水平而同方向變化，但兩者並非同比例變化，人們對貨幣需求的收入彈性大於零而小於 1 $[0<e(Y)<1]$。式中的另一部分 $L_2(r)$ 表示，對投機餘額的貨幣需求完全取決於市場利率的大小。利率水平的高低及其變化，是影響人們對貨幣的需求的重要因素。也就是說，貨幣需求的利率彈性不為零，

彈性系數的絕對值大於零 $[|e(r)|>0]$。由於利率變動對貨幣需求影響極大，因而貨幣流通速度是極不穩定的。

與上述觀點相反，弗里德曼認為，貨幣數量學說並不需要假定 V 或 K 是固定不變的常數，而只需要強調它們的穩定性。他認為，貨幣需求函數是一個穩定的函數，人們對貨幣的需求同影響這一需求的諸因素之間，存在著一種穩定的函數關係。V 或 K 雖然不是固定不變的常數，但 M 的變化將怎樣引起 V 或 K 的變化，卻是有規律可循的。我們從前面的分析中可以看到：lgi 的係數-0.155 是相當低的，它表明，貨幣需求的利率彈性較小，當利率提高 1% 時，只會引起貨幣需求減少 0.155%，其他的一些研究也證實了這一點。從統計資料中得到的貨幣需求的利率彈性都在 -0.1~-1.0 的範圍之內。貨幣需求的利率彈性很小，說明貨幣需求對利率的變化並不十分敏感，利率對貨幣需求的影響甚微。也就是說，貨幣需求量是穩定的，因而，貨幣流通速度也是非常穩定的。

當然，對貨幣需求函數的穩定性，弗里德曼並不僅僅用「利率彈性極低」來加以證明。他說：「我們盡可能正確地決定貨幣需求函數的特徵，包括其對利率的需求彈性，乃是極其重要的。但是，我們認為，只要甚少有接近於 $-\infty$ 的現象，不論彈性估計值為 0、-0.1、-0.5 或 -2.0，都不至於影響貨幣理論或貨幣政策的『基本問題』。」他還說，貨幣理論與政策上的重要考慮在於，貨幣需要是否能以相當少量的變數的安定函數來表達，以及此項函數是否能以合理的正確度做實證的說明。該函數究竟是包含一個利率還是一組利率，則重要性小得多。這就是說，貨幣需求對於各變量的具體彈性的大小是無關緊要的，關鍵在於各變量變化是否有規律可循，貨幣需求對各變量變化是否能得到確定的估計值。他通過對貨幣需求函數中自變量的逐一分析，得出了一個能以幾個確定的自變量來表達的，具有確定彈性係數的穩定貨幣需求函數。他由此得出結論：貨幣需求函數是極其穩定的。

貨幣需求函數極其穩定的結論，為弗里德曼強調「貨幣最重要」這一重要命題準備了理論前提。

我們知道，凱恩斯的宏觀經濟模型中，直接對產量、就業和國民收入發生作用的是投資。之所以得出這樣的結論，是因為在凱恩斯的貨幣需求模型中，財富形式僅包括貨幣與債券，因而利率的變化就起著極其重要的作用。貨幣需求的利率彈性極大，意味著 V 或 K 對利率的變動極為敏感，因而 V 或 K 是極不穩定的。這樣，當利率提高，減少人們對貨幣的需求從而引起 V 提高時，名義國民收入的增加就不一定總是來自於貨幣供應量的增加。事實上，由於凱恩斯假設價格剛性，因此，貨幣數量的變動只有通過利率的變動從而改變利率與資本邊際效率的對比，最後作用於投資，才能對經濟有所影響。

與此相反，由於弗里德曼非常重視名義數量與實際貨幣數量的區別，因而把貨幣供應量的變動看成是影響名義國民收入的重要因素。較之凱恩斯，弗里德曼更明顯地將財富作為影響人們對貨幣的需求的重要因素，而且將財富的形式擴大到包括所謂「人力資本」

「物質資本」等，強調所謂「恆久收入」對貨幣需求的影響。特別應該指出的是，弗里德曼把儲藏財富的形式在貨幣與多種形式間進行抉擇，就可以假定，由債券的價格反應出來的利率對人們的貨幣需求的影響是很小的。因為債券價格的變動所引起的對貨幣需求的變動，僅僅是影響貨幣需求的眾多因素之一，而不是如凱恩斯流動性偏好理論所假定的那樣，是非常重要的因素，因而經常變動利率並不一定導致 V 的較大變動。從弗里德曼對美國貨幣史的分析資料可以證明，貨幣需求的利率彈性僅為-0.155%，利率對 K 進而對 V 的影響是很小的。這就能夠在理論分析上把貨幣供應量的變化同 PT 的變化直接聯繫起來，從而得出貨幣主義的核心論點：「貨幣最重要」，貨幣供應量的變化是名義國民收入和一切經濟活動的最根本的決定因素。

當然，說利率對 K 或 V 的影響很小，並不是說 K 與利率完全無關。1970年，弗里德曼在他的《貨幣分析的理論結構》一文中指出：「我們被誤認為主張與利率完全無關。在這種情況下，M 的變動完全不必通過 K 的變動來反應，而且如果將 P 作為通常情況下的已知數，那麼全部影響將作用在 Y 上。這就是對我們提出的『貨幣數量決定經濟活動水平』的主張加以批評的主要根源所在。這些批評者說，我們不僅認為貨幣很重要，而且認為貨幣是全部的關鍵所在。」弗里德曼並不否認其「貨幣最重要」的主張，但又進一步解釋說，關於貨幣重要性問題的闡述是限定在貨幣對名義國民收入的影響上而言的。即使假定貨幣數量對利率完全不敏感，也還需要將貨幣數量以外的某些因素加入到對國民收入的分析中，以說明貨幣數量的變化有多少在價格水平 P 上表現出來，有多少在實際國民收入 Y 上表現出來。因此，弗里德曼認為，「從長期來看，貨幣數量的變化對實際國民收入的影響是微不足道的」，相反，「對於長期名義國民收入的決定來說，貨幣數量及影響貨幣數量的其他變量是必不可少的關鍵因素」。當然，就短期而言，弗里德曼也承認貨幣「是決定實際國民收入變動的唯一重要因素」。貨幣數量對國民收入的長短期效果不同，是由於它對利率的長短期作用的效用不同而造成的。

從以上的分析可以看出，弗里德曼是為了研究貨幣供給與名義收入之間的關係而分析貨幣需求的。從《貨幣數量論——重新表述》到《美國貨幣史（1867—1960）》再到《貨幣分析的理論結構》，弗里德曼完成了他的名義國民收入的貨幣理論。根據貨幣數量論的基本公式 $M=KPY$，弗里德曼首先通過否定 K 與利率關係敏感，從理論與實證的角度否定了 M 與 K 的直接關係；然後根據他所建立的貨幣理論結構，分析了 M 的變化對 P 與 Y 的不同影響，深入研究了貨幣對收入與支出的影響形式，探討了貨幣—收入關係的動態均衡。因此，就其本身來講，它仍然是 $M=KPY$ 的延伸與發展。而且，根據弗里德曼對 M 與 P、Y 關係的分析，只要 M 與 Y 同步增長，就可以保持物價 P 的長期穩定，於是由非貨幣因素決定的實際國民收入也就會穩定地增長。這樣一來，貨幣又回到交易方程中的簡單交易媒介，對實際產量與相對價格體系並不產生實質性的影響，貨幣對經濟的作用是「中性」的，只要貨幣的供應與經濟同步，經濟就會自發地調節而達到穩定的增長。顯然，這

實質上是哈耶克貨幣中性學說的翻版，也是傳統的貨幣數量論的一般結論。

10.3.4 弗里德曼的貨幣需求理論與古典貨幣數量學說的區別

從弗里德曼的貨幣需求函數可以看出，現代貨幣數量學說與古典貨幣數量學說極其相似。古典貨幣數量學說認為 $MV=PT$ 或 $M=KPT$，如果將 K 或 V 看成由 w、r_m、r_b、r_e、$\frac{Ldp}{Pdt}$、u 等因素共同作用的結果，則弗里德曼的貨幣需求函數與古典貨幣數量學說的貨幣需求函數在形式上十分相似。但是，這並不是說，弗里德曼的貨幣需求理論與古典貨幣數量學說之間不存在理論上的區別。美國經濟學家詹姆斯·赫曼認為，「弗里德曼和貨幣主義的工作成果是劍橋學派貨幣數量論的一種延伸」。

（1）古典貨幣數量學說的貨幣需求函數中的收入為即期收入，而弗里德曼的貨幣需求函數中的收入為恆久收入，並賦予貨幣需求函數以穩定性。

（2）古典貨幣數量學說將 K 或 V 當成制度因素所決定的一個固定的常數，並認為貨幣供給量的變動必然引致物價的同比例變動。而現代貨幣數量論則將流通速度視為穩定的函數，認為貨幣供給量的變動將直接導致國民收入水平的變動；貨幣供給量的變動，在短期內可以表現在產量上，而在長期內必然全部表現在物價水平上，即引起物價同比例的變動。因此，現代貨幣數量論是古典貨幣數量學說的「重新表述」。

10.3.5 凱恩斯學派和貨幣學派貨幣需求理論的比較

凱恩斯學派和貨幣學派在貨幣需求和貨幣政策理論上有著很大的差別。這種差別構成了兩大學派長期爭論的主要內容。

10.3.5.1 貨幣需求量的決定

按照凱恩斯主義的貨幣需求理論，人們持有貨幣的動機可以分為交易動機、預防動機和投機動機；決定交易動機與預防動機的是貨幣收入水平，而決定投機動機的是利率的高低。在短期內，貨幣收入是相當穩定的，因此決定貨幣需求量的主要因素是利率的變化，即人們對貨幣的需求隨利率的升降呈反方向變化。利率的變動是經常的，所以對貨幣的需求量不穩定。貨幣主義則認為，決定貨幣需求量的主要因素是恆久性收入。弗里德曼根據美國 1870—1954 年及 1867—1960 年的統計資料得出結論：利率每增加（或減少）1%，人們的貨幣需求量只減少（或增加）0.15%；而收入每增加（或減少）1%，人們對貨幣的需求量將增加（或減少）1.8%。由此可見，利率對貨幣需求量的影響很小，而恆久性收入對貨幣需求量的影響較大。因為恆久性收入是指人們在長期中的正常收入，這種收入的穩定性，決定了貨幣需求的穩定性。

10.3.5.2 貨幣供給量變化對經濟的影響

貨幣供給量的變動對經濟的影響，包括貨幣供給量變動影響哪些經濟變量以及通過什

麼變量產生這種影響。

　　凱恩斯主義認為貨幣供給量的變動影響國民收入，因為決定國民收入的主要因素是投資，投資的變動通過乘數的作用決定國民收入的變動。決定投資的因素主要是預期的利潤率與利率的差距，兩者的差距越大，資本家越願意投資；反之，資本家就越不願意投資。此外，未來的競爭形勢、技術變革、需求大小、政治情況，甚至資本家的情緒和信心都對投資有影響。貨幣供給量的變化是通過利率的作用來影響投資的，相對於其他眾多變量，貨幣供給量對國民收入的影響只能是間接的、次要的。貨幣主義則認為，在長期中，貨幣供給量的變化不影響國民收入而只影響價格；但在短期中，貨幣供給量的變化既引起價格的變化，也引起國民收入的變化。因為，弗里德曼認為貨幣供給量的增加會導致財富相對價格的變化，在工人存在著「貨幣幻覺」的情況下，生產要素價格的上升將落後於產成品的價格，企業家將擴大生產規模，進而失業減少，國民收入增加。但是工人會從「貨幣幻覺」中醒過來，於是工資的上升使得生產要素的價格和產成品的價格回到原來的水平上，企業家將減少投資，進而失業回升，貨幣供給增加在短期中的產出效應最後都轉化成價格效應。在這個過程中，貨幣供應量是決定國民收入變動的主要因素，所以弗里德曼強調「只有貨幣最重要」。

　　凱恩斯主義認為，貨幣供給量的變動影響國民收入的傳導變量是利率。因為，在利率不變的情況下，貨幣供給量的增加，使得人們實際持有的貨幣超過他們願意持有的數量，他們就會將此超額的貨幣購買政府債券，結果導致債券價格上升和利率下降。利率下降刺激投資增加，通過乘數的作用引起國民收入增加。在貨幣供給量減少時，人們將賣出國債，持有貨幣，利率上升，投資和國民收入減少。貨幣主義則認為，利率變動對貨幣相對於其他資產的預期回報率影響甚微，所以貨幣供給量本身就是影響國民收入的重要環節。他們認為，公眾並不像凱恩斯所說的那樣，只是在貨幣和國債兩者之間進行選擇，而是有更大的財富選擇範圍。也就是說，在貨幣供給量增加時，債券價格上升，利率下降，人們還可以選擇其他形式的資產，因為利率下降，其他有價證券和實物資產（耐用消費品、房屋等）的價格也會變得相對便宜，這就吸引著人們對這些資產進行購買，於是刺激消費和投資，致使國民收入增加。當貨幣供應量減少時，同樣傳導機制的逆向運作，將使國民收入減少。

10.3.5.3　對貨幣政策的選擇

　　凱恩斯主義比較重視財政政策，而相對輕視貨幣政策。貨幣主義者從貨幣的至關重要中，引申出貨幣政策的重要性。凱恩斯主義主張「逆經濟風向」行事的貨幣政策，而貨幣主義則強調規則的貨幣政策。

　　凱恩斯從有效需求不足出發，認為資本主義經濟的運行是不穩定的，所以主張實行國家干預，即通過財政政策與貨幣政策來調節經濟。所謂財政政策，就是通過增加（或減少）政府開支和稅收來刺激（或抑制）總需求。所謂貨幣政策，則是通過調整法定準備

金率、調整貼現率或公開市場操作來影響利率，從而刺激或抑制總需求。在這兩種政策中，凱恩斯主義更加重視財政政策的作用，這不僅因為財政政策是政府當局的主動性行為，而貨幣政策則要通過影響人們的投資消費欲望再影響他們的支出，其方式迂迴，效果較差，更因為在危機時期，人們的貨幣需求趨於無窮大，貨幣供給的增加都可能進入到「流動性陷阱」，從而無法對國民收入產生積極的影響。

貨幣主義者則堅持劍橋的經濟學傳統，認為自發的市場力量可以促使資本主義經濟趨向均衡。儘管貨幣主義者並不完全否認國家的作用，但他們主張依靠自由市場的調節作用，取消國家對經濟活動的人為干預，這就實際上淡化了財政政策的作用，而突出了貨幣政策的效果。但是，他們反對凱恩斯主義「逆經濟風向」行事的貨幣政策，因為他們認為這種政策充其量只能在短期中增加產出，而在長期中只會造成物價水平的上漲，20世紀60~70年代資本主義社會普遍的「滯脹」正是實行這種政策的惡果。不止於此，還因為經濟運行有其固有的週期性傾向，而管理層對經濟形勢的認識、判斷和決策以及政策生效都有一段時滯。這就是說，管理層在經濟過熱時採取的緊縮政策，很可能在蕭條時期才發生作用；而在蕭條時期採取的擴張性政策，則可能在繁榮時期才發生作用，從而不是「熨平」而是擴大了經濟波動的幅度。所以貨幣主義主張採取「規則」的貨幣政策，即不管經濟運行處於什麼狀態，貨幣供給都按預期的經濟增長率和物價上漲率之和增長。這就能給經濟提供一個穩定的金融背景，避免凱恩斯主義財政政策和貨幣政策的擾動，從而抵消經濟體制中由其他原因引起的動盪。

10.4　中國的貨幣需求分析

對貨幣需求問題的研究是貨幣當局制定貨幣政策的主要依據，中國在這一點上與西方所不同的是處於體制變動與轉軌時期，制度變遷是貨幣需求潛在而又重要的解釋變量。這導致人們所能發現並得到普遍認同的與貨幣需求保持長期均衡而又穩定的解釋變量少之又少，貨幣需求函數以及貨幣需求本身可能都是不穩定的。所以，更為重要的不是分析某一特定階段的貨幣需求函數，而是如何發現在體制轉軌、制度變遷中影響貨幣需求的解釋變量本身的變動，進而分析貨幣需求函數遷移的一般趨勢。

10.4.1　計劃經濟體制下的貨幣需求分析

10.4.1.1　體制背景

傳統的計劃經濟體制可概括為兩個方面的特點：一是產品經濟模式。國家集中了社會的絕大部分資源，並通過條塊管理方式下達各種有極強約束力的指令性計劃，以行政手段直接干預經濟，組織生產和分配，國民經濟的運行在很大程度上按產品生產及分配的方式

進行。二是國民經濟的非貨幣化傾向。在上述的產品生產模式下，商品貨幣關係受到人為抑制。由於生產資料非商品，市場被壓縮到只有消費資料這一塊，並且由於相當多的消費品實施計劃供應和限量供應，因此即使在消費品市場上，也只有部分消費品能比較充分地體現等價交換的商品貨幣關係。所以，國民經濟在生產與分配等方面表現出一種比較顯著的非貨幣化傾向，即一種試圖擺脫商品貨幣關係及價值規律的傾向。這體現在：①從生產領域來看，企業進行生產活動所需的生產資料是依據計劃撥付的，它不需要先獲取貨幣，再來購買生產資料。而且企業生產什麼、生產多少也都由計劃決定好了，整個國民經濟就像一個巨大的工廠，任何企業都只是其中的一個車間，所有的生產活動都處於計劃控製之中，企業無論是設立之初還是持續的生產過程中，都不需要貨幣。②從流通領域來看，當時的流通領域分為物資部門和商業部門兩大塊，物資部門依據計劃組織交換、分配，統一調撥生產資料；商業部門對消費資料實行統購包銷，即使是個人的生活消費品也需要憑票供應，光有貨幣還是購買不到的。整個流通領域表現為一種「錢隨物走」的局面。③從資金分配來看，財政集中所有的財力、物力，成為資金分配的主體。為了培育和發展國有經濟，財政獨挑大梁，根據計劃的需要無償分配資金，排斥貨幣關係，而金融則只是起一個補償分配作用，為企業提供季節性、臨時性的流動資金貸款，而且即使是這部分資金，在很大程度上也是按照計劃的安排分配的，並不構成獨立的貨幣供求關係。

國民經濟運行的這種非貨幣化傾向導致：①貨幣職能萎縮。在這種體制下，貨幣作為一般等價物的職能受到嚴格限制，計劃的分配份額比貨幣更重要，交換的手段往往是份額而非貨幣，人們要想擁有貨幣首先需要佔有份額。②銀行職能受約束。總體上「大財政，小銀行」的格局使得銀行在很大程度上成為按計劃分配部分流動資金的國家出納部門。③信用形式單一，金融市場缺位。在這種體制下，商業信用、國家信用、租賃信用等信用形式幾乎不存在（新中國成立初期曾經發行過國債，但不久就停止了），僅存在單一的銀行信用。與這種狀況相關的是，金融市場不存在，沒有證券的發行及流通，利率受管制，不反應資金供求關係，資金供求也沒有利率彈性。總之，整個金融處於一種受抑制狀態，這是國民經濟非貨幣化的主要特徵。因而，國民經濟呈現一種以使用價值（而不是價值）為中心的實物均衡模式。由於縱向的計劃關係完全代替了橫向的信用關係，貨幣也就失去了存在的基礎和意義，從而貨幣需求也在很大程度上被扭曲了。

10.4.1.2 企業的貨幣需求

在計劃經濟體系下，由於國民經濟的非貨幣化傾向，貨幣職能受到壓抑，特別是生產資料的生產與流通是以產品經濟模式進行的，貨幣趨於中性，在很多情況下，並不對國民經濟發生實質性影響。因此，企業對貨幣的需求也是中性的。所謂中性的貨幣需求，不是說企業不需要貨幣，而是說企業所需要的僅僅是一種名義上的或形式上的貨幣，即企業需要貨幣不是因為貨幣是一般價值形態，是生產的第一推動力和持續推動力，更不是因為貨幣可以提供某種效率機制，而僅僅是因為貨幣可以充當記帳的符號。對企業而言，計劃的

份額遠比貨幣更重要。具體可從以下幾個方面分析：

（1）關於企業的經營性貨幣需求。從企業的生產過程看，企業所需的生產資金只能來自於財政撥款和銀行貸款，而這二者都是受到計劃嚴格控製的，其需求不是由企業自主決定的。因此實際影響企業貨幣需求的只是獲得撥（貸）款指標的難易程度。從產品的銷售看，由於實施統購包銷政策，企業只需按照計劃指標生產，產品是不愁銷路的。而且生產資料不進入市場，由物資部門按計劃統一調撥，貨幣顯得無足輕重，只是一種記帳的符號，不發生實質性的貨幣需求。

（2）關於企業的投資性貨幣需求。由於財政實行統收統支的制度，且銀行不承擔固定資產貸款的義務，因此企業並無可投資的自我累積，也無可以融資的渠道，故不存在可供自我選擇及決定投資的資金來源，或者說，企業沒有為自主投資而持有貨幣的能力。但同時，企業卻存在著很高的投資欲望，因為投資純粹是一種對資金的無償佔有，並可因此獲得很多好處，爭取擴大投資就成為所有企業的一種本能的衝動。在這種情況下，決定投資分配及額度的是國家的投資率，是條塊之間以及內部的平衡與協調，而不是企業收益率、利率等市場因素，投資貨幣需求對這些市場變量幾乎沒有彈性。

10.4.1.3 個人的貨幣需求

在傳統的計劃體制下，個人的貨幣需求主要是對現金的需求，即主要是出於交易動機的貨幣需求。這是因為：信用形式單一、金融市場缺乏，除銀行儲蓄以外，不存在可供個人選擇的投資渠道，個人直接投資是被禁止的，所以個人不存在投資性的貨幣需求；國家為職工提供了生、老、病、死的全部保障制度，農村的社會保障則更多地以實物形式存在，出於預防動機的貨幣需求也是很有限的；最根本的是，受經濟發展水平制約，並由於國家採取「高就業，低收入」政策，使得居民個人收入水平長期偏低，在溫飽尚未解決的情況下，個人收入的絕大部分只能用於生活消費品的購買。據資料統計，在1953—1978年期間，中國的居民儲蓄率一直很低，1978年僅為3%。由此可見，當時個人收入的絕大部分是出於交易動機而以現金的形式持有，因此，個人的貨幣需求主要表現為現金需求。

與個人現金需求相對應的僅僅是部分消費品市場，這部分市場的價格名義上是固定的，對貨幣需求的影響不大。但實際中存在大量的「黑市價」，這是真正意義的市場價格，其變動與貨幣需求的關係比較密切。

在計劃體制下考察個人貨幣需求，還有一個重要的現實現象，即強制儲蓄行為。由於體制原因所產生的經常性的供給短缺，個人的消費行為不是完全自主的，很可能出現被迫長期持幣待購的現象，即強制儲蓄。這是一種隱性的通貨膨脹，因為它也是由於名義貨幣量超過實際貨幣需求量引起的，是貨幣供求不平衡的一種表現形式。

10.4.2 轉軌體制下的貨幣需求分析

改革以後體制轉軌的最引人注目的變革是社會產權重組或所有制改革和相應的分配制

度變革。這一社會巨變徹底改變了社會財富、社會資本的結構，也改變了人們的利益關係和社會產品的流轉過程。原有計劃體制中的產品調撥、統購統銷的物流機制被普遍的商品市場的交換機制取代。

伴隨著市場改革的不斷深化、發展的是原先被阻斷的價值形成與實現機制得以恢復，產生於商品生產、商品交換的貨幣職能也重新復歸。貨幣在計劃體制下的職能退化為一種記帳單位，一種幾乎喪失價值、價格內涵的紙制符號，而在向市場體制轉軌過程中，貨幣逐漸凸顯出其價值尺度、交易媒介和價值儲藏功能。

在中國傳統的計劃體制中，貨幣需求基本上是貨幣供給的一個被動的結果，或者說貨幣需求外生於貨幣供給。因為一方面，由內在機制決定貨幣需求的基礎——貨幣職能被窒息；另一方面，貨幣需求主體因之而動的調整貨幣需求的經濟關係、經濟變量被扭曲，例如收入分配、價格、利率等。更為嚴格地講，在計劃體制下，家庭、企業很少（或沒有）形成經濟剩餘，也不是進行獨立決策的經濟單位，從而只能附屬於政府或者國家，銀行則成為國家的出納機構，金融交易活動基本上被禁止。從而，計劃體制下不存在典型的進行資產組合選擇的貨幣需求主體。這一切在市場運行過程中必然被重新安排。

（1）隨著財富累積向居民、企業部門轉移，居民與企業在交易動機不斷強化基礎上依次產生預防、投機性貨幣需求動機，因而也就具備了影響貨幣需求變動的微觀基礎，貨幣需求由外生於貨幣供給漸次轉化為一種內生機制。

在體制轉軌過程中，金融部門的重組、改革也不斷得到強化，商業銀行等金融組織從大一統金融體制中蛻變與分離出來。20世紀80年代以後，中央銀行獨立於商業金融組織，商業銀行一方面成為連接中央銀行（貨幣供給源頭）與生產、消費體系（貨幣需求方）的主要媒介，另一方面與證券、保險等金融機構構成除企業、家庭之外的重要的貨幣需求主體。

（2）國家滿足貨幣需求的渠道發生變化。政府支出規模及其占國民經濟總量的比例在經濟發展中趨於上升，但在分配格局變動中政府赤字也相應增加。除政府支出規模直接影響交易性貨幣需求以外，在新的中央銀行制度約束下，財政赤字不能通過向中央銀行透支來彌補，而主要通過發行債務證券籌資，這必然影響市場資金利率，從而影響貨幣需求的機會成本變量。從另一角度觀察，國家債務形成微觀經濟單位選擇資產組合的一個主要因素，由國家信譽擔保的政府債券的利率成為近似無風險利率，被作為資產組合收益率的一種基本標準。以國家債券作為主要交易工具的公開市場也成為貨幣供給與貨幣需求、財政與金融、中央銀行與金融機構、企業及家庭之間的重要結合部，構成貨幣均衡動態中的重要因素。正因為如此，有學者提出「對於國債的規模可否脫離開財政赤字籌資而有單獨的

政策考慮等問題，均須重新認真研究」①。

（3）中國在體制轉軌過程中對國際市場、國際交換的參與不斷加強，國際借貸、跨國直接投資與證券投資等不同形式的資本流動必然影響貨幣需求（及供給），人民幣境外流通以及不同國家、地區間利率、通貨膨脹率和匯率的差異與變動也誘使貨幣替代的規模與頻率增加，從而導致影響貨幣需求的變量增加，貨幣需求趨於不穩定。

（4）金融市場對內、對外開放的拓展和新金融工具的湧現，使資產選擇空間擴大，貨幣的替代資產增加，傳統的在貨幣資產和消費之間的組合選擇轉向在一種具有不同流動性、風險和收益率的系列資產和消費之間的選擇。體制變遷使價格水平乃至市場利率的波動性增強，貨幣需求的機會成本變量也趨於複雜多變。此外，交易性貨幣需求已不限於商品和實物資產市場，由金融交易產生的貨幣需求呈迅速增長態勢。

（5）除了改革前後兩個時期中國貨幣需求具有不同表現之外，改革以後貨幣需求的決定機制繼續在發生一種循序漸進的變化。對於改革以後的情況，由於20世紀90年代中期中國社會開始由溫飽型向小康型過渡，加之1988年實行全面的價格改革，90年代初以後財政、金融體制和利率市場化改革加快，中央銀行利率調節趨於靈活，股票與國債市場規模擴張，家庭、企業經過80年代和90年代兩輪通貨膨脹和市場疲軟、經濟蕭條的洗禮，預期行為得到強化。因此，20世紀90年代中期前後貨幣需求產生了一些結構性變化。1997年以後持續數年的通貨緊縮進一步使貨幣需求與若干經濟變量的後向關聯增強，即除了當期與滯後解釋變量之外，對變量的預期值也成為貨幣需求的重要影響因素。貨幣需求主體從宏觀經濟運行週期性波動中「邊干邊學」，金融意識和資產選擇行為日趨成熟。

本章小結

1. 貨幣需求與貨幣供給是貨幣理論的兩大基礎。貨幣需求是在一定的時間內，在一定的經濟條件下，整個社會需要用於執行交易媒介、支付手段和價值儲藏的貨幣數量。貨幣需求研究數量如何決定、受到哪些經濟因素的影響以及在此基礎上的貨幣政策抉擇。

2. 傳統的貨幣數量論研究貨幣數量與商品價格之間的關係，並認為在充分就業條件下貨幣需求決定於收入而與其他經濟變量無關。

3. 凱恩斯貨幣需求理論是其總需求管理理論的重要組成部分，在貨幣需求動機中引入投機性動機使凱恩斯的貨幣需求與利率緊密地聯繫在一起。而在隨後的發展中，托賓、惠倫、鮑莫爾等人創造性地發展了這一理論。

---

① 李揚. 國債規模：在財政與金融之間尋求平衡 [M] //李揚、王鬆奇. 中國金融理論前沿（Ⅲ）. 北京：社會科學文獻出版社，2003·232.

4. 弗里德曼貨幣需求理論在更為廣泛的資產領域中研究貨幣需求的決定，並通過實證分析得出貨幣需求極其穩定的結論。這一結論成為貨幣學派的基礎，也成為貨幣學派與凱恩斯學派分歧的源頭。

5. 貨幣需求的研究必須植根於一定的經濟背景中。中國經濟體制的變革，影響了貨幣需求的研究，對這一過程的瞭解將有助於我們更好地理解貨幣需求理論。

思考題

1. 什麼是貨幣需求？什麼是流動性陷阱？
2. 試比較分析交易方程式和劍橋方程式的區別。
3. 凱恩斯貨幣需求理論的主要內容是什麼？
4. 弗里德曼貨幣需求理論的主要內容是什麼？
5. 試比較分析凱恩斯的貨幣需求函數與弗里德曼的貨幣需求函數的區別。

11 貨幣供給

學習目標

在這一章中，我們將討論貨幣供給統計口徑的劃分；存款貨幣創造機制；貨幣供給的決定因素以及中國的貨幣供給。學完本章後，你應當知道：
- 誰控製著貨幣供給；
- 怎麼控製貨幣供給；
- 貨幣供給數量是如何變化的；
- 中國的貨幣供給是怎樣的。

重要術語

貨幣供給量　基礎貨幣　原始存款　派生存款　存款乘數　貨幣乘數　內生變量　外生變量　法定準備率　超額準備率　現金漏損率

貨幣供給是相對於貨幣需求而言的，它包括貨幣供給行為和貨幣供給量兩大內容。貨幣供給行為是指銀行體系通過自己的業務活動向再生產領域提供貨幣的全過程，研究的是貨幣供給的原理和機制。貨幣供給量是指銀行系統在貨幣乘數增減作用下所供應的貨幣量，它研究銀行系統向流通中供應了多少貨幣、貨幣流通與商品流通是否相適應。貨幣供給量指的是貨幣存量，而非貨幣流量。

11.1 貨幣供給統計口徑

隨著貨幣與經濟的關係日益密切，客觀上要求政府對現金的發行以及信用的擴張加以

控製，使貨幣的供給適應經濟發展的需要，避免經濟產生波動和危機。因而，貨幣供應量的概念以及對貨幣供應量層次的劃分也就應運而生。關於貨幣供應量的構成和層次劃分主要是按貨幣資產流動性進行的。

11.1.1 貨幣供給統計口徑的劃分原則

劃分貨幣供給統計口徑的目的，是便於考察各種具有不同流動性的資產對經濟的影響，並選定一組與經濟的變動關係最密切的貨幣資產作為中央銀行控製的重點。因此，各國中央銀行在確定貨幣供給統計口徑時，一般遵循以下三條原則：

（1）流動性的強弱。流動性指轉化為現金的難易程度，也就是變為現實流通手段和支付手段的能力。

（2）與經濟的相關性。劃分貨幣供給口徑的目的在於借此觀察和預測有關經濟情況的變化，所以，在確定貨幣供給口徑時，應力求能與有關經濟變化具有較高的相關性。

（3）不同時期的不同具體情況。在現實情況下，各種貨幣統計口徑不是一成不變的。隨著經濟的發展，金融創新不斷出現，貨幣供給口徑也會隨之變化。

11.1.2 主要國家貨幣供給統計口徑劃分

由於各國金融發展水平不一，金融工具類別種數有差別，在各項構成上即便用同一名稱，其內容也是有差異的。

（1）國際貨幣基金組織（IMF）的貨幣供給統計口徑：

M_0 = 流通於銀行體系之外的現金

$M_1 = M_0$ + 活期存款

$M_2 = M_1$ + 儲蓄存款 + 定期存款 + 政府存款（包括國庫券）

（2）美國的貨幣供給統計口徑：

M_1 = 國庫、聯邦儲備系統和存款機構之外的通貨 + 非銀行發行的旅行支票 + 商業銀行的活期存款（不包括存款機構、美國政府、外國銀行和官方機構在商業銀行的存款）+ 其他各種與商業銀行活期存款性質相近的存款，如 NOW、ATS 等

$M_2 = M_1$ + 存款機構發行的隔夜回購協議和美國銀行在世界上的分支機構向美國居民發行的隔夜歐洲美元 + 貨幣市場存款帳戶（MMDAs）+ 儲蓄和小額定期存款 + 貨幣市場互助基金餘額（MMMFs）等

$M_3 = M_2$ + 大額定期存款 + 長於隔夜的限期回購協議和歐洲美元等

$L = M_3$ + 非銀行公眾持有的儲蓄券 + 短期國庫券 + 商業票據和銀行承兌票據等

（3）英國的貨幣供給統計口徑：

M_0 = 英格蘭銀行發出的鈔票和硬輔幣 + 銀行在英格蘭銀行的儲備存款餘額（無 M_1 項）

M_2 = 私人部門（指非金融業的工商企業和居民）中流通的鈔票和硬輔幣 + 私人部門在

銀行的無息即期存款+私人部門在銀行和建房互助協會中的小額英鎊存款等

M_4 = M_2中前兩項+私人部門在銀行有息即期存款+私人部門在銀行定期存款+私人部門持有的建房互助協會股份及存款等

M_{4c} = M_4+私人部門在銀行和建房互助協會的外幣存款等

M_5 = M_4+私人部門持有的金融債券+國庫券+地方當局存單+納稅存單等

(4) 日本的貨幣層次劃分：

M_1 = 現金+活期存款（現金指銀行券發行額和輔幣之和減去金融機構庫存現金後的餘額；活期存款包括企業活期存款、活期儲蓄存款、通知即付存款、特別存款和納稅準備金存款）

M_2+CD = M_1+準貨幣+可轉讓存單，其中「準貨幣」指活期存款以外的一切公私存款

M_3+CD = M_2+CD+郵政、農協、漁協、信用組合和勞動金庫的存款以及貨幣信託和貸放信託存款

此外還有「廣義流動性」=「M_3+CD」+回購協議債券、金融債券、國家債券、投資信託和外國債券

(5) 中國的貨幣供給統計口徑：

從1994年第三季度起，中國人民銀行正式推出貨幣供給量統計監測指標，並按季向社會公布。中國在2001年第二季度調整M_2統計口徑，把股民保證金存款計入廣義貨幣。中國貨幣供給劃分為以下三個層次：

M_0 = 流通中現金

M_1 = M_0+企業單位活期存款+農村存款+機關、團體、部隊存款+個人持有的信用卡類存款

M_2 = M_1+城鄉居民儲蓄存款+企業存款中具有定期存款性質的存款（單位定期存款和自籌基建存款）+外幣存款+信託類存款+證券公司股民保證金存款

M_1被稱為狹義貨幣，是現實購買力；M_2被稱為廣義貨幣；M_2與M_1之差被稱為準貨幣，是潛在購買力。

這種劃分方法同國外一般的劃分相比，一個重要區別就是把現金單列為一個層次。這是因為中國信用制度還不是很發達，仍實行現金管理制度，現金在狹義貨幣供給量M_1中所占比重超過30%，遠遠高於西方國家，對消費品市場和零售物價的影響很大。

把貨幣劃分為若干不同層次，是為了便於中央銀行在對貨幣流通的調控中選擇重點。比如，貨幣當局在討論控制貨幣供應指標時，既要明確到底控製哪一層次的貨幣以及這個層次的貨幣與其他層次的界限何在，同時還要回答實際可能控製到何等程度。否則，就談不上貨幣政策的制定，即使制定了也難以貫徹。在西方國家，一般選擇M_2作為控製的重點。

11.1.3 金融創新與貨幣層次劃分

20世紀60年代末70年代初，西方金融領域掀起了金融創新的高潮。特別是大量金融

業務創新後，湧現了許多新型帳戶，這些帳戶的出現使傳統貨幣層次劃分出現混亂。例如，ATS、NOW、MMDA等新型帳戶都具有開列支票的功能，類似於活期存款，理應劃入M_1，但這些帳戶餘額又大部分放在投資性儲蓄帳戶上，實際上應屬於M_2。

自動轉帳系統（ATS）是20世紀70年代出現的一種創新，在這種業務中，客戶在銀行開立兩個帳戶：儲蓄帳戶和活期存款帳戶。當客戶開出支票後，銀行自動把必要金額從儲蓄帳戶轉到活期存款帳戶上進行支付。這原本是為了規避對活期存款利息的管制而進行的創新，卻在事實上提高了儲蓄存款的流動性。

可轉讓支付命令（NOW）是儲蓄帳戶，可以付息，同時也可以開出有支票作用的「可轉讓支付命令」，實際上也使儲蓄帳戶具有了支票存款帳戶的性質。

類似的還有大額可轉讓定期存單（CDs）。為了避免利息損失，定期存款一般都是到期支取，而CDs則可在貨幣市場上出售，在規避利息損失的同時，提高了定期存款的流動性。

隨著金融創新的發展，具有良好流動性的新型金融工具不斷湧現，突破了傳統的貨幣概念，貨幣層次的內涵和外延都發生了很大的改變，使按流動性來劃分貨幣層次的方法越來越複雜。各國對貨幣層次的劃分不斷進行修改。英國已有M_0、M_1、M_2、M_3、DCE、PSL_1和PLS_2等八個貨幣供給指標，1970—1984年修改貨幣定義達九次之多。美國在1971—1984年間共修改貨幣定義七次，貨幣供給指標發展到目前的M_1、M_2、M_3、L和Debt五個。儘管做了頻繁修改，但金融創新帶來的難題並未完全解決，如電子貨幣、信用卡等對應的貨幣層次。因此，可以預見，隨著信用制度的不斷發展，以及現代科學技術在銀行的廣泛應用，金融創新會創造出許多新的貨幣資產，貨幣的範圍還將進一步擴大，對貨幣層次的劃分必將繼續深化並不斷進行調整。

11.2 存款貨幣創造機制

在現代經濟中，貨幣主要由銀行體系創造。當商業銀行通過吸收存款發放貸款時，它每吸收一單位的存款就會引起多倍的銀行存款的增加，實現貨幣的創造。因此，要理解貨幣供給機制，必須首先瞭解商業銀行是如何創造存款貨幣的。商業銀行的信貸活動是貨幣供給機制運作的基礎。

11.2.1 商業銀行創造存款貨幣的前提條件

商業銀行是通過吸收存款來發放貸款的，在它的存貸過程中會產生一個存款貨幣創造的過程。但這種創造是有條件的，並受若干因素的制約。一般而言，只有同時具備了部分準備金制度和非現金結算這兩個基本條件，銀行才能創造派生存款。

11.2.1.1 部分準備金制度

部分準備金制度是相對於全額準備金制度而言的。在全額準備金制度下，銀行必須為增加的存款保持100%的現金準備，每增加一元存款就相應增加一元現金。比如某人存入1,000元，銀行存款負債增加1,000元，同時其資產方的現金準備必須等量增加，銀行不能把這筆資金貸放出去，也就沒有多倍的存款創造。但在部分準備金制度下，銀行吸收到存款後，並不需要為此保留等額的現金，而只是按存款的一定比例保留準備金，包括庫存現金和在中央銀行存款，其餘部分就可以發放貸款或投資，並由此形成多倍的存款創造。

11.2.1.2 轉帳結算

轉帳結算是相對於現金結算而言的。轉帳結算是在銀行活期存款基礎上，通過簽發支票使活期存款轉移從而完成貨幣的收付。這種結算方式下的貨幣運動，並不表現為現金形式，而只是將活期存款從一個存款帳戶轉到另一個存款帳戶上，而用於支付的現金仍停留在銀行裡，只是銀行的債權人發生了變化。這一過程對商業銀行來講具有實質性的意義和影響：存款轉移意味著現金不流出銀行，資金來源不減少，是銀行以增記客戶存款方式發放貸款的基礎。如果轉帳結算的雙方不在同一銀行開戶，那麼，轉出方銀行存款的減少，必是轉入方銀行存款的等額增加。

一般而言，商業銀行存款貨幣創造必須同時具備部分準備金制度和轉帳結算這兩個條件。如果僅具備部分準備金制度，而實行現金結算，這時存款不會有多倍創造。因為部分準備金制度只是吸收存款後，能夠運用部分存款提供了可能。如果僅具備轉帳結算，而實行全額準備金制度，也不能創造存款貨幣。因為這時存款在商業銀行體系的轉移必然是等額現金在銀行體系內的轉移，存款總量不會超過銀行吸收到的現金量。

11.2.2 原始存款、派生存款和存款準備金

從商業銀行存款創造的角度看，商業銀行存款的形成有兩種形式：一是原始存款，二是派生存款。所謂原始存款，是指商業銀行吸收的，能增加其準備金的存款。就單家商業銀行而言，原始存款的增加並不僅是現金的流入造成的，也可能是接收其他銀行支票存款所致。然而後者就商業銀行體系來講則只是結構性變化，並不會使整個商業銀行體系的存款準備金總額有任何增加。原始存款是商業銀行進行信用擴張和創造派生存款的基礎。

所謂派生存款，是指商業銀行用轉帳結算方式發放貸款或進行其他資產業務時轉化而來的存款。將存款劃分為原始存款和派生存款，只是從理論上說明兩種存款在銀行經營中的地位和作用不同，事實上，在銀行的存款總額中，是無法區分誰是原始存款、誰是派生存款的。商業銀行的存款準備金以兩種具體形式存在：一是商業銀行持有的應付日常業務所需的庫存現金；二是商業銀行在中央銀行的存款，是商業銀行的資產。

存款準備金、法定準備金、超額準備金之間的數量關係分別是：

存款準備金＝法定準備金＋超額準備金
　　　　　＝庫存現金＋商業銀行在中央銀行的存款
法定準備金＝法定存款準備金率×存款總額
超額準備金＝存款準備金－法定準備金

各商業銀行在中央銀行都有法定存款準備，法定存款準備的多少不是由各商業銀行自行決定的，而是由國家規定的。規定商業銀行在中央銀行的準備金存款占該銀行吸收存款總額的比率，叫法定存款準備金率。在存款總額一定的條件下，法定存款準備金率越高，商業銀行可用於放款的份額就越少；反之，則越多。

11.2.3　存款貨幣的創造與縮減過程

11.2.3.1　存款貨幣的創造

為了說明商業銀行創造存款貨幣的過程，必須首先做如下假設：①銀行只保留法定準備金，其餘資金全部貸放出去，超額準備金為零；②客戶將獲得的貸款，全部以活期存款的形式存入銀行，沒有提現的行為；③設法定準備金率為20%。

假設A銀行收到甲客戶交來一張10,000元的支票，A銀行通過代收這張支票使自己在中央銀行的準備金存款增加10,000元，同時在客戶甲的存款帳戶上增記10,000元。這時A銀行的資產負債狀況如下表11-1所示：

表11-1　　　　　　　　　　　　　A銀行　　　　　　　　　　　　　單位：元

資產		負債	
在中央銀行的準備金存款	10,000	存款	10,000

按照法定存款準備金率20%的要求，A銀行只需持有2,000元的存款準備，其餘的8,000元用於貸款。如果A銀行貸出8,000元給乙客戶，並使A銀行在中央銀行的準備金存款等額減少8,000元。這時A銀行的資產負債狀況如下表11-2所示：

　　　　　　　　　　　　　　　　A銀行　　　　　　　　　　　　　單位：元

資產		負債	
在中央銀行的準備金存款	2,000	存款	10,000
貸款	8,000		

若乙客戶用此8,000元支付丙客戶的購貨款，丙客戶在B銀行開戶，B銀行代收支票使自己在中央銀行的準備金存款增加8,000元；同時增記丙客戶存款8,000元。這時B銀行的資產負債狀況如下表11-3所示：

表 11-3　　　　　　　　　　　　　B 銀行　　　　　　　　　　　　　單位：元

資產		負債	
在中央銀行的準備金存款	8,000	存款	8,000

同樣的道理，B 銀行貸款金額不得超過 6,400 元。如果 B 銀行貸出了這樣的金額，並使其在中央銀行的準備金存款等額減少，則 B 銀行的資產負債狀況如下表 11-4 所示：

表 11-4　　　　　　　　　　　　　B 銀行　　　　　　　　　　　　　單位：元

資產		負債	
在中央銀行的準備金存款 貸款	1,600 6,400	存款	8,000

同樣的道理，C 銀行吸收的存款增加了 6,400 元並相應增加了在中央銀行的準備金存款 6,400 元，那麼這個銀行又有可能擴大貸款 6,400×（1−20%）＝5,120 元，於是有 5,120 元的新的存款貨幣繼續被創造出來。依此類推，銀行 D、E……將會依次吸收存款並相應增加在中央銀行的準備金，從而也就有可能按照準備金率 20% 的約束條件擴大貸款並相應創造出新的存款貨幣。這一過程一直繼續下去，直到最初存入 A 銀行的 10,000 元原始存款全部轉化為法定存款準備金為止，即銀行體系的法定存款準備金總額等於原始存款（這是從增量的角度來說的），這時整個銀行體系沒有了超額準備金，銀行體系也就沒有了存款貨幣創造能力。

新增貸款，從而新增的存款貨幣呈如下遞減級數：

10,000×（1−20%）＝8,000（元）

8,000×（1−20%）＝6,400（元）

6,400×（1−20%）＝5,120（元）

……

新增貸款，從而新增存款的總和為：

8,000＋6,400＋5,120＋……＋0＝40,000（元）

連同最初的 10,000 元存款，存款總額為：

10,000＋40,000＝50,000（元）

或 10,000/20%＝50,000（元）

為了更清楚地看明白所發生的一切，我們將這一過程用下表 11-5 表示出來：

表 11-5　　　　　　　　　　　　存款創造　　　　　　　　　　　　　單位：元

銀行	支票存款增加額	貸款增加額	準備金增加額
A	10,000	8,000	2,000

表11-5(續)

銀行	支票存款增加額	貸款增加額	準備金增加額
B	8,000	6,400	1,600
C	6,400	5,120	1,280
D	5,120	4,096	1,024
E	4,096	3,276.8	819.2
⋮	⋮	⋮	⋮
合計	50,000	40,000	10,000

這裡有兩點需要說明：

(1) 例子是按 A、B、C……的順序依次說明存貸、貸存和存款貨幣創造的過程的，但現實中的這個過程是在銀行交互聯繫的過程中發生的。銀行 A 的客戶可用支票向銀行 B 的客戶結清債務，銀行 B 的客戶可用支票向銀行 C 的客戶結清債務，如此依次進行；同樣，銀行 B 的客戶也有可能用支票不是向銀行 C 的客戶而是向銀行 A 的客戶結清債務，銀行 C 的客戶用支票不是向新的一家銀行結清債務而是向銀行 A 的客戶或向銀行 B 的客戶結清債務等。但後一種情況的結果與 B 向 C、C 向 D 依次進行的結果並無區別。

(2) 如果銀行 A 的客戶不是如本例所說，向銀行 B 的客戶用支票付款，而是向同一銀行 A 的客戶用支票付款，那麼銀行 A 會增加一筆 8,000 元的存款。而在中央銀行的準備金卻可以一分不動。這時銀行 A 共有兩筆存款 18,000 元，為了至少要在中央銀行保有 3,600 元的準備金存款，從而它現在最大貸款可能為 10,000−3,600＝6,400 元。很清楚，這與上面敘述的銀行 B 有 6,400 元貸款的最大可能完全一樣。換言之，發生在銀行 A 和 B 之間的過程變成發生在銀行 A 自身內部的過程，也不會使結果有任何改變。

根據上述過程，可以清楚地區別原始存款和派生存款這對概念。在例子中，銀行 A 吸收的最初的 10,000 元存款是原始存款；在原始存款基礎上通過發放貸款擴大出來的 40,000 元存款是派生存款；或與準備金存款相對應的 10,000 元存款為原始存款，超過準備金存款的 40,000 元存款為派生存款。

如果以 D 表示存款總額，以 $\triangle D$ 表示經過派生的存款變動額，以 $\triangle R$ 代表原始存款的變動額，r_d 代表法定存款準備金率，則存在以下關係：

$D = \triangle D + \triangle R$

$D = \triangle R \cdot 1/r_d$，即 $D/\triangle R = 1/r_d$

究竟怎樣的存款才能被稱為原始存款呢？在這個例子中假設的是銀行 A 所吸收的 10,000 元存款。問題是銀行 B 吸收的 8,000 元存款，或銀行 C 吸收的 6,400 元存款等不是也可以設定為原始存款嗎？完全可以，由銀行 B 或由銀行 C 等開始的存款貨幣創造過程，

其性質相同，其數量關係也同樣符合上述規律。問題還在於，銀行 A 所吸收的存款，是否也如銀行 B、C……所吸收的存款一樣，是在它以前已經開始了的存款派生過程中的一個環節呢？完全有這樣的可能。那麼，初始點到底在什麼地方？用微觀分析方法剖析存款貨幣創造的機制，選定任何一點都是成立的。就這個意義說，原始存款與派生存款的含義是相對的。但要從總體上找出初始點，就必須換一個角度。

在這個例子中，有一個方面極其重要，那就是無論各個銀行的存貸、貸存多麼頻繁，無論銀行之間通過中央銀行進行的結算多麼錯綜複雜，各銀行在中央銀行的準備金存款總額卻始終絲毫未變——10,000 元。如果假定存款準備金總額是 20,000 元，設定的存款準備金率20%不變，按照存款創造的規律，可以推出其最終的存款總額，其最大可能是 100,000 元；如果假定準備金存款是 5,000 元，也可推出其最終存款總額，其最大可能是 25,000 元。所以要從商業銀行系統這個整體來考察存款貨幣創造的初始點，那就在於它們準備金存款的增減變化。

銀行存款貨幣創造機制所決定的存款總額，其最大擴張倍數稱為派生倍數或存款乘數。一般來說，它是法定準備金率的倒數。存款擴張的這一原理，也稱為存款乘數原理。若以 K 表示存款總額變動對原始存款的倍數，則可得：

$$K = D/\triangle R = 1/r_d$$

例子中存款的擴張倍數是 5 倍（1/20%）。若 r_d 降為 10%，則存款可擴至 10 倍；若 r_d 升至 25%，則存款只可擴張 4 倍。這說明法定準備金率越高，存款擴張倍數越小；法定準備金率越低，存款擴張倍數越大。

為說明存款派生原理，上面的例子假設了客戶將一切收入都存入銀行系統且不提取現金以及銀行只需按規定保留法定準備金而將超額準備金全部貸出這樣兩個基本前提條件。但現實生活中，整個商業銀行體系所能創造的存款貨幣還要取決於兩個因素：一是客觀經濟過程對貨幣的需求，它要求銀行體系必須適度地創造貨幣；二是商業銀行在存款創造的過程中，不僅要受法定準備金率高低的制約，而且還要受現金漏損率、超額準備金率、定期存款準備金率等因素的影響。

（1）現金漏損率（c）對存款貨幣創造的限制。總會有客戶從銀行提取或多或少的現金，從而使一部分現金流出銀行系統，出現所謂的現金漏損。現金漏損與存款總額之比稱為現金漏損率，也稱提現率。顯然，當出現現金漏損時，銀行系統的存款準備金會減少，也即銀行由吸收存款而擴大貸款的資金會相應減少，由此也就減少了銀行創造派生存款的能力。其推理過程是：

$$D = \Delta R + \Delta R(1-r_d-c) + \Delta R(1-r_d-c)^2 + \cdots + \Delta R(1-r_d-c)^n$$

當 $n \to \infty$ 時，由於 $0 < r_d + c < 1$，則

$$D = \Delta R[1+(1-r_d-c)+(1-r_d-c)^2+\cdots+(1-r_d-c)^n]$$

$$= \Delta R \frac{1}{1-(1-r_d-c)}$$

$$= \frac{\Delta R}{r_d+c}$$

可見，現金漏損率與存款總額成反比關係。

(2) 超額準備金率（e）對存款貨幣創造的限制。銀行並不一定會將超額準備金全部貸出。為安全或應付意外之需，銀行實際持有的存款準備金總是高於法定準備金。顯然，這也相應地降低了銀行創造派生存款的能力。銀行超過法定要求保留的準備金與存款總額的比率，稱為超額準備金率。其推理過程是：

$$D = \Delta R + \Delta R(1-r_d-c-e) + \Delta R(1-r_d-c-e)^2 + \cdots + \Delta R(1-r_d-c-e)^n$$

當 $n \to \infty$ 時，由於 $0 < r_d+c+e < 1$，則

$$D = \frac{\Delta R}{r_d+c+e}$$

很明顯，超額準備金率與存款總額成反比關係。

(3) 定期存款準備金率（r_t）對存款貨幣創造的限制。上面對存款是籠統看待的。存款至少可以大致分為活期存款和定期存款。對於這兩種存款，通常分別規定不同的準備金率。如果把上面的 D 和 r_d 分別視為活期存款和相應的法定準備金率，那麼定期存款中還有 $r_t \cdot D_t/D$ 的部分不能成為創造存款貨幣 D 的基礎。這裡的 r_t 代表定期存款法定準備金率，D_t 代表定期存款總額，D_t/D 是指有多大比例的活期存款轉為定期存款，用 t 來表示。則 $r_t \cdot t$ 所提存的準備金是用於支持定期存款所需要的。這時，儘管它仍然保留在銀行手中，即仍包括在實有準備金中，但它卻不能用於支持活期存款的進一步創造，故這部分對活期存款乘數 k 的影響，便可視為法定準備金率的進一步提高，應在 k 的分母中加進此項。同樣的道理，定期存款準備金率與存款總額成反比關係。則

$$D = \frac{\Delta R}{r_d+c+e+r_t \cdot t}$$

考慮以上三點，可以看出，銀行吸收一筆原始存款能夠派生創造出多少存款，派生倍數大小如何，除了取決於法定存款準備金率的高低以外，還要受到現金漏損率、超額存款準備金率和定期存款準備金率的制約。由此而來，前述的公式可進一步修正為：

$$K = D/\Delta R = 1/(r_d+c+e+r_t \cdot t)$$

以上只是就銀行創造派生存款過程中的基本可測量因素對存款派生倍數影響所做的分析。如果考慮到客戶對貸款的需求要受到經濟發展的制約，那麼並非任何時候銀行都有機會將可能貸出的款項全部貸出。也就是說，銀行能否多貸，不僅取決於銀行行為，還要看企業是否需要貸款。在經濟停滯和預期利潤率下降的情況下，即使銀行願意多貸，企業也

可能不需要貸款，從而可能的派生規模並不一定能夠實現。

一筆存款以及與之對應的準備金存款可以派生出幾倍於初始存款的存款總額，這是過程整體運行的結果；而就其間的每一筆存款和每一筆貸款來考察，都是有實實在在的貨幣金額內容的經濟行為，沒有任何「創造」的意味。任何顧客向銀行存款，如用現金，則存款的增加有等額的現金收入與之對應；如用支票，則通過清算系統用支票收取的款項使銀行在中央銀行的存款準備金等額增加。簡言之，是真正有「錢」存進來，而且是有多少錢存多少款，不能虛報。任何人都知道，顧客無錢是無法存款的，想用較少的錢存較多的款也是幻想。同樣，銀行向顧客貸款，如果是貸款允諾，當然是口頭上的；一旦發生貸款行為，那也必須用「錢」來進行。如果貸款人要求現款，那麼銀行必須把現實的鈔票交給貸款人；如果貸款人用支票付款，那麼銀行必須從中央銀行的準備金存款帳戶上劃出相應的金額。總之，從銀行與顧客的關係上看，任一存款與任一貸款的行為都未「創造」出貨幣。然而總體上看，新的貨幣的的確確被「創造」出來了。問題的關鍵就在於銀行並不需要為其所吸收的存款保持100%的存款準備金。但對各家銀行來說，它們也並不認為自己在通過這種行為創造貨幣。的確它們一分貨幣也未創造，它們的行為只不過是把顧客暫時不用的錢貸出以賺取利息，而同時承擔只要顧客按存款契約所規定的條件用錢就必須及時予以保障的義務。但把各個銀行不認為可以創造出一分貨幣的行為連成一個系統之後，卻發生了質的變化：形成了存款貨幣創造的機制。這正是現代銀行體系的奧妙之處。

11.2.3.2 派生存款的縮減過程

銀行系統派生存款倍數創造原理在相反方向上也適用，即派生存款的縮減也呈倍數縮減過程。

仍用上例中的條件，假設甲客戶動用其在A銀行的活期存款10,000元（提取現金），則A銀行從中央銀行提取相應的現金，A銀行將減少甲客戶的活期存款10,000元，並減少在中央銀行的存款準備10,000元。這時其資產負債狀況如下表11-6所示：

表11-6　　　　　　　　　　A銀行　　　　　　　　　　單位：元

資產		負債	
準備金	-10,000	活期存款	-10,000

在法定準備金率為20%的情況下，A銀行活期存款減少10,000元，則法定準備金減少2,000元。但是A銀行的準備金已經減少10,000元，因而A銀行缺少8,000元準備金。為彌補這一短缺，A銀行必須向乙客戶收回8,000元貸款，並相應地使自己的準備金存款增加8,000元。這時其資產負債狀況如下表11-7所示：

表 11-7　　　　　　　　　　　　A 銀行　　　　　　　　　　　　單位：元

資產		負債	
準備金	-2,000	活期存款	-10,000
貸款	-8,000		

如果 A 銀行向乙客戶收回貸款，收到的是乙客戶交來的由 B 銀行簽發的支票 8,000 元。那麼 B 銀行的準備金和活期存款將同時分別減少 8,000 元。這時其資產負債狀況如表 11-8 所示：

表 11-8　　　　　　　　　　　　B 銀行　　　　　　　　　　　　單位：元

資產		負債	
準備金	-8,000	活期存款	-8,000

同樣，根據 20% 的法定準備金率，B 銀行法定準備金短缺 6,400 元，因而它也要收回自己的貸款，以補足準備金，從而其資產負債狀況變為表 11-9 所示：

表 11-9　　　　　　　　　　　　B 銀行　　　　　　　　　　　　單位：元

資產		負債	
準備金	-1,600	活期存款	-8,000
	-6,400		

顯然，B 銀行收回 6,400 元貸款的結果，也是以減少其他銀行同等數額的活期存款從而減少其準備金為條件的。這一過程將一直進行下去，直到銀行系統的活期存款變化到如下水平：

$(-10,000)+(-8,000)+(-6,400)+(-5,120)+\cdots+0=-50,000$（元）

可見，派生存款的倍數縮減過程與其倍數擴張過程是相同的，其原理一樣，但是方向相反。

11.3　貨幣供給決定因素

現代經濟生活中的貨幣都是由銀行體系創造出來的。上節分析了商業銀行創造存款貨幣的過程，而存款貨幣是貨幣供給量的組成部分，所以這一節需從中央銀行角度考察整個經濟生活中的貨幣供給量是怎樣創造出來的。

11.3.1　基礎貨幣：原始存款的源頭

在上一節的多倍存款創造模型中，找出了存款乘數的計算公式 $K=D/\triangle R$，並且針對

不同的情形分別推導出了相應的存款乘數。從中可以看出，支票存款的變動取決於存款乘數的變動和銀行準備金的變動，因此中央銀行可以通過控製存款乘數和存款準備金來控製貨幣供給量（M_1）中最重要的部分——存款貨幣。但是這一公式有兩個基本的不足：首先，它未包括貨幣供給量中的另一個重要組成部分，即流通中的現金；其次，由於流通中的現金和存款準備金的轉化是很頻繁的，而且取決於公眾的行為，因此中央銀行很難單獨地控製存款準備金的數量，而只能控製流通中的現金和存款準備金的總額。而之所以要研究貨幣的供給過程，一個很重要的目的便是要瞭解並提高中央銀行對貨幣供給的控製能力，因此希望找出貨幣供給同一個比較容易被中央銀行控製的變量之間的聯繫。為此，我們將比較容易被中央銀行控製的流通中的現金與存款準備金之和定義為一個新的變量，即基礎貨幣。

11.3.1.1 基礎貨幣的概念

基礎貨幣或稱高能貨幣、強力貨幣，它是流通中的現金和銀行存款準備金的總和。它是商業銀行創造存款貨幣的源頭和基礎。一般用 M_b 表示基礎貨幣，C 表示流通中的現金，R 表示銀行存款準備金。其公式是：

$$M_b = C + R$$

基礎貨幣直接表現為中央銀行的負債。其中，現金是中央銀行對社會公眾的負債，存款準備金是中央銀行對商業銀行的負債。基礎貨幣的數額占中央銀行負債總額極大比重。

基礎貨幣具有一定的穩定性，不論存款轉化為現金，還是現金轉化為存款，基礎貨幣都不變。這是因為當存款轉化為現金時，銀行要用現有存款準備來支付這筆提款，因此存款準備金減少了，其減少量等於現金的增加量，從而基礎貨幣保持不變。相反，當流通中的一部分現金轉化為存款時，如果銀行不把增加的存款貸放出去，那麼銀行存款準備金就增加了，其增加量等於流通中現金的減少量，從而基礎貨幣不變；如果銀行把增加的存款貸放出去，假定存款的增加量（即現金的減少量）為 $\triangle D$，那麼按照法定準備金率 r_d，銀行要保留金額 $r_d \triangle D$ 作為存款準備金，然後將餘額 $(1-r_d) \triangle D$ 貸放出去，得到這筆貸款的企業把貸款存放在它們的開戶銀行，於是銀行體系存款又多出了 $(1-r_d) \triangle D$，這筆存款在保留準備金 $r_d (1-r_d) \triangle D$ 後，其餘額 $(1-r_d)_2 \triangle D$ 又被銀行貸放出去，這樣不斷進行下去，銀行存款準備金的增加量便為：

$$r_d \Delta D + r_d(1-r_d)\Delta D + r_d(1-r_d)^2 \Delta D + \cdots = \sum_{n=0}^{\infty} r_d(1-r_d)^n \Delta D = \Delta D$$

可見，銀行準備金增加量還是等於現金減少量。總之，當現金轉化為存款時，不論銀行是否將存款貸放出去，銀行準備金的增加量都等於流通中現金的減少量，從而基礎貨幣不變。

流通中的現金與銀行體系的存款準備金都與公眾的個人意願有關，具有較大的隨意變化性，不易於控製。但二者之和，即基礎貨幣，卻具有穩定性。正是由於這種穩定性，中

央銀行在控製貨幣供給方面把重點放在了基礎貨幣的控製上。

11.3.1.2　影響基礎貨幣變動的因素

基礎貨幣直接表現為中央銀行的負債。從中央銀行資產負債表可以看出，作為負債的基礎貨幣是與各項資產業務相對應的，而且中央銀行資產業務操作可以使基礎貨幣數量發生變化。

（1）中央銀行對商業銀行的債權規模與基礎貨幣量。中央銀行對商業銀行提供信用支持，主要是以票據再貼現和放款兩種資產業務形式進行的。前者是商業銀行把自己貼現的票據送到中央銀行要求貼現，結果是商業銀行所持有的中央銀行負債即存款準備金增加。後者則是中央銀行與商業銀行之間在協商好貸款的數額、期限和利率等條件後，直接在商業銀行的存款準備金帳戶上加記相應的貨幣金額。因此，中央銀行對商業銀行擴展上述兩種資產業務，就是基礎貨幣的等量增加；反之，如果縮減對商業銀行的信用支持，比如收回貸款，則商業銀行的準備金相應減少，即基礎貨幣相應減少。

（2）中央銀行對財政的債權規模與基礎貨幣量。中央銀行以向財政貸款或購買財政債券的形式構成對財政的債權，因此而增加的財政金庫存款是要支用的。一旦支用，就會形成商業銀行存款的增加，從而也使商業銀行在中央銀行的準備金存款相應增加，即基礎貨幣增加。

（3）外匯、黃金占款規模與基礎貨幣量。由外匯、黃金等構成的儲備資產，是中央銀行通過注入基礎貨幣來收購的。如果注入的貨幣用於直接向企業或居民收購外匯、黃金，或會使企業或居民在商業銀行的存款增加從而商業銀行所持有的中央銀行負債即存款準備金增加，或會使現金投放增加。無論哪種情況，都是基礎貨幣的增加。如果中央銀行是向商業銀行收購外匯、黃金，則會直接引起商業銀行的存款準備金增加，從而基礎貨幣增加。

11.3.1.3　基礎貨幣與商業銀行的貨幣創造

從前面商業銀行創造存款貨幣的過程可以看到，就單個商業銀行而言，它的受信業務先於它的授信業務。商業銀行創造存款貨幣的能力雖直接受制於法定存款準備金率、超額存款準備金率、現金漏損率等因素，但首要的是視其在受信中所能獲得的原始存款的數量。而這些原始存款正是來源於中央銀行創造和提供的基礎貨幣：中央銀行把現金投入流通，公眾用現金向銀行存款，其結果就是增加商業銀行的準備金，這也就相當於增加了商業銀行的原始存款。如果流通中非銀行部門及居民的現金持有量不變，只要中央銀行不增加基礎貨幣的供給量，商業銀行便難以增加準備金，從而也無從反覆去擴大貸款和創造存款。如果中央銀行縮減或收回對商業銀行等機構的信用支持，從而減少基礎貨幣的供給，則必然引起商業銀行準備金持有量的減少，並必將導致商業銀行體系對貸款規模乃至存款規模的多倍收縮。所以，基礎貨幣及其量的增減變化直接決定著商業銀行準備金的增減，從而決定著商業銀行創造存款貨幣的能力。

概括地說，中央銀行提供的基礎貨幣與商業銀行創造存款貨幣的能力的關係，實際上

是一種源與流的關係。中央銀行雖然不對一般企事業單位貸款，從而不能由此派生存款，卻掌握著商業銀行創造存款貨幣的源頭——基礎貨幣的創造與提供；商業銀行作為直接貨幣供給者，其創造存款貨幣的存貸活動，從而能提供的貨幣數量，均建立在基礎貨幣這個基礎之上。當經濟中原有的基礎貨幣已最大限度地為商業銀行所利用，並創造出多倍存款貨幣，卻仍然不能滿足經濟發展的需要時，唯一的出路是靠中央銀行創造、補足基礎貨幣。實際上，隨著社會擴大再生產的不斷發展，新的基礎貨幣不斷被中央銀行創造出來，又經商業銀行體系不斷創造出滿足經濟需要的貨幣供給量。

11.3.2 貨幣乘數：基礎貨幣擴張的倍數

11.3.2.1 貨幣乘數的概念

作為貨幣供給之源的基礎貨幣，可以引出數倍於自身的貨幣供給量。貨幣供給量之所以數倍於基礎貨幣，是由於商業銀行信用擴張或派生存款的緣故。

貨幣乘數即基礎貨幣擴張或收縮的倍數，是貨幣供給量與基礎貨幣之比，它表明每1元基礎貨幣變動所能引起的貨幣供給量的變動。用 m 表示貨幣乘數，M_s 表示貨幣供給，M_b 表示基礎貨幣，其公式是：

$$m = (C+D)/(C+R) = M_s/M_b$$

上述表達式是非常有意義的，它將人們對貨幣供給的分析過程分解為對基礎貨幣和貨幣乘數的分析。

基礎貨幣由現金 C 和存款準備金 R 兩者構成。貨幣供給量由現金 C 和存款貨幣 D 兩者構成。因此，基礎貨幣與貨幣供給量的關係可用下圖 11-1 表示。

基礎貨幣 $M_b = C+R$

貨幣供給量 $M_1 = C+D$

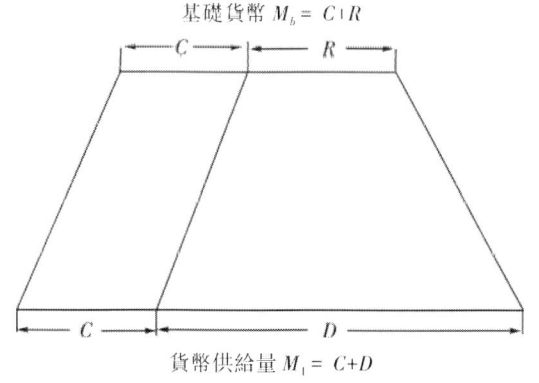

圖 11-1 貨幣供給量的構成

觀察圖 11-1，可以看出現金既是基礎貨幣的組成部分，又是貨幣供給量的組成部分。雖然現金在創造存款貨幣的過程中起著不可或缺的作用，但是在整個貨幣供給的過程中，現金的數量並沒有變化，中央銀行發行多少，流通中就只能是多少。影響基礎貨幣和貨幣

供給量兩個變量之間發生數量變化的是存款貨幣 D，引起存款貨幣 D 倍數增加的是貨幣乘數。顯然，貨幣乘數大於 1，而且存款貨幣佔貨幣供給量的比例越大，貨幣乘數也越大。之所以會如此，是因為 1 元現金就是 1 元基礎貨幣，而 1 元的存款貨幣只需要相當於準備率的基礎貨幣。如法定存款準備率為 20%，則 1 元存款貨幣只需 2 角的基礎貨幣。換言之，這時 1 元的準備金可支持 5 元的貨幣供給量。

11.3.2.2　M_1、M_2 層次貨幣乘數的推導

前面討論存款貨幣創造在量上的限制因素時，對各種情況下的存款乘數 K 還只是以活期存款為範圍來考察的，因而它只可稱為活期存款乘數。但是，討論存款乘數的主要原因是為了便於計算貨幣乘數。

貨幣與存款是兩個不同含義的概念，貨幣既包括存款又包括現金，而存款又可分為活期存款、定期存款等。因此要考察貨幣乘數，則至少應該考察 M_1 和 M_2 這樣兩個層次。

1. M_1 層次的貨幣乘數

因為 $M_b = C+R$，$M_1 = C+D$，

所以 $m_1 = M_1/M_b = (C+D)/(C+R) = (C+D)/(C+R_d+R_t+R_e)$。

如果把這個式子中分子、分母的各項均除以 D，則成為：

$$m_1 = \frac{(C+D)/D}{(C+R_d+R_t+R_e)/D} = \frac{c+1}{c+r_d+r_t \cdot t+e}$$

2. M_2 層次的貨幣乘數

因為 $M_2 = M_1+D_t = C+D+D_t$，

則有 $m_2 = M_2/M_b = (C+D+D_t)/(C+R) = (C+D+D_t)/(C+R_d+R_t+R_e)$。

如果把這個式子中分子、分母的各項均除以 D，則成為：

$$m_2 = \frac{(C+D+D_t)/D}{(C+R_d+R_t+R_e)/D} = \frac{c+1+t}{c+r_d+r_t \cdot t+e}$$

以上說明，不同層次的貨幣流動性不同，貨幣乘數大小有別。那麼，貨幣在不同層次間的轉移，不但改變了貨幣流通結構，而且也改變了貨幣供給量。

11.4　貨幣供給基本模型

綜上所述，貨幣供給的模型為：

$M_s = m \cdot M_b$

可以看出，貨幣供給是由基礎貨幣和貨幣乘數兩大因素決定的，而這兩大因素的本身又受制於其他因素，如下圖 11-2 所示。

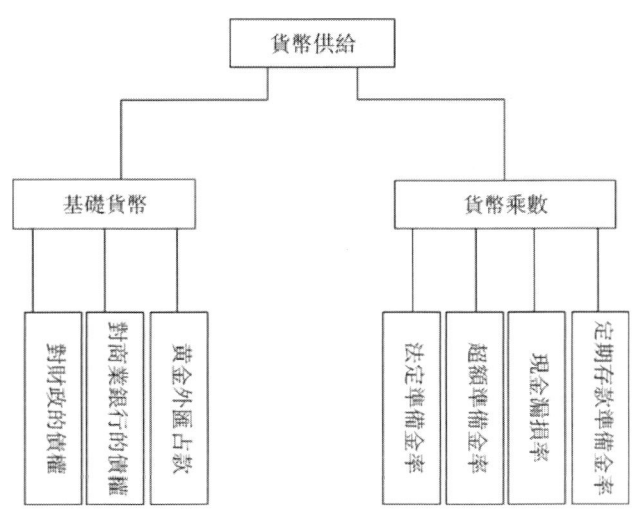

```
                           貨幣供給
                    ┌─────────┴─────────┐
                 基礎貨幣              貨幣乘數
             ┌─────┼─────┐       ┌────┬────┬────┐
            對    對    黃      法   超   現   定
            財    商    金      定   額   金   期
            政    業    外      準   準   漏   存
            的    銀    匯      備   備   損   款
            供    行    占      金   金   率   準
            備    的    款      率   率        備
                  債                            金
                  權                            率
```

圖 11-2　貨幣供給因素

　　從貨幣供給原理來說，貨幣供給量等於基礎貨幣與貨幣乘數之積即 $M_s = m \cdot M_b$。按說，中央銀行對基礎貨幣與貨幣乘數都有相當強的控制能力，但是從貨幣供給量的形成過程來講，它是由中央銀行、商業銀行和社會公眾的行為共同決定的。各方的行為在不同的經濟條件下又受各種特別因素的制約。因此，貨幣供給量並不能由中央銀行絕對加以控制。

　　一般來說，影響貨幣乘數的因素是相當複雜的，但在短期內則比較穩定。它受制於：

　　（1）商業銀行。商業銀行主要通過超額準備金率 e 來影響貨幣乘數，進而對貨幣供給施加影響。因為商業銀行發放貸款去引致存款的前提條件是，該商業銀行必須有超額準備金。對於商業銀行來說，是否保留超額準備金、保留多少，完全取決於其保留超額準備金的機會成本、借入資金的成本以及融通資金的方便程度等。

　　（2）中央銀行。中央銀行對貨幣供給的影響主要有兩條渠道：①通過吞吐基礎貨幣，影響商業銀行的存款準備金（嚴格地說是超額準備金），進而調整、控制商業銀行創造存款貨幣的能力。②通過對法定存款準備金率的規定及調整，影響貨幣乘數，進而對貨幣供給施加影響。其具體手段有：調整法定存款準備金率，強制地改變商業銀行的超額準備金；進行公開市場業務操作，吞吐基礎貨幣；調整再貼現利率和再貸款利率，影響商業銀行的貸款需求。

　　（3）社會公眾。社會公眾包括個人、企業等，他們通過 c、t 來影響貨幣乘數，進而間接影響貨幣供給。社會公眾持有多少現金、多少支票存款、多少定期存款、多少其他資產，直接受制於其資產選擇行為以及人們的消費、投資、儲蓄的欲望和傾向。

　　基礎貨幣 M_b 是中央銀行的負債，是中央銀行的資產業務形成的，理應由中央銀行直

接控製，但事實上並非如此簡單。一國的信貸收支、財政收支、國際收支對貨幣供給量有決定性的影響，具有內生性，由此可以理解為什麼說貨幣供給量並不能完全由中央銀行隨意決定。

11.5　中國的貨幣供給

前面所討論的貨幣供給模型都有一個前提，即在中央銀行與商業銀行分設的二級銀行制度下，以準備金為基礎，通過商業銀行的存款創造，從而最終決定貨幣供給量。中國的銀行體系具有其特殊的地方。長期以來，中國主要用計劃手段和直接調控方法來管理經濟，信貸、貨幣、利率等經濟槓桿在經濟調節中的作用不夠顯著。在相當長的時間裡，中國實行的是單一的銀行體制，全國只有中國人民銀行一家銀行，它不僅從事商業銀行的一切業務，而且從事中央銀行的業務。在這種單一的、沒有規定法定準備金率的銀行體制下，雖能創造派生存款，對貨幣供給起到擴張的作用，但在嚴格的信貸計劃控製下（中國規定基層的信貸指標和全國總貸款指標不得突破），存貸兩條線，多存未必多貸，從而對貨幣供給又產生了限製作用。直到中國實行改革開放以後，1983年9月17日，國務院頒發了《關於中國人民銀行專門行使中央銀行職能的決定》，才建立了中央銀行體制，提出了運用基礎貨幣調控貨幣供給量的調控方式。

總的來說，中國的信貸計劃管理體制經歷了以下階段：

（1）「統存統貸」信貸管理體制下的貨幣供給（1955—1979年）。與當時高度集中的經濟管理體制相適應，實行「大一統」的銀行體制，全國的存貸業務統一由中國人民銀行辦理，中國人民銀行的基層機構吸收的存款全部上交人民銀行總行；而基層銀行機構發放貸款所需資金，由人民銀行總行統一核定最高限額，逐步分解下達。信貸計劃指標額度決定著基層銀行機構的貸款規模，從而決定著貨幣供給的渠道和總量。同時，銀行通過現金管理和存款帳戶管理，也決定或影響著貨幣供給量在現金與存款之間以及各種存款之間的比例關係。在這種體制下，銀行信貸規模只受信貸計劃的制約，不存在存款制約貸款的機制。這種資金管理與分配體制有利於信貸資金的集中使用，但收支兩條線，基層銀行重貸輕存，沒有指標向上要，形成所謂「倒逼」機制，不利於調動基層銀行的積極性。

（2）「存貸差額控製」信貸管理體制下的貨幣供給（1980—1984年）。在這種體制下，由上級行層層核定下級行的存差（存款大於貸款的差額）或貸差（貸款大於存款的差額）指標，在存差指標能完成或貸差指標不突破的前提下，多存可以多貸，這就使貸款的發放額與吸收存款的多少聯繫起來，這樣可以控制貸款的規模。因為在當時的體制下，銀行通過貸款創造存款所需的現金可以不受本身業務的限制而向上級行申請撥入，因此，基層銀行發放貸款的數量若不受計劃指標或存款數量的制約，那麼，它創造存款貨幣的能

力將是無限的。在統存統貸下直接用計劃指標與在存貸差額控制下通過和本身吸收存款的數量掛鈎來約束基層銀行機構的貸款規模的差別在於：前者銀行的貸款規模可以不受本身資金來源的約束，而後者銀行的貸款規模必須受其本身資金來源的約束，這樣就調動了基層銀行機構努力吸收存款的積極性。這種制度的缺點是：如果某基層銀行機構由於多吸收了原始存款（指客戶用現金存入或他行轉入的存款），便可以多發放貸款；但由於貸款可以創造派生存款（通過貸款轉入存款戶形成的存款），只要這種派生存款不因公眾的商品交易而流出本行的存款帳戶，該行又可將這些派生存款作為資金來源增加貸款的發放。這種循環存貸機制若不受其他因素的制約，將會使基層銀行機構的貸款規模無限擴大。由於當時銀行的資產業務幾乎是清一色的貸款，根據信用創造原理，貨幣供給量是銀行貸款創造的，因此，貸款＝現金＋存款，移項得：貸款－存款＝現金。從全國來看，存貸差額實質上就是現金發行量。因此，控制存貸差額也就是控制現金發行與回籠，實行差額控制體制是期望通過控制住差額，達到預期控制貨幣量的目的。這種機制實際上是當時落後的「只有現金才是貨幣」的思想在信貸管理體制上的體現。但是，由於同一差額有多種不同組合，如10億元貸差，既可能是100億元與90億元的差額，也可能是1,000億元與990億元的差額。這表明，控制住差額，並不能完全控制銀行的信貸規模，加上當時對存款派生缺乏規模控制，又不存在存款準備金率等控制手段，最終導致經濟信用創造能力增強，信貸規模失控。

（3）「實貸實存」信貸管理體制下的貨幣供給（1985年~20世紀90年代中期）。在人民銀行單獨行使中央銀行職能後，自1985年起，中國開始實行「統一計劃、劃分資金、實貸實存、相互融通」的信貸資金管理體制。所謂「統一計劃」，就是由人民銀行總行統一編制國家綜合信貸計劃，並核定各專業銀行的信貸資金計劃和向人民銀行的借款計劃；所謂「劃分資金」，是指專業銀行的自有資金和其他各種信貸資金，經人民銀行核定後作為各行的營運資金，自主經營，獨立核算；「實貸實存」是指人民銀行對各專業銀行的資金往來採取實際的資金借貸辦法，各級專業銀行分別在人民銀行開立帳戶，有款才能發放貸款和提取現金，在資金不足時可申請貸款；「相互融通」是指允許各專業銀行互相拆借，以調劑資金餘缺。這種體制的實行，對中國的貨幣供給機制產生了重大的影響。該體制是建立在以人民銀行單獨行使中央銀行職能，各專業銀行獨立核算為基礎上的。它的實行使中國人民銀行的基礎貨幣的供給功能獨立了出來，人民銀行運用再貸款的方式向社會注入高能貨幣。保留了專業銀行存貸掛鈎的做法，使專業銀行的資金運用與負債經營彼此聯繫，吸收了存款，形成了準備金，才有資金可供貸款。在這種基礎上建立起來的存款準備金繳存制度，有利於將專業銀行的存款派生機制置於制約和調控之下。由於基礎貨幣的供給功能獨立出來了，建立起了存款準備金制度，貨幣供給由貨幣乘數與基礎貨幣共同決定的機制才開始形成。

與貨幣供給的一般機制相比較，中國在「實貸實存」的信貸管理體制時期，基礎貨幣

和貨幣乘數分別具有以下特殊內容：在「實貸實存」信貸體制下，人民銀行與專業銀行之間對存款實行分成，財政性存款歸人民銀行支配，非財政性存款由專業銀行掌握。由於財政性存款進入了人民銀行的帳戶，成為中央銀行的一種特殊負債，這種負債的多少對基礎貨幣的供給具有決定性的影響。財政性存款所起的作用與現金和準備金存款所起的作用雷同。財政性存款增加，意味著專業銀行可用於資產業務的超額準備金減少，其所起的作用如同現金流出銀行系統一樣，這將使各專業銀行的信用創造能力受到抑制。反之，如財政性存款減少，則意味著企業存款、儲蓄存款和農村存款增加，其所起的作用與現金流入銀行系統相同，使各專業銀行的信用創造能力得到增強。因此，在「實貸實存」的信貸管理體制下，財政性存款與活期存款之間的比率如同現金漏損率、法定準備金率、超額準備金率一樣，是貨幣乘數的一個重要決定因素。

在「實貸實存」的信貸管理體制下，貨幣乘數的特殊內容還表現為各種信貸計劃指標管理導致的限制性作用。前面在對貨幣乘數的決定機制進行一般考察時，實際上隱含著一個既定的前提：商業銀行的負債經營與資產運用之間可以自由轉化，即商業銀行所支配的存款負債在扣除相應的法定存款準備金後可以自由地用於其資產業務。而在「實貸實存」的管理體制下，這個前提並不存在。雖然專業銀行的資產運用是建立在負債經營基礎上的，但還必須受制於各種信貸計劃指標管理。例如，對固定資金貸款實行指令性的絕對指標管理，專款專用，多存並不能多貸；對流動資金貸款雖然實行存貸掛鈎、多存可以多貸，但多貸的數量有一個最高限額，即不得突破所核定的存貸差額。在各種信貸計劃指標管理措施中，對存款貨幣多倍擴張機制的限制方法是貸款規模指標控製。

1988年，針對出現的通貨膨脹情況，中國銀行開始實行貸款計劃規模和資金雙重控製的辦法。按照這種管理辦法，各級專業銀行都在下達的年度貸款規模計劃內開展業務經營，有規模無資金無法增加貸款，而無規模有資金也同樣不能增加貸款。由於存在貸款計劃規模的限制，導致不少基層專業銀行不能充分運用超額準備金放款，從而使存款貨幣派生機制受到制約。

(4)「比例管理」信貸管理體制下的貨幣供給（20世紀90年代中期至今）。20世紀80年代後期，中國部分地區國有商業銀行和股份制商業銀行開始試行與國際慣例接軌的資產負債比例管理。90年代中期，在全國範圍內全面推行限額管理下的資產負債比例管理制度。在這種信貸管理體制下，一方面中央銀行根據國民經濟發展的需要，向商業銀行下達年度信貸規模指標，然後層層分解到各分支機構；另一方面，在不突破信貸限額指標的條件下，各商業銀行對信貸業務實行比例管理，並接受中央銀行的監督。這些指標主要包括資本充足率、存貸比例等九大類。按「比例管理」要求，各商業銀行在限度內可多存多貸，從而有利於提高各商業銀行吸收存款的積極性，有利於提高信貸資產質量和銀行經營的安全性。由於中國宏觀經濟形勢趨好，中央銀行的調控能力增強，1998年1月1日起，中央銀行取消過去對商業銀行的指令性計劃，實行完全的資產負債比例管理。

自從1994年匯率並軌以來,中國國際收支始終呈經常項目和資本項目雙順差的格局(除1998年以外均為雙順差),使中國外匯供給大於外匯需求,外匯儲備大幅度增加,這就增加了人民幣升值的壓力。為了保持匯率穩定,中央銀行被迫吸納外匯,從而導致了外匯占款迅速上升,外匯占款成為基礎貨幣供應的一個重要來源。到2003年6月末,廣義貨幣M_2餘額20.5萬億元,同比增長20.8%;狹義貨幣M_1餘額7.6萬億元,同比增長20.2%;流通中現金M_0餘額1.7萬億元,同比增長12.3%;上半年現金累計淨回籠321億元,同比少回籠270億元。廣義貨幣M_2和狹義貨幣M_1增速比上年同期高6.1個和7.4個百分點,比經濟(GDP)增長加消費物價(CPI)漲幅之和高12個百分點。貨幣供應量M_2增長已處於1998年以來的最高水平。雖然近年來,公開市場業務已成為人民銀行貨幣政策日常操作的重要工具,正回購和現券賣斷都是公開市場業務回籠基礎貨幣的交易方式,但它們均受中央銀行持有債券資產的限制,中央銀行回籠基礎貨幣的任務十分艱鉅。因此,針對貨幣供應量增長明顯偏快的跡象,中央銀行通過發行中央銀行票據,以對沖基礎貨幣的過快增長。中央銀行票據是中央銀行為調節商業銀行超額準備金而向商業銀行發行的、期限一般在一年以內的短期債券。2003年4月22日,人民銀行開始直接發行中央銀行票據。它由中央銀行發行,而由商業銀行持有,其直接作用是吸收商業銀行的部分流動性。商業銀行流動性包括法定準備金存款和超額準備金存款。法定準備金存款未經特別批准不得動用。商業銀行的超額準備金存款是商業銀行的可貸資金,是商業銀行借以擴張信用的基礎,它是具有乘數效應的基礎貨幣。在中國利率尚未完全市場化的條件下,基礎貨幣首先是商業銀行的超額準備金存款,是中央銀行貨幣政策的操作目標。中央銀行向商業銀行發行中央銀行票據,目的是調節商業銀行超額準備金水平,它是中央銀行調節基礎貨幣的一種新形式。中央銀行向商業銀行發行票據的直接結果,是將商業銀行原存在中央銀行的超額準備金存款,轉換為存在中央銀行的中央銀行票據。這一過程對於商業銀行而言,其資產和負債總量不變,但資產結構發生了變化。這一過程的政策效應,從商業銀行來講,是將原本由商業銀行持有、可以直接用於支付的超額準備金存款,轉變為仍由商業銀行持有卻不能直接用於支付的中央銀行票據,減少了可貸資金量;從中央銀行來講,這種負債結構的變化,總體上減少了基礎貨幣總量,它與提高法定存款準備金率以吸收超額準備金存款的效果是相同的。但與提高法定存款準備金率相比,不同之處在於,當提高法定存款準備金率使超額存款準備金轉變為法定存款準備金後,商業銀行這部分資金既不能用於現金支付,也不能流通;而中央銀行票據雖不能用於現金支付,但可以流通交易,起到了既在總體上吸收商業銀行部分流動性,又在個體上給予商業銀行流動性的作用。由於中央銀行票據在發行規模、發行頻率與操作程序等方面較為靈活,因此發行中央銀行票據是中央銀行實施穩健貨幣政策、靈活調控貨幣供應量的一種有效方式。

本章小結

1. 世界各國中央銀行都有自己的貨幣供給量統計口徑。

2. 存款貨幣的供給過程是一個多倍存款貨幣創造的過程。在現代信用制度下，從整個商業銀行體系來看，中央銀行所供給的基礎貨幣，一旦被商業銀行接受為活期存款，在扣除相應的準備金之後，就會在各家商業銀行之間輾轉使用，最終被放大為多倍的活期存款。

3. 貨幣供給量的決定機制是極為複雜的。貨幣供給量決定於兩大因素，即基礎貨幣和貨幣乘數。影響基礎貨幣變動的因素是：中央銀行對商業銀行的債權規模；中央銀行對財政的債權規模；中央銀行的外匯、黃金佔款規模。貨幣乘數主要決定於法定存款準備金率、現金漏損率、超額存款準備金率、定期存款準備金率等因素。與基礎貨幣不同的是，貨幣乘數並不直接決定於貨幣當局或中央銀行的行為，而在一定程度上主要決定於商業銀行和社會公眾的行為。貨幣供給的內生性也主要表現為貨幣乘數的內生性。

4. 中國的信貸資金管理體制與貨幣供給有著密切的聯繫，中國社會經濟主體的行為對貨幣供給構成影響。

思考題

1. 商業銀行是如何創造存款貨幣的？
2. 影響貨幣乘數的因素是什麼？這些因素是如何影響貨幣乘數的？
3. 如何從存款乘數推導出貨幣乘數？
4. 「貨幣乘數必定大於1」，為什麼？
5. 怎樣理解貨幣供給量是由中央銀行、商業銀行和社會公眾共同決定的？

12 貨幣均衡

學習目標

前面我們分析了貨幣的供給和需求。在這一章中我們將進一步討論貨幣失衡對經濟造成的影響和危害，即研究通貨膨脹和通貨緊縮。通過本章的學習，你應該知道：
- 什麼是通貨膨脹；
- 有哪些類型的通貨膨脹；
- 通貨膨脹有哪些危害；
- 如何治理通貨膨脹；
- 什麼是通貨緊縮；
- 為什麼會出現通貨緊縮；
- 通貨緊縮有什麼危害；
- 如何治理通貨緊縮。

重要術語

消費物價指數　生產物價指數　GDP 平減指數　成本推動型通貨膨脹
需求拉動型通貨膨脹　混合型通貨膨脹　通貨膨脹的分配效應　通貨膨脹的國際傳遞
工資指數化　通貨緊縮的財富效應　通貨緊縮的分配效應

在前兩章的內容中，我們分析了貨幣供給與貨幣需求的決定。所謂貨幣均衡，是指社會的貨幣供應量與客觀經濟對貨幣的需求量基本適應，即貨幣需求等於貨幣供應。貨幣失衡是同貨幣均衡相對應的概念，又稱貨幣供求的非均衡，是指在貨幣流通過程中，貨幣供給偏離貨幣需求，從而使二者之間不相適應的貨幣流通狀態。無論是貨幣供給大於需求，還是貨幣需求大於供給，都是貨幣失衡現象。通貨膨脹與通貨緊縮實際上是貨幣供求失衡

的兩種表現形式。貨幣失衡會通過社會總供求的不平衡表現出來，其典型形式就是價格水平的波動。本節將利用供求分析這一經濟學最基本的分析工具，在總供給—總需求（即AD-AS模型）框架下探討貨幣供給的變化對實際國民收入與價格水平的作用程度。

12.1 總供給與總需求

12.1.1 總供給與總供給曲線

總供給是指一定時期一個國民經濟體所生產並銷售的商品和服務的總量，通常可用實際國內生產總值（實際GDP）表示。總供給決定收入，而收入是貨幣需求函數的決定性自變量。因此，通常認為總供給與貨幣需求量之間有正相關關係。但是，宏觀貨幣需求總量是微觀貨幣需求量的總和，而微觀貨幣需求量除了取決於收入以外，還受其他因素的影響，所以總供給量並不就是等於貨幣總需求量。在宏觀經濟當中有若干變量會對總供給產生影響，其中，最直接、最重要的影響來自於價格水平。總供給曲線即是用來表示在其他條件不變的前提下，一般價格水平與總供給（即總產出）之間關係的曲線。

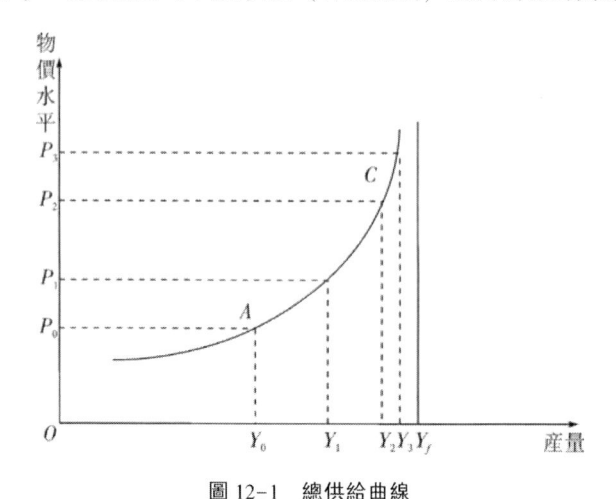

圖12-1 總供給曲線

圖12-1所示的總供給曲線具有典型意義。當經濟未達到充分就業①時，總供給曲線是一條向右上方傾斜的曲線。這表示價格水平的上升將導致總供給的增加。換句話說，為

---

① 這裡所謂的充分就業，是指當失業率為自然失業率時的宏觀經濟狀態。在現實經濟中，由於最低工資法、工會勢力、效率工資理論、尋找工作所需時間等方面原因的存在，始終會存在一個正常的失業率，而不可能達到理想的充分就業狀態。而這種正常的失業率，即為自然失業率。

了增加總供給，就必須提高價格水平。該曲線在低產量水平處相對平坦（或彈性較大），而在高產量水平處相對陡峭（或彈性較小）。理由是：在低產量水平處，例如在 A 點，經濟中存在過剩的生產能力，勞動力和機器設備的利用不足，因此價格水平的略微上升（例如從 P_0 到 P_1）將引起非常大的產量增加（從 Y_0 到 Y_1）。而在高產量水平處，例如在 C 點，勞動力和機器設備已被極大限度地利用，很難再生產出更多的產品。多生產一單位產品的邊際成本非常之大。換句話說，價格水平必須上升很大的幅度（例如從 P_2 到 P_3），才能取得總供給的少量增加（從 Y_2 到 Y_3）。當經濟達到充分就業時，總供給曲線變為一條過 Y_f 點垂直於橫軸的直線。這意味著無論價格如何上升，總供給都不會再增加，因為此時勞動力和機器設備已得到充分利用。Y_f 這一產量通常被稱為充分就業產量或潛在產量。事實上，在短期內，總產出量可以大於 Y_f。例如，在戰爭期間，國家能吸收在正常情況下不工作的人為勞動力，或者不考慮機器的磨損而滿負荷地使用機器等。因此，Y_f 垂線應是在宏觀經濟經過長期充分調整後的總供給曲線，所以該曲線通常被稱為長期總供給曲線。而向右上傾斜的曲線則被稱為短期總供給曲線。

需要指出的是，總供給曲線是在除物價水平和產出量以外的其他宏觀變量既定的條件下繪製出來的曲線。當某些宏觀變量（如經濟資本存量、生產率、自然失業率等）改變時，將會引起總供給曲線移動。當人們對物價水平的預期改變時，將會引起短期總供給曲線的移動。在長期中，預期可以調整，因此這一變量對長期總供給曲線沒有影響。

12.1.2 總需求與總需求曲線

總需求是指在一定時期內，一個國民經濟體在總體上對商品和服務的需求量。它通常由以下四部分組成：①消費需求 C；②投資需求 I；③政府支出 G；④淨出口需求 NX。用 D 代表總需求，則上述關係可表示為：

$$D = C + I + G + NX$$

社會對商品和服務的需求是通過對商品和服務的購買來實現的，而購買又是通過貨幣來實現的。因此，貨幣是總需求的實現手段。事實上，一定時期內的貨幣流通總規模（貨幣供給量與貨幣流通速度的乘積）直接決定著這一時期總需求的大小。在構成總需求的四個變量中，通常假設政府支出是一個固定的政策變量，其他三個變量則取決於經濟狀況特別是物價水平。總需求曲線可以用來表示物價水平和總需求量的關係（見圖12-2）。

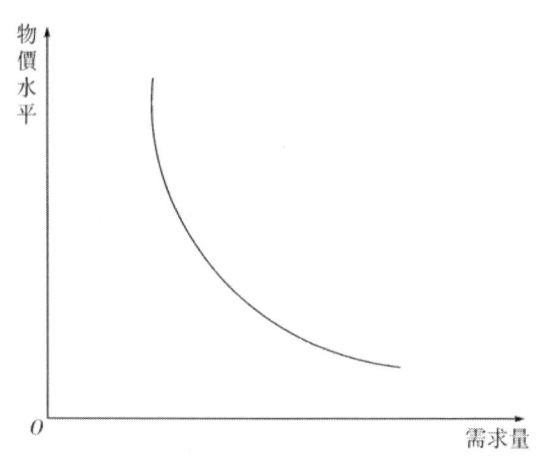

圖 12-2　總需求曲線

圖 12-2 表明，總需求曲線是向右下方傾斜的。這意味著，在其他條件相同的情況下，物價總水平下降會增加商品與服務的需求量。有三個理論可以說明為什麼總需求曲線會向右下方傾斜：

（1）庇古的財富效應理論說明消費需求 C 與物價水平呈負相關關係。庇古指出，物價水平下降使消費者感到更富裕，這又鼓勵他們更多地支出。消費支出增加意味著消費需求增大。

（2）凱恩斯的利率效應理論說明投資需求 I 與物價水平呈負相關關係。凱恩斯指出，較低的物價水平降低了利率，鼓勵了更多的投資，從而增加了投資需求。

（3）蒙代爾—弗萊明匯率效應理論表明淨出口需求 NX 與物價水平呈負相關關係。蒙代爾和弗萊明認為，當一國物價水平下降時，會引起該國利率下降，並進而引起該國實際匯率降低。這將刺激該國的淨出口增加，從而增加淨出口需求。

同樣，總需求曲線也是在假定其他條件不變的情況下繪製出來的。特別需要指出的是，我們對向右下方傾斜的總需求曲線的三個解釋都假設貨幣供給是固定的。也就是說，總需求曲線是在假設經濟中貨幣量固定不變的情況下來考察物價水平的變動如何影響總需求曲線的。而當貨幣量變動時，則會引起總需求曲線整體上向左或向右移動。

12.1.3　總需求與總供給模型

將總需求與總供給曲線繪製到同一坐標系中，即構成總需求與總供給模型。

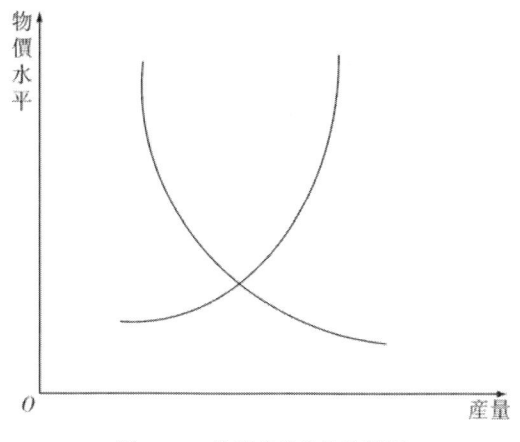

圖 12-3　總需求與總供給模型

在圖 12-3 中，橫軸表示商品與勞務的總產量，縱軸表示物價總水平。總供給曲線和總需求曲線的交點所對應的橫指標為均衡產量，縱指標為均衡物價水平。當總需求曲線和總供給曲線中的一方或雙方由於受到包括政策因素在內的各種因素的影響而發生移動時，物價水平和總產量都會相應變動直至達到新的均衡點。經濟學家用總需求與總供給模型來分析和解釋宏觀經濟的短期波動現象，包括通貨膨脹和通貨緊縮現象。

12.2　通貨膨脹

12.2.1　通貨膨脹的定義

通貨膨脹是一種相當古老的經濟現象。從歷史上看，自從有了不足值的貨幣，通貨膨脹就與人類社會的發展相伴而行，只是時而嚴重時而不嚴重罷了。在最近大半個世紀裡，它已經成了一個世界性的問題，人們對通貨膨脹進行了大量的研究，達成了一些共識，但仍存在很多分歧。即使是對於通貨膨脹的定義這個最基本的問題，在學術界也還沒有完全一致的認識。

目前，對通貨膨脹下定義大多是從其表現出來的現象著手的。在西方，通貨膨脹一般被定義為商品和服務的貨幣價格總水平明顯持續上漲的現象。該定義包含了以下幾個關鍵點：

（1）強調考察對象為「商品和服務」的價格，一般不包括股票、債券等金融資產的價格。

（2）強調考察對象為以貨幣表示的商品、服務的價格，即絕對價格而不是商品、服務

與商品、服務之間的相對價格。

（3）強調考察對象是價格總水平（亦稱一般物價水平）的變動，而不是某類商品或服務價格的波動。

（4）強調通貨膨脹應是價格「明顯持續上漲」的現象。所謂「明顯」上漲，是指物價總水平的上漲須達到一定的量的界限（例如物價指數每年上漲超過1%）才被視為通貨膨脹，未達到這個界限的微小的物價普遍上漲，一般不被視為通貨膨脹。所謂「持續」上漲，是指通貨膨脹應是一個持續一段時間的物價上漲的過程，物價水平偶然或間歇性的上漲則不被視為通貨膨脹。至於價格要上漲多長時間才能被稱為通貨膨脹，對此尚沒有一致意見。有些經濟學家認為至少要3年，有些則認為只需持續1年即可認定為通貨膨脹。除此之外，也有學者試圖從其他角度來定義通貨膨脹。例如：

（1）從通貨膨脹的原因來定義：通貨膨脹是貨幣總存量、貨幣總收入或單位貨幣存量、單位貨幣收入增長過快的表現；通貨膨脹是貨幣所得總額的增長率超過實際國民生產總值的增長率。

（2）直接從量的角度來定義通貨膨脹：通貨膨脹是總需求減去總供給的差值即通貨膨脹等於總需求與總供給的缺口。

在中國，自20世紀90年代之後，經濟理論界逐步摒棄了蘇聯教科書中的一些錯誤觀點而更多地向西方觀點靠攏。但在一些關鍵性問題上，仍然存在不同的觀點。爭論的焦點主要集中在以下幾個方面：

（1）通貨膨脹是否一定表現為物價上漲？考慮到在中國、蘇聯和東歐各國都曾出現過隱蔽性的通貨膨脹，而該種通貨膨脹事實上並不表現為物價的上漲，因此，有一種觀點認為將通貨膨脹定義為「物價總水平持續上漲的現象」是不恰當的。

（2）是否凡是物價總水平上漲的現象都可稱為通貨膨脹？一種觀點認為，物價總水平的上漲可能由不同的因素促成。例如，價格結構的調整變化、商品成本構成的變化、勞動生產率的變動以及人們的心理預期等都可能引起物價總水平的上漲。而這些因素引起的物價上漲都不應被視為通貨膨脹。只有由流通中貨幣過多引起的物價上漲才能被稱為通貨膨脹。因此，並不是所有物價上漲的現象都可被稱為通貨膨脹。另一種觀點認為，通貨膨脹強調的是物價上漲的結果而不是原因，因此凡是物價總水平的上漲均可被視為通貨膨脹。

（3）通貨膨脹是否一定是貨幣供求失衡的結果？這一問題事實上與上一個問題有關。對於上一個問題，持前一種觀點的人認為，通貨膨脹是由流通中貨幣過多引起的，那它自然是貨幣供求失衡的結果。在持後一種觀點的人中，有一部分人認為，既然通貨膨脹可能是由貨幣供給之外的其他因素引起的，那它就不一定是貨幣供求失衡的結果；而另一部分人則認為，不管由何種原因引起的物價上漲，最終都必須要由增加的貨幣供給來支撐，否則就很難持續下去，所以，通貨膨脹歸根到底應是貨幣供求失衡的結果。

12.2.2 通貨膨脹的度量

通貨膨脹的程度是以通貨膨脹率來表示的。通貨膨脹率被定義為價格水平變動的百分比,即:

$$\pi_t = \frac{P_t - P_{t-1}}{P_{t-1}} \times 100$$

上式中,π_t 表示第 t 期的通貨膨脹率;P_t 表示第 t 期的價格水平;P_{t-1} 表示第 $t-1$ 期的價格水平。

目前世界各國主要採用消費物價指數、生活費用指數、生產物價指數、批發物價指數以及國內生產總值平減指數等指標來衡量通貨膨脹率。

12.2.2.1 消費物價指數

消費物價指數(中國也稱零售物價指數)是反應不同時期普通消費者日常生活所需要的消費品(包括商品與服務)的價格動態的指數。各國編制消費物價指數的方法不盡相同,比較通行的做法是:

(1) 確定統計樣本(商品和服務)的種類(即所謂的確定「商品籃子」),並根據其各自的重要性確定相應的權數。在編制消費物價指數時,統計部門總是盡可能地在統計樣本中涵蓋所有普通消費者購買的所有種類的商品與服務,並盡可能地以消費者在每種商品或服務上的支出占其消費總支出的比重(該比重當然必須具有代表性)作為權數來對這些商品和服務進行加權。美國的消費物價指數是按 85 個城市標定的 207 種主要商品和服務的價格計算的。

(2) 選擇基期,並根據以下公式計算報告期的物價指數:

$$P = \frac{\sum P_{1i} X_i}{\sum P_{0i} X_i}$$

上式中,P_t 表示報告期物價指數;X_i 表示報告期第 i 種商品(服務)的權重;P_{1i} 表示報告期第 i 種商品(服務)的價格,P_{0i} 表示基期第 i 種商品(服務)的價格。

在計算中所需的各項數據都必須通過細緻全面的調查統計取得。但其中的各項權數通常是固定的,只在統計機關認為必要時予以修正。例如,美國的勞工統計局大約每 10 年對其消費物價指數的「商品籃子」和權數進行一次修訂。

編制出每一個計算期的物價指數後,就可計算出每個計算期的通貨膨脹率。例如,以 1990 年為基期(即 1990 年的物價指數為 100),計算出 1991 年、1992 年的物價指數分別是 125、170,則 1991 年的通貨膨脹率為:(125−100)/100×100% = 25%;1992 年的通貨膨脹率為:(170−125)/125×100% = 36%。如果當前為 1992 年,我們也可以說,自 1990 年以來,物價上漲了 70%。

由於消費品直接與公眾的日常生活相聯繫，因此公眾對消費品價格的變動尤為敏感。利用消費物價指數來度量通貨膨脹，其優點就在於能及時反應公眾的日常生活受通貨膨脹影響的程度，並且能大致與公眾的主觀感受保持一致。多數國家都採用這一尺度來度量通貨膨脹。消費物價指數的局限性在於消費品只是社會最終產品的一部分，用其度量通貨膨脹將難以反應全面的情況。

12.2.2.2 生活費用指數

生活費用指數的性質和編制方法都與消費物價指數相似。兩者的主要區別在於：

（1）生活費用指數的統計對象不僅包括商品和服務，而且還包括所有的應納稅賦。

（2）在對商品和服務進行選樣時，生活費用指數只選擇有代表性的生活必需品，而消費物價指數則盡可能地涵蓋全部種類的消費品。

12.2.2.3 生產物價指數和批發物價指數

生產物價指數是反應生產者賣給批發商的商品價格水平在不同時期的變化程度和趨勢的指數。批發物價指數是反應批發商賣給零售商的商品價格水平在不同時期的變化程度和趨勢的指數。這兩種指數的編制方法與消費物價指數大致相同，只是其計算所使用的價格和相應的權數有所不同。同時，編制生產物價指數和批發物價指數的樣本所涵蓋的範圍較消費物價指數更為廣泛，不僅包括消費品，也包括生產資料。生產物價指數和批發物價指數實際上是衡量企業而不是消費者購買樣本商品和服務費用變動狀況的指標。由於企業最終要把它們的費用以更高消費價格的形式轉移給消費者，所以，通常認為在預測消費物價指數的變動時，可以參考生產物價指數和批發物價指數的變動情況。

利用各類物價指數來度量通貨膨脹存在一些共同的問題：

（1）當「商品籃子」中存在可相互替代的商品或服務，而且這些商品和服務價格變動的幅度甚至方向不同時，購買者就會用變得相對便宜的商品或服務來替代變得相對昂貴的商品或服務，這實際上相對降低了購買「籃子商品」的費用。此外，當有價廉物美的新商品被引進時，也會產生類似的效應，從而提高單位貨幣的購買力。而物價指數的「商品籃子」和權數大都相對固定，不能及時地對此做出反應，這就會導致通貨膨脹狀況被高估。

（2）物價指數無法反應商品或服務質量的變化。

12.2.2.4 國民生產總值（GDP）平減指數

國民生產總值（GDP）平減指數的計算方法為：

$$國民生產總值（GDP）平減指數 = \frac{名義\,GDP}{實際\,GDP} \times 100$$

其中，名義GDP是指用當期價格計算出的當期商品和服務的總值；實際GDP是指用不變的基期價格計算出的當期商品和服務的總值。

由於GDP是在某一既定時期一個國家內生產的所有最終商品和服務的市場價值的總和，因此，GDP平減指數的優點在於：

（1）覆蓋範圍全面，能度量各種商品和服務的價格變動對價格總水平的影響，反應綜合物價水平的變動情況。

（2）由於 GDP 平減指數包含了國內生產的所有的最終商品和服務，每種商品與服務的權數就是它們的產量，因此，用來計算 GDP 平減指數的商品與服務的組合及權數會自動地隨著時間的變動而變動，避免了物價指數存在的「商品籃子」和權數相對固定的弊端。

（3）各國物價指數的計算方法和統計口徑不盡相同，其結果缺乏可比性，而 GDP 平減指數具有統一的計算方法和統計口徑，其結果具有可比性。在世界銀行的年度發展報告中就用這一指數來反應各國的通貨膨脹率。

GDP 平減指數的不足之處在於資料不易收集，通常是一年公布一次，因而難以迅速反應通貨膨脹的程度和動向。同時，該指數的覆蓋面非常廣泛，除了消費品外還包括大量的生產資料；另外，它只反應國內的情況，消費者所購買的進口商品和服務並未被納入其計算範疇。這些都會使得 GDP 平減指數所反應的價格變動狀況與公眾日常消費支出的實際變動不相符合，從而使指數所反應的通貨膨脹程度與公眾主觀感受到的通貨膨脹程度出現較大偏差。

12.2.3 對通貨膨脹的解釋

對通貨膨脹的解釋主要有兩種：貨幣供求論和貨幣數量論。

12.2.3.1 貨幣供求論

貨幣供求論認為，貨幣像其他商品一樣，當貨幣的供給超過了對於貨幣的需求時，貨幣就會貶值。貨幣的供給有其特殊性，只能由中央銀行決定，因此表現為一條垂直曲線。而貨幣的需求由市場決定，表現為一條向右下方傾斜的需求曲線。見圖 12-4。

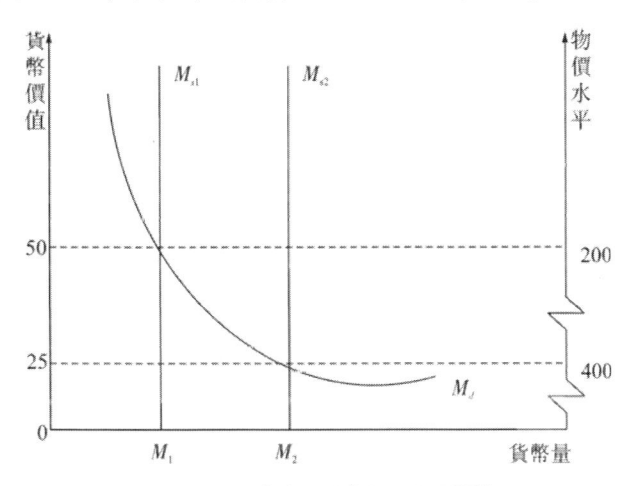

圖 12-4 通貨膨脹的貨幣供求論解釋

圖12-4中M_d表示貨幣的需求曲線，M_s表示貨幣的供給曲線。左邊縱軸表示貨幣價值，右邊縱軸表示物價水平，二者呈反方向關係，即當貨幣價值越高時，物價水平越低；貨幣貶值時，物價水平飛漲。在貨幣需求沒有改變的條件下，增加貨幣供給，即$M_{s1} \rightarrow M_{s2}$，將導致供給曲線右移，均衡貨幣價值下降，均衡物價水平上升，即通貨膨脹。

12.2.3.2 貨幣數量論

貨幣數量論認為：給定貨幣流通速度大體不變或趨勢比較平穩的條件，在長期，貨幣供給量與價格水平成正比例關係。即有如下關係：

$$MV = T \times P$$

上式中，M表示貨幣的供給，V表示貨幣的流通速度，T表示社會的總產出，P表示一般價格水平。貨幣數量論認為，在長期，貨幣的流通速度和社會總產出是穩定的，貨幣的供給量決定了一般價格水平，因而貨幣量增長是通貨膨脹的主要原因。現代貨幣學派代表人弗里德曼有一句名言：「通貨膨脹永遠而且到處是一種貨幣現象。」[1]

12.2.4 通貨膨脹的成因

根據形成通貨膨脹的原因，可將其劃分為需求拉動型通貨膨脹、成本推動型通貨膨脹、供求混合推動型通貨膨脹、結構型通貨膨脹以及體制型通貨膨脹。對此，下面將進行具體講述。

12.2.4.1 需求拉動說

需求拉動說產生於20世紀50年代以前，其基本觀點是：當對商品和服務的總需求超過了按現行價格可達到的總供給時，就會引起物價上漲，導致通貨膨脹。此說以凱恩斯學派的過度需求論為代表。該理論認為總需求由消費需求、投資需求和政府需求三者構成。其中任何一部分的增加都會引起總需求的增加。在總供給不變的情況下，總需求的增加導致總需求曲線向右移達到新的均衡點，即$(P_1, D_1) \rightarrow (P_2, D_2)$，此時產出有可能增加也有可能不變，但價格水平上升了，從而產生通貨膨脹。當社會生產能力已達到充分就業狀態，即總供給曲線為垂直曲線，而總需求受非價格因素的影響而膨脹（總需求曲線右移，從D_1移至D_2）時，只會拉動價格上升，總需求與總供給在一個更高的價格水平P_2達到均衡，從而導致通貨膨脹。由於已達到充分就業狀態，所以新均衡點所對應的總需求量和總供給量仍為Y_f（圖12-5）。圖12-5反應的是在充分就業的狀態下通貨膨脹發生的情況，圖12-6反應的是在非充分就業狀態下通貨膨脹發生的情況。

該理論的缺陷在於其假定通貨膨脹只能在經濟達到充分就業以後才可能發生。因此，無法解釋通貨膨脹與高失業率並存的現象。

---

[1] 北京當代金融培訓有限公司. 金融理財原理（上）[M]. 北京：中信出版社，2010.

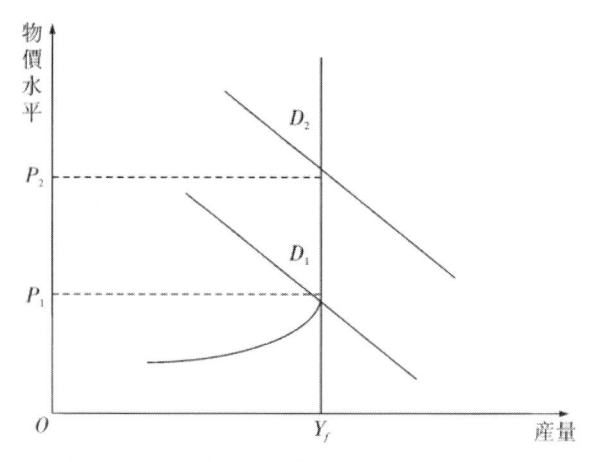

圖 12-5　需求拉動型通貨膨脹：充分就業狀態下

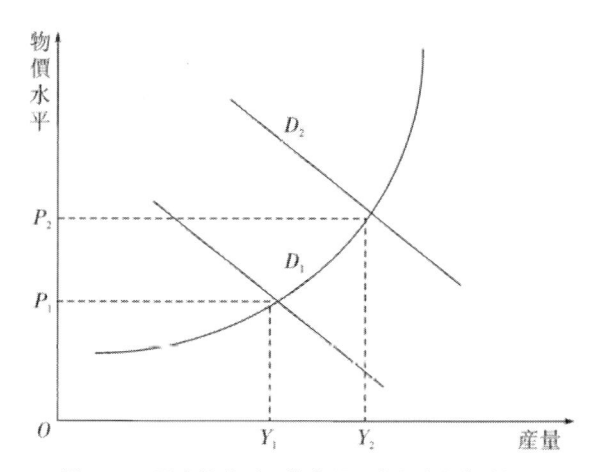

圖 12-6　需求拉動型通貨膨脹：非充分就業狀態下

12.2.4.2　成本推動說

成本推動說產生於 20 世紀 50 年代以後。當時西方主要發達國家普遍出現了通貨膨脹與生產資源閒置、經濟增長緩慢並存的所謂「滯脹」現象。凱恩斯學派的過度需求論無法解釋這種現象，一些經濟學家轉而從供給方面去尋找產生通貨膨脹的原因。成本推動說認為，通貨膨脹的根源在總供給方面，是由於生產成本的增加引起物價的上漲，並迫使中央銀行增加貨幣以「批准」這一上漲。成本推動說認為，引起生產成本上升的原因主要有兩類：一是工會力量引起的工資水平的提高；二是由壟斷導致的壟斷價格。由此又可將成本推動型通貨膨脹分為工資推動型通貨膨脹和利潤推動型通貨膨脹兩類。

（1）工資推動型通貨膨脹。該理論以存在強大的工會力量從而存在不完全競爭的勞動

力市場為假設前提。在此前提下，工資決定於工會和雇主之間討價還價的結果，而不是由供求關係決定的。通過這種方式所確定的工資水平會高於完全競爭條件下的工資水平，而且工資增長率會高於勞動生產率的提高，於是導致產品的單位成本上升。企業為維持盈利水平，勢必會提高產品價格。這便是由工資提高引發的物價上漲。物價上漲後，工會又會進一步要求提高工資，從而進一步推動物價上漲。這便是所謂的「工資—物價螺旋」。工資推動型通貨膨脹是由貨幣工資率的提高引起的，但這並不意味著任何貨幣工資率的提高都會導致工資推動型通貨膨脹。如果貨幣工資率的增長並未超過勞動生產率的增長，即使工資的絕對水平提高了，也不會引發通貨膨脹。即使貨幣工資率的增長超過了勞動生產率的增長，但如果這種結果不是由工會力量導致的，而是由供求關係變化所導致的，那麼由此而引發的通貨膨脹也不屬於工資推動型通貨膨脹，而是需求拉動型通貨膨脹。

（2）利潤推動型通貨膨脹。該理論的前提是存在商品和服務的不完全競爭市場。由於存在不完全競爭（一定程度的壟斷），賣方就可能操縱價格，使價格的上漲速度超過成本的增加速度，以賺取壟斷利潤。當這種行為的作用大到一定程度時，就會引起利潤推動型通貨膨脹。

經濟學家提出成本推動說的目的是為了說明，即使不存在過度需求，產品成本的增加同樣可能導致通貨膨脹。因此，無論是工資推動型通貨膨脹還是利潤推動型通貨膨脹，其共同的假設前提是總需求既定。圖 12-7 運用總需求與總供給模型闡釋了成本推動型通貨膨脹，即在總需求不變的條件下，由於生產要素價格的提高，生產成本增加，總供給曲線 SA_1 上移至 SA_2、SA_3（為得到相同的供給量，需要更高的價格水平）。均衡供給量由 Y_f 下降到 Y_2 和 Y_3，同時均衡價格由 P_1 上升至 P_2 和 P_3。

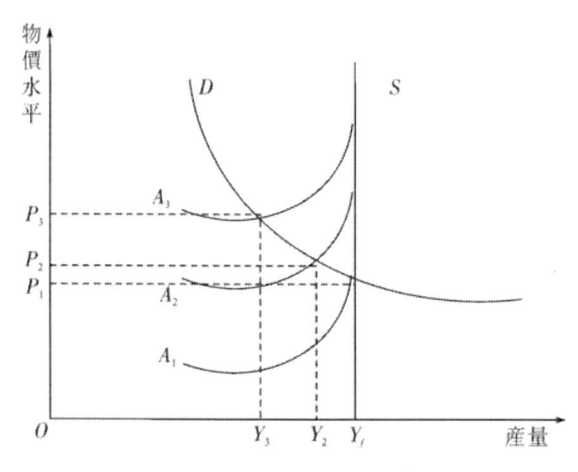

圖 12-7　成本推動型通貨膨脹

12.2.4.3 供求混合推動說

該理論認為，在現實經濟中很難區分某次通貨膨脹是由需求拉動的還是由成本推動引起的。事實上，通貨膨脹往往是兩方面因素共同作用的結果。即使通貨膨脹最初是由需求的過度增加引起的，但物價上漲將促使工會要求增加工資，從而推動價格的進一步上漲。同時，直接起因於成本推動的物價上漲也必須有需求（貨幣收入）的增加來配合才能持續下去。因此，成本推動必須與需求拉動相結合，才可能產生持續的通貨膨脹。圖12-8用總需求與總供給模型闡釋了混合型通貨膨脹的產生機理。

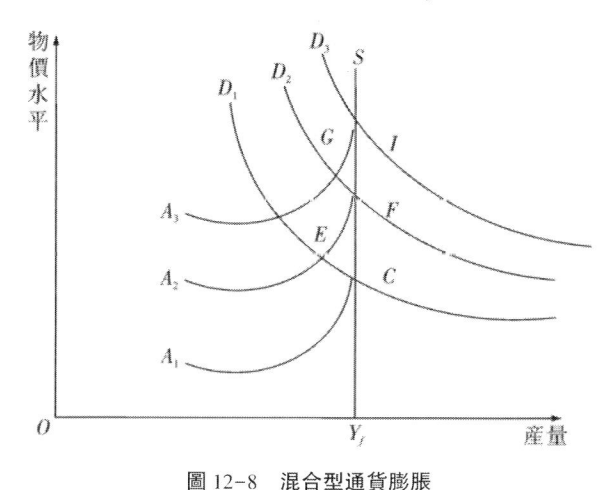

圖12-8 混合型通貨膨脹

在圖12-8中，由於需求拉動（需求曲線從 D_1 上升至 D_2、D_3）和成本推動（供給曲線從 A_1 上移至 A_2、A_3）的共同作用，物價則沿 CEFGI 呈螺旋上升。

12.2.4.4 結構型通貨膨脹說

通貨膨脹的需求拉動說和成本推動說都著眼於總需求與總供給的失衡，而結構型通貨膨脹說則認為，即使總需求與總供給處於平衡狀態，由於經濟結構方面的變化，也可能引發通貨膨脹。換言之，結構型通貨膨脹說是從經濟結構、部門結構分析物價總水平持續上漲機理的。結構型通貨膨脹說也可具體劃分為若干種類。

美國經濟學家舒爾茨指出，工資與價格缺乏向下的彈性、資源缺乏流動性等因素會造成結構型通貨膨脹。在總需求不變的情況下，需求結構有可能發生重大變化。但是由於資源不易流動，供給缺乏彈性，因此在需求結構發生變化時，國民經濟就會出現結構性失衡。某些部門的產品由於供不應求，價格上漲，該部門的工資也隨之上升。由於工資和價格都缺乏向下的彈性，因此，在產品供過於求的部門，工資和價格水平不僅不會降低，反而由於攀比而趨於上漲，從而導致一般物價水平的上升。

英國一些經濟學家將社會經濟劃分為擴展部門和非擴展部門。擴展部門在經濟繁榮時

期由於缺乏勞動力，貨幣工資上升。由於工資缺乏向下的彈性，在衰退期工資卻並不下降。同時，由於攀比效應，非擴展部門也要求工資有相應的提高，從而引起工資的普遍上升並進而導致物價總水平上漲。

另一些經濟學家將社會經濟劃分為工業部門和服務部門，並認為工業部門的勞動生產率及其增長率都高於服務部門。但服務部門的收入彈性大，其貨幣工資的增長率將與工業部門趨於一致。服務部門的貨幣工資增長率高於勞動生產率的增長率時將導致物價水平上漲。

美國經濟學家托賓則從勞動力的市場結構方面進行分析。他認為，勞動力市場很難達到理想的供求均衡狀態。一般情況下，總是在某些方面存在失業，在另一些方面卻存在工作空缺。由於工資缺乏向下的彈性以及攀比效應，在勞動力供不應求時工資會相應上升，而在勞動力供過於求時，工資不降反升。因此，工資水平在總體上會趨於上升並帶動物價水平上升。

北歐學派提出的結構型通貨膨脹說是以實行開放經濟的小國為探討背景的。他們將一國的經濟分為開放部門和非開放部門，前者是外來競爭壓力較大的部門，後者是受外來影響較小的部門。開放部門產品的價格由國際市場價格決定，因此其通貨膨脹率取決於世界的通貨膨脹率。開放部門的通貨膨脹率和勞動生產率的增長率又決定了該部門的工資增長率。通過全國性的工資談判，開放部門的工資增長勢必導致非開放部門工資的相應增長，即非開放部門的工資增長率將與開放部門的工資增長率趨於一致。而非開放部門的工資增長率與該部門的勞動生產率的增長率之差，決定該部門的通貨膨脹率。由於非開放部門不存在較大的國際競爭壓力，因此其投資與技術更新刺激不如開放部門，故其勞動生產率亦不如開放部門，而在工資增長率趨同的情況下，必將導致通貨膨脹。

12.2.5 通貨膨脹的影響

12.2.5.1 通貨膨脹對社會經濟的影響

1. 通貨膨脹對經濟增長的影響

關於通貨膨脹對經濟增長的影響，主要有三種觀點：促進論、促退論和中性論。

促進論者認為，適度的通貨膨脹有利於促進經濟增長。在20世紀70年代以前，人們普遍持有這種觀點，其中尤其以凱恩斯學派為代表。他們認為，資本主義經濟長期處於有效需求不足、生產要素尚未充分利用、勞動者未充分就業的狀態，實際經濟增長率低於潛在經濟增長率。因此，政府可以採用通貨膨脹政策，用提高貨幣供給增長率、增加財政赤字、擴張投資支出等手段來刺激總需求，帶動總供給的增加，從而促進經濟的增長。也有經濟學家認為，通貨膨脹促進經濟增長的效果在發展中國家表現得尤為明顯。原因是：

（1）發展中國家政府稅收不足，可以通過財政向中央銀行借款的方式擴大財政投資，並採取措施保證私人部門的投資不會減少。此種措施可能導致通貨膨脹，但同時也會因實

際投資增加而促進經濟增長。

（2）通貨膨脹是一種有利於富裕階層的收入再分配，而富裕階層的儲蓄傾向較高，因此，通貨膨脹會通過提高儲蓄率而促進經濟增長。

（3）在通貨膨脹初期，名義工資的調整通常較大程度地落後於物價的上漲。這時，企業利潤會提高，從而刺激投資增加，促進經濟增長。

促退論者則認為，通貨膨脹會損害經濟增長。針對促進論者的觀點，他們指出，適度或低度的通貨膨脹對經濟增長的刺激作用只能存在於有效需求不足的情況下，並取決於兩個條件：一是存在閒置的社會資源，呈現供大於求的狀態；二是公眾的通貨膨脹預期小於實際通貨膨脹。即使在有效需求不足的情況下，通貨膨脹對經濟增長的刺激作用也是十分短暫的。實際情況表明，相對較低或中度的通貨膨脹可能不會使經濟增長率在當期迅速下降，但它可能導致更高的通貨膨脹，最終導致經濟低增長或負增長。此外，持續的通貨膨脹還會降低經濟運行的效率，並進而阻礙經濟的成長。首先，通貨膨脹會降低投資成本，誘發過度的投資需求，從而迫使金融機構加強信貸配額管制，降低金融體系的融資效率。其次，較長期的通貨膨脹會增加生產性投資的風險和經營成本，從而導致資金更多地流向非生產性投資，生產性投資減少。最後，持續的通貨膨脹最終可能迫使政府採用全面的價格管制措施，從而降低經濟的活力。

中性論者則認為，公眾通過預期，在一段時間內會對物價上漲做出合理的行為調整，因此通貨膨脹對經濟成長的各種效用的作用會相互抵消。

2. 通貨膨脹對失業的影響

關於通貨膨脹與失業的關係，目前比較公認的觀點是：通貨膨脹和失業在短期內存在替代關係，而在長期中，通貨膨脹對失業基本沒有影響。

通貨膨脹與失業之間的短期關係通常用菲利普斯曲線來表示。該曲線表明，通貨膨脹率和失業率之間呈負相關關係。後來，經濟學家弗里德曼和費爾普斯指出，通貨膨脹與失業之間的負相關關係只在短期內成立，在長期中則不成立。他們認為：

失業率＝自然失業率－a

其中，a＝實際通貨膨脹率－預期通貨膨脹率

在短期中，預期通貨膨脹率不等於實際通貨膨脹率，通常小於實際通貨膨脹率，因此失業率與實際通貨膨脹率呈負相關關係。在長期中，實際通貨膨脹率等於預期通貨膨脹率，則失業率等於自然失業率。或者說，在長期中，菲利普斯曲線成為一條垂直線，這意味著無論通貨膨脹率如何上升，失業率等於自然失業率而不會降低。該結論即為自然率假設。根據此觀點，決策者通過採用通貨膨脹政策來降低失業率的做法在短期內可能有效，而從長期看則只能導致通貨膨脹率的提高，無法將失業率降低到自然失業率之下。

菲利普斯曲線本身也會發生移動。總供給曲線的移動是引起菲利普斯曲線移動的重要原因。當總供給曲線向左移動時，則物價上升而產量同時減少，失業增加，這就意味著通

貨膨脹率和失業率同時提高，即出現所謂「滯脹」現象。

12.2.5.2 通貨膨脹對收入再分配的影響

通貨膨脹是一種隱蔽的收入再分配的方式。在通貨膨脹時期，大部分人的名義收入水平可能都會有所上漲，但扣除通貨膨脹影響之後的實際收入水平則不一定。有些人的實際收入水平會因通貨膨脹而上升，另一些人的實際收入水平則會下降。

通貨膨脹的受害者是貨幣收入的增長速度低於物價上漲速度的社會階層，主要是依靠工資生活的人和收入相對固定的人。在通貨膨脹時期，如果名義工資水平不變或名義工資的增長率低於通貨膨脹率，都會使工資收入者遭受損失。而在現實中，工資水平的調整普遍滯後於物價的上升。因此，依靠工資生活的階層通常會在通貨膨脹中遭受損失，且工資調整滯後的時間越長，損失越大。此外，固定利息的債權人或依靠租金取得收入的人也會遭受損失。

反之，在通貨膨脹中受益的則是收入增長速度高於物價上漲速度的社會階層，主要是從企業利潤中取得收入者。在通貨膨脹時期，工資調整的滯後以及產品價格的上漲速度高於原材料成本的上漲速度都會引起企業利潤增加，從而使從企業利潤中取得收入者受益。此外，固定利息的債務人也會從通貨膨脹中受益。

在通貨膨脹中，政府往往是最大的受益者。這是因為，政府可以通過通貨膨脹稅的方式來獲得大量的資源。所謂「通貨膨脹稅」，是指政府通過創造貨幣而增加的收入，這被視為一種隱性的稅收。當政府通過增發貨幣來對赤字融資時，實際上就是憑空發行鈔票來支付政府所購買的商品和服務。這將增加流通中的貨幣量，並使公眾原有的貨幣貶值，公眾因此而損失的購買力即為政府的通貨膨脹稅收入。如果把通貨膨脹率看成是通貨膨脹稅的稅率，把實際所需的貨幣量看成是應稅物，那麼，政府的通貨膨脹稅收入則為：

通貨膨脹稅收入＝通貨膨脹率×實際貨幣需求量

但是，通貨膨脹稅收入並不總是與通貨膨脹率保持正相關關係，因為隨著通貨膨脹率的上升，由於通貨的持有成本越來越高，人們將相應減少通貨的持有額，於是實際貨幣需要量可能下降到使通貨膨脹稅收入下降的地步。

12.2.5.3 通貨膨脹的財富分配效應

一個經濟單位的財富或資產主要由兩部分構成：實物資產和金融資產。考慮到負債的情況，則一個經濟體的財產淨值等於其實物資產的價值加上金融資產的價值並減去負債。通貨膨脹對財富結構不同的經濟單位會產生不同的影響，使其或受益或受損，這就是通貨膨脹的財富分配效應。

在通貨膨脹中，實物資產的貨幣價值通常會和通貨膨脹率保持相同的變動方向。至於變動的幅度，有的實物資產貨幣價值增長的幅度會高於通貨膨脹率，有的則低於通貨膨脹率。同一種實物資產，在不同的條件下，其貨幣價值的變動幅度較之於通貨膨脹率也會時高時低。對於金融資產中的股票，其貨幣價值取決於其市場價格，而其市場價格隨時都在

變動。一般來說，在通貨膨脹時期，股票行市會呈上升趨勢。但影響股票價格的因素很多，所以，具體的某只股票在某個通貨膨脹時期，其貨幣價值將有怎樣的變動是很難確定的。至於像現金、存款、債券、貸款這樣的金融資產或負債，如果其利息固定，則最終將以一筆固定數量的名義貨幣來了結，該名義貨幣數量不會隨物價的變動而變動。因此，在固定利息條件下，在通貨膨脹時期，物價上漲，債權人受損，債務人受益。採用浮動利率則可以在一定程度上避免通貨膨脹對債權人的不利影響。

12.2.5.4 通貨膨脹對稅收的影響

由於法律制定者在制定稅法時往往沒有考慮到通貨膨脹，通常都是針對名義值徵稅，因此，通貨膨脹往往會導致稅收的扭曲，增加稅收負擔並進而對經濟產生其他不良影響。例如，利息稅的徵稅對象為名義利息收入。假設在沒有通貨膨脹時，名義利率和實際利率同為4%，對利息收入徵收25%的稅將使實際利率下降至3%。當通貨膨脹率為8%時，如實際利率仍保持4%，則名義利率需調整為12%。同樣對名義利息收入徵收25%的稅，則稅後名義利息率為9%，扣除通貨膨脹率，則實際利率只有1%。可見，在稅率和稅前實際利率不變的前提下，通貨膨脹將降低稅後實際利率，並進而降低儲蓄的吸引力。儲蓄的減少又會抑制投資，並進而阻礙經濟的長期增長。但是，對於這種效應的大小，目前經濟學家的意見並不一致。

解決這一問題的一種方法是實行稅制指數化，例如每年根據消費物價指數變動來自動調整稅基，或者規定只對實際收入收稅。

12.2.5.5 通貨膨脹對資源配置的影響

在通貨膨脹時期，人們對商品和服務的價格通常會進行調整。但不同商品和服務價格調整的時間和頻率都不一樣，這將導致相對價格的扭曲。而市場經濟是依靠相對價格來配置稀缺資源的。消費者通過比較各種商品和服務的質量和價格來做出消費決策。消費決策又進一步決定了企業的生產決策，並最終決定了稀缺的資源如何在個人與企業中進行配置。簡言之，相對價格是市場進行資源配置的信號。通貨膨脹扭曲了相對價格，使市場信號失真，進而降低了資源配置的效率。

12.2.5.6 「皮鞋成本」和「菜單成本」

「皮鞋成本」和「菜單成本」都是通貨膨脹引起的無謂損失。在通貨膨脹時期，人們為減少貨幣貶值所帶來的損失，將盡可能減少貨幣尤其是本幣現金的持有量。通常的做法是更頻繁地存取款（將收入盡可能多地放在有息的儲蓄帳戶上，盡可能少地以現金形式持有）、更多地將貨幣轉化為實物或兌換為外幣等。這些做法都需要花費時間、精力及其他成本。這些為減少貨幣持有量而耗費的成本稱為通貨膨脹的「皮鞋成本」。在溫和的通貨膨脹的情況下，「皮鞋成本」可能會很小。但在高速通貨膨脹的情況下，「皮鞋成本」則不容忽視。

在通貨膨脹時期，企業將被迫對其產品和服務的價格進行調整，為此所耗費的成本則

稱為「菜單成本」。「菜單成本」包括印刷新價格清單和目錄的成本、把這些價格表和目錄送給中間商和顧客的成本、為新價格做廣告的成本、決定新價格的成本，甚至還包括處理顧客對價格變動的怨言的成本。

需要指出的是，上述分析都是針對一定限度之內的通貨膨脹而言的。當物價持續上漲超過一定限度成為惡性通貨膨脹時，則可能使整個經濟運行陷入混亂狀態，誘發政治動盪，甚至導致整個信用制度和貨幣流通制度崩潰。

12.2.6 治理通貨膨脹的措施

12.2.6.1 緊縮的財政政策和貨幣政策

緊縮的財政政策和貨幣政策統稱為宏觀緊縮政策，是傳統的治理通貨膨脹的手段。其政策的基本思路是：通過採取緊縮的財政政策和貨幣政策，抑制總需求，從而降低物價。

如圖 12-9 所示，當採取緊縮的財政政策和貨幣政策時，總需求曲線從 D_1 向左移動到 D_2，與此相應，物價水平從 P_1 降至 P_2，產出量從 Y_1 降至 Y_2。宏觀緊縮政策反應在圖形上則呈現為經濟沿著菲利普斯曲線向下移動。如圖 12-10 所示，從 A 點移動到 B 點，在通貨膨脹率從 π_1 降至 π_2 的同時，失業率從 U_1 增至 U_2。由此可見，採用宏觀緊縮的手段治理通貨膨脹的成本是產出減少、失業率增加、經濟增長減緩、宏觀經濟達不到充分就業狀態下的均衡。宏觀緊縮政策一方面減少了總需求，另一方面也使失業率增加，工資水平會相應降低。因此，宏觀緊縮政策無論對需求拉動型通貨膨脹還是對成本推動型通貨膨脹都有一定的治理效果。

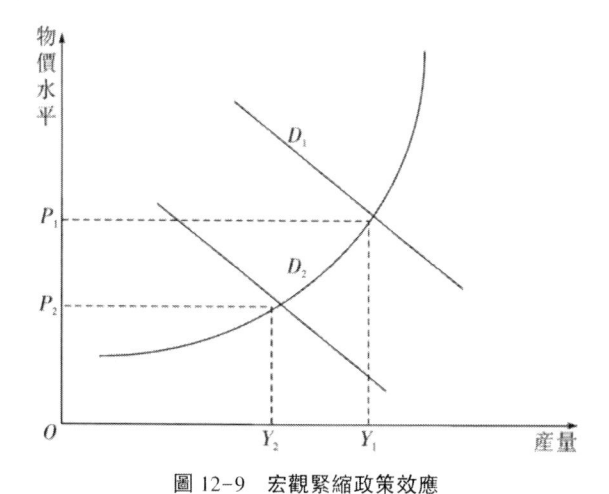

圖 12-9　宏觀緊縮政策效應

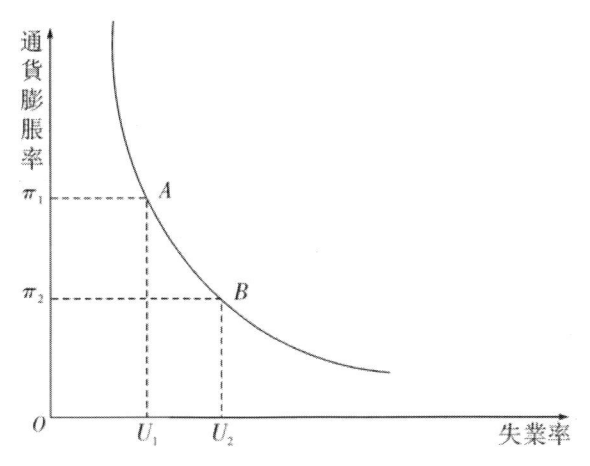

圖 12-10　宏觀緊縮政策效應（菲利普斯曲線）

　　我們曾討論過總需求與貨幣供給量之間的正相關關係。緊縮的貨幣政策正是利用了這種關係，通過減少貨幣供給量來減少總需求進而降低物價水平。其具體實施手段主要包括：①提高商業銀行的法定存款準備金率，縮小貨幣乘數，削弱商業銀行創造貨幣的能力以減少貨幣量。②提高貼現利率，影響商業銀行的借款成本，並進而引起整個市場利率水平的提高，抑制貨幣供給。在利率受到直接管制的國家，也可通過直接提高利率來達到目的。③中央銀行通過公開市場操作出售政府債券，減少基礎貨幣投放，通過貨幣乘數的作用，多倍緊縮貨幣供給量。

　　緊縮的財政政策的手段主要包括減少政府支出和增加稅收。政府支出是總需求的直接組成部分，削減政府支出等於直接減少總需求。增加稅收可以減少個人或企業的可支配收入，進而減少其投資需求和消費需求。

12.2.6.2　供給政策

　　供給政策同宏觀緊縮政策一樣，都是立足於消除總需求與總供給缺口的政策。不同的是，宏觀緊縮政策試圖通過減少總需求來消除缺口，而供給政策則試圖通過增加供給來達到目的。美國供應學派提出的反通貨膨脹政策就屬於這一類。他們主張大幅度降低稅率，以刺激儲蓄和投資，從而增加商品和服務的供給。從長遠看，當生產得到極大發展時，政府的稅收不僅不會減少，反而會增加。從圖形上看，該政策手段使總供給曲線向右下方移動（圖12-11），使菲利普斯曲線向左下方移動（圖12-12），從而在產量增加的同時實現了價格水平的下降，這就避免了宏觀緊縮政策所具有的缺陷（即在降低物價的同時，失業增加，經濟增長減緩）。

图 12-11　供给政策的效应

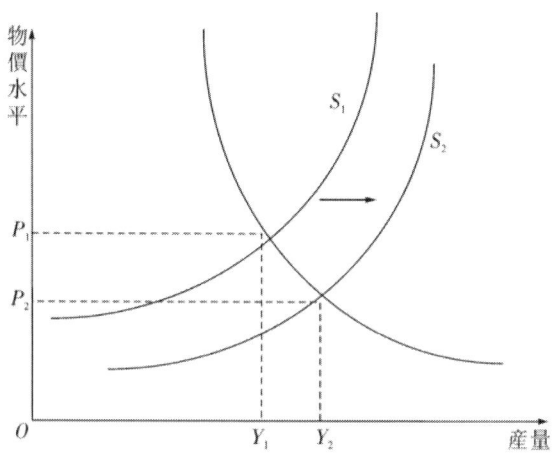

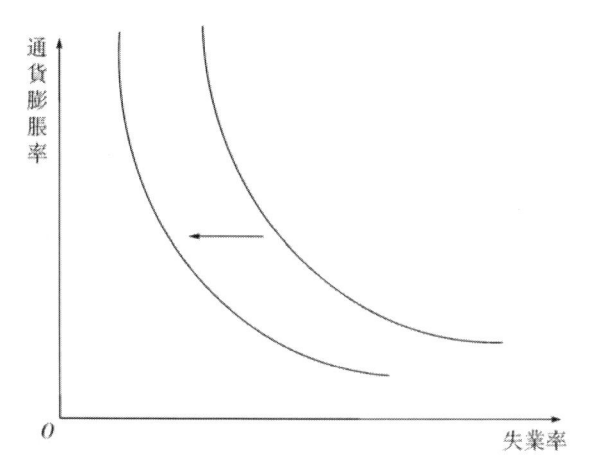

图 12-12　供给政策的效应（菲利普斯曲线）

12.2.6.3　紧缩的收入政策和价格政策

紧缩的收入政策是指通过控制工资的增长来控制收入和产品成本的增加，并进而控制物价水平。价格政策则是指直接作用于价格的各项政策。紧缩的收入政策和价格政策的主要内容包括：

（1）采用行政或法律手段直接控制工资与价格。例如，强行将职工工资总额或增长率固定在一定水平上，对多增加工资的企业按工资超额增长比率征收特别税，利用反托拉斯法限制垄断高价，直接限定各类商品的最高价等。这些措施的优点在于可能会起到立竿见影的作用，但大多数经济学家都反对这样的做法。理由是：首先，这只是治标而不能治

本，因此難以長期執行下去。其次，由於職位和商品的種類千差萬別，要對不同職位的工資和不同商品的價格進行合理的控製，這在現實中很難實施，而且實施的結果通常會導致不同程度的低效率。最後，各種商品的相對價格總在不斷地變化，如果物價控製持續相當長的時間，就必須要反應這些相對價格的變動，否則，低於均衡價格的那些商品就要發生短缺。

（2）採用道義勸說的方法非正式地控製工資和物價。例如，政府編制工資指導線，即根據估計的平均生產率的增長所確定的在一定年份內允許總貨幣收入增加的一個目標數值線，每個部門的工資增長率根據此目標數值線相應制定。政府也可以編制物價指導線，即各類商品和服務的指導價格目錄，希望工會和企業遵守。這種指導是非強制性的，但政府可以用某種方式來威脅那些不聽從勸告的企業，例如用不採購該企業的產品相威脅。此外，道義勸告還可以通過改變人們對通貨膨脹的預期來控製通貨膨脹。如果工會和企業相信每個人都會屈服於政府的壓力，他們就會願意降低自己對工資和提價的要求。當然，道義勸告的這一作用並不十分可靠，因為很難準確預測市場的心理反應。

12.2.6.4 改變預期

政府所採取的各種治理通貨膨脹的措施能否奏效，部分取決於人們對通貨膨脹或者說對物價未來走勢的預期。如果人們相信政府所採取的反通貨膨脹行動將會取得成功，通貨膨脹率就會在較短時期內下降，這種預期本身就有助於抑制通貨膨脹。相反，面對同樣的反通貨膨脹措施，如果人們認為其不可能奏效，那麼對通貨膨脹的預期就不可能被打破，通貨膨脹就可能會持續下去。因此，為有效控製通貨膨脹，政府有必要採取一些措施，改變人們的通貨膨脹預期。例如，可通過廣泛宣傳，使人們瞭解政府和中央銀行對消除通貨膨脹的強硬立場，使人們確信政府所採取的反通貨膨脹措施的正確性和有效性。

12.2.6.5 指數化政策

指數化政策主要包括收入指數化與稅收指數化。收入指數化是指利用物價指數對包括工資、利息收入在內的所有貨幣性收入進行調整的方法。收入指數化的提倡者認為，採用該項措施主要有兩大功效：一是能借此剝奪政府從通貨膨脹中可能獲得的利益，杜絕了政府製造通貨膨脹的動機；二是克服由通貨膨脹造成的分配不公，還可避免出現搶購商品、儲物保值等加劇通貨膨脹的行為。稅收指數化是指利用物價指數對稅基進行調整，以確保對實際收入徵稅而不是對名義收入徵稅。我們曾在本章關於通貨膨脹的影響部分討論過通貨膨脹對稅收的扭曲，稅收指數化就是避免這種扭曲的一種手段。但它對政府的預算可能產生副作用，因為它加重了預算的不平衡，這種不平衡可能對通貨膨脹產生加速影響。這種方案還使得稅收制度更加複雜化，而且在實際運用時究竟應採用哪種物價指數也很難確定。

瑞典學派的經濟學家認為，指數化措施尤其適用於面臨世界性通貨膨脹的小國。因為在開放經濟條件下，當世界性通貨膨脹尚未得到控製時，小國很難擺脫通貨膨脹的影響，

而只能選擇與通貨膨脹共處的手段。指數化政策就是其手段之一。

也有經濟學家對指數化政策提出異議，其理由是：①指數化政策的目的只是讓人們能應付通貨膨脹，與通貨膨脹共處，而不是為了制止它的發生。②指數化政策具體實施起來非常困難。例如，採用哪種物價指數難以確定；不可能對所有的貨幣性收入都進行指數化調整等。③收入指數化會導致工資—物價的螺旋上升，進一步加劇通貨膨脹。

12.2.6.6 貨幣改革

當發生惡性通貨膨脹並且原有的貨幣體系已不能正常運行時，上述各項政策措施將不再奏效。由於原有的貨幣已不能執行貨幣的職能，此時就必須進行貨幣改革，廢除舊貨幣，發行新貨幣，並輔以其他嚴厲的政治、經濟措施，以便盡快擺脫惡性通貨膨脹所造成的混亂局面。

12.3 通貨緊縮

12.3.1 通貨緊縮的定義

關於通貨緊縮的定義，通常是在解釋通貨膨脹時順便予以簡單解釋。例如，在薩繆爾森與諾德豪斯編寫的《經濟學》一書中，是這樣來解釋通貨緊縮的：「我們用通貨緊縮表示價格和成本正在普遍下降。」在新近流行的斯蒂格利茨所著的《經濟學》一書中，通貨緊縮被解釋為「通貨緊縮表示價格水平的穩定下降」。而在曼昆的《經濟學原理》一書中，通貨緊縮甚至只是被提到而未做出解釋。相比之下，中國理論界研究通貨緊縮的論文和專著頗多，對通貨緊縮定義的討論也更深入一些。目前，國內關於通貨緊縮定義的主要觀點包括：

（1）與通貨膨脹一樣，通貨緊縮也是一種貨幣現象，其根源在於總需求對總供給的偏離，並體現為普遍的、持續的物價下降（持續的時間應在半年以上）。

（2）通貨緊縮的典型特徵是投資機會的減少和投資的邊際收益下降，儲蓄相對過剩。其在產品市場上體現為產品過剩、開工不足和物價下跌；在金融領域體現為信貸量螺旋式緊縮，實際利率不斷提高。因此，通貨緊縮應是一種實體經濟現象而不是貨幣現象，或者說，問題不在於貨幣與信用供給不足，而在於有利可圖的投資機會相對減少和缺乏適當的貸款對象，由此導致貨幣流通速度減慢、實際利率上升、企業經濟效益滑坡。

（3）通貨緊縮用以指物價疲軟乃至下跌的態勢——不是偶然的、一時的，而是成為經濟走向、趨勢的物價疲軟乃至下跌。

（4）通貨緊縮表現在兩個方面：一是價格總水平持續下降，具體為消費物價指數（CPI）或全國零售物價上漲率（中國）連續負增長；二是持續下降的時間在6個月以上。

此外，通貨緊縮還表現為銀行信用緊縮，貨幣供應量增長速度持續下降，消費和投資需求不足的程度持續提高，企業普遍開工不足，非自願失業增加，收入增長速度持續放慢等。

(5) 也有觀點認為，不能從商品零售物價或消費物價的角度來判斷通貨緊縮。理由是：①雖然通貨緊縮必然表現為物價持續下跌，但物價持續下跌並不一定是通貨緊縮的結果，如市場競爭、技術創新、資本有機構成提高以及廠商在優化結構、改善管理方面的努力等都可能引起物價下跌。②無論是零售物價還是消費物價，都沒有涵蓋所有以貨幣為媒介的經濟交易活動。③考察一國物價水平的高低必須放在人均收入的框架中。

12.3.2 通貨緊縮的分類與成因

通常，根據通貨緊縮產生的機理，可將其分為需求不足型通貨緊縮和供給過剩型通貨緊縮兩大類。

12.3.2.1 需求不足型通貨緊縮

由於總需求不足，正常的供給顯得過剩，由此而引發的通貨緊縮成為需求不足型通貨緊縮。總需求由消費需求、投資需求、政府支出和淨出口四部分構成，其中，政府支出又可分解為消費和投資。據此，需求不足型通貨緊縮又可進一步細分為三類：

(1) 消費抑制型通貨緊縮。它是指由於即期收入減少或預期未來支出增多，以及對未來的不確定感等原因導致即期消費減少或增加不足，造成總需求不足而引發的通貨緊縮。

(2) 投資抑制型通貨緊縮。它是指投資需求減少或增加不足而引發的通貨緊縮。

(3) 國外需求不足型通貨緊縮。它是指由於出口不暢，國外需求減少或增加不足所引發的通貨緊縮。

12.3.2.2 供給過剩型通貨緊縮

這裡的供給過剩不是指相對過剩，而是指由於技術創新和生產效率的提高所造成的產品絕對數量的過剩（通常過剩的產品只局限於某個層次或某些類別）。由此而引發的通貨緊縮稱為供給過剩型通貨緊縮。

目前，國內還有一種劃分通貨緊縮的方法，即將其劃分為相對通貨緊縮和絕對通貨緊縮。相對通貨緊縮是指物價水平在零值以上，在適合一國經濟發展和充分就業的物價區間以下的通貨緊縮，絕對通貨緊縮則是指物價水平在零值以下，即物價負增長時的通貨緊縮。這種劃分方法的理論前提根源於對通貨膨脹的認識。在本章有關通貨膨脹的部分我們曾談到，有的經濟學家認為輕度的（或稱爬行的）通貨膨脹有利於經濟的發展（此觀點尚存在爭議）。因此，對於每個國家而言，都有一個高於零值的有利於經濟發展和充分就業的物價上漲率區間（A, B）。反之，凡是低於 A 的物價上漲率都不利於經濟的發展和充分就業，也就可以被稱為是通貨緊縮。照此觀點，通貨緊縮的物價上漲率區間應為$(-\infty, A)$。也就是說，通貨緊縮並不意味著物價上漲率一定為負值。當物價上漲率為$(0, A)$時，經濟面臨相對通貨緊縮，經濟發展將受到損害，但程度輕微。當物價上漲率

為$(-\infty, 0)$時，經濟面臨絕對通貨緊縮，經濟將出現衰退甚至蕭條。

在現實經濟中，不同國家在不同時期的通貨緊縮都有其具體的產生原因。例如，美國1865—1896年的通貨緊縮被解釋為工業革命帶來的生產力水平迅猛提高、嚴格控製綠鈔發行、世界範圍內商品價格下降以及此前美國物價漲幅過高的結果。而對1929—1933年的通貨緊縮，凱恩斯認為是投資機會減少和投資需求下降所至。而貨幣主義者則認為，其原因是美聯儲防止銀行破產的努力失敗和1930年年底至1933年貨幣存量的下降。對於中國1997—2003年面臨的通貨緊縮的導因，比較流行的觀點是「債務—通貨緊縮」理論，即認為由於企業債務負擔過高，利息負擔過重，致使企業效益降低。與此相應，銀行信用萎縮，導致流通中貨幣減少，總需求減少，最終引發通貨緊縮。可見，無論通貨緊縮是由何種具體原因引起的，最終都要歸結到總需求與總供給失衡上來。

12.3.3 通貨緊縮對社會經濟的影響

12.3.3.1 通貨緊縮對經濟增長的影響

通貨緊縮會抑制經濟增長，甚至使經濟發生衰退。其理由主要包括：①物價的持續下降使生產者的利潤減少甚至虧損，這將使生產者減少生產或停產，進而使經濟增長速度受到抑制。②物價持續下降使實際利率提高，這將使債務人受損，而債務人大多是生產者和投資者。因此，通貨緊縮會影響生產和投資，從而對經濟增長帶來負面影響。③物價持續下降使生產和投資減少，這將導致失業增加和居民收入減少。而居民收入水平降低會相應減少消費需求，加劇總需求的不足，進一步加重通貨緊縮，使經濟遠離充分就業狀態，社會總產出進一步降低。

12.3.3.2 通貨緊縮的財富效應

同通貨膨脹一樣，通貨緊縮也具有財富分配效應，只是其結論剛好相反。在通貨緊縮時期，由於物價水平下降，實物資產的貨幣價值通常也會隨之而降低。其降低的幅度，有的會高於通貨緊縮率，有的則低於通貨緊縮率。同一種實物資產，在不同的條件下，其貨幣價值的變動幅度較之於通貨緊縮率也會時高時低。金融資產中的股票，由於其貨幣價值取決於其市場價格，而市場價格受諸多因素影響，所以其貨幣價值在通貨緊縮時期的變動方向很難確定。物價降低提高了貨幣的購買力，因此現金將會升值。對存款、債券等貨幣性資產而言，如果其利息固定，其貨幣價值同樣會上升；而對貨幣性負債來說，通貨緊縮將加重債務人的負擔。

上述分析基於微觀的層面，討論具有不同財富結構的微觀主體在通貨緊縮中所受到的不同影響。此外，以美國著名經濟學家唐·帕爾伯格為代表的一些學者提出了通貨緊縮具有財富收縮效應的觀點。這一論點建立在宏觀層面上。唐·帕爾伯格指出，通貨膨脹使再分配財富的總額上升，而通貨緊縮卻意味著財富總額打了一個折扣。也就是說，通貨緊縮使全社會財富縮水。這一觀點與通貨緊縮促退論的觀點是一致的。

12.3.3.3 通貨緊縮的再分配效應

通貨緊縮的再分配效應可以從兩個方面加以考察：

(1) 通貨緊縮影響企業和居民之間的社會財富再分配。從總體上看，企業在經濟當中主要充當債務人，而居民在經濟當中主要充當債權人。在通貨緊縮時期，名義利率的下降速度一般較物價下降速度慢，致使實際利率呈上升趨勢。這是影響企業（債務人）和居民（債權人）之間社會財富再分配的主要原因。在通貨緊縮情況下，一方面，物價水平的下降使企業利潤減少，一部分財富因而由企業向居民轉移；另一方面，實際利率的提高，使作為債務人的企業的收入又進一步由作為債權人的居民轉移。企業為維持生計，往往只能通過借更多的債務來進行週轉。這將使企業陷入惡性循環中，同時也使這種財富的再分配效應不斷得到加強。

(2) 通貨緊縮影響政府和企業、居民之間的社會財富再分配。通貨緊縮稅是通貨緊縮影響政府和企業、居民之間的社會財富再分配的根本原因。我們在前面曾探討過通貨膨脹稅的問題。通貨膨脹稅是公眾財富向政府轉移的部分；與之相反，通貨緊縮稅則是政府財富向公眾轉移。「通貨膨脹稅收入＝通貨膨脹率×實際貨幣需求量」的公式，同樣可以用來衡量通貨緊縮稅收入。只不過這裡的通貨膨脹率為負值，算出的通貨緊縮稅收入亦為負值，表示由政府向公眾轉移的收入。

與通貨膨脹稅不同的是，通貨緊縮稅收入具有兩種變化趨勢，其究竟會沿哪種趨勢發展取決於政府對此的反應。如果對經濟變化敏感，當通貨緊縮稅收入隨著物價指數的下跌而上升時，政府立即採取各種措施來刺激消費和投資，使公眾持有的貨幣減少，就可使通貨緊縮稅收入下降；反之，如果政府對通貨緊縮不採取應對措施，通貨緊縮稅收入就可能不斷上升。

當然，在現實中，政府不太可能對通貨緊縮放任不管。而且，隨著通貨緊縮稅的不斷上升，市場本身也會在某種程度上進行自發調節。例如，在這種財富轉移持續一定時間之後，公眾可能因財富效應而增加消費和投資。

12.3.4 治理通貨緊縮的措施

近幾十年來，世界各國面臨的主要問題是如何同通貨膨脹做鬥爭。而新一輪通貨緊縮的苗頭則只是在東南亞金融危機之後才時隱時現。就目前世界上的大多數國家來說，通貨緊縮還不會成為經濟發展的現實威脅。時任美聯儲主席格林斯潘在1997年夏季說：「在目前的經濟結構中，沒有任何因素能夠讓我們得出通貨緊縮已經到來的結論。」著名經濟學家弗里德曼在1998年12月的一次演講中說：「然而，從長期看，通貨膨脹將加劇而不是減弱……在未來的10~12年中，我們將再次進入一個通貨膨脹更為嚴重的時期。」因此，目前有關通貨緊縮治理的理論研究較之於對通貨膨脹的理論研究還遠遠不夠系統和成熟。下面，我們對各國治理通貨緊縮的政策措施進行一個小結。

12.3.4.1 寬鬆的貨幣政策

通貨緊縮的成因之一是流通中的貨幣不足。採用寬鬆的貨幣政策，可以增加流通中的貨幣量，刺激總需求。傳統的貨幣政策工具包括法定存款準備金率、貼現政策和公開市場操作。寬鬆的貨幣政策可以選擇降低法定存款準備金率和貼現利率以及中央銀行在公開市場上購入政府債券等措施。利率或信貸規模受控制的國家，可以通過直接降低利率或擴大信貸規模的方式來進行調節。實行寬鬆的貨幣政策的目的在於增加貨幣流通量。但是，貨幣供給量和貨幣乘數都受到包括商業銀行、存款者、借款者、中央銀行在內的多個行為主體的影響，而不是由中央銀行單獨決定的簡單的外生政策變量。甚至基礎貨幣在一定條件下也不是中央銀行所能完全控制的，更何況中央銀行對擴張性貨幣政策和緊縮性貨幣政策的控製能力本來就不對稱。中央銀行的貨幣政策工具在實行緊縮性貨幣政策時較為有效，在推行擴張性貨幣政策時，效果卻往往不理想。中央銀行的貨幣政策雖然可以或可能對貨幣供給量的增減發揮決定性的作用，但它畢竟不能強迫銀行貸款、公眾借款。沒有合理的投資回報預期，理性的企業不敢借款；沒有好的貸款項目，銀行也不敢貸款。這就意味著，在一定的情況下，寬鬆的貨幣政策不僅不能刺激投資需求，反而還可能加強人們對通貨緊縮的預期。因此，單純用寬鬆的貨幣政策來治理通貨緊縮，效果往往不佳，甚至可能無效。

12.3.4.2 寬鬆的財政政策

寬鬆的財政政策主要包括減稅和增加財政支出兩種方法。減稅涉及稅法和稅收制度的改變，不是一種經常性的調控手段，但在對付較嚴重的通貨緊縮時也會被採用。在採用減稅手段時應注意稅收槓桿在本國是否靈敏。減稅政策要根據具體情況靈活運用，沒有必要「一刀切」。例如，羅斯福在治理美國1929—1933年通貨緊縮時就採用了減稅的措施。基於當時貧富差距過大造成有效需求不足的觀點，羅斯福的新稅法降低了低收入者的稅率，提高了高收入者的稅率。

財政支出是總需求的組成部分，因此增加財政支出可以直接增加總需求。同時，財政支出增加還可能通過投資的乘數效應帶動私人投資的增加。運用財政支出手段所面臨的首要問題是資金來源問題。特別是對於發展中國家而言，財政收入本來就有限，如果同時又採用了減稅的政策，則往往會加重財政困難。

解決此問題的方法有二：一是財政向中央銀行借款或直接透支；二是發行國債。西方經濟學者一般認為財政向中央銀行借款應以短期為宜，借款目的應是解決臨時性或季節性資金短缺。至於透支，則不應被允許，否則，將直接威脅中央銀行的獨立性，不利於幣值的穩定和經濟的穩定持續發展。所以，目前各國普遍採用的做法是發行國債。當然，國債的發行也應有一定的限度。

運用增加財政支出的手段還應警惕「擠出效應」。「擠出效應」理論由現代貨幣學派提出。他們認為，如果政府開支的增加並不伴隨著貨幣供應量的增長，那麼，在支出增加

和貨幣存量不變的情況下，必然導致利率的上升，由此引起私人投資和消費的縮減。因此，在對付通貨緊縮時，通常都會將財政政策工具和貨幣政策工具配合使用。

12.3.4.3　結構性調整

對於由於某些行業的產品或某個層次的商品生產絕對過剩所引發的通貨緊縮，一般採用結構性調整的手段來治理。對於生產過剩的部門或行業，要控製其生產以減少產量。同時，對其他新興行業或有發展前途的行業應採取措施鼓勵其發展，以增加就業機會，提高收入，增強購買力。1929—1933 年的通貨緊縮時期，美國的農產品嚴重過剩，羅斯福採用向減少耕作或養殖的農民給予經濟補貼的政策以控製農產品的生產。同時，通過修改禁酒令、放棄反壟斷法、對工會做出讓步等措施刺激工業生產。

12.3.4.4　改變預期

與通貨膨脹一樣，公眾對通貨緊縮發展前景的預期在很大程度上影響著政府各項反通貨緊縮政策的效果。因此，政府有必要通過各種宣傳手段，說服公眾相信政府各項反通貨緊縮政策的正確性和有效性，增強公眾對未來經濟發展趨勢的信心。

12.3.4.5　完善社會保障體系

如果消費需求不足的主要原因是中下層居民的收入過低，那麼，建立健全社會保障體系，適當改善國民收入的分配格局，提高中下層居民的收入水平和消費水平，將有助於通貨緊縮的治理。

12.4　中國通貨膨脹概況

12.4.1　中國通貨膨脹歷程

改革開放以來至今，中國宏觀經濟出現了 8 次[①]比較明顯的波動。在本節中，我們將根據中國通貨膨脹的動態路徑將其分為 8 個階段。

12.4.1.1　第一階段：1978—1983 年

1978—1983 年，中國處於短缺經濟狀態，隨著計劃控製的放鬆和價格改革的推進，短缺經濟時期所隱藏的隱性通貨膨脹壓力逐漸釋放出來，使得整個 20 世紀 80 年代中國一直面臨著嚴重的通貨膨脹。這一時期宏觀調控的主要任務是治理通貨膨脹，所依據的主要是行政和計劃的手段。

1979 年，在改革開放的大背景下，政府開始了一系列的價格改革。首先是提高糧食、棉花等 18 種主要農產品的收購價格，其中，糧食收購價提高 30.5%，棉花收購價提高

---

① 本書劃分的方法主要參考：張成思. 中國通貨膨脹週期回顧與宏觀政策啟示 [J]. 亞太經濟，2009（2）.

25%、油脂油料收購價提高 38.7%，並對糧、棉、油等主要農副產品實行超購加價政策，擴大議價收購範圍。但是，在提高農產品收購價格的同時，政府並沒有相應調整其銷售價格，這使得與農產品相關的副食生產銷售嚴重虧損。於是從同年 11 月開始，又提高了畜產品、水產品和蔬菜等 8 種副食品的價格，並相應給予城鎮居民 5 元/人·月的價格補貼。1979 年 4 月，政府有計劃地提高了煤炭、鐵礦石、生鐵、鋼錠、鋼坯和有色金屬、水泥等產品的出廠價格（例如，原煤提價 30.5%，生鐵提價 30%，鋼材提價 20%……）。隨著燃料、原料價格的提高，與此密切相關的下游產品和高附加值的卷菸、釀酒業等成本上升。政府又針對第三產業服務品價格偏低的問題，從 1983 年 12 月起，提高了鐵路貨運價格和水運客運價格，其中，鐵路運價提高幅度達 21.6%。這一系列措施，均導致了物價水平的上升。

此外，1978—1981 年的基本建設投資波動也引起了物價水平的相應波動。1978 年的基本建設投資比上年增長 37%，GDP 增長 11.7%，基本建設投資快速增長，成為經濟波動的波峰。由於基本建設投資增長速度過快、戰線過長、項目過多的問題已現端倪，因此從 1979 年到 1981 年，以「急煞車」方式停建、緩建了一批大中型項目。1981 年基本建設投資比上年壓縮 20.6%，GDP 增長率回落到 5.2%，零售物價指數回落到 2.4%，形成了這輪經濟波動週期的波谷。為了保持經濟穩定增長，1982—1983 年貫徹執行「調整、改革、整頓、提高」的方針，經濟增長勢頭在 1982—1983 年比較強勁，1981 年中國真實 GDP 增長率還僅為 5.2%，但到了 1982 年和 1983 年就分別上升到 9.1% 和 10.9%。

12.4.1.2　第二階段：1984—1986 年

從 20 世紀 80 年代中期開始，隨著中央銀行制度的建立，中國才開始實施真正意義上的財政政策和貨幣政策。

這一輪的通貨膨脹，是中國改革開放後 CPI 通貨膨脹率峰值首次出現高於 10% 的一次。對形成這輪通貨膨脹的原因，國內學者有著廣泛的共識，認為主要是價格改革而形成的成本推動型通貨膨脹。其中，不僅有固定資產投資規模過大引起社會總需求過旺的因素，還有工資性收入增長超過勞動生產率提高引起成本上升的因素，這也是中國引入市場手段的制度成本。

在上一階段價格改革的背景下，1984 年，政府提出了「對內搞活經濟，對外實行開放」，出現了改革開放以來最快的 15.3% 的經濟增長率，固定資產投資同比增長 21.8%，基本建設投資同比增長 23.8%。同年，新成立的中央銀行發布了《信貸資金管理試行辦法》，造成了 1984 年年底以後的信用膨脹和貨幣發行失控，直接導致了 1985 年零售物價指數和消費物價指數分別高達 8.8% 和 9.3% 的通貨膨脹，成為改革開放以來物價上漲的第二個高峰。固定資產投資規模繼續增大，全國城鄉投資比上年增長 38.7%，基建投資同比增長 42.8%。1985 年實行了貨幣、信貸「雙緊」政策，在抑制總需求的同時，也導致了經濟增長速度大幅下滑。1986 年，固定資產投資增長過快勢頭得到初步控制，同比僅增長

16.7%，GDP 增長率也隨之降到 8.8%，成為波谷。

12.4.1.3 第三階段：1987—1990 年

1985 年，由於價格體制調整，已經引發通貨膨脹。但在高通貨膨脹並沒有得到徹底治理的情況下，國家仍準備進行全面的價格改革，形成了由計劃經濟向市場經濟轉軌初期的「價格闖關」現象。1987 年中國經濟繼續過熱，GDP 的真實增長率達 11.6%，1988 年同比增長為 11.3%，預算外投資膨脹無法控制。從零售物價和職工工資總額的增長率來看，二者分別較上年同比增長 18.5% 和 22.1%。1988 年 7 月份，CPI 同比上升幅度 19.3%。1988 年 8 月至 1989 年 6 月，CPI 上漲率一路攀升，並在 1989 年 2 月創下改革開放以來第一個最高紀錄 28.4%。形成了 80 年代的最高水平和改革開放以來物價上漲的第三個高峰。針對這樣的情況，從 1989 年開始，中國又開始實行嚴厲的信貸緊縮政策。但由於市場普遍的通脹預期及通貨膨脹自身的慣性特徵，通貨膨脹並沒有立即得到控製，並一直持續到 1990 年 7 月。

12.4.1.4 第四階段：1991—1998 年

1992 年鄧小平同志「南方講話」發表後，中國開始全面推進和深化經濟體制改革，初步勾勒出社會主義市場經濟體制的基本框架。1994 年，中國進行了分稅制體制改革，中央銀行制度進一步健全，貨幣政策框架開始建立，為中國及時有效地運用財政政策、貨幣政策組合調控經濟創造了必要的制度基礎和有利的體制環境。這一階段的宏觀經濟政策，是在社會主義市場經濟體制基本框架逐步建立過程中，運用行政、經濟和法律並重的手段治理通貨膨脹。

1991—1998 年這一輪通貨膨脹是改革開放以來通貨膨脹持續時間最長的一次。1990—1991 年中國經濟增長出現明顯的降溫，CPI 通脹率降到 5% 以下。1991 年年底，為搞活國有大中型企業，國務院公布了 20 條重要措施，其中包括進一步下調利率、放鬆銀根，導致了 1993 年全國信貸投放增長率達到近 50% 的高位。1992 年，在鄧小平同志「南方講話」的鼓舞下，各地經濟發展也再次加速，新一輪經濟過熱再次出現，這使得當年真實的經濟增長率達到 14.2%。1993 年 1 月，CPI 通脹率攀升到 10.3%，此後一直上升，1994 年 1 月為 21.1%，10 月達到 27.7%，為此輪通貨膨脹的最高峰，也創下新中國成立以來的最高紀錄。1993—1994 年，真實的 GDP 增長速度分別保持在 13.5% 和 12.6% 的水平。到 1993 年，由於投資急遽膨脹，特別是全國掀起了一股房地產熱、開發區熱、投資熱，全社會固定資產投資同比增長 61.8%，商品零售價格同比上漲 13.2%，出現了改革開放以來最嚴重的通貨膨脹。在這一背景下，通貨膨脹的爆發機制主要體現在投資和消費的「雙膨脹」上面。

12.4.1.5 第五階段：1999—2002 年

20 世紀 90 年代後期，中國開始實施加緊宏觀調控、穩定金融系統和加強管理固定資產投資等措施，其效果在 1998 年年底逐漸顯現出來。同時，由於政策慣性導致的較長時

期通貨緊縮現象以及管理層對長期通貨緊縮的潛在不良效果的擔憂，2000年又開始實行擴大內需、刺激經濟等舉措，適度地將當時價格變動從通貨緊縮的陰影中拉出來一段時間。而由於當時銀行信貸供給收縮，金融系統和商業銀行採取「惜貸」行為以應對壞帳等，又對2001年後的通貨膨脹回落起到了推波助瀾的作用。由此可見，1998—2002年間，雖然貨幣供給相對較鬆，但銀行信貸較緊，形成「鬆貨幣、緊信貸」的現象，這也導致通貨膨脹在此期間一直在低位運行。

在亞洲金融危機的衝擊下，從1997年10月開始，中國物價總水平開始下滑，到1998年，全社會商品零售物價指數上漲率出現負增長，為-2.1%；1999年進一步下探到-3%，遭遇改革開放以來的第一次通貨緊縮。具體表現為國內需求不足，生產過剩。1998年上半年，中國供不應求的商品為零，供過於求的商品達25.8%，供求平衡的商品占74.2%。到1999年，社會供需總量已經明顯不平衡。據第三次工業普查資料，早在1995年，主要工業品生產能力利用率充分的就只占36.1%，並且集中於能源、原材料和部分名優產品；產能閒置1/5~1/3的占27.2%；閒置一半的占18.9%；處於停產半停產狀態、產能利用不到一半的占19.1%。1997年，工業企業中虧損企業占25.6%，虧損企業數比上年增加5.68%。國有工業企業中虧損企業占39.2%。

12.4.1.6　第六階段：2003—2006年

這一輪的通貨膨脹與中國從1998年開始實施的穩健的貨幣政策聯繫緊密。黨的十六大以來的五年，是中國加入世界貿易組織後全球化進程最快的時期。這個時期的顯著特點是對外開放全面提速，貨物商品、服務貿易流量和貿易盈餘規模急遽擴大，在資本流出逐年遞增的同時，資本淨流入持續增長，經濟的國際化水平迅速提高。

2003年以來，在國內外各種因素的推動下，中國經濟在走出通貨緊縮的陰影後不久，出現了煤電油運緊張、部分地區和行業固定資產投資增長過快等「局部過熱」苗頭。從9月開始，居民消費價格總水平開始快速上升，在12月達到3.2%，同時，CPI也在2003年9月開始出現遞增趨勢，從2004年4月到2004年11月連續8個月超過3%，其中6月到9月CPI通脹率均在5%以上。社會消費品零售總額也從2004年開始步入兩位數以上的快速增長階段。不過，與前幾輪通貨膨脹相比，無論是從持續時間、峰值還是波動性上看，此次通貨膨脹都相對比較溫和。

12.4.1.7　第七階段：2007—2008年

2008年第一季度與2007年同期相比，CPI指數上漲了8.0%。同時，從2007年5月份到2008年2月份，CPI月環比連續上漲。最高的是2008年2月份，達到2.6%。從2007年8月份以來，月同比價格指數上漲幅度已經連續7個月超過6%，最高的是2008年2月份，達到8.7%。3月份的同比指數達到8.3%。雖然2007年全年CPI通脹率為4.8%，但仍屬於溫和的通貨膨脹。

國內學者對形成此輪通貨膨脹的主要原因存在著不同的觀點。其中影響比較大的有兩

種，一是食品價格成因論，把價格總水平的上漲主要歸因於食品類特別是糧食和豬肉價格的上漲。二是國際輸入成因論，把價格總水平的上漲主要歸因於進口能源、原材料和部分食品價格的上漲。從表面上看，此輪通貨膨脹似乎主要是由於豬肉、糧食供應短缺的局面短期內難以改善而造成的物價持續上漲。從世界範圍內看，隨著中國經濟對外開放程度逐年提高，國際市場價格變化以及主要貿易夥伴的價格變化對中國的重要產品價格和價格總水平的變動作用也在逐漸加強，全球糧食、能源和石油價格的上漲，構成了全球性的供給衝擊，進而體現為一定的成本推動型通貨膨脹。中國石油對國際市場的依存度很高，美元貶值和原油期貨的炒作帶來的國際市場石油價格持續高位運行，對國內能源和原材料價格的上漲也起到了一個強大的推動作用。同時，由於中國並未掌握國際大宗商品的定價權，所以造成國內相關企業的成本出現較大幅度的上升。

除了供給衝擊外，貨幣供給量的增長也是一個不容忽視的問題，雖然二者存在著一定的時滯性。2003—2007年各年度貨幣供給M_2的年末餘額同前一年相比的增長速度分別是：19.6％、14.6％、17.6％、16.9％和16.7％，都大大超過了同期的經濟增長速度。貨幣供給量持續高速增長對於價格總水平的上漲起到了決定性的作用。此外，外貿順差過大且持續增長過快也是中國經濟內外不平衡的重要表現。2005—2007年，進出口順差餘額年增長幅度分別為218.43％、74.2％和49.97％，表明國際市場需求對於中國經濟增長的推動作用強勁。淨出口的快速增長，也對外匯儲備增長和國內價格總水平的上漲起到了重要的作用。另外，國內的一些突發性災難事件，如2008年春的南方大雪災、2008年5月的四川大地震等也在一定程度上造成了短期內物價反彈的較大壓力。

12.4.1.8 第八階段：2009年至今

2008年源於美國的次貸危機使全球金融市場動盪。中國也受到不同程度的影響。2008年10月28日，上證綜合指數已由最高的6,124點下跌到1,664.93點，跌幅超過73％。11月的經濟數據顯示，中國出口首次出現負增長，利用外資金額大幅下滑，工業增速連續顯著回落，中國經濟面臨的下行壓力嚴峻，國內生產總值增長率逐季下降，2008年1~4季度GDP增長率分別為10.6％、10.1％、9％和6.8％。工業生產增長放緩，企業利潤增速回落，全年規模以上工業增加值比上年增長12.9％，增速比上年回落5.6個百分點。與此同時，CPI的通脹率自2009年2月以來連續九個月出現負增長。金融危機也在一定程度上引起了國內投資者和消費者對未來經濟增長的悲觀預期，投資和消費意願明顯下降，進一步削弱了經濟增長動力。為防止經濟下滑，國家先後出抬了一系列的刺激措施，下調證券交易稅並取消利息稅，百日內連續五次下調貸款基準利率，國務院出抬四萬億投資計劃等。通過一系列的振興措施，消費增長較快，2009年11月，CPI通脹率結束連續九個月的負增長，實現正的0.6％，並在此後一直呈現上行趨勢。受國內需求旺盛拉動，經濟增速明顯加快，2010年第一季度GDP增長11.9％，增速比金融危機以來的最低點（2009年第一季度）提高5.7個百分點。同時，在對外貿易方面，2010年第一季度出口3,161.7億美

元，同比增長28.7%，比2009年同期提高48.4個百分點；進口3,016.8億美元，同比增長64.6%，比2009年同期提高95.5個百分點，出口基本上恢復到危機前的水平，而進口已經超過危機前最高水平。

12.4.2 中國通貨膨脹的形成原因

改革開放以來，中國的通貨膨脹問題已經成為社會各界最為關注的宏觀經濟問題。圍繞通貨膨脹的成因，眾多的學者和機構提出了多種觀點。在這裡結合中國的實際情況，我們主要提供以下幾種解釋：

（1）貨幣數量說。這種觀點以弗里德曼的貨幣數量論為基礎，該理論認為任何通貨膨脹在本質上都是一種貨幣現象，因此，中國目前所面臨的通貨膨脹問題沒有任何特殊性，在本質上就是貨幣發行過多。

（2）需求拉動說。需求拉動說認為，貨幣發行過多只是導致需求推動的一種因素而已，需求膨脹導致通貨膨脹的途徑很多，主要體現在：①由於人民幣過分低估導致外需過旺，進而引發外需拉動型通貨膨脹；②由於過度城市化導致固定投資過度膨脹，引發投資拉動型通貨膨脹；③由於人民消費升級導致糧食需求上升，進而導致糧食價格主導型的通貨膨脹；④由於經濟增長速度過快導致總體性需求的上漲。

（3）成本推動說。成本推動說認為，中國目前的通貨膨脹並不具備需求拉動型通貨膨脹的典型特徵。導致價格上漲的核心原因在於，經濟高速發展所帶來的供應短缺以及相應的各種成本急遽上漲。具體體現在：①由於土地資源有限性導致的地租價格的上漲；②由於勞動力市場出現「劉易斯拐點」[①] 和新合同法的出抬，導致勞動力成本的上升；③由於美元貶值、投機資本以及氣候等原因導致各種原材料和大宗商品價格的暴漲；④由於節能環保政策的出抬，導致環境成本的大幅度上升；⑤農業機會成本以及實際成本的上升導致糧食價格的上漲。

（4）結構說。結構說認為，目前價格上漲問題自2006年以來都具有結構性上漲的特徵，在本質上是一種相對價格的上漲。這些特徵超越了傳統的「需求拉動—供給推動」的通貨膨脹分析框架，價格上漲產生的核心根源在於以下幾個方面：①中國經濟非均衡發展導致的結構性失衡，即全球分工體系的調整導致大量的製造業向中國轉移，從而導致中國製造業原材料以及相應的初級產品價格相對於製成品和貿易品價格進行調整——製成品價格在規模經濟和技術提升中不斷下降，而原材料和初級品在供給約束下價格出現快速的提升；②中國經濟改革在要素價格改革滯後的情況下，要素價格管制的放鬆必定帶來勞動力、原材料和土地密集使用部門的產品價格急遽上漲；③中國工業化、國際化以及城市化

---

① 劉易斯拐點，由諾貝爾經濟學獎得主阿瑟·劉易斯（W. Arthur Lewis）提出，指勞動力從過剩走向短缺的轉折點。它主要是指在工業化過程中，隨著農村富餘勞動力向非農產業的逐步轉移，農村富餘勞動力逐漸減少，最終枯竭。

進展到一定程度，需要中國經濟進行結構性調整，必然引起相應供求的相對變化，進而引起相對價格的變化。

（5）摩擦說。摩擦性的通貨膨脹是指在現今的所有制關係和特定的經濟運行機制下，計劃者需要的經濟結構與勞動者需要的經濟結構不相適應所引起的經濟摩擦造成的通貨膨脹。具體就是：在公有制下存在的累積與消費之間的矛盾，外在地表現為計劃者追求高速度經濟增長和勞動者追求高水平消費之間的矛盾。國家追求高速經濟增長往往引起貨幣超發，勞動者追求高消費往往引起消費品價格上漲。

（6）輸入說。中國經濟在高度的國際化進程中，主要是通過兩種途徑將大量的通貨膨脹因素輸入中國：①大量的貿易順差和資本與金融項目順差將國際流動性過剩輸入中國；②國際石油和原材料價格的暴漲通過大量的國際大宗商品的進口輸入中國；③國際食品價格的上漲給中國食品價格帶來了上漲的預期；④對於人民幣升值的預期導致大量投機性資本湧入，使中國各種投機資本的資本價格上漲。

上述理論都密切聯繫中國的實際國情，雖然有的由於中國的情況發生了變化，已不適用於今天，但其論斷仍有理論意義，所剖析的思路和方法對於我們全面認識通貨膨脹仍會有所啓發。現在，我們對於通貨膨脹的研究，其意義更主要在於通過進一步揭示通貨膨脹的形成機理來尋找解決的措施或方法。

本章小結

1. 總需求指一個國家或地區在一定時期內（通常為1年）由社會可用於投資和消費的支出所實際形成的對產品和勞務的購買力總量。總需求函數表示在一系列價格總水平下經濟社會的均衡的總支出水平，用公式表示為：$Y = AD(P)$。在以價格為縱坐標、總產出（或總收入）為橫坐標的坐標系中，總需求函數的幾何表示為總需求曲線。總需求曲線向右下方傾斜，表明總需求與價格成反方向變化。

2. 總供給是指一個國家或地區在一定時期內（通常為1年）由社會生產活動實際可以提供給市場的可供最終使用的產品和勞務總量。總供給函數是指總供給（或總產出）和價格水平之間的關係，用公式表示為 $Y = AS(P)$。在以價格為縱坐標、總產出（或總收入）為橫坐標的坐標系中，總供給函數的幾何表示為總供給曲線。從短期來看，總供給曲線是一條向右上方傾斜的曲線；從長期來看，總供給曲線是一條位於充分就業潛在產量水平上的垂線。

3. 總需求與總供給模型就是將總需求曲線與總供給曲線放在同一坐標系中，以解釋整個社會的均衡產出和價格水平決定的模型。總需求曲線與總供給曲線的交點代表著實際的均衡產出量和價格水平。當經濟偏離 AD-AS 模型決定的均衡點時，經濟能夠自動地朝

向均衡點。對總供求長期均衡的分析也表明，不論經濟的初始狀態在哪裡，只要偏離自然率水平，都存在逐步趨向於自然率水平的機制，這是一種自動糾正機制。

4. 通貨膨脹通常表現為一般物價水平的持續上漲。可以根據不同的標準對通貨膨脹進行分類，比如按照市場機制的作用進行分類，或者按照物價水平上升的速度分類，或者根據通貨膨脹的預期進行分類，或者根據產生通貨膨脹的原因進行分類。一般而言，通貨膨脹程度會通過物價水平的上漲幅度表現出來，因此，宏觀經濟學中常常通過物價指數來度量通貨膨脹，所採用的價格指數主要有三類：居民消費價格指數、生產者物價指數、國民生產總值或國內生產總值平減指數。

5. 通貨膨脹產生的原因有很多，比較有影響的有需求拉動型通貨膨脹、成本推動型通貨膨脹、供求混合推進型通貨膨脹、結構型通貨膨脹、預期和通貨膨脹慣性以及衝擊與傳導理論等。根據通貨膨脹產生的原因的不同，相應的治理措施也不一樣。這些措施主要包括宏觀緊縮政策、收入政策、指數化政策、供給政策以及對外經濟政策等。

6. 通貨膨脹對各國社會經濟產生了廣泛而深刻的影響，比如強制儲蓄效應、收入分配效應、資產結構調整效應等，惡性通貨膨脹還有可能引起社會經濟危機。對於通貨膨脹與經濟增長的關係，主要存在著三種觀點，即促進論、促退論和中性論。

7. 通貨緊縮是與通貨膨脹相對應的一個概念，通常表現為一般物價水平的持續下降，其產生的根源在於社會的總需求小於總供給。與通貨膨脹一樣，通貨緊縮也會危害一國經濟的健康運行。當經濟出現通貨緊縮時，政府採取的對策主要有：擴大需求的政策、完善產業結構、改變預期、貨幣改革等。

思考題

1. 你認為應如何定義通貨膨脹？為什麼？
2. 試分析中華人民共和國成立以來的歷次通貨膨脹。
3. 試分析通貨膨脹對社會的影響。
4. 談談你對中國通貨緊縮成因的看法。
5. 試評析中國治理通貨緊縮的各項政策。

13 中央銀行

學習目標

在這一章中，我們將討論中央銀行的產生、類型、性質、職能以及中國人民銀行概況。學完本章後，你應當知道：
- 為什麼會產生中央銀行；
- 中央銀行有哪些類型；
- 如何理解中央銀行的相對獨立性；
- 中央銀行的職能有哪些；
- 中國人民銀行概況。

重要術語

貨幣發行　最後貸款人　中央銀行制度　一元中央銀行制　二元中央銀行制　複合中央銀行制　跨國中央銀行制　準中央銀行制　中央銀行的獨立相對性　政府的銀行　發行的銀行　銀行的銀行

13.1　中央銀行的產生及類型

13.1.1　中央銀行產生的客觀經濟基礎

從世界上最早出現中央銀行到現在，已經有300多年的歷史。17世紀後，伴隨著資本主義工業的快速發展，銀行業也獲得了更大的發展空間，具體表現為銀行數量急遽增加、銀行資本金快速擴大；與此同時，銀行業的競爭也在加劇，並導致眾多小銀行破產倒閉，

銀行信用體系遭受衝擊，從而危及整個金融甚至經濟的穩定與發展。當時，整個銀行業面臨的問題主要有：

一是政府融資的需求。銀行作為一個古老的融資行業，最初，向銀行借款的主要是商人和一些揮霍無度的王公貴族。後來，隨著國家機器的強化、自然災害的頻繁發生以及戰爭的不斷爆發，致使國家的支出增加、收入減少。為了彌補財政虧空，國家（政府）也需要借錢，政府逐漸成為銀行中的常客。一些大商業銀行也就逐漸演變為專為政府籌措資金的融資者和國庫的代理人。例如，歷史上的英格蘭銀行、法蘭西銀行、美國第一國民銀行、日本銀行等銀行，幾乎都是在發展到一定階段後，為了解決政府的資金問題，而獲得「政府的銀行」這一桂冠的。

二是銀行券發行問題。在銀行業創設初期，各家銀行均有權發行貨幣（銀行券）。如此一來，銀行券發行主體的多元化，或者由於受制於銀行券發行銀行的財力、信用、分支機構多寡等原因，而使已發行的銀行券流通不暢，或者因為銀行券發行銀行自身在經濟波動中不能從容兌現、發行銀行相互間惡意擠兌等，致使已發行的銀行券面臨巨大的兌現危機。銀行券發行多元化已經不適應經濟發展的需要，迫切需要建立起有權威、有信譽、有財力的專門的貨幣發行機構。

三是票據交換問題。隨著銀行業務的日益發展，各銀行間的債權債務關係愈加複雜化，票據數量日趨增多，緩解同城結算、異地結算矛盾的要求也就更加迫切。

四是最後貸款人問題。隨著資本主義大工業的發展，工商企業對貸款的需求更加旺盛，對資金的需求趨向於數量更大和期限更長，而此時的商業銀行由於受所吸收的存款的限制，已經無法滿足工商企業的這種急遽膨脹的貸款需求。為了留住客戶，商業銀行選擇了過度發行銀行券的辦法，但是這樣做必然會減少支付準備。一旦貸款不能按期償還，或者出現突發性的大量提現，就會發生週轉不靈，甚至出現擠兌。因此，有必要由一家權威機構適當集中銀行的部分現金準備，在個別銀行出現支付困難時，這家機構可充當最後貸款人的角色。

五是金融監管問題。銀行業與金融市場的有序營運及進一步發展，越來越需要一個由政府組織、授權並具有權威的專門機構擔負起對金融事業、金融活動進行有效監管的重要職責。

20世紀以前困擾銀行業的上述各種問題的出現，本身就奠定了產生中央銀行的客觀經濟基礎：為了穩定貨幣流通，必須改銀行券的分散多元發行為集中統一發行；為了保證並提高清算質量、效率，必須建立起統一、公正、權威的清算中心；為了防止信用危機，必須有一個具有國家權威、資信卓著的最後貸款人；為了規範、有效地調控金融運行，維護金融秩序，必須設立一個最有權威的專門金融管理機構。由此，中央銀行應運而生。

13.1.2 中央銀行產生的途徑

中央銀行產生的途徑有兩種：一種是從既有的商業銀行逐步演變、地位提升中產生，另一種是從目的明確的直接創設中產生。

13.1.2.1 從商業銀行演變中產生

其典型案例是英國的英格蘭銀行。經英王特許而成立於 1694 年的英格蘭銀行，開始時僅僅是一家擁有 120 萬英鎊股本的私人股份制銀行。英國政府出於財政需要，雖然准許英格蘭銀行在不超過資本總額的條件下有權發行銀行券，但當時的英格蘭銀行還只是分散、多元的銀行券發行主體之一，還遠未能成為壟斷銀行券發行權的「發行銀行」。1800 年，英國政府才在立法中確立了英格蘭銀行所發行的銀行券唯一法償貨幣的地位。1844 年，英國國會頒布的《銀行特許條例》（即《皮爾條例》）進一步對英格蘭銀行相對獨占銀行券發行權的地位做了明確規定。與此同時，英格蘭銀行還在自身地位逐漸提升過程中對眾多商業銀行提供票據交換、債權債務清償業務，接受商業銀行的票據再貼現，在經濟、信用出現危機時及時充當商業銀行的「最後貸款人」，以穩定貨幣供給、維護信用秩序。1857 年的銀行法確立了英格蘭銀行集中管理全國所有其他銀行的金屬儲備的權力，標誌著英格蘭銀行最終完成了向中央銀行的轉變，成為名副其實的中央銀行。

13.1.2.2 目的明確地直接創設

一國政府從無到有地創設中央銀行，一般都有著十分明確的目的：穩定貨幣供給，維護經濟金融秩序。經由這條途徑產生的中央銀行，當以美國聯邦儲備體系的產生最具有代表性。

20 世紀之前，美國政治的一個主要特徵是對中央集權的恐懼，這也是美國長期以來抵制建立中央銀行的原因之一。另外一個原因是美國社會長期以來對金融業持懷疑態度，而中央銀行恰恰是銀行業最突出的代表。美國公眾對中央銀行的曲解，導致了中央銀行最初兩次實踐的破產：1811 年，美利堅第一銀行解散；1832 年，美利堅第二銀行執照展期議案被否決，1836 年，美利堅第二銀行執照到期。因為沒有為銀行體系提供防止銀行恐慌發生的準備金的最後貸款人，於是，19 世紀和 20 世紀初期，全國範圍內的銀行恐慌頻頻發生，幾乎每 20 年一次。其中，1907 年的恐慌最慘烈，導致大範圍銀行破產，儲戶損失慘重。嚴峻的現實教育了美國公眾，人們終於認識到需要建立中央銀行。美國公眾對銀行和中央集權的敵意，對建立一個類似英格蘭那樣的中央銀行形成了巨大阻力。公眾的主要擔憂是：一是華爾街的金融業可能操縱中央銀行，進而控制經濟；二是聯邦政府掌管中央銀行運作會導致政府過多地干預私人銀行事務。對這些問題的激烈爭執的結果是一個折中方案出台。[1] 美國國會於 1913 年通過了《聯邦儲備條例》，次年，美國 12 家地區聯邦儲備

---

[1] 弗雷德里克·S.米什金.貨幣金融學[M].7版.鄭豔文,等,譯.北京：中國人民大學出版社，2006：334.

銀行的聯邦儲備體系——美國的中央銀行正式建立，它的職能在建立時就已明確規定：發行貨幣、代理國庫、調節貨幣流通、監管金融及組織票據清算等。

13.1.3 中央銀行的類型

從世界各國的中央銀行制度來看，大致可歸納為以下四種類型：

13.1.3.1 單一中央銀行制

單一中央銀行制指一個國家單獨建立中央銀行機構，作為政府的銀行、發行的銀行、銀行的銀行，全面執行中央銀行職能並制定金融行業制度。根據中央銀行與地方銀行權力劃分的不同，單一中央銀行又劃分為一元中央銀行制與二元中央銀行制兩種。

一元中央銀行制，就是在一個國家，只建立一家統一的中央銀行，同時在全國各地設立眾多分支機構並接受總行的統一領導，形成由總、分、支行垂直隸屬關係組成的中央銀行體制。目前，世界上大多數國家的中央銀行採用了這種體制。中國目前的中國人民銀行也屬於這種制度形式。

二元中央銀行制，就是一國在國內設立中央和地方兩級相對獨立的中央銀行機構，二者分別行使其職能：中央級機構是最高權力與管理機構，地方級機構也有其較為獨立的權力。採用或曾經採用這種形式的國家有美國、德國、南斯拉夫等。

13.1.3.2 複合中央銀行制

複合中央銀行制指在一個國家內並不單獨設立專司中央銀行職能的銀行，而是把中央銀行與商業銀行的業務、職能集中於一家國家大銀行的銀行制度。這種複合中央銀行制主要存在於蘇聯和東歐各國，中國的中國人民銀行在1949—1983年間實行的也是這一銀行制度。

13.1.3.3 跨國中央銀行制

跨國中央銀行制指由參加某一貨幣聯盟的所有成員共同組成的中央銀行制度。如歐洲中央銀行。歐洲中央銀行是根據1992年《馬斯特里赫特條約》的規定於1998年7月1日正式成立的，其前身是設在德國法蘭克福的歐洲貨幣局。其他的跨國中央銀行還有西非貨幣聯盟、中非貨幣聯盟、東加勒比海貨幣管理局等。

13.1.3.4 準中央銀行制

準中央銀行制指一國或地區只設置類似中央銀行的機構，或者授權少數大商業銀行或機構，由其行使中央銀行的部分職能的體制。中國香港和新加坡屬於這種體制。在中國香港，制定並實施貨幣政策、進行金融監管與支付體系管理諸職能由金融管理局擔負；貨幣發行職能由渣打銀行、匯豐銀行和中國銀行承擔；票據結算由匯豐銀行主持。在新加坡，設有主要負責制定貨幣政策與金融業務發展政策的金融管理局，主要負責發行及保管發行準備金、維護本幣穩定的貨幣委員會（其常設機構為貨幣局）。

13.2　中央銀行的性質和職能

13.2.1　中央銀行的基本特徵

處於一國經濟金融活動中心的一國中央銀行，作為唯一代表國家對一國經濟金融進行調控與監管的特殊金融機構，其基本特徵主要表現在以下幾個方面：

（1）不以營利為目的。追求利潤最大化是商業銀行經營的目標。但中央銀行營運的目標卻不是獲取利潤，而是制定與實施貨幣政策，以確保貨幣政策目標的實現。例如，適時適度地調節貨幣供求量以使貨幣購買力相對穩定，審時度勢地調控金融市場以使融資質量正常合理。

（2）以政府和金融機構為業務對象。中央銀行的業務對象不是一般的工商企業、家庭個人，而是一國政府、一國金融機構。中央銀行為一國政府提供的業務主要有：充當政府的經濟顧問，代理國庫，向政府發放貸款、代表政府參與國際金融活動等。中央銀行對金融機構辦理的業務主要有：集中保管金融機構的存款準備金、再貼現與再貸款、資金清算等。

（3）資產流動性高。中央銀行持有具有較高流動性的資產，比如現金、短期公債、部分能隨時變現的有價證券等，旨在靈活調節貨幣供求，穩定物價，保持經濟金融健康平穩運行。

（4）不在國外設立分支機構。根據國際法的有關規定，一國中央銀行在他國只能設置代理處或分理處而不能設立分支行，不能在他國發行貨幣、經營商業銀行業務，不能與各國商業銀行發生任何聯繫。

13.2.2　中央銀行的獨立性

中央銀行的獨立性，指中央銀行作為一國金融體系的核心、首腦，在制定與實施貨幣政策、調控與監管一國金融時具有相對自主性。一般而言，中央銀行保持相對獨立性應遵循這樣兩條基本原則：一是中央銀行應以一國客觀經濟目標為出發點制定貨幣政策，從事業務操作；二是中央銀行應按照金融運行規律，制定並實施貨幣政策，規避政府短期行為的干擾。

中央銀行獨立性一般具有以下三點內容：

（1）獨立的貨幣發行。中央銀行的貨幣發行應由中央銀行根據國家宏觀經濟政策、經濟發展的客觀需要，自行決定發行數量、時間、地區分布及面額、比例等，不搞財政發行。

（2）獨立的貨幣政策。中央銀行獨立掌握貨幣政策制定權和實施權，一國政府應充分尊重中央銀行的意見，確保中央銀行貨幣政策發揮有效作用。

（3）獨立的監管職能。中央銀行應在國家法律授權、保障下，對一國金融體系和金融市場進行監管與調控，確保整個金融活動在貨幣政策引導下正常進行。

增強中央銀行的獨立性可以改善經濟整體表現。近來的研究似乎也支持這一推斷：把中央銀行從最不獨立到最獨立排列，獨立性最強的中央銀行所在國家的通貨膨脹率表現最好。

13.2.3 中央銀行的職能

對於中央銀行的基本職能，歸納與表述的方法各有不同，一般歸納為發行的銀行、銀行的銀行、政府的銀行和管理金融的銀行四大職能。

13.2.3.1 發行的銀行

中央銀行是發行的銀行，指中央銀行壟斷貨幣發行，具有貨幣發行的特權、獨占權，是一國唯一的貨幣發行機構。中央銀行作為發行的銀行，具有以下幾個基本職能：

（1）中央銀行應根據國民經濟發展的客觀情況，適時適度發行貨幣，保持貨幣供給與流通中貨幣需求的基本一致，為國民經濟穩定持續增長提供一個良好的金融環境。

（2）中央銀行應從宏觀經濟角度控製信用規模，調節貨幣供給量。中央銀行應以穩定貨幣為前提，適時適度地增加貨幣供給，正確處理好貨幣穩定與經濟增長的關係。

（3）中央銀行應根據貨幣流通需要，適時印刷、鑄造或銷毀票幣，調撥庫款，調劑地區間貨幣分布、貨幣面額比例，滿足流通中貨幣支取的不同要求。

13.2.3.2 政府的銀行

中央銀行是政府的銀行，是指中央銀行為政府提供服務，是政府管理一國金融的專門機構。

中央銀行作為政府的銀行具有以下基本職責：

（1）代理國庫。這包括：辦理政府預算收入的繳納、劃撥和留用，辦理預算支出的撥付，向財政反應預算收支情況；協助財政、稅收部門收繳庫款；其他有關國庫事務等。

（2）對政府融通資金。作為政府的銀行，中央銀行具有為政府融通資金，滿足政府臨時資金需要的義務。中央銀行對政府融通資金的主要形式有：政府財政收支出現暫時失衡或財政長期赤字時，中央銀行向財政直接提供貸款以平衡財政收支；中央銀行進入一級市場直接購買政府債券，由此形成直接流入國庫的財政收入。

（3）代理政府金融事務。如代理國債發行及到期國債的還本付息等。

（4）代表政府參加國際金融活動，進行金融事務的協調、磋商和交流等。

（5）充當政府金融政策顧問，為一國經濟政策的制定提供各種資料、數據和方案。

13.2.3.3 銀行的銀行

中央銀行是銀行的銀行，指中央銀行通過辦理存、放、匯等項業務，擔任商業銀行與其他金融機構的最後貸款人，履行以下幾項職責：

（1）集中保管存款準備金。中央銀行根據法律賦予的特權，要求商業銀行及有關金融機構必須依法向中央銀行繳存存款準備金。這樣做的意義在於：集中準備金便於商業銀行及有關金融機構相互調劑準備金，增強清償能力，保障存款人的資金安全和商業銀行及有關金融機構自身的穩定；有助於中央銀行調節信用規模、控製全社會貨幣供給量；為商業銀行及有關金融機構非現金結算創造條件；強化中央銀行的資金實力。

（2）充當最後貸款人。所謂最後貸款人，指中央銀行為穩定經濟金融運行秩序，向那些面臨資金週轉困難的商業銀行及其他金融機構及時提供貸款，幫助它們渡過難關。中央銀行作為最後貸款人提供貸款，通常採取兩種形式：票據再貼現，即商業銀行及其他金融機構把自己持有的票據賣給中央銀行並由此獲得一定現金的業務；票據再抵押，即商業銀行及其他金融機構為應付急迫的資金需求，把自己持有的票據抵押給中央銀行並由此獲得一定的現金的業務。票據再貼現與再抵押業務的辦理，最終使中央銀行真正成為一國商業銀行及其他金融機構的信貸中心。

（3）主持全國銀行間的清算業務。商業銀行按規定向中央銀行繳存存款準備金並在中央銀行開立存款帳戶，這樣，商業銀行間因其客戶的債權債務關係而產生的債權債務關係，即可通過中央銀行採用非現金結算辦法予以清算，中央銀行於是成為一國銀行業的清算中心。

（4）主持外匯頭寸拋補業務。中央銀行根據外匯供求狀況而適時買進賣出外匯，即在商業銀行外匯頭寸過多時買進外匯，在商業銀行外匯頭寸不足時則賣出外匯。中央銀行此舉既向商業銀行提供了外匯資金融通便利，又可由此監控國際收支狀況，謀求外匯收支平衡。

13.2.3.4 管理金融的銀行

中央銀行是管理金融的銀行，指中央銀行作為一國金融體系的核心、首腦，致力於貨幣政策的制定與實施，對整個銀行業的運行進行調控與監管。中央銀行作為管理金融的銀行，其職責主要表現在：

（1）根據國情合理制定與實施貨幣政策，在穩定貨幣的前提下謀求經濟增長。

（2）制定與頒行各種金融法規、金融業務規章，監督管理各金融機構的業務活動。

（3）管理境內金融市場。中央銀行作為金融市場的參與者與管理者，地位特殊且重要。它的職能是：借助貨幣政策工具，影響市場利率，左右融資成本，調節資金供求關係；指導、部署金融業反洗錢工作，負責反洗錢的資金監測；設立徵信管理局，負責企業與個人徵信管理；防範和化解金融風險，維護金融穩定。

此外，中央銀行職能也有歸納為政策功能、銀行功能、監督功能、開發功能和研究功

能五類的；也有歸納為服務職能、調節職能與管理職能三類的；也有分為獨占貨幣發行、為政府服務、保存準備金、最後融通者、管製作用、集中保管黃金和外匯、主持全國銀行清算、檢查與監督各金融機構的業務活動八類的，等等。

13.3 中央銀行的業務

13.3.1 負債業務

中央銀行的負債，指由社會各部門和家庭個人持有的對中央銀行的債權。中央銀行的負債業務是中央銀行資產業務的基礎。中央銀行的負債業務主要有：

（1）貨幣發行。中央銀行依據一定的貨幣發行制度，遵循一定的貨幣發行原則，經由不同途徑從事貨幣發行業務。中央銀行的貨幣發行是其調控經濟金融運行的重要資金來源。中央銀行發行的貨幣即通常所說的鈔票或現金，是基礎貨幣的主要構成部分，是中央銀行的最大負債業務之一。

（2）代理國庫。中央銀行憑藉財政部開設於中央銀行的專門帳戶代理財政收入與支出，履行代理國庫職責，財政金庫存款即成為中央銀行的重要資金來源之一。

（3）集中存款準備金。中央銀行集中商業銀行與其他金融機構的存款準備金，旨在滿足流動性與清償能力要求，調控信貸規模和貨幣供給量，便利資金清算以維護金融體系安全與穩定，而這一最大的存款資金自然成為中央銀行充當最後貸款人、實施貨幣政策的基礎。

（4）其他負債業務。如對國際金融機構負債、國內金融機構往來等。

13.3.2 資產業務

中央銀行的資產，指中央銀行在一定時點上所擁有的各種債權。中央銀行的資產業務對其制定與實施貨幣政策、調控金融運行具有重要作用。中央銀行的資產業務主要有：

（1）貸款。中央銀行的貸款對象是：商業銀行、政府。中央銀行為緩解商業銀行短期資產不足的困難、補充其流動性而對商業銀行發放貸款。中央銀行對政府發放彌補資金短期缺口的貸款。

（2）再貼現。中央銀行著眼於國民經濟宏觀調控，依照再貼現條件審查商業銀行的再貼現申請，買進符合條件的票據，並按再貼現率對商業銀行投放貨幣資金。

（3）證券買賣。中央銀行為調控貨幣供應量，適時地開展公開市場業務，採用直接買賣、回購協議等方式買賣政府中長期債券、國庫券等有價證券。

（4）金融外匯儲備。中央銀行為穩定幣值、穩定匯價、調節國際收支而保管黃金、白

銀、外匯等儲備資產。

（5）其他資產業務。中央銀行在其主要資產業務之外，還根據具體情況辦理其他類型的資產業務。

13.3.3 中間業務

資產清算業務是中央銀行的主要中間業務，這類業務可以劃分為：

（1）集中辦理票據交換。票據交換工作一般在票據交換所進行，進入票據交換所交換票據的銀行均是「清算銀行」或「交換銀行」，它們都必須依據票據交換所有關章程的規定承擔一定的義務（繳納一定交換保證金、在中央銀行開立往來存款帳戶以結清交換差額、分攤交換所有關費用）才能具有入場交換票據的權利。

（2）結清交換差額。在中央銀行開立有往來存款帳戶（獨立於法定存款準備金帳戶）的各清算銀行，其票據交換所的最後差額通常由該帳戶上資金的增減來結清。

（3）辦理異地資金轉移。中央銀行的資金清算工作既通過其分支機構組織同城票據交換與資金清算，也辦理全國範圍內的異地資金轉移。

13.3.4 資產負債表

中央銀行辦理資產負債業務的情況可從中央銀行資產負債表上的記載反應出來。由於各個國家的金融制度、信用方式等方面存在著差異，各國中央銀行的資產負債表中的項目及包括的內容也不一致。這裡僅就中央銀行最主要的資產負債項目概括成表 13-1，旨在概略表明其業務基本關係。

表 13-1　　　　　　　　　　中央銀行資產負債表

資產	負債
貼現及放款	流通中通貨
政府債券和財政借款	國庫及公共機構存款
外匯、黃金儲備	商業銀行等金融機構存款
其他資產	其他負債和資本項目
合計	合計

中央銀行資產負債表所記載的資產、負債的任何變動，均能反應國民經濟的變動情況。就貨幣供給量的調控而言，中央銀行可以通過適時適度變動資產負債規模、結構而使貨幣供給量發生相應的變動，以實現其所定調控目標。所以，分析瞭解中央銀行資產負債表，對於理解中央銀行貨幣政策變化及其可能產生的結果，作用十分重要。

13.4　中國人民銀行

13.4.1　基本概況

（1）體制。中國人民銀行實行的是一元制的中央銀行管理體制，由中國人民銀行執行中央銀行的全部職責，並按照《中華人民共和國中國人民銀行法》第二章第十二條之規定，根據履行職責的需要設立分支機構，作為中國人民銀行的派出機構。中國人民銀行對各分支機構實行集中統一的領導與管理。

（2）資本所有。根據《中華人民共和國中國人民銀行法》第一章第八條之規定，中國人民銀行的全部資產由國家出資，屬於國家所有。

（3）內部結構與分支機構。2003年，銀行業監管職能分離出去後，中國人民銀行的內部機構設置也相應發生了一些變化。目前，中國人民銀行根據履行職責的需要，共設立19個職能部門：①辦公廳（黨委辦公室）②條法司③貨幣政策司④匯率司⑤金融市場司⑥金融穩定局⑦調查統計司⑧會計財務司⑨支付結算司⑩科技司⑪貨幣金銀司⑫國庫司⑬國際司（港澳臺辦公室）⑭內審司⑮人事司⑯研究局⑰徵信管理局⑱反洗錢局⑲黨委宣傳部。

此外，中國人民銀行下設直屬的機構還有：中國外匯交易中心、中國反洗錢監測分析中心、清算總中心、中國金融電子化公司、中國印鈔造幣總公司、中國金幣總公司、中國錢幣博物館、中國金融出版社、金融時報社等。

（4）分支機構的設立。中國中央銀行一直以行政區劃來設立分支機構，但這種體制容易受到來自地方的行政干預，效率較低。1998年年底，中國人民銀行撤銷了31個省級分行，在全國的9個中心城市設立大區分行，在不設分行的省會城市設立金融監管辦事處。根據需要，分行下設中心支行，中心支行下設縣支行。九大區行分別是：天津分行（管轄津、冀、晉、內蒙古）、瀋陽分行（管轄黑、遼、吉）、上海分行（管轄滬、浙、閩）、南京分行（管轄蘇、皖）、濟南分行（管轄魯、豫）、武漢分行（管轄鄂、湘、贛）、廣州分行（管轄粵、桂、瓊）、成都分行（管轄川、黔、滇、藏）、西安分行（管轄陝、甘、寧、青、新）；另中國人民銀行總行在北京、重慶設營業管理部，在上海設立中國人民銀行上海總部，以加強中國人民銀行的調節與服務職能，主要承擔中央銀行業務的具體操作職能。

這次體制改革後，中國人民銀行新的管理框架基本確立：總行下設9大區行（包括20個金融監管辦事處）、2個營業管理部、326個中心支行、1,827個縣（市、旗）支行。當然，這樣的體制也非十全十美，比如管理成本較高、管理路徑較長等，有待進一步完善。

13.4.2 職能演變

中國人民銀行自1948年12月1日成立至2016年年底，已走過了68年的歷程。作為中國的中央銀行，其職責幾經變化，現按時間順序簡述如下。

（1）1948年

1948年12月1日，中國人民銀行在河北省石家莊市宣布成立。根據當時擬訂的《中國人民銀行組織綱要草案》，確定中國人民銀行的主要職能是：①發行貨幣，並整理地方貨幣；②調劑各解放區金融；③管理發行準備（回籠計劃、物資籌調及現款管理）；④指導各解放區對敵貨幣鬥爭；⑤代理金庫；⑥企業投資。[①] 1949年9月，中國人民政治協商會議通過《中華人民共和國中央人民政府組織法》，把中國人民銀行納入政務院的直屬單位序列，賦予其國家銀行職能，承擔發行國家貨幣、經理國家金庫、管理全國金融、穩定金融市場、支持經濟恢復和國家重建的重任。[②]

（2）1983年

1983年9月17日，國務院頒布《關於中國人民銀行專門行使中央銀行職能的決定》，明確中國人民銀行是國務院領導和管理全國金融事業的國家機關，其主要職責是：①研究和擬訂金融工作的方針、政策、法令、基本制度，經批准後組織執行；②掌管貨幣發行，調節市場貨幣流通；③統一管理人民幣存貸利率和匯價；④編制國家信貸計劃，集中管理信貸資金；⑤管理國家外匯、金銀和國家外匯儲備、黃金儲備；⑥代理國家財政金庫；⑦審批金融機構的設置或撤並；⑧協調和稽核各金融機構的業務工作；⑨管理金融市場；⑩代表中國政府從事有關的國際金融活動。

（3）1986年

1986年1月7日，國務院發布《中華人民共和國銀行管理暫行條例》。該條例第五條規定，中國人民銀行是國務院領導和管理全國金融事業的國家機關，是國家的中央銀行，應全面履行下列職責：①研究和擬訂全國金融工作的方針、政策，報經批准後組織實施；②研究擬訂金融法規草案；③制定金融業務基本規章；④掌管貨幣發行，調節貨幣流通，保持貨幣穩定；⑤管理存款、貸款利率，制定人民幣對外國貨幣的比價；⑥編制國家信貸計劃，集中管理信貸資金，統一管理國營企業流動資金；⑦管理外匯、金銀和國家外匯儲備、黃金儲備；⑧審批專業銀行和其他金融機構的設置或撤並；⑨領導、管理、協調、監督、稽核專業銀行和其他金融機構的業務工作；⑩經理國庫，代理發行政府債券；⑪管理企業股票、債券等有價證券，管理金融市場；⑫代表政府從事有關的國際金融活動。第六條還明確規定，中國人民銀行依法管理全國的保險企業。

---

① 戴相龍. 中國人民銀行五十年 [M]. 北京：中國金融出版社, 1998: 20.
② 戴相龍. 中國人民銀行五十年 [M]. 北京：中國金融出版社, 1998: 3.

(4) 1993年

1993年12月25日,國務院做出《關於金融體制改革的決定》。該決定指出,深化金融體制改革的首要任務,是把中國人民銀行辦成真正的中央銀行。該決定明確中國人民銀行的主要職能是:制定和實施貨幣政策,保持貨幣的穩定;對金融機構實行嚴格的監管,保證金融體系安全、有效地運行。

(5) 1995年

1995年3月18日,第八屆全國人民代表大會第三次會議通過、國家主席令第46號公布施行的《中華人民共和國中國人民銀行法》,第一次以法律的形式規定了中國人民銀行的職責:①依法制定和執行貨幣政策;②發行人民幣,管理人民幣流通;③按照規定審批、監督管理金融機構;④按照規定監督管理金融市場;⑤發布有關金融監督管理和業務的命令和規章;⑥持有、管理、經營國家外匯儲備、黃金儲備;⑦經理國庫;⑧維護支付、清算系統的正常運行;⑨負責金融業的統計、調查、分析和預測;⑩作為國家的中央銀行,從事有關的國際金融活動;⑪國務院規定的其他職責。同時,為執行貨幣政策,可以依法從事金融業務活動。

(6) 1998年

1998年3月10日,第九屆全國人民代表大會第一次會議通過關於國務院機構改革方案的決定,根據國務院機構改革方案,中國人民銀行作為國務院的組成部分,是在國務院領導下制定和實施貨幣政策、對金融業實施監督管理的宏觀調控部門。為了保證中國人民銀行更好地履行法律所規定的職能,對中國人民銀行所承擔的職能做了必要的調整,把對證券機構的監管職能移交1998年4月由國務院證券委員會與中國證券監督管理委員會合併組成的中國證券監督管理委員會,把對保險機構的監管職能移交1998年11月18日成立的中國保險監督管理委員會。中國人民銀行在增加、分離、轉變和強化有關職能後,主要職責是:①依法制定和執行貨幣政策;②發行人民幣,管理人民幣流通;③按照規定審批、監督管理金融機構;④按照規定監督管理金融市場;⑤發布有關金融監督管理和業務的命令和規章;⑥持有、管理、經營國家外匯儲備、黃金儲備;⑦經理國庫;⑧維護支付、清算系統的正常運行;⑨負責金融業的統計、調查、分析和預測;⑩依法從事有關的金融業務活動;⑪作為國家的中央銀行,從事有關的國際金融活動;⑫承辦國務院交辦的其他事項。

(7) 2003年

2003年3月10日,第十屆全國人民代表大會第一次會議通過關於國務院機構改革方案的決定,設立中國銀行業監督管理委員會;2003年4月26日第十屆全國人民代表大會常務委員會第二次會議通過全國人民代表大會常務委員會關於中國銀行業監督管理委員會履行原由中國人民銀行履行的監督管理職責的決定。為了使中國銀行業監督管理委員會依法履行監督管理職責,決定由國務院依照現行《中華人民共和國中國人民銀行法》《中華

人民共和國商業銀行法》和其他有關法律的規定，確定中國銀行業監督管理委員會履行原由中國人民銀行履行的審批、監督管理銀行、金融資產管理公司、信託投資公司及其他存款類金融機構等的職責及相關職責。

2003年9月，中央有關部門批准了中國人民銀行「三定」方案。「三定」方案確定的中國人民銀行主要職責是：①起草有關法律和行政法規，完善有關金融機構運行規則，發布與履行職責有關的命令和規章；②依法制定和執行貨幣政策；③監督管理銀行間同業拆借市場和銀行間債券市場、外匯市場、黃金市場；④防範和化解系統性金融風險，維護國家金融穩定；⑤確定人民幣匯率政策，維護合理的人民幣匯率水平，實施外匯管理，持有、管理和經營國家外匯儲備和黃金儲備；⑥發行人民幣，管理人民幣流通；⑦經理國庫；⑧會同有關部門制定支付結算規則，維護支付、清算系統的正常運行；⑨制定和組織實施金融業綜合統計制度，負責數據匯總和宏觀經濟分析預測；⑩組織協調國家反洗錢工作，指導、部署金融業反洗錢工作，承擔反洗錢的資金監測職責；⑪管理信貸徵信業，推動建立社會信用體系；⑫作為國家中央銀行，從事有關國際金融活動；⑬按照有關規定從事金融業務活動；⑭承辦國務院交辦的其他事項。另外，根據國務院規定，管理國家外匯管理局。

2003年12月27日，第十屆全國人民代表大會常務委員會第六次會議做出《關於修改〈中華人民共和國中國人民銀行法〉的決定》，經修訂的《中華人民共和國中國人民銀行法》第四條規定的中國人民銀行的職責是：①發布與履行職責有關的命令和規章；②依法制定和執行貨幣政策；③發行人民幣，管理人民幣流通；④監督管理銀行間同業拆借市場和銀行間債券市場；⑤實施外匯管理，監督管理銀行間外匯市場；⑥監督管理黃金市場；⑦持有、管理、經營國家外匯儲備、黃金儲備；⑧經理國庫；⑨維護支付、清算系統的正常運行；⑩指導、部署金融業反洗錢工作，負責反洗錢的資金監測；⑪負責金融業的統計、調查、分析和預測；⑫作為國家的中央銀行，從事有關的國際金融活動；⑬國務院規定的其他職責。同時，中國人民銀行為執行貨幣政策，可以依照該法有關規定從事金融業務活動。

(8) 2006年

2006年10月31日第十屆全國人民代表大會常務委員會第二十四次會議通過了新中國第一部反洗錢專業法律，即《中華人民共和國反洗錢法》。按照該反洗錢法和國務院的有關規定，中國人民銀行作為國務院反洗錢行政主管部門，負責全國的反洗錢監督管理工作。中國人民銀行分支機構根據授權，履行反洗錢工作職責。

中國人民銀行應履行的反洗錢職責主要包括：組織協調全國的反洗錢工作；負責反洗錢資金監測；制定或者會同國務院有關金融監督管理機構制定金融機構反洗錢規章；監督、檢查金融機構履行反洗錢義務的情況；在職責範圍內調查可疑交易活動；接受單位和個人對洗錢活動的舉報；向偵查機關報告涉嫌洗錢犯罪的交易活動，向國務院有關部門、

機構定期通報反洗錢工作情況；根據國務院授權，代表中國政府與外國政府和有關國際組織開展反洗錢合作；以及法律和國務院規定的有關反洗錢的其他職責。

(9) 2012年

2012年12月26日國務院第228次常務會議通過《徵信業管理條例》。2007年4月17日，中國人民銀行下設徵信管理局和徵信中心。中國人民銀行徵信管理局主要職責包括：承辦徵信業管理工作；組織推動社會信用體系建設；組織擬定徵信業發展規劃、規章制度及行業標準；擬定徵信機構、徵信業務管理辦法及有關信用風險評價準則；承辦徵信及有關金融知識的宣傳教育培訓工作；受理徵信業務投訴；承辦社會信用體系部際聯席會議辦公室的日常工作。中國人民銀行徵信中心的主要職責是：依據國家的法律法規和人民銀行的規章，負責全國統一的企業和個人信用信息基礎數據庫和動產融資登記系統的建設、運行和管理；負責組織推進金融業統一徵信平臺建設。

本章小結

1. 銀行券發行、票據交換、最後貸款人和金融監管催生了中央銀行。中央銀行或從既有商業銀行逐步演變中產生，或從直接創設中產生。全球中央銀行存在四種形式：單一中央銀行制、複合中央銀行制、跨國中央銀行制和準中央銀行制。

2. 中央銀行存在相對獨立性。中央銀行是發行的銀行、銀行的銀行、政府的銀行和管理金融的銀行。中央銀行有著自己獨特的資產和負債業務，以實現中央銀行的各項職能。

3. 中華人民共和國的中央銀行是中國人民銀行。中國人民銀行負責實施《中華人民共和國中國人民銀行法》所賦予的各項權力和職責。

思考題

1. 中央銀行是如何產生的？其客觀經濟基礎是什麼？
2. 中央銀行為什麼需要與政府之間保持一種相對的獨立性？其目的和意義何在？
3. 中央銀行都有哪些職能？它的主要業務有哪些？
4. 簡述中國中央銀行的機構設置和職能。

14　貨幣政策

學習目標

貨幣政策的制定與實施，是中央銀行的重要職責。學完本章後，你應當知道：
- 中央銀行貨幣政策的最終目標；
- 貨幣政策的中間指標；
- 貨幣政策工具；
- 貨幣政策與財政政策；
- 中國貨幣政策的執行情況。

重要術語

貨幣政策的最終目標　貨幣政策的中間目標　公開市場操作　貼現窗口　貼現政策　法定準備金政策　財政政策、貨幣政策的傳導機制

14.1　貨幣政策的最終目標

　　什麼是貨幣政策？所謂貨幣政策就是指中央銀行為實現國民經濟的各種發展目標而進行的控制貨幣供給與信貸的行動。因此，要理解貨幣政策，就必須理解中央銀行最終要實現什麼樣的經濟目標、使用什麼工具、如何實現這些目標。

　　許多經濟學家認為，中央銀行應該主要以穩定物價為其最終目標。因為只有當物價穩定時，經濟才可能持續穩定地增長，才能創造出更多的就業機會，才能維持一個合理的長期利率水平，從而既有利於儲蓄也有利於投資，或者說，有利於資源被合理、高效地配置。

但是，政策的制定者與經濟學家考慮問題的角度有所不同，他們必須考慮實現一個目標的長期和短期效應。例如，從長期看，物價穩定有利於經濟的增長和就業的擴大；但在短時期內，政府或貨幣當局往往面臨這樣的困境：是下決心降低通貨膨脹呢，還是盡可能地擴大就業和發展經濟。有時候，農業歉收或能源供給的短缺在對物價造成上漲壓力的同時，又對產出和就業產生向下的壓力，在這種情況下，政策的制定者就不得不考慮如何協調兩個方面，即既要緩解物價上漲的壓力，又要減輕就業和產出的損失。有時候，中央銀行為了防止社會公眾形成對通貨膨脹的預期，而這預期不利於長期的經濟增長，不得不採取緊縮性的貨幣政策，從而導致短期的就業和產出的損失。

總之，從各國執行貨幣政策的實際情況來看，中央銀行貨幣政策的最終目標往往不止一個，而是多個，確切地說，通常是四個：物價穩定、充分就業、經濟增長、國際收支平衡。除此之外，有的國家，比如美國，還將穩定金融納入貨幣政策的最終目標，具體地說，就是將利率穩定和金融市場穩定作為貨幣政策的最終目標。

14.1.1 物價穩定

物價穩定是指在經濟運行中保持一般物價水平的相對穩定。在現實經濟生活中，物價水平往往隨著社會總需求的擴大、商品成本的提高以及一些結構性經濟因素的影響而呈上漲趨勢。中央銀行以物價穩定為其貨幣政策的最終目標，就是要通過吞吐基礎貨幣，控製貨幣供給量、信用量，平衡社會總需求與社會總供給，防止物價水平出現劇烈頻繁的波動。

物價穩定一般是中央銀行貨幣政策的首要目標，因為沒有穩定的物價就意味著沒有一個穩定的市場環境，價格信號失真，經濟的不確定性增加，難以做出投資和消費的決策，從而最終影響經濟的增長和就業的擴大。此外，通貨膨脹的再分配效應既造成收入的不公平分配，也破壞社會的安定。一般物價水平的變動通過物價指數來測量，常用的物價指數主要有消費物價指數、批發物價指數、國內生產總值物價平減指數。

14.1.2 充分就業

充分就業作為貨幣政策最終目標的重要性主要表現在兩個方面：第一，嚴重的失業意味著生產資源的閒置和浪費，意味著產出的損失；第二，嚴重的失業是一種社會災難，必將導致嚴重的社會不公正，進而危及社會的穩定。

充分就業不是絕對的，也不可能是絕對的。因為在市場經濟條件下，不僅工人有權選擇合適的職業，企業也有權選擇合適的工人。當一個工人為尋找合適的工作而處於失業狀態時，這種失業應該是正常的。此外，一個具有就業能力的人，也可能選擇進一步學習或休息而自願在一段時間內處於失業狀態。企業也會因暫時找不到合適的工人而造成失業的增加。總之，存在自願失業、摩擦失業即工人尋找工作期間的失業，以及結構性失業即在

短時期內因為工人的技能不能滿足職業要求而造成的失業。

一般來說，充分就業是指這樣一種經濟狀態：有工作能力並願意工作的人都能夠較為容易地找到適當的工作。與這種狀態對應的失業率被稱為自然失業率。也就是說，充分就業並不排除失業的存在。當然，並不是所有的失業現象都可以用自然失業率來解釋。總需求不足可使勞動力供過於求、勞動力種類供需失衡、勞動力市場供求信息流動不暢等，都會導致失業。中央銀行設定充分就業目標，主要是為了防止出現由於總需求不足而引發失業的情形，或者在當這種情形業已出現的時候，由中央銀行增加貨幣供給來刺激需求以減少失業，保持一個較為穩定的就業水平，以促進資源的合理利用和經濟增長。

判斷中央銀行充分就業目標是否實現，一般依據失業率指標。失業率指失業人數占勞動力（即有勞動能力並且想工作的人）總數的百分比，失業率的高低反應充分就業目標的實現與否及實現的程度。但是，由於各國社會經濟狀況、民族文化與傳統習慣的差異，因此對自然失業率的理解也是有差異的。儘管很難確定低於何種水平的失業率才算是充分就業，但西方國家的多數學者認為5%以下的失業率即為充分就業。

14.1.3 經濟增長

經濟增長目標與充分就業目標之間關係緊密，因為越接近充分就業，就意味著生產資源越被充分利用。各國通常將國內生產總值增長率、國民收入增長率、人均國民生產總值、人均國民收入增長率作為衡量經濟增長的主要指標。資本量、勞動生產率、投資等因素均對一國的經濟增長產生影響。中央銀行作為金融當局，為實現既定的經濟增長目標，可以憑藉其所能操縱的各種政策工具，增加貨幣供給、降低利率水平，以促進投資，或者控製通貨膨脹，消除不可預測的通貨膨脹率變動對投資的影響。經濟增長目標在各國中央銀行貨幣政策目標中的地位和重要程度存在差異，甚至在同　國家的不同歷史時期也存在差異。

14.1.4 國際收支平衡

國際收支平衡是指一國對其他國家的全部貨幣收入和貨幣支出相抵之後略有順差或略有逆差的狀態。在開放型經濟中，國際收支是否平衡將對一國國內貨幣供應量與物價產生較大影響。如果出現過大順差，則會增加一國國內貨幣供應量並相對減少該國市場商品供應量，從而使該國市場貨幣供給偏多、商品供應不足的情況出現，加劇該國商品市場的供求矛盾，導致物價上漲。如果出現過大逆差，則會增多一國國內商品供應量，在該國國內貨幣量偏少的情況下，就會加劇該國國內市場商品過剩，可能導致經濟增長停滯。可見，一國國際收支出現失衡，無論是順差還是逆差，都將給該國經濟造成不利影響。尤其是逆差對一國經濟的不利影響更大，因而各國在調節國際收支失衡時，重點通常放在減少或清除逆差上。

14.1.5 最終目標之間的矛盾

中央銀行貨幣政策最終目標之間的關係有一致的情況，比如充分就業與經濟增長之間的關係就是如此。但並不總是這樣的。某些目標之間的關係是矛盾的，因此，中央銀行很難同時實現所有的最終目標。

14.1.5.1 穩定物價與充分就業間的矛盾

一般而言，存在較高失業率的國家，中央銀行有可能通過增加貨幣供給量、擴大信用投放等途徑，刺激社會總需求，以減少失業或實現充分就業。但這樣做往往會在一定程度上導致一般物價水平上漲，誘發或加劇通貨膨脹。西方國家的經濟學家曾運用菲利普斯曲線①（圖14-1）對此做了說明：通貨膨脹率與失業率之間存在此消彼長關係。換言之，失業率高時貨幣工資增長較慢，通貨膨脹率就低；失業率低時貨幣工資增長較快，通貨膨脹率就高。

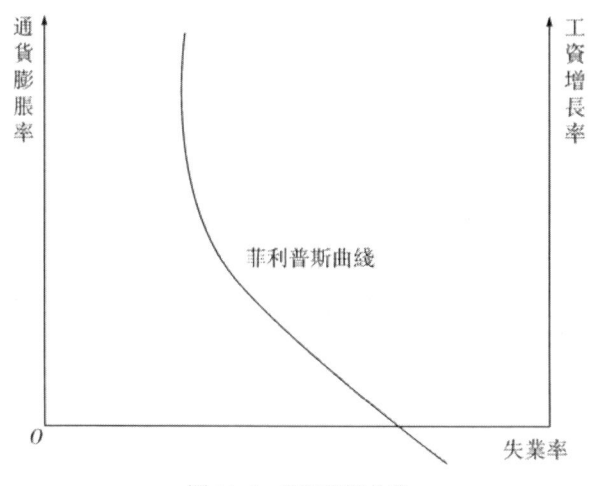

圖 14-1 菲利普斯曲線

因此，採取減少失業或實現充分就業的政策措施，就可能導致較高的通貨膨脹率；反之，為了降低物價上漲率或穩定物價，就往往得以較高的失業率為代價。中央銀行在決定

---

① 菲利普斯曲線（Phillips Cuteve），是用來表示失業率與貨幣工資增長率之間具有此消彼長、互為反方向變化關係的一條曲線。由英國經濟學家菲利普斯（Alban William Phillips，1914—1975）在其1958年發表的《1861—1957年英國的失業與貨幣工資變動率之間的關係》一文中提出的。圖中橫軸表示失業率，右縱軸表示工資增長率。菲利普斯曲線表現為自左向右下方傾斜的一條曲線，其含義是工資增長率與失業率之間存在互為反方向變動的依存關係。20世紀60年代以來，西方經濟學家把發達國家通貨膨脹的主要原因，歸結為貨幣工資的增長率超過勞動生產率的增長率，並假定：物價上漲率＝貨幣工資增長率－勞動生產率的增長率。這樣，由菲利普斯最初提出的這條曲線，被進一步用來表示通貨膨脹與失業率間此消彼長的關係（參見：《經濟大辭典》編委會. 經濟大辭典·政治經濟學卷 [M]. 上海：上海辭書出版社，1994：698）。

貨幣政策最終目標時，或者選擇失業率較高的物價穩定，或者選擇通貨膨脹率較高的充分就業，或者在物價上漲率與失業率的兩極間相機抉擇，但一般都只能在物價上漲率和失業率的兩極間尋求可以接受的組合點。

14.1.5.2　穩定物價與經濟增長間的矛盾

經濟增長無疑能為穩定物價提供物質基礎。但在現實經濟生活中，經濟增長與穩定物價之間卻存在矛盾：一國在謀求經濟增長過程中，如果追求過高增長速度而使貨幣供給、信用投放過量，則會導致一般物價水平上漲，持續下去，必然阻礙經濟發展；一國為抑制持續上漲的一般物價水平而實施提高利率等緊縮性貨幣政策，則可能因為抑制投資而影響經濟增長。所以，中央銀行難以兼顧經濟增長與穩定物價。

14.1.5.3　穩定物價與國際收支平衡間的矛盾關係

如果一國物價水平相對穩定而別國出現通貨膨脹，則意味著本國貨幣購買力相對提高，本國商品相對便宜，而外國商品相對昂貴。這樣就會使本國出口增加，進口減少，最終仍將導致國際收支失衡或趨向失衡（順差）。相反，如果一國一般物價水平上漲，出現通貨膨脹，而別國物價水平相對穩定，則意味著本國貨幣對內購買力降低，本國商品相對昂貴，而外國商品相對便宜。這樣就會促使本國出口減少、進口增加，最終導致國際收支失衡（逆差）。在現實經濟生活中，由於世界各國的經濟情況都在發生著不同的難以預測的變化，因此，中央銀行要同時實現穩定物價、平衡國際收支的雙重目標並不是一件容易的事。

中央銀行貨幣政策最終目標間存在矛盾，一國中央銀行在特定時期、特定的經濟條件下，究竟著重於哪一個目標為宜，這無疑需要其全面考慮社會政治、經濟情況，對各目標進行客觀、審慎的比較權衡，然後才能做出決定。自20世紀90年代以來，各國中央銀行大都把貨幣政策的最終目標確定為穩定幣值。1990年，新西蘭率先提出，貨幣政策應當以控製通貨膨脹為唯一目標。其後，美國、英國、加拿大、澳大利亞等十幾個國家奉行反通貨膨脹的貨幣政策，德國則一貫致力於「保衛馬克」後來是「保衛歐元」的政策選擇。

14.2　貨幣政策的中間目標

中央銀行貨幣政策最終目標的實現是一個需要不斷調整的漸進的過程，原因在於：第一，中央銀行沒有直接實現其最終目標的手段。它掌握的都是金融工具，只能直接作用於金融變量，通過金融變量來影響最終目標的變化。第二，貨幣政策的最終目標通常是年度目標，而在中央銀行運用貨幣政策工具影響金融變量和實現最終目標的過程中存在許多的不確定因素。為了及時發現問題、及時調整，以確保最終目標的實現，避免偏差干擾，防止出現「來不及進行調整」的被動局面，中央銀行就必須根據其可能使用的貨幣政策工具

所影響的金融變量，制定出短期、量化、能夠觀測、便於日常操作的金融指標，適時適度地進行微調。所謂金融指標，就是作為短期目標的可量化的金融變量，這些金融指標就是貨幣政策的中間目標。它們是中央銀行貨幣政策最終目標得以實現的不可或缺的仲介和橋樑。如圖 14-2 所示。

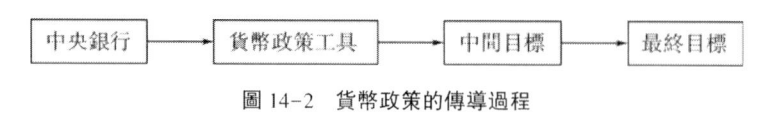

中央銀行 ── 貨幣政策工具 ── 中間目標 ── 最終目標

圖 14-2　貨幣政策的傳導過程

14.2.1　選擇標準

中央銀行確立貨幣政策中間目標，或者說選擇適當的金融變量，其目的在於實現貨幣政策的最終目標。這就意味著中間目標是不能隨意選擇的，中央銀行必須考慮這些金融變量的性質是否有利於其貨幣政策的執行。一般而言，貨幣政策中間目標的選擇應考慮如下標準：

（1）可測性。可測性是指中央銀行所選擇的作為中間目標的金融變量的變動情況能夠被迅速、準確地觀測，或者說，中央銀行能夠迅速收集到反應這些金融變量變動情況的準確的數據資料，並據以進行有關定量分析。很明顯，如果某一金融變量的變動情況無法被觀測到，那麼，把它作為中間目標就沒有意義。

（2）可控性。可控性是指作為中間目標的金融變量能夠被中央銀行所控制。也就是說，中央銀行能夠運用貨幣政策工具，作用於這些金融變量，並能有效地控制其變動。

（3）相關性。相關性是指中間目標的變動與貨幣政策最終目標的實現之間存在密切的相關關係。或者說，中央銀行對擇定的貨幣政策中間目標進行調節和控制，有助於貨幣政策最終目標的實現。

除了上述幾個標準外，一些國家的中央銀行還將抗干擾性、與經濟金融體制的兼容性作為擇定貨幣政策中間目標的標準。當然，在一國中央銀行擇定貨幣政策中間目標的實踐活動中，一般都難以找到完全符合可測、可控、相關性等標準的金融變量。所以，一國中央銀行只能從實際情況出發，盡量選擇符合上述標準的中間目標。

14.2.2　主要的中間目標

14.2.2.1　利率

利率作為中央銀行貨幣政策的中間目標已經有相當長久的歷史，因為中央銀行能夠直接影響利率的變動，而利率的變動又能直接、迅速地對經濟產生影響，利率波動的信息也易於獲取。

不過，在現實經濟生活中，由於市場利率的複雜性、易變性以及利率調整的時滯性，

特別是真實利率所具有的不易測量的性質，這些都使得利率難以成為理想的中間目標。此外，利率兼具經濟變量、政策變量特性。作為經濟變量，利率變動與經濟週期順循環，即經濟景氣時，利率趨於上升，而經濟不景氣時，利率趨於下降；作為政策變量，利率變動應與社會總需求的變動方向一致，即當社會總需求過高時提高利率，而社會總需求不足時降低利率。但是，對中央銀行來說，如何判斷利率的變動性質就有了困難。換言之，中央銀行怎麼知道，當前的利率變動是利率作為經濟變量的變動，還是利率作為政策變量的變動，或在多大的程度上是作為經濟變量的變動。這是很難判斷的。但如果中央銀行不能判斷，又怎麼知道貨幣政策的執行效果呢？總之，以利率作為中間目標，中央銀行在實際操作中常常會因為其政策效果與非政策效果混淆難辨，或被誤導（在政策尚未奏效時即誤以為調控成功），或感到茫然（難以確定政策是否有效）。

14.2.2.2 貨幣供給量

貨幣供給量可根據流動性大小或貨幣性強弱劃分為若干層次，如 M_1、M_2、M_3 等。以貨幣供給量為中間目標，就必須確定作為中間目標的貨幣供給量的具體層次。一般而言，貨幣供給量被用作中間目標的主要原因在於：第一，各個層次的貨幣供給量指標，都可以通過查尋中央銀行、商業銀行等金融機構的資產負債表進行量的測算、分析，儘管有關資料的取得需要時間。第二，各個層次的貨幣供給量的變動都能夠由中央銀行通過調控基礎貨幣予以影響，當然，對不同層次的貨幣量，其影響力的大小也會不同。第三，各個層次的貨幣供給量的變動與貨幣政策最終目標的實現，關係極為密切。

14.2.2.3 基礎貨幣

由銀行體系的準備金和流通中的現金構成的基礎貨幣，又稱高能貨幣，它是貨幣供給量倍數擴張或收縮的基礎。基礎貨幣可以作為貨幣政策的中間目標，這是因為中央銀行是基礎貨幣的提供者，又是銀行體系上繳準備金的保管者，所以，基礎貨幣和銀行體系準備金的變動都是容易測量和能夠控製的，特別是對於基礎貨幣的變動，中央銀行完全可以通過公開市場操作和貼現貸款進行直接的控製。基礎貨幣的變動會引起貨幣供給總量的變動，進而影響貨幣政策最終目標的實現。當然，由此產生的連鎖變化的數量關係不是確定的。

14.2.2.4 存款準備金

由銀行體系的庫存現金與其在中央銀行的準備金存款組成的存款準備金，也可以用作貨幣政策中間目標，因為存款準備金的變動一般較易被中央銀行測度、控製，並對貨幣政策最終目標的實現產生影響。

各國中央銀行通常從國情出發，根據自己的經驗，選擇適宜的貨幣政策中間目標。例如，在 20 世紀 50 年代至 60 年代，美國聯邦儲備體系曾以利率作為貨幣政策的中間目標；在 20 世紀 70 年代至 80 年代，美國聯邦儲備體系改以貨幣供給量為貨幣政策的中間目標，

并在确定货币供给量的层次上作了多次调整，最终择定 M_2；到 20 世纪 90 年代，美国联邦储备体系又开始放弃货币供给量，重新以利率作为主要的货币政策的中间目标。这一改变的主要原因在于：全球经济、金融一体化进程以及金融创新与放松金融管制，导致货币供给量层次划分困难，基础货币扩张（收缩）倍数难以把握，因此，货币总量与货币政策最终目标间的相关性大大降低。此外，像荷兰、挪威、丹麦等与工业化大国存在密切经贸、金融关系的工业化小国，一般采用汇率作为货币政策中间目标，钉住其本币与某工业化大国的货币的汇率水平，以实现其货币政策的最终目标。

20 世纪 90 年代初，新西兰、加拿大、英国、瑞典、芬兰、澳大利亚、西班牙诸国则先后采用通货膨胀指标作为其货币政策的中间目标，通过监控通货膨胀指标以谋求货币政策最终目标的实现。采用通货膨胀指标监控法的国家，其通货膨胀指标一般由该国中央银行决定、公布并加以说明。

在采用通货膨胀指标监控法的国家，中央银行一般要运用各种货币政策工具以确保通货膨胀率在既定的范围内变动，如果超过则紧缩银根，不及则放松银根。为提高决策程序的透明度、加强货币当局的责任，采用通货膨胀指标监控法的国家一般要做出相应的制度安排。例如，英国从 1994 年开始，每月公布货币政策会议的备忘录，每季公布英格兰银行的季度通货膨胀报告。[①]

14.3 货币政策工具

货币政策工具，即中央银行为谋求货币政策最终目标的实现而对货币供给量、信用量所使用的调控手段。它们包括：一般性货币政策工具、选择性货币政策工具和其他货币政策工具。

14.3.1 一般性货币政策工具

中央银行实施货币政策时启用一般性货币政策工具，旨在调控货币供给量和利率水平。之所以被称为一般性，是因为这些货币政策工具的使用所影响的是信用总量，从而是整个国民经济，并不局限于特定部门。一般性货币政策工具包括：贴现政策、公开市场操作和法定存款准备金。

14.3.1.1 贴现政策

贴现政策这一货币政策工具的使用主要表现在中央银行改变贴现利率。所谓贴现利率，在大多数的情况下其实就是中央银行对商业银行或存款式金融机构的贷款利率。贴现

---

① 冯肇伯. 论通胀指标监控法——西方货币政策的新举措 [J]. 财经科学，1999（1）.

政策通過影響貼現貸款和基礎貨幣的量來影響貨幣供給。

中央銀行提高或降低貼現利率，使得商業銀行或其他金融機構向中央銀行借款的成本發生了變化，從而漸次影響基礎貨幣投放量、貨幣供給量與其他經濟變量。

一國中央銀行如果想緊縮信用以減少貨幣供給量，它可以提高貼現利率，於是，商業銀行向中央銀行借入同量貨幣資金的利率成本增加，從而縮減其借款量。當商業銀行用準備金資產來償還其向中央銀行的借款時，將直接導致中央銀行基礎貨幣量的減少，從而貨幣供給量相應減少（如貨幣乘數不變）。商業銀行因向中央銀行借款的利息成本增加，則相應調高貸款利率而使其客戶借款成本增加，結果導致客戶縮減信貸需求（如其他條件不變），從而使商業銀行信貸規模縮減，貨幣供給量下降。

中央銀行降低貼現利率，則貼現貸款增加、信用擴張、貨幣供給量上升。

美國聯邦儲備銀行的貼現貸款有三類：

（1）調整性貸款。對於貨幣政策來說，它是最重要的貼現貸款，主要用於解決銀行因暫時的存款流出而產生的短期流動性問題。對這種貸款收取的利率就是基本貼現利率。

（2）季節性貸款。這種貸款用於滿足少數銀行，比如農業地區的銀行的季節性需要。其利率高於基本貼現利率。

（3）長期貸款（Extended Credit）。這種貸款用於救助那些因存款流出而遭遇嚴重流動性問題的銀行，因為不指望迅速收回，所以被稱為長期貸款。其利率高於季節性貸款利率。

貼現貸款不僅作為政策工具被用來影響銀行體系的準備金，影響基礎貨幣乃至貨幣供給量，而且還被用於防止金融恐慌，即當銀行危機發生時，向銀行體系提供必需的準備金。

除此之外，中央銀行還可以通過升降貼現利率來顯示其政策意圖，由此引導社會公眾自動調節信用需求，從而影響一國經濟。這表現在：中央銀行提高貼現利率，預示著貨幣供給量將趨於減少，市場利率將會提高，社會公眾從自身利益考慮，就會減少投資和消費；中央銀行降低貼現利率，預示著貨幣供給量將趨於增加，市場利率將會降低，社會公眾從自身利益考慮，就會增加投資和消費。這就是通常所說的貼現政策的「宣示效應」。

貼現政策有以下的缺點：

（1）當貼現利率被確定時，市場利率的變動將不可避免地引起貼現利率與市場利率之間的差額頻繁波動，從而導致貼現貸款和貨幣供給量波動，結果使得貨幣供給難以控制。

（2）中央銀行不能完全控制貼現貸款的數量變動，這是因為，儘管中央銀行可以改變貼現利率，但不能命令商業銀行來借款。中央銀行不能掌握主動權，處於被動位置。

（3）貼現政策對中央銀行來說，「宣示效應」有利也有弊，因為中央銀行變動貼現利率的行動可能被市場錯誤理解。比如，當中央銀行因同業拆借利率上升而提高貼現利率時，這一行動可能被市場理解為中央銀行將採取緊縮性的貨幣政策，其實中央銀行可能沒有這樣的意圖，而只是想維持與市場利率之間的正常關係。

貼現政策的最大優點是中央銀行可以通過它來發揮最後貸款人的作用。在特殊情況

下，中央銀行還可以運用貼現政策來調整信貸結構，貫徹產業政策。但它運用起來不如公開市場操作靈活方便。比如，在公開市場上，中央銀行在買進證券之後，可以立刻賣出，甚至買進和賣出可以同時進行。而中央銀行在向商業銀行貼現貸款之後，卻難以馬上收回。

14.3.1.2 公開市場操作

公開市場操作是指中央銀行為了影響貨幣供給量、市場利率而在金融市場上公開買賣有價證券的行為。中央銀行根據金融市場上的資金供求狀況，適時適度買進或賣出有價證券以調節金融；當貨幣供給不足、利率偏高時，中央銀行即在公開市場上買進有價證券，通過支付證券款項而增加基礎貨幣，由此推動貨幣供給量的增加和利率的降低；當貨幣供給過多、利率偏低時，中央銀行即在公開市場上賣出有價證券，通過收取證券款項而減少基礎貨幣，由此引起貨幣供給量的減少和利率的上升。

公開市場操作的效果主要通過調節市場利率，影響銀行體系的準備金和貨幣供給量來實現：中央銀行在金融市場上買賣有價證券，直接影響利率水平高低或利率結構的變化。如果中央銀行在公開市場上大量買進有價證券，必將推動有價證券價格上漲，進而導致利率水平下降，對經濟產生擴張性影響；反之，則使有價證券價格下跌，利率水平上漲，對經濟產生收縮性影響。中央銀行在公開市場上買賣不同期限的有價證券，則會對不同期限的利率產生影響，如「買長賣短」「買短賣長」以調整利率結構，進而影響對不同利率有不同敏感性的貸款與投資。中央銀行在金融市場上買賣有價證券，通常總會引起銀行體系的超額準備金的增加或減少。當中央銀行在公開市場上大量買進有價證券時，必將增加銀行體系的超額準備金，從而增強銀行體系創造信用的能力，擴張貨幣供給；反之，則會使銀行體系的超額準備金減少，削弱銀行體系的信用創造能力，減少市場貨幣供給量。

中央銀行的公開市場操作按其目的可分為兩種類型：進攻型和防衛型。所謂進攻型公開市場操作，是指中央銀行為增減基礎貨幣和銀行體系的準備金而主動進行的公開市場操作。所謂防衛型公開市場操作，則具有被動的性質，指中央銀行買賣有價證券，旨在緩和或消除由某些季節性或偶然性因素引起的對銀行體系的準備金、基礎貨幣或市場利率的不利影響。

中央銀行的公開市場操作有兩種基本的形式：暫時性交易（Temporary Transaction）和非暫時性交易（Outright Transaction）。

暫時性交易又可以分為兩種類型：①回購協議，即中央銀行的證券購買附有證券的售出方在短期後將證券購回的協議，回購期限從最初購買後的1天到15天之間。因為回購協議對銀行體系準備金的影響在協議到期日即自動消除，也就是說，因中央銀行最初的證券購買而增加的準備金會由於證券售出者的證券回購而減少，所以，實際上回購協議是一種暫時性的購買，它特別適合於中央銀行進行防衛型的公開市場操作。②如果中央銀行想在公開市場上暫時售出證券，它可以進行對稱的售出、購入交易（Matched Sale-Purchase

Transaction），也稱為倒轉的回購協議（Reverse Repo），即中央銀行售出證券，而購買者同意在短期後將證券售回給中央銀行。

如果銀行體系的準備金不是暫時性的短缺和富餘，而是持續性的，那麼，中央銀行就會考慮進行非暫時性的交易，以求對銀行體系準備金的供給產生長期影響。

不論是暫時性的還是非暫時性的交易，中央銀行一般通過計算機系統與證券商進行交易。

公開市場操作具有如下優勢：

（1）中央銀行進行公開市場操作能完全控製交易量，即買多少或賣多少，完全由中央銀行決定。在執行貼現政策時，中央銀行只能通過貼現率的變動來間接地影響貼現貸款的量。

（2）公開市場操作可以進行靈活、精確的交易，即不論想要改變的基礎貨幣量或銀行體系的準備金的數量是大還是小，中央銀行都可以按照自己的意願進行。

（3）在公開市場操作中，中央銀行可以容易地改變交易方向。例如，當中央銀行認為買入證券太多時，它可以立即賣出，予以糾正。

（4）公開市場操作可以迅速執行。當中央銀行認為有必要進行證券買賣時，只需要對證券交易商發出買賣指令，交易就會立即被執行。

當然，公開市場操作的上述優勢要變為現實並不是無條件的，這個條件就是發達的金融市場。具體地說，中央銀行進行公開市場操作的金融市場必須具備相當的深度和廣度，即必須存在足夠多的可以進行交易的證券的種類和數量，有便利交易進行的健全的市場機制和眾多的證券交易商，否則，公開市場操作難以進行，更談不上有效地進行了。

14.3.1.3 法定存款準備金政策

存款準備金或準備金，由兩個部分構成：一是銀行的庫存現金；二是銀行存入中央銀行的準備金帳戶上的存款餘額。法定存款準備金也由兩個部分構成，不過其數額由中央銀行依據法定存款準備金率加以規定，銀行實際持有的準備金不得低於法定存款準備金數額的要求。

所謂法定存款準備金政策，是指中央銀行憑藉法律授權，規定和調整商業銀行的法定存款準備金率，以此左右商業銀行信貸規模，借以改變貨幣乘數，增減貨幣供給量，進而影響整個國民經濟。

法定存款準備金率一旦發生改變，也就意味著銀行必須持有的準備金數額隨之而改變。如果法定存款準備金率提高，則意味著對於同等數量的存款額所要求的準備金增加，於是也就意味著超額存款準備金的減少，甚至準備金會不足；在這種情況下，銀行的貸款和投資或者不能增加，或者必須減少，不管是哪種情況發生，都可能意味著貨幣乘數的減小，從而貨幣供給量的降低。反之，則正好相反，貨幣乘數增大，貨幣供給量上升。

法定存款準備金政策的主要缺點在於，它對貨幣供給量的作用過於猛烈且缺乏彈性，

政策預期效果還在很大程度上受制於銀行體系的超額存款準備金的數額。相對於其他貨幣政策工具，它的優點表現在：

（1）法定存款準備金政策的採用與否，主動權在中央銀行。

（2）中央銀行變動法定存款準備金率能對貨幣供給量產生迅速、有力、廣泛的影響。

（3）中央銀行變動法定存款準備金率作用於所有銀行或存款式金融機構，由於其作用在時間、程度上的一致性，所以採用法定存款準備金政策來調控貨幣供給量，對於銀行而言，較為客觀、公平。

（4）中央銀行採用存款準備金政策受外界干擾甚小，存款準備金率的高低變動可較好地體現中央銀行的政策意圖。

14.3.2 選擇性貨幣政策工具

一般而言，選擇性貨幣政策工具主要有消費信用控製、證券市場信用控製、不動產信用控製、優惠利率。

（1）消費者信用控製。消費者信用控製指中央銀行根據經濟運行狀況對不動產以外的各種耐用消費品的銷售融資進行控製。消費者信用控製的主要內容有：規定分期付款購買耐用消費品的首次付款的最低額；規定用消費信貸購買商品的最長期限；規定可用消費信貸購買的耐用消費品的種類與不同消費品的不同信貸條件。

（2）證券市場信用控製。證券市場信用控製指中央銀行著眼於抑制過度投機、穩定證券市場行市而對有關證券交易的各種貸款進行限制。

（3）不動產信用控製。不動產信用控製指中央銀行為抑制房地產投機，針對金融機構房地產放款所採取的限制措施。不動產信用控製的主要內容有：規定金融機構不動產貸款最高限額；規定金融機構不動產貸款的最長期限；規定首次付款的最低金額；規定分期還款的最低金額。

（4）優惠利率。優惠利率指中央銀行著眼於產業結構、產業結構調整，針對國家重點發展的經濟部門或產業所規定的較低利率。

14.3.3 其他貨幣政策工具

14.3.3.1 直接信用控製

直接信用控製是指中央銀行運用行政命令等方式對金融機構尤其是商業銀行的信用活動直接進行控製。直接信用控製的主要方式有：

（1）信用分配，即中央銀行根據金融市場狀況及客觀經濟需要，對各商業銀行的信貸規模進行分配。

（2）利率限制，即中央銀行根據客觀經濟狀況規定商業銀行定期存款、儲蓄存款最高利率，借以防止銀行高息攬儲和發放高風險貸款。

（3）流動性比率，指中央銀行規定流動資產對存款的比率，借以限制銀行體系的信用擴張。如果中央銀行規定的流動性比率提高，銀行往往就必須調整其長短期放款的比重，或增加持有易於變現的資產，其信用擴張因此而受到一定限制。

14.3.3.2 間接信用控製

（1）道義勸告：中央銀行利用自身在金融體系中的特殊地位和威望，對商業銀行及其他金融機構經營中的不當行為進行勸阻，以影響其貸款、投資的數量及方向，最終達到調控信用的目的。

（2）窗口指導：中央銀行根據市場動向、產業行情、物價走勢、貨幣政策的要求等，給商業銀行規定每個季度的貸款增加額，並督促其執行。如果不執行，中央銀行可削減其貸款額度，或對其進行信用制裁等。

14.4 貨幣政策的傳導機制

一國貨幣管理當局為實現其既定的貨幣政策的最終目標，啟用一定的貨幣政策工具，作用於貨幣政策的中間目標，並適時適度地進行微調。在這個執行貨幣政策的過程中，必然會涉及各種中間環節相互間的有機聯繫或因果關係，涉及貨幣供給變動影響名義和實際變量的途徑——貨幣政策的傳導機制。

14.4.1 凱恩斯學派的貨幣政策傳導機制理論

現代經濟學家對貨幣政策傳導機制的研究始於凱恩斯。根據凱恩斯的《就業、利息和貨幣通論》，貨幣政策發揮作用的途徑主要有：①貨幣與利率之間關係，即流動性偏好途徑；②利率與投資之間的關係，即投資利率彈性途徑。

凱恩斯的具體思路是：貨幣供給對於需求突然增加後，首先利率下降；利率下降促使投資增加。如果消費傾向既定，則通過乘數作用，又可促進國民收入增加。凱恩斯認為，增加貨幣數量既會影響物價，也會影響產出，但首先是影響產出（使之增長）。在達到充分就業後，即包括勞動力和其他生產資料在內的生產要素的潛力都被充分利用後，貨幣供給增加就只會影響物價。不過，凱恩斯還認為，在做進一步分析時，如果考慮到若干複雜因素，貨幣供給的增加所引起的有效需求的增加，一部分作用於就業量的增加，另一部分則作用於物價水平提高。也就是說，在貨幣供給增加的過程中，並不是當有失業存在時則物價不變，一旦達到充分就業，物價就隨貨幣數量同比例變動，而是在就業量增加的同時物價也逐漸上漲。凱恩斯貨幣政策傳導機制可概括為：

$M_s \uparrow \rightarrow i \downarrow \rightarrow I \uparrow \rightarrow Y \uparrow$

$M_s \uparrow \rightarrow i \downarrow \rightarrow I \uparrow \rightarrow Y \uparrow \rightarrow P \uparrow$

$$M_s\uparrow \rightarrow i\downarrow \rightarrow I\uparrow \rightarrow Y\uparrow \rightarrow \frac{Y}{P}\uparrow \rightarrow P\uparrow$$

其中，M_s 為貨幣供應量；i 為利率；I 為投資；P 為物價；Y 為收入。

凱恩斯認為，貨幣政策傳導機制可能因為出現「流動性陷阱」而被堵塞，從而使貨幣政策無效。如果說凱恩斯在分析貨幣政策由貨幣領域均衡到商品領域均衡的傳導過程中，建立起以利率為主要環節的貨幣政策傳導機制的理論屬於局部均衡分析的話，那麼，可以說，後凱恩斯學派註重貨幣市場與商品市場的相互作用，則屬於一般均衡分析。它豐富和發展了凱恩斯貨幣政策傳導機制理論。一般均衡分析的貨幣政策傳導機制理論的主要觀點可以概括為[1]：

（1）當中央銀行的各種貨幣政策措施促使貨幣供應量增加時，其直接影響是在產出水平不變的條件下利率相應下降；利率下降刺激投資並引起總支出增加，而增加的總需求將推動產出量上升。

（2）當上升的產出量提出較先前更多的貨幣需求而無新增貨幣供給投入經濟運行時，貨幣供不應求狀況即會使業已下降的利率趨於回升。

（3）回升的利率將導致總需求減少、產出量下降，而產出量下降、貨幣需求減少又會導致利率趨於回落。

（4）上述動態過程最終會趨近一個同時滿足貨幣市場供求與商品市場供求均衡要求的均衡點。

14.4.2 貨幣學派的貨幣政策傳導機制理論

貨幣學派認為，貨幣供給是名義國民收入的基本決定力量。與凱恩斯學派以利率為中心的貨幣政策傳導機制不同，貨幣供應量在貨幣學派的貨幣政策傳導機制中是決定性因素。貨幣學派貨幣政策傳導機制可概括為：

$$R\uparrow \rightarrow M_s\uparrow \rightarrow A\uparrow \rightarrow C(I)\uparrow \rightarrow P\uparrow \rightarrow Y\uparrow$$

其中，R 為準備金；M_s 為貨幣供應量；A 為金融資產；C 為消費品；I 為投資品；P 為價格；Y 為名義國民收入。

貨幣學派的貨幣政策傳導機制可描述為：假定從原先的完全均衡狀態出發，中央銀行為增加貨幣供應量而在公開市場上購入證券，銀行體系的準備金增加，其放款能力也隨之增強。這樣，商業銀行即會通過降低利率，增加放款與投資，貨幣供應量因此而增加。在名義貨幣供應量增加的過程中，人們感覺到較以前更富有了，從而開始將增加的貨幣轉向價格尚未上漲的其他資產（金融資產或實物資產）；而實際資產需求的增加和價格的上漲，又促使生產者增加生產，從而增加名義收入。生產增加、實際資產價格上漲將逐漸吸收多

---

[1] 黃達. 貨幣銀行學［M］. 北京：中國人民大學出版社，1999：362.

餘的名義貨幣，使真實貨幣需要量與名義貨幣需要量趨於平衡。

14.4.3 二者的主要分歧

貨幣學派與凱恩斯學派在貨幣政策傳導機制理論上的分歧主要表現在：

（1）凱恩斯學派十分重視利率在貨幣政策傳導機制中的作用；而以弗里德曼為代表的貨幣學派則認為貨幣政策的影響主要不是通過利率間接地影響投資和收入，而是因為貨幣供應量超過了人們所需要的真實現金餘額，從而直接地影響社會支出和貨幣收入。

（2）凱恩斯學派認為，投資對產量、就業、國民收入產生直接影響，貨幣對國民收入等因素的影響是間接的。貨幣學派則認為，貨幣供應量的變動與名義國民收入的變動有直接聯繫。

（3）凱恩斯學派認為，傳導機制首先是在金融資產方面進行調整（貨幣市場和資本市場），然後引起投資增加，再通過投資乘數的作用，增加了消費和國民收入，最後影響到商品市場。貨幣學派則認為，傳導機制可以同時在貨幣市場和商品市場發生作用，受其影響的資產包括金融資產與真實資產。

西方經濟學家對貨幣政策傳導機制的研究，除了凱恩斯學派、貨幣學派的有關理論外，還有許多不同的理論觀點。如格利和肖則強調金融機構在貨幣政策傳導過程中的作用，他們認為金融仲介機構在信貸供給過程中通過提高儲蓄轉化為投資的效率而對整個經濟活動產生重大影響。理性預期學派把不完全信息條件下預期失誤作為其貨幣政策傳導機制理論的基礎。自 20 世紀 80 年代以來，貨幣政策傳導機制研究隨信息技術的發展而迅速發展，紛紛重新註重金融結構的作用。進入 20 世紀 90 年代以後，對各有關變量重視程度不同的西方經濟學家在貨幣政策傳導機制的研究中，逐漸形成了新的不同學派。

14.4.4 貨幣政策的時滯

影響貨幣政策實效的因素有很多，如貨幣政策時滯、貨幣流通速度、微觀主體預期等諸多經濟、政治因素。這裡，主要介紹貨幣政策時滯。

貨幣政策時滯，指貨幣政策從研究、制定、實施到實現其全部效應的時間過程。貨幣政策時滯一般由內部時滯、外部時滯組成。

14.4.4.1 內部時滯

內部時滯指政策制定到貨幣當局採取行動間的一段時間。內部時滯的長短主要取決於一國貨幣當局在收集經濟信息基礎上對經濟金融形勢的預測判斷能力、決策行動意向。內部時滯又可分為認識時滯、行動時滯兩個階段：

（1）認識時滯，指經濟金融情況變化需要貨幣當局採取行動到貨幣當局認識到這種變化並承認需要調整貨幣政策間的時間間隔。

（2）行動時滯，指貨幣當局認識到需要調整貨幣政策到實際採取行動之間的時間

間隔。

14.4.4.2 外部時滯

外部時滯指貨幣當局操作貨幣政策工具到貨幣政策對經濟運行產生影響所經過的時間。外部時滯可分為：

（1）傳導時滯，即中央銀行採取行動到該行動使金融機構改變準備金水平、利率和信貸規模的過程，其長短主要取決於金融機構和金融市場的政策敏感度。

（2）決策時滯，即企業和個人在利率、信用條件改變後相應做出改變支出水平決定的過程。經濟主體的自主性和合同期限的長短左右決策時滯。

（3）作用時滯，即從支出單位改變支出水平到對整個社會的生產和就業產生影響的過程。生產要素的流動性和生產要素相互間的可替代性制約作用時滯。

貨幣政策時滯的長短、分布狀況會對貨幣政策制定及實施主體即貨幣當局進而對貨幣政策的實效產生不同影響。這表現在：時滯短則貨幣當局易於檢驗貨幣政策效果，時滯長則貨幣當局難以確定貨幣政策效果；時滯分布均勻則貨幣當局易於提前採取預防性政策措施，時滯分布不均勻則貨幣當局的政策措施難以發揮有效作用。一般而言，可能影響一國貨幣政策時滯長短的主要因素有：中央銀行決策程序、貨幣政策工具運用、信息渠道暢通狀況、金融市場發達程度及人們心理預期的形成方式等。

14.5 貨幣政策與財政政策

貨幣政策是中央銀行運用各種政策工具調節貨幣供求以實現宏觀經濟目標的策略和措施的總稱；財政政策則是政府為了達到預期的宏觀經濟、社會發展目標而確立的財政方針、準則和措施的總稱。二者都屬於通過作用於總需求以影響宏觀經濟的政策。貨幣政策作用於總需求，一般通過中央銀行或貨幣當局調節貨幣存量方式進行。財政政策作用於總需求，一般通過政府控制政府支出和改變稅收的方式進行。這兩種政策都是國民經濟發展的重要政策，二者既有聯繫又有區別，各自發揮著重要作用，缺一不可。

（1）二者的共性：

① 都是一國實施宏觀調控、促進經濟發展的主導政策，是宏觀經濟政策體系中的重要組成部分；

② 都是通過影響社會總需求進而影響國民收入，都是屬於需求管理政策；

③ 二者的目標具有一致性，即都是服從並服務於政府的宏觀經濟總目標的；

④ 二者必須協調配合、綜合使用，才能取得比較好的政策效果。

（2）二者的區別：

①二者作用的側重點不一樣。貨幣政策側重於總量調節，財政政策側重於結構調節。

②二者在實施不同類型的政策時效果不一樣。在實施擴張型政策時，財政政策會更加有效，貨幣政策則相對遜色；相反，實施緊縮型政策時，對於抑制需求過熱，貨幣政策有很多工具可以使用，運用起來及時、靈活、快捷，非常有效，而財政政策則會由於需要通過立法程序而耗時漫長，實施難度較大。

③二者採用的調控方式的性質不一樣。由於財政收支活動是借助於國家權力進行的國民收入的分配與再分配，因而帶有很強的行政色彩，更為直接；而貨幣政策則主要借助於各種經濟的、法律的、間接的手段來進行調控。

④二者的政策時滯不一樣。一般來講，由於財政政策在變動時，有關動議需要立法機關進行討論、審批等相關程序，耗時較長，所以內部時滯較長。但是一旦通過動議，則會借助於行政手段即刻執行，因而外部時滯較短；相反，對於具有相對獨立性的中央銀行來講，則可以根據宏觀經濟形勢、金融形勢的判斷分析，自行決定何時採取何種政策，因而內部時滯較短。但是因為貨幣政策的調控主要是採用非指令性的間接調控手段，其間要受到金融機構、企業、家庭、個人等受控客體自身行為的影響及金融市場因素的影響，因而導致外部時滯較長。

（3）二者的配合使用：

二者必須取長補短，搭配使用，才能取得最佳的調控效果。搭配方式主要有四種：

① 鬆財政、鬆貨幣。此種搭配適合於社會總需求嚴重不足，大大落後於社會總供給，通貨嚴重緊縮，經濟陷入深谷之時。這種雙鬆的政策搭配可以盡快刺激需求，啟動經濟快速回升。

② 緊財政、緊貨幣。此種搭配適合於社會總需求大大超過社會總供給，通貨膨脹非常嚴重之時。雙緊的政策可以盡快降低總需求、抑制投資、遏制通貨膨脹、遏制經濟過熱、消除泡沫。但是這種搭配方式也可能帶來阻礙供給增加，導致經濟衰退的消極後果。

③ 緊財政、鬆貨幣。此種搭配一般適用於通貨膨脹率不高但經濟增長率較低的情況。

④ 鬆財政、緊貨幣。此種搭配一般適用於通貨膨脹率較高但存在著較為嚴重的經濟結構、產業結構失調的情況。

在實行鬆緊搭配的政策組合時，要求決策部門對經濟、金融形勢具有科學準確的判斷分析能力，對兩種政策的優劣勢能夠正確把握，同時，還要善於把握政策出抬的時機和實施的時間長度，因而要求決策部門具有較高的決策水平和調控能力。

14.6　國際收支與貨幣政策

國際收支，通常指一國居民在一定時期內與非居民之間的全部經濟交易的系統記錄。國際貨幣基金組織對國際收支的定義是：國際收支是一定時期內的一種統計報表，它反

應：①某一經濟體同世界其他地方之間在商品、勞務以及收入方面的交易；②該經濟體的貨幣黃金、特別提款權以及對世界其他地方的債權、債務的所有權的變化和其他變化；③從會計意義上講，為平衡不能相互抵消的上述交易和變化的任何科目所需的無償性轉讓和對應科目。

14.6.1 國際收支平衡表

國際收支平衡表，指一國按照國際貨幣基金組織規定的格式，把一定時期（通常為一年）的所有對外經濟交易活動系統記錄、分類的表式。一國在一定時期內對外發生的全部經濟交易活動，構成這個國家國際收支的基本內容。國際收支平衡表在反應和記錄一個國家的對外經濟交易活動時，一切外匯收入項目或負債增加、資產減少的項目都列為貸方，或稱正號項目；一切外匯支出項目或負債減少、資產增加的項目都列為借方，或稱負號項目。國際收支平衡表採用復式記帳方法，每筆經濟交易同時分記借貸兩方，金額相等。因此，原則上，國際收支平衡表全部項目的借方總額和貸方總額總量相等，其淨差額為零。這是對外匯資金來源與運用之間相互關係的客觀反應。

由於一個國家的商品進口和出口、勞務的收入與支出、資本的輸入與輸出不可能完全相等，因此，國際收支平衡表各個項目的借方總額和貸方總額經常會出現失衡，每個具體項目的借方與貸方難以真正做到收支相抵，時常會出現貿易差額、勞務差額等所謂局部差額，而合計各局部差額則構成國際收支總差額，一個國家的外匯收入大於外匯支出，稱為國際收支順差，用「+」號表示；外匯收入小於外匯支出，稱為國際收支逆差，用「−」號表示。

一般而言，各國編制的國際收支平衡表都包括了經常項目、資本與金融項目、平衡項目。

（1）經常項目，指一國與外國進行經濟交易而經常發生的項目，主要包括：①商品貿易。這是經常項目中最重要的項目。例如中國民航從美國進口飛機，因為中國購買國外的商品所發生的支付，計入中國經常項目的借方；安徽玩具製造廠商向美國出口玩具，因為中國向國外出售商品所發生的收入，計入中國經常項目的貸方。②服務，即勞務進出口，包括運輸、旅遊、通信服務、建築服務、保險服務，以及諮詢、廣告等商業服務等。例如北京紫禁城雅尼音樂會中國舉辦單位向雅尼支付的以美元計值的演出費。因為中國購買國外勞務所發生的支付，計入中國經常項目的借方；中國在外的華工匯回或帶回來的外匯收入，因為中國向外國出售了勞務，計入中國經常項目的貸方。③收益，包括職工報酬和投資收益兩類。中國人在國外獲得的工資、獎金、股票紅利、債券利息等記入收益項目的貸方，外國人在中國獲得的工資、獎金、紅利、利息等記入收益項目的借方。④經常轉移，包括政府與民間相互捐贈等發生的收入轉移。

（2）資本與金融項目，記錄因為資產買賣活動而發生的外匯收支。①資本項目，包括固定資產所有權國際轉移、債權人不索取任何回報而取消債務等資本轉移部分，還包括非

生產和非金融性的資產如專利、版權、商標權的收買或放棄等。②金融項目，它是資本與金融項目最重要的部分，包括直接投資、證券投資與其他投資（如貿易信貸）三個子項目。例如，某中國企業用1億美元外匯購買了美國政府債券，計入中國資本帳戶的借方。相反，通用汽車公司投資幾億美元在上海設廠，或者美國某投資公司購買了百度公司在NASDAQ上市的股票，則計入中國資本帳戶的貸方。①

（3）平衡項目，指反應經常項目和資本與金融項目收支差額的項目。由於經常項目與資本項目收支總量常常難以平衡，要通過增減國際儲備才能求得平衡，所以，平衡項目又稱為官方儲備項目，包括錯誤與遺漏、特別提款權、官方儲備、對外官方債務。

以上三者間關係一般表述為：經常帳戶差額 + 資本與金融項目差額 = 外匯儲備變動。我們通常提及國際收支逆差或順差，事實上指的是官方儲備項目的順差或逆差。中國目前經常處於順差狀態。2011年6月中國的外匯儲備已突破3萬億美元，這主要源於經常項目和資本與金融項目的雙順差。

14.6.2 外匯干預與中央銀行

中央銀行為了影響匯率而參與外匯市場交易，被稱為外匯干預。中央銀行干預外匯市場的目的是改善一國國際收支、促進經濟增長、穩定匯率等。當國際收支出現順差時，中央銀行可通過外匯市場操作使得本幣升值，減少經常項目順差餘額的進一步擴大；當國內有效需求不足時，中央銀行可通過外匯市場操作使得本幣貶值從而增加出口，達到刺激經濟的目的；當匯率出現大幅度波動時，中央銀行可通過外匯買賣操作，控製匯率波動的進一步加劇。

中央銀行對外匯市場的干預可劃分為非衝銷性外匯干預和衝銷性外匯干預。中央銀行在外匯市場上購買本國貨幣，同時相應地出售外幣資產，會導致外匯儲備和基礎貨幣等額減少，本國貨幣升值；中央銀行在外匯市場上出售本國貨幣，購買外幣資產，會引起外匯儲備和基礎貨幣等額增加，本國貨幣貶值。這種干預，即中央銀行在外匯市場買賣本國貨幣以對基礎貨幣施加影響，稱為非衝銷性外匯干預。如果中央銀行不希望在外匯市場的操作會影響國內基礎貨幣，中央銀行可在國內公開市場實施對沖性操作。例如，美聯儲購買10億美元並相應出售10億美元外幣資產，這會減少10億美元的基礎貨幣，美聯儲可以在公開市場購買10億美元政府債券，從而增加10億美元的基礎貨幣。伴隨著對沖性公開市場操作的外匯干預不會影響基礎貨幣，稱為衝銷性外匯干預。外匯干預經過衝銷後，中央銀行買賣本國貨幣不會使匯率發生變化。②

---

① 案例來自於《國際金融理財師》2012年教學培訓課件。
② 進一步的閱讀請參考：米什金. 貨幣金融學 [M]. 6版. 劉毅，等，譯. 北京：中國人民大學出版社，2005：156-160。

14.6.3 開放經濟下的貨幣政策

在封閉經濟下,我們通常採用 IS-LM 模型來分析貨幣政策的作用效果。在開放經濟下,我們通常採用蒙代爾—弗萊明模型①來探討資本完全流動情況下貨幣政策的實施效果。所謂的資本完全流動,就是該國資本可以自由出入國際金融市場。

14.6.3.1 蒙代爾—弗萊明模型基本假定

(1) 假定物價水平是固定的。

(2) 由於資本是完全流動的,該國國內利率等於世界利率,即 $r=r_w$。

14.6.3.2 浮動匯率下的貨幣政策

在浮動匯率制下,匯率由市場供求力量決定,允許匯率對經濟狀況做出反應,自由變動。現假設中央銀行增加了貨幣供給。由於物價水平是固定的,則意味著市場中實際貨幣餘額增加,LM 曲線向右移,因此,擴張性的貨幣政策提高了產出並降低了匯率。

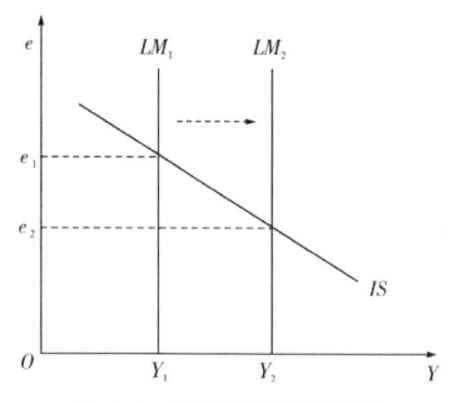

圖 14-3 浮動匯率下的貨幣政策

如圖 14-3 所示,一旦貨幣供給增加,本國貨幣將貶值。這一貶值使得國內產品相對於國外產品變得更便宜了,從而刺激了淨出口。因此,在開放經濟中,貨幣政策通過改變匯率而不是利率來影響產出。相反,若減少貨幣供給,LM 曲線向左移動,本幣升值,會導致匯率上升和產出減少。

14.6.3.3 固定匯率下的貨幣政策

在固定匯率制下,中央銀行增加貨幣供給,這種政策的初始影響是使 LM 曲線向右移,降低了匯率。但是,由於中央銀行承諾匯率是固定的,在外匯市場要回籠多餘的本國

---

① 關於開放經濟下的蒙代爾—弗萊明模型的詳細內容請參閱:高鴻業. 西方經濟學(宏觀部分)[M]. 5 版. 北京:中國人民大學出版社,2011:533—540. 進一步的有關 IS-LM-BP 模型的閱讀請參考:曼昆. 宏觀經濟學 [M]. 7 版. 盧遠瞩,譯. 北京:中國人民大學出版社,2011.

貨幣，使得匯率維持在原來水平，導致貨幣供給和 LM 曲線必然回到其初始位置。因此，在固定匯率制下，貨幣政策通常是無效的。如圖 14-4 所示。

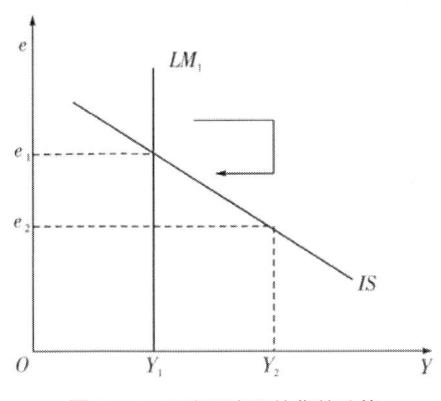

圖 14-4　固定匯率下的貨幣政策

14.7　中國人民銀行的貨幣政策

14.7.1　中國人民銀行貨幣政策目標

14.7.1.1　貨幣政策最終目標

自中國人民銀行專門行使中央銀行職能開始，貨幣政策最終目標的選擇與確立即提上了議事日程。圍繞貨幣政策最終目標的擇定問題，中國理論界曾有過深入的研討，提出過各種不同的觀點。概括而言，主要有「雙重目標」論和「單一目標」論。

「雙重目標」論者認為，一國中央銀行應以穩定貨幣與發展經濟作為貨幣政策最終目標；穩定貨幣與發展經濟相輔相成，在發展經濟的基礎上穩定貨幣，在穩定貨幣的過程中發展經濟；經濟發展是穩定貨幣的堅實基礎，而穩定貨幣是發展經濟的前提條件。

「單一目標」論者認為，中央銀行應以穩定貨幣作為貨幣政策的最終目標，「單一目標」較「雙重目標」更具有目標明確、任務具體、便於操作的長處。

中國人民銀行作為中華人民共和國的中央銀行，其貨幣政策最終目標的擇定在有關金融法規中其實早已有所涉及。國務院《關於中國人民銀行專門行使中央銀行職能的決定》（1983 年）曾指出，中國人民銀行「集中力量研究和做好全國金融的宏觀決策，加強信貸資金管理，保持貨幣穩定」。《中華人民共和國銀行管理暫行條例》（1986 年）則規定，中央銀行與專業銀行等金融機構「其金融業務活動，都應當以發展經濟、穩定貨幣、提高社會經濟效益為目標」。1995 年 3 月 18 日第八屆全國人民代表大會第一次會議通過並在

2003 年 12 月 27 日由全國人民代表大會常務委員會第六次會議修正的《中華人民共和國中國人民銀行法》都十分明確地指出，中國中央銀行的「貨幣政策目標是保持貨幣幣值的穩定，並以此促進經濟增長」。

14.7.1.2 貨幣政策中間目標

中國中央銀行貨幣政策中間目標，主要有貨幣量、貸款量和利率三類指標。

1. 貨幣量指標

貨幣量指標主要是貨幣供應量、現金、基礎貨幣和準備金。在貨幣政策傳導模式中，上述指標的關係表現為：貨幣政策工具→現金、基礎貨幣或準備金→貨幣供應量→貨幣政策最終目標。

（1）貨幣供應量。根據中國的貨幣流通特點，借鑑國外經驗，中國貨幣供應量一般分為 M_0、M_1、M_2、M_3 四個層次。而鑒於目前中國中央銀行間接調控機制尚待完善、調節手段及管理經驗不足，理論界多主張把貨幣供應量控製重點放在 M_0 和 M_1 上。

（2）現金。現金乃指社會公眾所持有的處於流通中的人民幣，它是貨幣供應量的一個分量，即 M_0。它在中國貨幣量中佔有很大比重。

（3）準備金。這裡是指超額存款準備金，即商業銀行準備金總額中扣除法定存款準備金後所餘部分，它是派生存款的基礎，是信貸擴張和貨幣供應量倍增的基礎。中央銀行規定商業銀行持有的超額準備（備付金）須保持一定比例，即可在一定程度上調控貨幣供應量。

（4）基礎貨幣。這裡是指中央銀行發行的債務憑證，表現為商業銀行的存款準備金和公眾持有的通貨。它是貨幣量調控的基礎。

2. 貸款量指標

商業銀行貸款量即商業銀行體系某一時點的貸款餘額，由於其數據容易獲得，與最終目標密切相關及準確性較高，且由於中央銀行對商業銀行的信貸管理尚未完全過渡到間接調控，將其用作目前中國中央銀行貨幣政策中間目標適時適用。

（1）總量控製。中央銀行運用存款準備金率、再貸款與再貼現政策左右商業銀行準備金數量以調控商業銀行放款能力；變動再貸款利率、再貼現利率、商業銀行貸款利率以影響商業銀行資金成本、社會對信貸資金的需求，從而調控商業銀行貸款量。

（2）質量控製。按照國家定期公布的產業政策適時對不同部門、行業給予信貸支持或信貸限制，評定企業信用等級，在信貸上獎優罰劣、擇優扶持，實現對信貸資金投量與投向的調控。

3. 利率指標

中國中央銀行貨幣政策中間目標，目前以貨幣量和貸款量為主要指標，利率指標為輔助指標。利率對經濟和金融的調節作用取決於微觀經濟主體對利率變動的反應，而市場利率變動本身的合理性則取決於市場機制的健全程度。1996 年，中國建成了全國統一的銀行

間同業拆借市場，放開了同業拆借利率；2007年，上海銀行間同業拆借利率（Shibor）市場運行，標誌著中國貨幣市場基準利率培育工作全面啓動；國債發行實行招投標制，國債一級市場、二級市場上的利率，以及銀行間債券市場利率也實現了市場化。在信貸市場：2004年，貸款利率浮動區間擴大；2012年，存款利率浮動區間也擴大；2013年，全面放開貸款利率管制。利率市場化已成為中國下一輪金融工作的重點。利率將在未來的貨幣政策工具中發揮越來越重要的作用。

14.7.2 中國人民銀行貨幣政策工具

《中華人民共和國中國人民銀行法》第四章對中國中央銀行的貨幣政策工具明確規定：要求金融機構按照規定的比例交存存款準備金，確定中央銀行基準利率，為在中國人民銀行開立帳戶的金融機構辦理再貼現，向商業銀行提供貸款，在公開市場上買賣國債和其他政府債券及外匯，以及國務院確定的其他貨幣政策工具。以下主要介紹存款準備金政策、再貸款與再貼現政策以及公開市場操作，還有常備借貸便利。

14.7.2.1 存款準備金政策

中國存款準備金政策的主要內容是：規定繳存存款準備的對象為金融機構；規定存款準備金率；規定計提準備金的辦法為「按旬計算，旬五十繳」。存款準備金政策是中國中央銀行調控金融的重要工具，1984年中國人民銀行專門行使中央銀行職能後即正式啓用這一工具。為適應建立社會主義市場經濟體制及實現間接調控宏觀金融的需要，1998年3月21日，中國人民銀行對原有的存款準備金制度進行改革：把原各金融機構在中國人民銀行的「繳來一般存款」和「備付金存款」兩個帳戶合併為「準備金存款」帳戶；法定存款準備金率從原來的13%下調到8%，由各金融機構總部存入所在地中國人民銀行分支機構；中國人民銀行對各金融機構的法定存款準備金按法人統一考核；存款準備金利率由原來的7.56%下調到5.22%。2004年4月，中國開始實施差別存款準備金制度，即中央銀行對不同金融機構規定了不同的法定存款準備金率。

14.7.2.2 再貸款與再貼現政策

中央銀行貸款指中央銀行對金融機構的貸款，簡稱再貸款，是中央銀行調控基礎貨幣的渠道之一。中央銀行通過適時調整再貸款的總量及利率，吞吐基礎貨幣，促進實現貨幣信貸總量調控目標，合理引導資金流向和信貸投向。自1984年中國人民銀行專門行使中央銀行職能以來，再貸款一直是中國中央銀行的重要貨幣政策工具。近年來，適應金融宏觀調控方式由直接調控轉向間接調控，再貸款所占基礎貨幣的比重逐步下降，結構和投向發生了重大變化。新增再貸款主要用於促進信貸結構調整，引導擴大縣域和「三農」信貸投放。

再貼現是中央銀行對金融機構持有的未到期已貼現商業匯票予以貼現的行為。在中國，中央銀行通過適時調整再貼現總量及利率，明確再貼現票據選擇，達到吞吐基礎貨幣

和實施金融宏觀調控的目的，同時發揮調整信貸結構的功能。自1986年中國人民銀行在上海等中心城市開始試辦再貼現業務以來，再貼現業務經歷了試點、推廣到規範發展的過程。再貼現作為中央銀行的重要貨幣政策工具，在完善貨幣政策傳導機制、促進信貸結構調整、引導擴大中小企業融資、推動票據市場發展等方面發揮了重要作用。1986年，針對當時經濟運行中企業之間嚴重的貨款拖欠問題，中國人民銀行下發了《中國人民銀行再貼現試行辦法》，決定在北京、上海等十個城市對專業銀行試辦再貼現業務。這是自中國人民銀行獨立行使中央銀行職能以來，首次進行的再貼現實踐。1994年下半年，為解決一些重點行業的企業貨款拖欠、資金週轉困難和部分農副產品調銷不暢的狀況，中國人民銀行對「五行業、四品種」（煤炭、電力、冶金、化工、鐵道五行業和棉花、生豬、食糖、菸葉四品種）領域專門安排100億元再貼現限額，推動上述領域商業匯票業務的發展。再貼現作為選擇性貨幣政策工具，開始對支持國家重點行業和農業生產發揮作用。1995年年末，中國人民銀行規範再貼現業務操作，開始把再貼現作為貨幣政策工具體系的組成部分，並注重通過再貼現傳遞貨幣政策信號。中國人民銀行初步建立了較為完整的再貼現操作體系，並根據金融宏觀調控和結構調整的需要，不定期公布再貼現優先支持的行業、企業和產品目錄。1998年以來，為適應金融宏觀調控由直接調控轉向間接調控，增強再貼現傳導貨幣政策的效果，規範票據市場的發展，中國人民銀行出抬了一系列完善商業匯票和再貼現管理的政策：改革再貼現、貼現利率生成機制，使再貼現利率成為中央銀行獨立的基準利率，為再貼現率發揮傳導貨幣政策的信號作用創造了條件；適應金融體系多元化和信貸結構調整的需要，擴大再貼現的對象和範圍，把再貼現作為緩解部分中小金融機構短期流動性不足的政策措施，提出對資信情況良好的企業簽發的商業承兌匯票可以辦理再貼現；將再貼現最長期限由4個月延長至6個月。2008年以來，為有效發揮再貼現促進結構調整、引導資金流向的作用，中國人民銀行進一步完善再貼現管理：適當增加再貼現轉授權窗口，以便於金融機構尤其是地方中小金融機構法人申請辦理再貼現；適當擴大再貼現的對象和機構範圍，城鄉信用社、存款類外資金融機構法人、存款類新型農村金融機構，以及企業集團財務公司等非銀行金融機構均可申請再貼現；推廣使用商業承兌匯票，促進商業信用票據化；通過票據選擇明確再貼現支持的重點，對涉農票據、縣域企業和金融機構及中小金融機構簽發、承兌、持有的票據優先辦理再貼現；進一步明確再貼現可採取回購和買斷兩種方式，提高業務效率。

14.7.2.3 公開市場操作

中國公開市場操作包括人民幣操作和外匯操作兩部分。外匯公開市場操作於1994年3月啟動，人民幣公開市場操作於1998年5月26日恢復交易，規模逐步擴大。1999年以來，公開市場操作發展較快，目前已成為中國人民銀行貨幣政策日常操作的主要工具之一，對於調節銀行體系流動性水平、引導貨幣市場利率走勢、促進貨幣供應量合理增長發揮了積極的作用。

中國人民銀行從 1998 年開始建立公開市場業務一級交易商制度，選擇了一批能夠承擔大額債券交易的商業銀行作為公開市場業務的交易對象。近年來，公開市場業務一級交易商制度不斷完善，先後建立了一級交易商考評調整機制、信息報告制度等相關管理制度，一級交易商的機構類別也從商業銀行擴展至證券公司等其他金融機構。

從交易品種看，中國人民銀行公開市場業務債券交易主要包括回購交易、現券交易和發行中央銀行票據。其中回購交易分為正回購和逆回購兩種。正回購為中國人民銀行向一級交易商賣出有價證券，並約定在未來特定日期買回有價證券的交易行為。正回購為中央銀行從市場收回流動性的操作，正回購到期則為中央銀行向市場投放流動性的操作。逆回購為中國人民銀行向一級交易商購買有價證券，並約定在未來特定日期將有價證券賣給一級交易商的交易行為。逆回購為中央銀行向市場上投放流動性的操作，逆回購到期則為中央銀行從市場收回流動性的操作。現券交易分為現券買斷和現券賣斷兩種。前者為中央銀行直接從二級市場買入債券，一次性地投放基礎貨幣；後者為中央銀行直接賣出所持有債券，一次性地回籠基礎貨幣。中央銀行票據即中國人民銀行發行的短期債券，中央銀行通過發行中央銀行票據回籠基礎貨幣，中央銀行票據到期則體現為投放基礎貨幣。

根據貨幣調控需要，近年來中國人民銀行不斷開展公開市場業務工具創新。2013 年 1 月，立足於現有貨幣政策操作框架並借鑑國際經驗，中國人民銀行創設了「短期流動性調節工具」（Short-term Liquidity Operations，SLO），作為公開市場常規操作的必要補充，在銀行體系流動性出現臨時性波動時相機使用。這一工具的及時創設，既有利於中央銀行有效調節市場短期資金供給，熨平突發性、臨時性因素導致的市場資金供求大幅波動，促進金融市場平穩運行，也有助於穩定市場預期和有效防範金融風險。

14.7.2.4 常備借貸便利

從國際經驗看，中央銀行通常綜合運用常備借貸便利和公開市場操作兩大類貨幣政策工具管理流動性。常備借貸便利的主要特點：一是由金融機構主動發起，金融機構可根據自身流動性需求申請常備借貸便利；二是常備借貸便利由中央銀行與金融機構「一對一」交易，針對性強；三是常備借貸便利的交易對手覆蓋面廣，通常覆蓋存款金融機構。

全球大多數中央銀行具備借貸便利類的貨幣政策工具，但名稱各異，如美聯儲的貼現窗口（Discount Window）、歐洲中央銀行的邊際貸款便利（Marginal Lending Facility）、英格蘭銀行的操作性常備便利（Operational Standing Facility）、日本銀行的補充貸款便利（Complementary Lending Facility）、加拿大中央銀行的常備流動性便利（Standing Liquidity Facility）、新加坡金管局的常備貸款便利（Standing Loan Facility），以及新興市場經濟體中俄羅斯中央銀行的擔保貸款（Secured Loans）、印度儲備銀行的邊際常備便利（Marginal Standing Facility）、韓國中央銀行的流動性調整貸款（Liquidity Adjustment Loans）、馬來西亞中央銀行的抵押貸款（Collateralized Lending）等。

借鑑國際經驗，中國人民銀行於 2013 年初創設了常備借貸便利（Standing Lending Facility，SLF)。常備借貸便利是中國人民銀行正常的流動性供給渠道，其主要功能是滿足金融機構期限較長的大額流動性需求，對象主要為政策性銀行和全國性商業銀行，期限為1~3個月，利率水平根據貨幣政策調控、引導市場利率的需要等綜合確定。常備借貸便利以抵押方式發放，合格抵押品包括高信用評級的債券類資產及優質信貸資產等。

本章小結

1. 中央銀行的基本職責是通過貨幣政策的實施來實現若干經濟目標，其中穩定貨幣是與中央銀行作為貨幣當局關係最為密切的經濟目標。但現代中央銀行在穩定貨幣之外還需著眼於經濟增長、充分就業和國際收支平衡。

2. 貨幣政策的成功實施不僅依賴於中間目標和操作工具的選擇，還需要考慮一系列傳遞機制的利用以及與財政政策的配合。

3. 為了穩定匯率或平衡國際收支，一國的中央銀行會干預外匯市場，這種干預可分為非衝銷性干預和衝銷性干預。在資本完全流動情況下，固定匯率制下的貨幣政策是無效的，而浮動匯率制下的貨幣政策則是有效的。

思考題

1. 一國中央銀行在具體確定貨幣政策的最終目標時需要考慮哪些因素？為什麼？
2. 為什麼需要貨幣政策中間目標？如何選擇貨幣政策中間目標？為什麼？
3. 如何理解貨幣政策與財政政策的關係？
4. 三大一般性貨幣政策工具各有哪些利弊？結合當前本國宏觀經濟的調控特點進行分析。

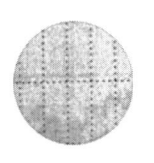

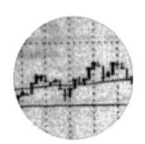

第五篇　金融發展

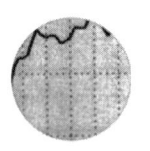

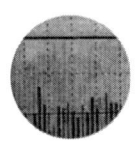

15 金融發展與經濟增長

學習目標

在這一章中，我們將學習金融發展理論，主要介紹羅納德・麥金農與愛德華・肖所提出的「金融抑制論」和「金融深化論」以及這一理論的發展和修正，研究金融發展與經濟增長之間的關係。學完本章後，你應當知道：

- 金融發展、金融抑制和金融深化理論的主要內容及其政策主張；
- 金融發展與經濟增長之間的相互關係；
- 中國金融發展的現狀、特點及其問題。

重要術語

金融發展　金融抑制　金融深化　金融自由化　金融約束　經濟增長

關於金融發展和經濟增長之間關係的話題，是社會各界持久討論的熱點。例如，為什麼經濟發達的國家都有一個與其經濟協調發展的金融體系，而發展中國家卻往往沒有。對發展中國家而言，更為迫切的現實需求是有一套可以用來指導其金融發展的理論體系。基於這種需求，全球的經濟學家貢獻出了豐富的研究成果，其中包括金融結構觀、金融約束論、金融抑制論和金融深化論等。需要特別指出的是，金融抑制論和金融深化論研究的對象就是發展中國家，還充分考慮到了這些國家金融制度的特殊性，以新的視角論證了金融發展和經濟增長之間的關係，其觀點和政策主張受到了社會各界的高度重視。本章將圍繞其所討論的目標，逐一介紹這些理論和觀點及其發展。

15.1 金融發展概述

15.1.1 金融發展的定義

金融發展是指通過完善金融系統的功能,提高金融系統資源配置的效率,優化金融體系,並以此促進經濟增長。其通常包括的內容有:金融機構的多樣化、引進新的金融產品、採用新的金融技術、開闢新的金融市場、實現金融監管的創新與金融管制的放鬆等。它可以理解為發展中國家的金融深化(金融自由化)過程和發達國家的金融創新過程。

判斷一國或地區金融發展水平時,不僅僅要看其金融總量或規模是否增長,而且還要從金融結構和效率的標準來進一步判斷其金融是否發展了。金融發展是數量增長與質量提高的統一。金融發展是金融交易總量的增長過程,也是金融總量所運用的交易技術、交易機制和交易模式的改善和創新的過程,其最終目的是實現金融發展模式和經濟增長模式相吻合,促進經濟增長。

15.1.2 金融發展的指標

15.1.2.1 貨幣化率

貨幣化率也稱為麥金龍指標,是指在某一時點一定經濟範圍內通過貨幣進行商品與服務交換的價值占國內生產總值的比重。根據定義,貨幣化率,通常採用廣義貨幣量與國內生產總值的比值來間接表示(M_2/GDP)。一般來說,該比率越高,表明經濟貨幣化程度越高,金融業越發達;反之,則經濟貨幣化程度越低,金融業越落後。

貨幣化率可以反應一國或地區金融發展的水平。隨著商品經濟的發展,貨幣作為商品與服務交換媒介的交易職能和支付手段範圍逐步擴大,這種現象可稱為該經濟體貨幣化程度不斷提高。由於貨幣是金融資產的一個重要組成部分,因此,使用貨幣化率反應一個社會的金融發展程度是可行的。

但是,貨幣化率並不是一個反應金融發展的理想指標。比如,中國 M_2 與 GDP 的比率不僅在世界上最高,而且上升速度也較快(圖 15-1)。可惜,我們卻不能認為中國的金融發展已處於高水平,主要原因是不同國家 M_2 所包含的統計口徑不完全一致。發達國家的金融創新層出不窮,M_2 指標本身並未包括這些具有貨幣職能的金融工具。

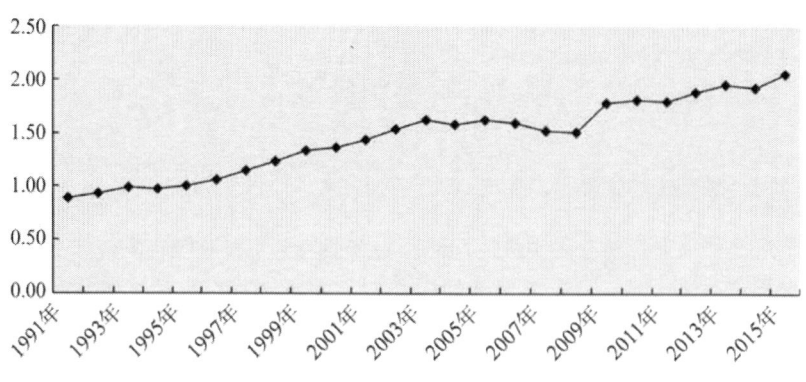

圖 15-1　1991—2015 年中國 M_2/GDP 變化趨勢

15.1.2.2　金融相關率

所謂的金融相關率（FIR）指金融資產價值與全部實物資產價值之比，即 $FIR = F_t/W_t$。其中，W_t 是當期經濟活動的總量，大致可以用當期的國內生產總值近似地表示。F_t 為一定時期的金融資產總量，包括非金融機構發行的金融工具；金融部門，即中央銀行、存款銀行、政策性銀行、清算機構、保險公司和二級金融交易仲介發行的金融工具以及國外機構的金融工具等。[①]

金融相關率指標由現代比較金融學家美籍比利時人雷蒙德·戈德史密斯提出。戈德史密斯研究了 1860—1960 年近百年的經濟數據，算出了 16 個國家的 FIR 值，以此對各國的金融發展水平做出定量評價。計算結果表明，不同層次的國家具有不同的金融相關率。發達國家往往具有較高的 FIR 值，例如英國、美國、日本等；而發展中國家的 FIR 值處於較低層次，例如印度、委內瑞拉、墨西哥等。這說明 FIR 值越高，該國或地區的金融化率越高，金融發展越好。

此外，雷蒙德·戈德史密斯還提出了一些更加細化的指標來衡量一國或地區的金融發展程度，例如金融資產與負債在各金融機構間的分布；金融資產與負債在各金融機構與非金融機構間的分布；各經濟部門擁有的金融資產與負債的總額；由金融機構發行、持有的金融產品總額等。

15.2　金融發展的早期理論

金融發展理論所研究的核心問題，乃是金融發展與經濟增長之間的關係，即研究金融體系（包括金融仲介和金融市場）及其制度安排、變遷對經濟增長究竟能起到什麼樣的作

---

① 雷蒙德·戈德史密斯. 金融結構與發展 [M]. 普壽海，等，譯. 北京：中國社會科學出版社，1993.

用；研究如何建立有效的金融體系和金融政策組合，以最大限度地促進經濟增長；研究如何合理利用金融資源，以實現金融的可持續發展並最終實現經濟的可持續發展。

15.2.1 金融體系與經濟增長

金融發展理論的早期文獻可以追溯到金融體系尚處於幼稚階段的17~18世紀，以英國為代表的歐洲資本主義經濟初步發展和產業資本繁榮對金融資本的發展提出了嶄新的要求，而金融體系的發展對資本經濟的生產和再生產也發揮了巨大的推動作用。在洛克、斯密和邊沁的早期著作中，都提到了有關健康運行的資金借貸體系對於產業部門成長的重要性，強調了貨幣體系和金融仲介的功能。

20世紀早期，熊彼特從企業家才能和創新的角度論述了金融體系在經濟發展中的重要性。他認為企業家新技術創新活動的成功得益於信貸和金融市場的經濟支持，正如他所說的，「純粹的企業家在成為企業家之前必須首先使得自身成為債務人」[1]。在《經濟發展理論：對利潤、資本、信貸、利息和商業週期的研究》一書中，熊彼特對金融家在經濟發展中的作用給予了高度的評價。他認為，企業家的創新是經濟發展的動力源泉，而金融家卻是企業家的企業家，金融家在企業家的創新活動中發揮著資金配置的核心功能，從而實現了生產要素的優化配置。

15.2.2 金融結構的演變研究

20世紀60年代，隨著戰後經濟的恢復、金融體系的不斷演進和金融工具的多樣創新，金融結構也在快速地變遷和細化，這使得在理論上界定金融結構的變遷對於經濟增長的影響非常有必要。

1969年，耶魯大學出版社出版了雷蒙德·戈德史密斯在金融機構和金融發展方面的開創性研究成果《金融結構與發展》。在書中，他認為金融理論的職責是找出決定一國金融結構、金融工具存量和金融交易流量的主要經濟因素，並闡明這些因素通過相互作用，從而形成和促進金融發展。世界各國在金融結構上有顯著差別，也就是說，各國在金融機構設立、相對規模、金融仲介分支機構的密集度、金融工具種類和數量等方面，都存在著區別。這些區別造成了各個國家或地區的金融發展和經濟發展的不同特徵。而且各國的金融機構在不同的歷史時期也表現出不同的特點，在各國不同時間序列上，不同類型的金融機構會出現和演化，向不同的經濟部門滲透的方式也不盡相同，其適用經濟結構變遷的速度和特徵也不同，這些不同構成了各國特有的金融發展模式。

戈德史密斯認為，對金融機構和金融發展的比較研究，其目的是解釋和揭示不同的國家在金融發展的不同階段上金融結構所表現出來的差異，探討「金融發展與經濟增長的相互關係」。

---

[1] 創新活動往往伴隨著高風險，需要大量的資金投入，金融市場和金融機構為這樣的資金需求提供了保證。

15.2.3 金融體系中貨幣功能的新考察

20世紀60年代，格利和愛德華·肖的《金融理論中的貨幣》是金融發展理論中的又一個重要研究成果。這部著作對金融體系中的貨幣功能、貨幣政策和貨幣控制、金融與經濟增長的關係進行了不同於傳統觀點的新考察。

格利和肖從「內在貨幣」「外在貨幣」出發，認為新古典教條忽視了在「內在貨幣」情況下價格變動引起的私人部門之間的財富轉移，忽視了這種財富轉移對勞務、產出和貨幣的總需求的影響。在新古典框架之下，當所有貨幣都是「內在貨幣」的時候，貨幣政策對實際經濟變量的效果是中性的，只有在存在價格剛性、貨幣幻覺和存在財富轉移的分配效應的時候，貨幣政策才是非中性的。但是格利和肖認為，如果將「內在貨幣」和「外在貨幣」結合考慮的話，貨幣政策對於實際變量的影響就不是中性的。換句話說，當銀行部門在其負債項下持有企業證券和外國證券的時候，貨幣政策的效果就不是中性的。「內在貨幣」和「外在貨幣」的結合，使得政府貨幣當局有可能對收入和財富的實際水平產生影響。

儘管在這部著作中，格利和肖運用了一般均衡和靜態分析方法以及新古典分析範式，但是這部開創性的著作還是提出了許多與新古典框架不同的論點：①貨幣只是無數金融資產中的一種，貨幣並非貨幣金融理論中唯一分析的對象，貨幣金融理論應該面對多樣化的金融資產；②不僅商業銀行有信用創造的能力，其他金融機構也有信用創造的能力；③影響金融與經濟關係的不僅是貨幣政策，還有財政政策和債務政策；④傳統的貨幣政策工具並非實施貨幣政策的有效手段，中央銀行控制貨幣的基本要素是控制名義儲備量、儲備餘額率和商業銀行存款利率。

格利和肖的這部著作，建立了一個以研究多種金融資產、多樣化金融機構和多種政策配合的金融經濟體系，拓寬了金融理論和金融與經濟之關係的研究領域，是早期金融發展理論的重要成果。

15.3 金融抑制與金融深化

20世紀70年代初期，金融發展理論有了重大突破。美國經濟學家羅納德·麥金農與愛德華·肖在1973年分別發表了《經濟發展中的貨幣與資本》和《經濟發展中的金融深化》這兩部經典著作。在這兩部著作中，麥金農和肖提出了關於「金融抑制」和「金融深化」的理論，其理論以發展中國家為主要分析對象。他們長期關注和參與了發展中國家的金融改革實踐，累積了豐富的金融改革的經驗數據和政策設計方案，提出了與傳統貨幣理論大不一樣甚至截然相反的觀點，在經濟學界引起了強烈反響，引發了一場研究金融發展的新浪潮。

15.3.1 麥金農─肖的理論觀點

羅納德‧麥金農與愛德華‧肖在批判傳統貨幣理論的基礎上，根據發展中國家實際情況，提出了金融抑制和金融深化的理論。根據麥金農的描述，所謂的金融抑制是這樣一種現象：一國政府對金融體系和金融活動過多的干預壓制了金融體系的發展，而金融體系的不發展或發展滯後，又阻礙了經濟的發展，從而造成了金融抑制與經濟增長的惡性循環。而所謂的金融深化，肖認為是指這樣一種情形：如果一國政府取消對金融活動的過多干預，可形成金融深化與經濟發展的良性循環。因此，所謂的金融抑制和金融深化實際是同一個問題的兩個方面。

15.3.1.1 金融抑制

在麥金農的《經濟自由化的秩序》一文中，「金融抑制」指的是「一種貨幣體系被壓制的情形，這種壓制導致國內資本市場被割裂，對於實際資本集聚的質量和數量造成嚴重的不利後果」。肖在《經濟發展中的金融深化》一文中試圖對金融抑制的邏輯做出解釋。他的解釋是，在落後國家，人們普遍傾向於認為高利率具有剝削性，普遍反感高利率，法律、民眾習俗以及道德準則都有這種傾向。為了保護弱勢群體不受壟斷力量的剝削，國家有義務限制利率水平。此外，落後國家通常認為，高利率是與通貨膨脹聯繫在一起的，限制利率水平有利於抑制通貨膨脹。限制高利率還有一個動機，就是試圖以此阻止經濟的停滯和防止失業率過高。肖還認為，因落後國家市場機制不完善，市場均衡難以穩定，名義貨幣量在市場機制下難以調控，而政府的干預可以實現宏觀調控和穩定經濟的目標。

政府是金融抑制的實施者，政府替代市場機制干涉金融市場中的價格和交易，完成經濟發展戰略。但從長期來看，金融抑制破壞了稀缺資源配置的市場機制和價格體系，使得資本市場和貨幣市場長期處於壓制狀態，不能發揮金融體系有效配置資源的經濟功能，從而影響了金融發展和經濟增長。這主要體現在：

（1）負收入效應。許多奉行金融抑制的發展中國家都存在著嚴重的通貨膨脹。作為實際貨幣餘額的持有者和使用者，公眾和企業為避免承受物價上漲的損失，就會減少貨幣形式的儲蓄。儲蓄下降導致投資減少，總需求下降，國民收入的增長放慢，收入增長也隨之下降，國民經濟和收入的增長速度都進入了負循環之中。

（2）負儲蓄效應。許多發展中國家都存在著市場分割和經濟貨幣化程度低，金融工具品種單一、數量少的問題，甚至許多地區仍然停留在物物交換的階段。由於通貨膨脹率既不穩定也無法預測，官定利率又不能彌補價格上漲給儲蓄者造成的損失，加上上述實際貨幣餘額持有的增加，人們更加傾向於以儲藏物質財富、增加消費支出和向國外轉移資金的方式規避風險，儲蓄率的提高受到極大影響。

（3）負投資效應。金融抑制限制了許多發展中國家對傳統部門的投資，農業投資的減少致使農業產出下降，增加了這些國家對糧食和原材料進口的需求，這種需求在相當程度

上不得不依靠外援來滿足；本幣的高估和對小生產者貸款的限制，嚴重阻礙了這些國家的出口增長，這使得經濟的對外依賴進一步提高；同時，這些國家的領頭部門存在著較高的資本—勞動比率，不熟練的生產技術和經常性的過剩生產能力，降低了投資的邊際生產力；最後，城市基礎設施建設的滯後，惡化了投資環境和投資條件。所有這些都阻礙了這些國家的投資的增長。

（4）負就業效應。除了負收入和負投資效應所造成的就業機會減少以外，金融抑制對傳統部門的抑制，也是負就業效應的重要原因。因為向城市轉移的大量勞動力中，只有小部分能被工資水平相對較高的資本密集型產業吸收，沒有被吸納的部分，或是滯留於工資水平相對較低的行業、企業中，或是乾脆處於失業狀態。城市化和工業化過程中對就業產生積極影響的過渡效應、溢出效應或聯動效應，在金融抑制國家都得不到充分明顯的體現。

15.3.1.2 麥金農—肖模型

因麥金農和肖對金融抑制與金融深化問題得出的結論大致是相同的，因而西方學者將他們的理論歸結為同一個金融發展模型，稱之為「麥金農—肖模型」。麥金農—肖模型論證了金融發展與經濟增長之間相互制約、相互促進的辯證關係。

根據美國加利福尼亞大學教授馬克斯維爾·弗萊的分析，麥金農—肖模型可用圖15-2來說明。

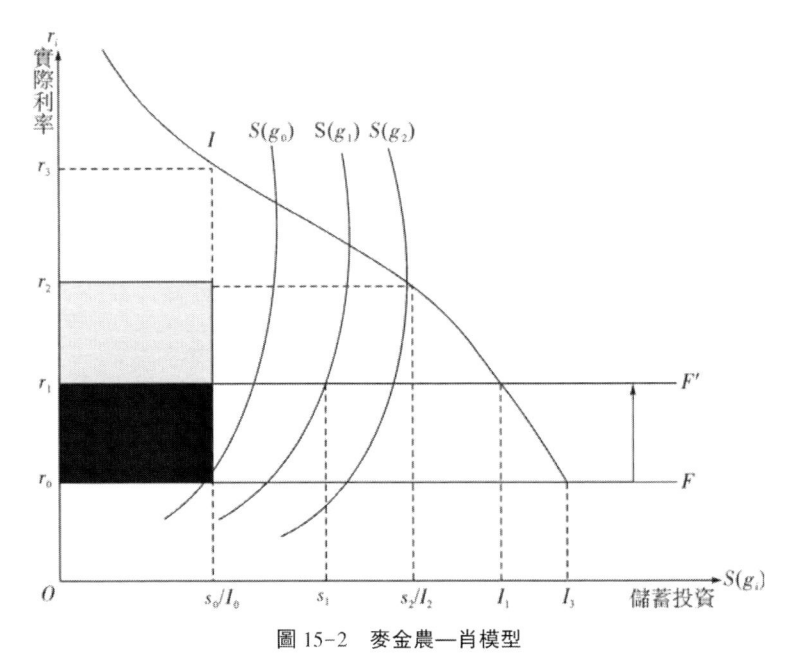

圖 15-2 麥金農—肖模型

在該模型中，r_i 為實際利率；$S(g_i)$ 表示在經濟增長率為 g_i 時的儲蓄（$i=0$，1，2，…），它是實際利率的增函數；F 代表金融抑制，在這裡是指政府將實際利率人為地限制在其均衡水平以下的干預行為；I 表示投資，它是實際利率的減函數。

為便於分析，假定：①儲蓄全部轉化為投資；②經濟是封閉的，即沒有國外融資。這樣，現實的投資總額 I_i（$i=0$，1，2，…）等於一定利率水平上所形成的儲蓄總額 S_i（$i=0$，1，2，…）。

從模型中可看出，如果實際利率被限制在 r_0，則所能形成的儲蓄總額僅是 S_0，從而投資總額也只能是 I_0。但從投資曲線可看出，當實際利率為 r_0 時，意願投資總額（即貸款需求）卻是 I_3。這形成了資金供求缺口（I_3-I_0）。倘若政府當局只限制存款利率，而不限制貸款利率，根據供求定律，貸款利率將上升至 r_3，其結果是金融體系獲得高額利潤（r_3-r_0）。但事實上大多數發展中國家通常既限制存款利率，又限制貸款利率。若撇開政府當局規定的存貸利差這一因素，假定貸款利率也被限制在 r_0，則由於可貸資金的嚴重供不應求，必然導致非價格性的信貸配給，這也是大多數發展中國家實際存在的情況。這種非價格性的信貸配給辦法往往使社會投資效率大為降低，其主要原因有三：

（1）資金配給的對象未必是投資效率高的企業和個人，而大多是一些特權階層、賄賂者或與金融機構有某種特殊關係的企業和個人。

（2）利率限制影響了金融機構承擔貸款風險的積極性，因為利率上限的存在使金融機構無法獲得風險溢價，於是大部分資金被投放於那些風險小而收益低的項目，如圖15-2中陰影部分所示的那些收益率略高於利率高限 r_0 的投資項目。

（3）因借貸資金成本偏低，部分企業和個人便肆意舉債，並用於非生產性的投資。所以，在麥金農和肖看來，發展中國家實行低利率政策，不但無助於經濟發展，反而有礙於經濟發展。既然如此，政府為了促進經濟的發展，應採取適當提高利率的政策。

現在，假定利率由 r_0 提高至 r_1。一方面，儲蓄總額隨著（存款）利率的上升而增加，從而投資總額也在增長；另一方面，因（貸款）利率從 r_0 提高至 r_1，投資收益率在 r_1 以下的項目成了虧損項目，因而被排除在外，取而代之的是那些收益率高於 r_1 的投資項目。這樣，提高了投資的平均效率，經濟的增長率從 g_0 上升至 g_1，儲蓄曲線由 $S(g_0)$ 右移至 $S(g_1)$。因此，根據麥金農和肖的分析，實際利率的提高既可以增加資本形成的數量，又能提高資本形成的質量，它對經濟增長和發展有著雙重的重要影響。

那麼，實際利率究竟應該提高到哪一點呢？由圖15-2可知，當利率上升至 r_2 時，儲蓄曲線移至 $S(g_2)$，投資總額是 I_2，經濟增長率達到 g_2，可見，r_2 是最為理想的利率水平。這個利率也就是麥金農和肖所說的資本市場上的「均衡利率」。為使實際利率等於或盡可

能接近均衡利率，政府應該徹底地廢除一切對利率的干預和管制，同時應積極地控制通貨膨脹①，以使名義利率免受物價上漲的影響。

總之，麥金農—肖模型的核心思想是主張實行利率放鬆和金融自由化。實際利率通過市場機制的作用自動地趨於均衡，再反作用於市場機制實現資源的優化配置，從而保證經濟以最優的速度發展。

15.3.1.3　麥金農的互補性假說和肖的債務媒介觀

儘管麥金農和肖在論述貨幣金融與經濟發展的關係時得出了頗為一致的結論，但是他們在論及貨幣金融因素如何影響經濟發展時，卻存在著較大的分歧。

1. 麥金農的互補性假說

傳統理論認為，在市場經濟發達的情況下，企業的生產能力是趨同的，商品的價格是可預期的，因此，企業投資的邊際收益也是可預期的，而且資產回報率會呈現出平均化的趨勢，實際利率與投資活動呈反向相關關係，即提高實際利率會減少投資，增加人們的實際貨幣持有量。② 然而麥金農通過對發展中國家的考察，否認了這種替代關係的存在，認為實際貨幣餘額和投資是一種相互補充的關係，即「互補性假說」。

麥金農的互補性假說有兩個經濟學假說前提：

（1）所有經濟單位都局限於「自我融資」，即不能借貸資金而是依靠自身的累積來進行投資。

（2）投資是不可分的。也就是說，投資者必須將資金累積到一定規模時方可從事投資，因而相對於消費支出而言，投資支出具有較大的「起伏性」。

在兩個假說條件下，麥金農認為這種互補關係可通過貨幣需求函數來表示：

$M/P = f(Y, I/Y, R-\pi^e)$

其中，M 是貨幣存量，P 是價格水平，Y 是實際產出，I 是投資總額，$R-\pi^e$ 是實際存款利率。對函數求偏微分，可得：

$\partial(M/P)/\partial(I/Y) > 0$；$\partial(I/Y)/\partial(R-\pi^e) > 0$

這就是互補性假說的基本表達。也就是說，實際貨幣存量與投資呈正相關關係，投資與實際利率水平也呈現正相關關係。

麥金農認為，在市場經濟機制不完善的發展中國家，經濟個體相互隔絕和市場割裂使得個體的生產能力差別極大，生產的同種商品的價格也不一致，這導致資產收益率很難有一種平均化的趨勢。因此，企業家對未來市場商品價格很難預期，難以預測新增投資的邊際收益。在此情形下，降低實際利率就不能達到刺激投資的目的。

---

① 因為在經濟實踐中，投資者關心的是實際利率而非名義利率，其中實際利率約等於名義利率減去通貨膨脹率，因而在實際利率一定情況下，要想穩定名義利率，政府必然要管理好通貨膨脹水平。

② 實際貨幣餘額與投資之間的替代關係也說明貨幣與實物資本是相互替代的。實際投資和實物資本等價。

他認為，發展中國家面臨的最大的問題是資金短缺，因此，在市場經濟不發達的條件下，盡可能多地累積資金是發展中國家的首要目標，因而提高實際利率 $R-\pi^e$ 會刺激經濟中的儲蓄水平，增加經濟中的資金累積。而儲蓄的增加會引起投資的上升，於是貨幣和投資之間就存在著一種互補關係，即實際利率水平 $R-\pi^e$ 與投資之間是正相關的函數關係。

麥金農通過對發展中國家金融抑制的考察，認為由於發展中國家存在著人為的過低的實際利率水平，使得經濟中的儲蓄激勵不足，反過來又影響了投資的增長。在麥金農看來，合乎邏輯的發展道路就是，解除對於利率的人為抑制，降低通貨膨脹率，使得實際利率水平轉為較高的正值，就可以達到刺激儲蓄和投資的目的。

但是，提高實際利率，並不是可以無限制地產生這種有利於投資的效應。倘若實際利率超過某種限度而繼續提高的話，反而會引起投資的下降。麥金農用圖 15-3 說明了這個問題。

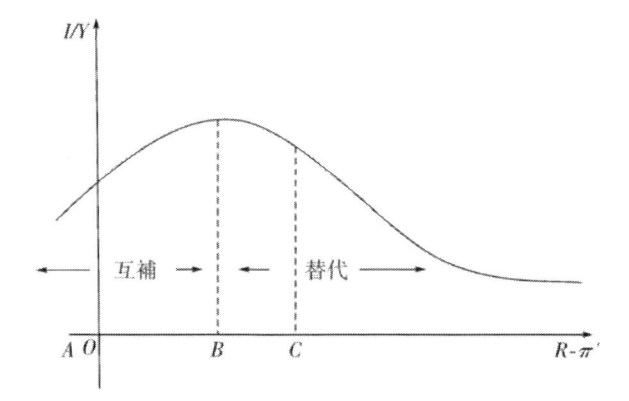

圖 15-3　投資互補與替代效益

在圖 15-3 中，橫軸表示實際利率①，縱軸表示自我融資的投資在收入中的比率。在 B 點左邊提高實際利率，由於互補性假說，會使得投資增加。而在 B 點右邊，實際利率高於投資的邊際收益率，「由於人們不會持有收益率低於高度流動性的現金餘額的非貨幣資產」，因而投資被過多持有的現金餘額替代。

這樣，由圖 15-3 可知，最優的利率應在 B 點，以使得實際投資最大。但是，麥金農還認為，由於實際利率在提高到 B 點之前，不僅增加了投資的總量，而且更重要的還提高了投資的效率，從而促進了經濟的增長，因此，實際利率最優可能在 B 點的右邊某點，例如在 C 點。

不僅如此，麥金農還進一步認為，這種互補與替代的交替現象不限於完全自我融資的情形，即使在存在外部融資的情況下也同樣會發生。這主要是由於外部融資的取得在很大

---

① 實際利率在模型中也被稱為貨幣的實際收益率。

程度上取決於自我融資的水平。根據麥金農的分析，由於發展中國家經濟的不確定性較為嚴重，貸款人取得借款人信用狀況及償付能力的信息又較為不易，因此，唯有借款人的自有資金量可以作為其清償能力的參考性指標，這樣，如果自我融資的水平較低，則取得外部融資的可能性亦將較小。而提高實際利率，則可以提高自我融資水平，這樣又提高了外部融資水平，從而總投資水平提高。但若過度提高實際利率，則因替代效應壓倒互補效應之故，總投資反而會下降。

因此，即使在有外部融資的條件下，也需要找出一個適當的實際利率，以使總投資水平達到最高。不過，這個最優的實際利率通常是難以找到的。因此，在麥金農看來，最好的辦法莫過於放棄一切人為的干預，讓金融活動充分自由化，從而以金融市場上自發形成的均衡利率作為實際利率。

2. 肖的債務媒介觀

肖認為，對整個社會來說，實際貨幣餘額不是財富，而是貨幣體系的債務。這種債務在整個社會經濟中發揮著各種媒介作用，從而既使社會資源得以節約，又使社會再生產過程得以順利進行，因而貨幣對經濟的增長和發展有著重大的促進作用。肖把自己的這一理論稱為「債務媒介論」，指出它與傳統的貨幣「財富論」有著根本的區別，並認為它更適用於對落後經濟體的分析。

肖認為，傳統貨幣理論之所以得出貨幣與實物資本相互替代的結論，根源在於他們錯誤地將貨幣當成社會財富。肖認為，對某一個人來說，他持有的貨幣餘額固然是他的財富，但對整個社會來說，貨幣只是貨幣體系的債務，這種債務與政府或私人企業發行的債券在本質上無異，唯一的區別只是貨幣可以充當支付手段，而其他債券則不能罷了。

儘管肖認為貨幣不是社會財富，其增長也不是社會收入，但他並不因此就認為貨幣是中性的。也就是說，他並不認為貨幣對經濟的增長沒有任何影響，相反，貨幣在促進經濟發展的過程中有著不可低估的積極作用，因而提高社會貨幣化程度，有利於社會經濟增長。

肖認為，貨幣在經濟中的主要作用是為個人和社會提供節約實物資本和活勞動耗費的各種服務。按照肖的分析，一方面，貨幣是一種被普遍接受的交易媒介，它的使用避免了交易中的諸多不便，從而節約了耗費於交易過程的人力和物力；另一方面，貨幣本身雖不是社會財富，但它在私人資產組合中可以替代實物財富作為支付準備，這樣可使本來用作支付準備的實物資本從閒置狀態中解放出來而轉用於實際投資。因此，貨幣的增加雖然並不直接是社會財富的增長，然而因貨幣發揮了以上兩個功能，因而用於實際投資的實物財富增加了，從而促進了經濟增長。此外，肖還認為在完善的金融機制下，金融部門還可通過貨幣的使用有效地提高資金融通的效率。所以，社會貨幣化程度的提高，是金融深化的必要前提。為了提高社會貨幣化程度，貨幣體系要刺激人們增加對貨幣的需求。為此，必須分析決定或影響貨幣需求的各種因素。在肖看來，貨幣需求主要取決於貨幣能為其持有者帶來的各種收益。

根據肖的分析，持有貨幣的收益（用 r_m 表示）包括貨幣的實際邊際產出 u 和存款的實際利率 $d-p^*$（d 為名義存款利率，p^* 為預期的通貨膨脹率）。其中，貨幣的實際邊際產出又包括兩個方面的服務：①貨幣作為支付手段時在便利交易、清算債務等方面所提供的節約資本和勞動的服務；②貨幣用於累積而作為儲蓄的一種手段時在減少儲蓄的成本和風險方面所提供的服務。這主要是指通過貨幣體系的媒介作用，借助於其技巧上和規模上的有利條件，使儲蓄者用累積貨幣的方式進行儲蓄比用其他方式產生更低的成本，承擔更小的風險。持有貨幣的總收益 r_m 由以上提到的貨幣的邊際產出 u 及實際存款利率 $d-p^*$ 構成，即 $r_m=u+(d-p^*)$。肖認為這是影響貨幣需求的主要因素。

社會貨幣化程度的提高，是金融深化的必要前提。而要提高社會貨幣化程度，貨幣體系就要刺激人們增加對貨幣的需求。要刺激人們增加對貨幣的需求，則政府應該取消利率的各種人為限制，實行金融自由化，並有效地控製通貨膨脹，從而保證存款的實際利率最有利於金融深化和經濟發展。

3. 二者的區別

關於貨幣金融因素如何影響經濟發展的問題，肖的「債務媒介論」和麥金農的「互補性假說」的主要區別表現在以下幾個方面：

（1）關於貨幣的定義，麥金農所謂的貨幣是「外在貨幣」，即由政府發行的不兌現紙幣（在這一點上他與傳統貨幣理論沒有什麼區別）；而肖所謂的貨幣是「內在貨幣」，這種貨幣包括了銀行體系所創造的存款通貨。

（2）與麥金農不同，肖並沒有假定發展中國家的所有經濟單位都僅限於自我融資，因而他並不認為實際貨幣餘額與實物資本之間存在互補關係。

（3）麥金農和肖都對傳統的「替代效應說」提出了批評，但他們批評的角度與重點各不相同。麥金農認為發展中國家的貨幣與實物資本之間通常存在互補效應，替代效應只是在特定條件下才發生；而肖則認為，就整個社會而言，實際貨幣並不是財富，因而它與實物資本之間也並不構成替代關係，「替代效應是杜撰的」。

15.3.1.4 金融深化的政策主張和效應分析

1. 政策主張

金融深化理論主張解除金融抑制，實現金融自由化，以便改善貨幣供給與投資供給，發揮貨幣供給促進經濟增長的作用。金融深化理論在政策建議方面主要強調金融改革先行，因為金融是宏觀經濟中的核心和關鍵，金融抑制是阻礙經濟增長的主要障礙。其關於金融改革的政策建議具體包括以下五個方面：

（1）放開利率。要使人們持有的實際貨幣數量有較大的增長，必須取消對存款利率的限制，提高名義存款利率，同時減少政府財政赤字，嚴格控製貨幣發行，降低通貨膨脹率，這樣就可以使人們持有貨幣的實際收益增加。

（2）鼓勵銀行競爭。應當削弱少數專業化金融機構在吸收存款和分配貨款時所處的壟

斷地位，使專業銀行成為商業銀行，並成立新的銀行，以鼓勵競爭，增加期限長、利率高、數量大的貸款，因為這有利於技術進步。

（3）擴大對效率高的小經濟單位的放款。應當擴大有組織的金融機構對城鄉小規模經濟單位的信貸。大銀行也可以把貨幣貸給地方信用合作社和錢莊，再讓它們以較高利率貸出。雖然這種貸款利率較高，但可以把資金從效率低的地方引導到效率高的地方，況且這種利率畢竟低於民間高利貸的利率。

（4）金融政策與財政政策同步。金融與財政要恪盡職守，金融不能代替財政的職能，不能靠通貨膨脹幫助政府增加收入，或通過利率來進行補貼。財政也不能代替金融的職能，如以行政撥款的形式進行優先投資，進行人為的資金配給等。要進行稅制改革，從而減少財政赤字，緩和並消除通貨膨脹。

（5）金融改革與外貿改革同步。外貿改革的核心是讓匯率自由浮動，實行外幣自由兌換。取消對進出口的歧視關稅和特惠補貼，外貿全面自由化優於局部自由化。

2. 效應分析

根據肖的分析，金融深化對經濟發展的影響，可歸結為以下四種效應：

（1）收入效應。肖一再強調，實際貨幣餘額並不是社會財富，因而實際貨幣餘額的增長也並不是社會收入的增長。但是實際貨幣餘額的增長，可提高社會貨幣化程度從而對實際國民收入的增長產生影響，這是肖認為的收入效應。肖認為這種收入效應是「雙重的」，即既包括正收入效應，也包括負收入效應。正收入效應是由於貨幣行業服務對國民經濟具有促進作用而產生的；而負收入效應則是由於貨幣供應需要耗費實物財富和勞動，從而減少可用於國民收入生產的實際資源而產生的。顯然，金融深化所導致的收入效應是指有利於經濟發展的正收入效應，而貨幣政策的目標應該是不斷提高這種正收入效應，同時又要相應地降低其負收入效應。

（2）儲蓄效應。金融深化的儲蓄效應表現在兩個方面：其一是由上述收入效應引起的即金融深化引起實際國民收入的增加，在儲蓄傾向一定的條件下，社會儲蓄總額亦將按一定比例有相應的增加；其二是金融深化提高了貨幣的實際收益率，從而鼓勵了人們的儲蓄行為，導致整個經濟儲蓄傾向的提高。

（3）投資效應。投資效應也包括兩個方面的含義：其一是上述儲蓄效應增加了投資的總額；其二是金融的增長提高了投資的效率。至於金融增長為什麼能提高投資的效率，肖認為主要有以下四個原因：①「金融的增長使資本市場得以統一，它減少了地區之間和行業之間投資收益的差異性並提高了平均收益」；②促使金融增長的政策減少了實物資產和金融資產未來收益的不確定性，能使投資者對短期投資和長期投資做出較為理性的選擇；③資本市場的統一，使勞動市場、土地市場和產品市場的統一成為可能，從而能使資源得到更加合理的配置和更加有效的利用，能發揮生產的相對優勢，並能從規模經濟中得到好處，所有這些都能提高投資的平均收益率；④金融的增長使建築物、土地和其他本來不易

上市的實物財富可以通過仲介機構或證券市場進行交易和轉讓，這樣，在市場競爭的壓力下，通過資本的自由轉移也可導致投資效率的提高。

（4）就業效應。由於貨幣實際收益率的上升導致了投資者資金成本的提高，因此投資者將傾向於以勞動密集型的生產代替資本密集型的生產以節約資本的使用。這樣，整個社會的就業水平將得到提高。這一效應對大多數發展中國家而言是重要的，因為這些國家往往存在著大量的剩餘勞動力，而資本卻相對稀缺。因此，通過以勞動密集型的生產替代資本密集型的生產，既可充分利用這些發展中國家所擁有的剩餘勞動力，又可緩和資本供求的矛盾，使有限的資本得到更合理的配置和更有效的運用。所有這些，對一國經濟的增長和發展都是很有利的。

15.3.2 對金融深化的批評及其修正與發展

以提高實際利率為核心的金融自由化理論體系及其政策在發展中國家金融改革的實踐中得到了廣泛體現，但也陸續暴露出許多問題。

15.3.2.1 對金融自由化理論的一些批評觀點

在理論上，西方學者對麥金農和肖的金融深化理論提出了一些批評，它們主要來自三個方面：一是新凱恩斯學派，二是新結構主義學派，三是新制度主義學派。

（1）新凱恩斯學派主要從有效需求的觀點來反駁麥金農和肖的理論。有效需求包括投資需求、消費需求、出口需求三部分。他們認為，不是儲蓄決定投資，而是投資決定儲蓄，所以金融深化理論所主張的觀點不利於經濟發展。原因如下：

①高的實際利率增加了企業籌資成本或超過了企業預期利潤率，將抑制投資，投資的縮減通過乘數效應降低經濟增長率。

②實際利率提高以後，實際儲蓄可能增加，從而導致居民的實際消費下降，減少社會消費需求。

③金融自由化往往伴隨著貿易和資本流動的放鬆或自由化。外資流入追求高效益，通常會導致匯率高佔，抑制出口，使出口需求下降。

④實際利率提高可能使銀行減少投資項目融資或促使銀行從事高風險項目融資，這樣更容易引發銀行虧損，從而增加了金融業的不穩定性。

（2）新結構主義學派在20世紀80年代興起，他們猛烈抨擊麥金農和肖的金融自由化主張，強調發展中國家信貸供給和非正式市場的重要性，認為金融自由化將會導致潛在的「滯脹」。其基本論點是：

①發展中國家普遍存在的非正式市場（如私人錢莊和高利貸者）既富於競爭性又很靈敏，商業銀行因必須繳納準備金而在仲介過程中發生漏損，因而不如非正式市場對儲蓄和投資的仲介作用充分有效。因此，當實際利率水平上升時，銀行體系的存款可能增加，而非正式市場的資金量則會減少。由於兩種市場在仲介效率上的差異，這裡以利率提高而導

致的資金流動並不一定使信貸供給總量增加。

②提高利率水平還可能導致「滯脹」。因為較高的存款利率增加了企業流動資金的成本，從而引起供給下降，假定利率上升的供給效應超過儲蓄欲望上升所產生的需求效應，則國內產品市場會產生過度需求，這樣就會引起通貨膨脹率上升而導致「滯脹」。

③一些新結構主義者從市場失靈來批評金融自由化。由於信息不完全、外部性和規模經濟的存在，競爭和不受管制的金融市場增加了不穩定程度。因此，適度的金融抑制對發展中國家的金融和經濟發展是有益的。

(3) 新制度主義學派也對金融自由化理論提出批評，他們認為麥金農和肖的金融自由化理論忽略了制度的作用和制度對經濟績效的影響。新制度主義認為，在現實經濟中，市場是通過一系列的制度如國家、企業、工會、銀行等進行運作的，這些制度在收集信息、降低風險方面發揮著重要的作用。該派學者區分了需求引致型金融與供給主導型金融。人們通常認為金融調整或改革是根據需求而被動進行的，只要政府不干預、限制金融機構的行為，合適的金融體系就會自動生成。他們批評了這種觀點，相對地更強調金融的供給主導角色，即金融機構能夠主動地促進工業化與經濟增長，特別是在經濟發展的早期階段，尤其是在金融市場不發達的發展中國家。這個觀點得到了一些經濟學家（如戈德史密斯、吉布森等）對發展中國家（如墨西哥、韓國等）實證研究結果的支持。

另外一些學者強調金融發展中市場結構與銀行行為的因素。發展中國家的金融抑制政策是否一定導致資金來源短缺、投資不足等結果，還取決於銀行行為和市場結構。如在銀行業壟斷的情況下，貸款利率上升能夠提高存款量；在市場結構方面，銀行可能通過加大行銷努力和增設分支機構來增加吸儲量。因此其結論是，在利率不上升的情況下，金融深化也可能出現，從而否定了金融自由化的必然性。

15.3.2.2 金融自由化的次序

1. 金融自由化帶來的問題

金融自由化對於金融發展有著重大的意義，但在現實金融實踐中，金融自由化也伴生了一些問題。

(1) 利率自由化，減輕了銀行業「脫媒」危機，並使通貨膨脹率迅速下降，但在許多拉美國家也導致了金融秩序混亂，而且使各國普遍出現銀行收益惡化現象。

(2) 金融業務的自由化，導致金融資產質量惡化，金融風險增大。例如美國政府允許儲蓄貸款機構購買公司債券和商業票據以及從事某些不動產貸款和有價證券投資，但是1987年以石油產業蕭條為導火索，儲貸機構不良債權問題完全暴露，引發了一連串的破產倒閉。再如泰國銀行資金過多地流向房地產業，樓市巨大的泡沫破滅之後，銀行出現巨額的不良資產。

(3) 資本的國際自由流動，對一些國家金融體系形成了相當大的衝擊。資本自由流動中存在的問題是短期資本多而長期投資少，這種投機性極強的外資結構隱含著巨大危機。

實際上近幾次金融危機均與短期投機資本的衝擊有關。

(4) 金融機構自由化原則使政府不再過多援助危機中的金融機構。近年來不斷發生銀行破產倒閉事件，新興國家金融也頻繁發生銀行擠兌風潮，這已經威脅到各國和世界金融穩定，也使一些國家借此將國內金融風險轉嫁到國際金融市場上。

金融自由化作為一種影響很大的金融改革，其發端和持續需具備一定條件。由於經濟市場化程度和金融市場發育程度不同，對不同國家而言金融自由化只具有相對意義。有許多具體問題需要研究，如金融自由化的前提條件、金融自由化尤其是利率或匯率放開的步調、金融市場開放的時間序列、中央銀行在金融自由化中的角色，等等。必須正視金融自由化進程中存在的問題，以便各國更恰當地選擇金融自由化時機和展開金融自由化次序。

需要特別指出的是，麥金農—肖學派近年來對金融自由化理論有若干修正和補充。鑒於拉丁美洲一些國家在激進改革時完全取消利率限制後導致的金融混亂，他們提倡漸進的自由化措施。麥金農本人在1986年的一篇論文《金融自由化與經濟發展》中指出：發展中國家股票市場不發達，又缺乏發達國家中央銀行承擔的最後貸款人支持和存款保險制度。一旦完全解除利率管制，銀行追逐高風險收益貸款，壞帳大量增加，容易形成倒閉。因此發展中國家政府應加強對銀行的有效監督。他特別指明金融自由化並不等於放棄政府對銀行和其他金融機構的監督。另外他還指出，物價穩定、控制財政赤字也是金融自由化的必要條件。

2. 自由化的次序：麥金農的修正

20世紀70年代以來，許多國家進行市場化改革，以中國為代表的東亞各國採取了漸進的市場化改革方式，取得了令世人矚目的成就，而蘇聯和東歐國家實行了大爆炸式激進的經濟自由化，導致了產出下降和惡性通貨膨脹的嚴重後果。在這種背景下，麥金農於1991年出版了一本新的著作《經濟市場化的次序——向市場經濟過渡時期的金融控制》。麥金農認為，對於實行經濟市場化而言，客觀上存在一個如何確定最優次序的問題，財政政策、貨幣政策和外匯政策如何排次序是極端重要的。經濟市場化的次序雖因各種類型經濟的初始條件不同而有所區別，但依然存在一些共同特點。正如麥金農在該書序言中指出的：「對一個高度受抑制的經濟實行市場化，猶如在雷區行進，你的下一步很可能就是你的最後一步。」

麥金農認為的經濟市場化的次序如下：

第一要務是平衡中央政府的財政，財政控制優先於金融自由化。為確保財政平衡，首先要限制政府支出。若政府支出不受控制而經常出現赤字，那麼中央銀行將被迫過度發行基礎貨幣以彌補公共部門的赤字，或者通過資本市場發行公債，後果是引致通貨膨脹，或者陷入嚴重的國內債務危機，20世紀80年代南美的債務危機就是證明。而且，為確保政府支出的來源，同時又不引致嚴重的通貨膨脹，政府必須有能力徵收基礎廣泛而又較低的稅收。在有效的稅收部門和稅收管理制度建立之前，政府對某些緊缺的資源或產品實施

管制是必要的，否則很難避免嚴重的通貨膨脹。

在緊縮的財政控製到位，財政赤字消除，物價基本穩定之後，麥金農認為，可以實行自由化的第二步，即開放國內資本市場。即使到了這一步，麥金農的建議也比以前謹慎得多。為避免銀行恐慌和金融崩潰，放緩對銀行和其他金融機構管制的步伐，必須與政府穩定宏觀經濟方面的成效相適應，而不能單兵突進。「實行金融自由化，而同時又保持貨幣控製，是大有好處的」，銀行系統必須永遠受到管制，以維護整個支付機制的安全運作。對於社會主義國家來說，在市場化的開始階段必須採取有力的措施硬化貨幣與信貸系統，使實際利率為正，強制長期負債企業償還債務，嚴格限制信貸流動，直至價格水平穩定。「保持國內價格水平穩定而不訴諸直接價格控製，將實際利率（從而將貸款利率）保持為可持續的正值而同時又限制實際匯率的波動，這對經濟發展的成功具有決定性的意義。」

在國內金融成功地自由化後，政府就可以進行匯率自由化的改革了，這當中同樣存在一個次序正確、程度適當的問題。經常項目的自由兌換要注意的是，首先，應統一所有經常項目的匯率，避免多重匯率，使全部進出口交易都能以相同的有效匯價進行；其次，逐步取消扭曲性的配額和其他的直接行政控製，代之以顯性的、逐步降低的關稅。麥金農明確指出，資本項目的自由兌換是經濟自由化次序的最後階段。「過早地取消對外資流入的匯率控製會導致未經批准的資本外逃或無償還保證的外債堆積，或兩者兼而有之。」只有在國內借貸能按均衡利率進行，通貨膨脹受到明顯抑制以至於無須降低匯率時，資本項目自由兌換的條件才算是成熟了。

15.3.2.3 金融約束論

1. 金融約束論的微觀基礎

隨著金融發展理論研究的不斷深入，特別是信息經濟學的發展，為金融發展理論的研究構築了新的微觀基礎。以斯蒂格利茨（Stiglitz）為代表的新凱恩斯主義經濟學家從不完全信息市場的角度提出了「金融約束論」。金融約束論者運用信息經濟學理論對發展中國家的金融市場和金融體系進行了研究。他們認為金融深化論的假定前提為瓦爾拉斯均衡的市場條件，這在現實中難以成立。同時，即使現實中存在這些條件，但由於經濟中普遍存在著由信息不對稱導致的逆向選擇和道德風險以及代理行為等因素的影響，從而金融市場失靈。斯蒂格利茨曾把金融市場失靈概括為七個方面：一是作為公共品的監控問題；二是監控、選擇和貸款的外部性問題；三是金融機構破產的外部性問題；四是市場缺失和不完善問題；五是金融市場壟斷問題；六是競爭性市場的帕累托無效率問題；七是投資者缺乏信息問題。

金融約束論者認為，金融市場失靈本質上是信息失靈，它導致了金融市場交易制度難以有效運行，必須由政府供給有正式約束力的權威制度來保證市場機制作用的充分發揮。政府可通過金融約束政策為金融部門和生產部門創造「租金機會」（Rent Opportunities），並通過「租金效應」和「激勵作用」來有效地解決信息不完全問題。所謂租金，是指超

過競爭性市場所能產生的收益的部分，即政府通過控製存款利率使其低於競爭性均衡利率水平（但保持實際利率為正），從而為銀行創造了獲取租金的機會。政府這種選擇性干預將有助於金融的發展，並推動經濟增長。這為發展中國家在金融自由化過程中實施政府干預提供了理論依據和政策框架。金融約束論的理論基點是信息問題，通過為微觀主體即銀行機構創設租金的方式，來激勵和調整微觀主體的行為，促進其改善融資市場的信息不完全狀況，從而推動一國金融的健康發展，因此，金融約束論為金融發展理論提供了一個微觀基礎。

2. 金融約束論的政策主張

斯蒂格利茨等（1997）基於東亞和日本經驗，提出了適應於發展中國家的金融約束政策，完整地表述了政府為銀行部門創設租金的一系列金融政策：

（1）控製存款利率。政府通過控製存款利率低於市場利率水平，降低銀行經營成本，創造了獲取租金的機會，同時增加了銀行內部機會主義行為的機會成本，減少了銀行自身的道德風險，激勵銀行控製短期行為。而且可以避免直接補貼這種激勵政策所滋生的不良傾向，使銀行有動力吸收存款，監督貸款和控製風險，使租金機會得以真正實現。

（2）限制銀行業競爭。控製存款利率只是限制了價格競爭，但租金機會可能因為銀行業的非價格競爭而消失，因此一方面政府通過特許權來控製向銀行業的過度進入，另一方面又要避免銀行業內的惡性競爭，因為這可能危及金融體系的穩定，而金融業的安全性對整個經濟具有重大的意義。限制銀行業競爭的政策成本可能使一些不太有效率的銀行也得到了保護，但這一成本大大低於安全的金融體系給整個經濟帶來的收益。

（3）限制資產替代。租金獲得量取決於銀行吸收的存款量，因此要限制居民將銀行部門的存款轉化為其他資產，通常指證券、國外存款、非正式金融市場存款、實物資產等。證券市場在發展中國家作用有限，容易與銀行部門爭奪資金，而且只有聲譽極佳的大型企業才能利用證券市場融資，這必然使銀行失去一部分收益高且安全的業務，影響銀行資產的整體質量。非正式金融部門因為不受法律保護、無法創造貨幣、履約能力較低、制度結構落後等因素而出現低效率，難以替代正式金融市場（赫爾曼等，1997）。另外政府對資本項目的控制和保持實際利率為正的措施，實際上已使居民對國外資產和實物資產的替代缺乏動力。

（4）貸款利率控制。控製存款利率，反應了銀行與存款者的利益分配，而租金的真正實現或者說租金在銀行部門和產業部門如何分配，則取決於兩者的博弈，這就涉及貸款利率控制及由此引起的補償性安排。由於在信息不對稱條件下較高利率極易引發逆向選擇和道德風險問題，降低銀行資產質量，因而政府對貸款利率有所控制。但控制貸款利率可能扭曲資源配置，同時減少銀行的可實現租金，因此，銀行的應變之策是與借款者談判補償性安排，例如要求借款人將所貸得的資金一部分回存於銀行，以提高實際的貸款利率，又可減少資源配置扭曲。信息投資可以極大地改善銀行在談判中的談判力。

15.4 金融發展理論的新發展

麥金農—肖學派對金融發展和經濟增長關係的研究主要採取規範性分析範式，其經驗式的主觀判斷對這種關係的刻畫顯得不夠嚴謹。20世紀90年代，金融發展理論學者意識到並克服了麥金農—肖理論及其擴展的上述缺陷。他們把金融發展置於內生增長模型中，建立了大量結構嚴謹、邏輯嚴密和論證規範的模型，並通過實證分析來對理論模型的結果加以檢驗。

15.4.1 經濟增長對金融發展的作用

對一國而言，金融仲介體和金融市場形成之後，其發展水平會隨該國內外條件的變化而變化。這也是金融仲介體和金融市場的發展水平在不同國家或同一國家不同時期之所以不同的原因。既然金融仲介體和金融市場有個動態的發展過程，就有必要從理論上對這一過程加以解釋。

Greenwood 和 Jovanovic、Greenwood 和 Smith 以及 Levine 在各自的模型中引入了固定的進入費或固定的交易成本，借以說明金融仲介體和金融市場是如何隨著人均收入和人均財富的增加而發展的。在經濟發展的早期階段，人均收入和人均財富很低，人們無力支付固定的進入費，或者即使有能力支付也因為交易量太小、每單位交易量所負擔的成本過高而得不償失，從而沒有激勵去利用金融仲介體和金融市場，除非在他們的收入和財富達到一定的水平之後。由於缺乏對金融服務的需求，金融服務的供給無從產生，金融仲介體和金融市場也就不存在。

但是，當經濟發展到一定階段以後，一部分先富裕起來的人由於其收入和財富達到了上述的臨界值，所以有激勵去利用金融仲介體和金融市場，亦即有激勵去支付固定的進入費。這樣，金融仲介體和金融市場就得以建立起來。隨著時間的推移和經濟的進一步發展，由於收入和財富達到臨界值的人越來越多，利用金融仲介體和金融市場的人也越來越多，這意味著金融仲介體和金融市場不斷發展。最終，當所有人都比較富裕，都能從金融服務中獲益時，金融部門的增長速度就不再快於經濟中的其他部門了。

Levine（1993）擴展了上述觀點，在其模型中，固定的進入費或固定的交易成本隨著金融服務複雜程度的提高而提高。在這種框架下，簡單金融體系會隨著人均收入和人均財富的增加而演變為複雜的金融體系。最後，Levine指出，諸如投資銀行之類的複雜金融仲介體之所以形成，是因為它們具有以下的功能：「對生產過程進行調查並把資源調動起來以充分利用有利的生產機會。」但這類金融仲介體的形成只能在人均收入達到一定水平之後，「如果人均收入很高，當事人就會選購包括調查廠商、論證項目和調動資源等在內的

金融服務以充分利用投資機會。如果人均收入不高，當事人就會發現這些金融服務所帶來的額外收益不足以抵償成本」，從而不去購買這些金融服務。相反，他們會滿足於現有的簡單金融仲介體（其功能僅限於降低交易成本）。在這種情況下，金融仲介體當然得不到發展。

15.4.2　金融發展對經濟增長的作用

根據馬爾科帕加諾的簡易模型，金融體系可以通過影響儲蓄轉化為投資的比例（φ）、資本的邊際社會生產率（A）或私人儲蓄率（S）來影響增長率 g。下面我們依次介紹這三種機制。

第一種：金融仲介體和金融市場的發展→更高比例的儲蓄被轉化為投資→經濟增長。

金融體系的第一種重要功能是把儲蓄轉化為投資。在把儲蓄轉化為投資的過程中，金融體系需要吸收一部分資源 $1-\varphi$。$1-\varphi$ 以存貸利差的形式流向銀行，以佣金、手續費等形式流向證券經紀人和交易商。

金融體系對資源的吸收，一方面反應了金融體系因提供各種服務而獲取的報酬，另一方面也反應著金融機構的壟斷力量和市場結構。此外，金融機構在稅收方面存在歧視和政府管制，導致單位毛利高。金融發展使金融部門所吸收的資源減少從而使得 φ 提高，並使增長率 g 提高。

第二種：金融仲介體和金融市場的發展→資本配置效率提高→經濟增長。

金融體系的第二種重要功能是把資金配置到資本邊際產出最高的項目中去。一般情況下，金融體系通過三種方式來提高資本生產率，從而促進經濟增長。第一種方式是收集信息以便對各種可供選擇的投資項目進行評估；第二種方式是通過提供風險分擔來促使個人投資於風險更高但更具生產性的技術；第三種方式是促進創新活動。

在不存在銀行的情況下，家庭只能通過投資於能隨時變現的生產性資產來防範特異的流動性衝擊，從而常常放棄更具生產性但流動性更差的投資項目。這種無效可以由銀行來克服，它把存款人的流動性風險匯集在一起，並把大部分資金投資於流動性更差但更具生產性的項目。銀行所持有的流動資產的數量不必超過那些遭到流動性衝擊的家庭的預期取款。

除了銀行，消費者也可以通過金融市場來分擔流動性風險。在 Levine 的分析中，個人通過在股票市場上出售股份而不是從銀行取款來緩解特異的流動性衝擊，同時，股票市場也允許當事人通過證券組合來降低收益率不確定帶來的風險（簡稱收益率風險）。股票市場的這種雙重保險功能促使人們更加願意投資於流動性更具生產性的項目，也避免了不必要的投資終止。所以，股票市場的建立和發展有助於投資生產率和增長率的提高。

Levine 在其建立的內生增長模型中，以企業家精神（或創新活動）為紐帶把金融和增長聯繫起來。他們認為，金融和創新的聯繫是經濟增長中的關鍵因素。在他們的理論模型

中，金融體系可以提供四種服務：①對投資項目進行評估以甄別出最有前途的項目，特別地，評估潛在企業家的項目需要支付相當大的固定成本，金融體系既能勝任這項工作，又能承擔這種成本；②項目所需的資金數量很大，這要求把許多小儲蓄者的資金聚集在一起，金融體系能夠有效地做到這一點；③嘗試創新的結果是不確定的，金融體系能夠為個人和企業家提供分散風險的便利；④生產率提高要求個人從事有風險的創新活動而不是因循守舊（用現有的方法來生產現有的產品），創新的預期報酬是創新者作為行業中的佼佼者（生產率領先者）而佔有的利潤，金融體系能夠準確地披露這些預期利潤的現值。凡此種種，都有助於創新活動，即有助於生產率的提高，從而有助於增長率的提高。

第三種：金融仲介體和金融市場的發展→改變儲蓄率→經濟增長。

金融發展影響經濟增長的第三種方式是改變儲蓄率。在這種情況下，金融發展和經濟增長關係的符號是不明確的，因為金融發展也可以降低儲蓄率，從而降低增長率。隨著金融市場的發展，家庭能更好地對稟賦衝擊進行保險和對收益率風險進行分散，同時更易於獲得消費信貸。金融發展也使廠商所支付的利率和家庭所收取的利率之間的差距縮小。這些因素都對儲蓄行為產生影響，但在每一種情況下，效應都是不明確的。

15.5 中國的金融發展與經濟增長

15.5.1 計劃經濟條件下的金融抑制（1949—1978年）

15.5.1.1 金融運行與特徵

「一五」期間，中國初步形成了國家集中統一管理的經濟體制，即高度集權的計劃經濟體制。在生產、分配、流通、消費、累積等社會經濟的各個過程中，計劃支配了一切。在這樣的體制之下，「指令性計劃」成為整個經濟運行的樞紐和調控器。沒有市場，也幾乎沒有真正的企業。經濟體制的結構和性質將直接決定金融體制的結構和性質。高度集權的計劃經濟體制的基本特徵在金融領域內的延伸也就構成了與這一經濟體制高度吻合的金融體制安排。在實踐中，與高度集權的計劃經濟相對應的是一種「大一統」的銀行體制。這一體制的特點在於：

（1）金融經營組織機構單一化。從中華人民共和國成立初期到經濟體制改革前，中國人民銀行集各種金融業務於一身，既是國家金融管理機關，又是經營貨幣信貸業務的特殊企業；既是掌管貨幣發行的國家銀行，又是直接對工商企業發放貸款和辦理儲蓄存款的信貸銀行。在此期間，中國雖然也存在過中國人民建設銀行、中國農業銀行和中國銀行，但都是幾起幾落，而且並不是獨立的經濟實體。如當時的中國人民建設銀行實際上是財政部的一個職能司局，即基建財務司，專門負責辦理財政基建撥款；中國農業銀行則是中國人

民銀行專門辦理農村信貸的機構；而中國銀行對內只是中國人民銀行的外匯業務部門，只在對外時才沿用「中國銀行」的名稱。這樣，就形成了全國只有一家銀行——中國人民銀行。

與「大一統」的金融格局相適應的，是其他金融機構和金融業務的逐步消失。計劃金融體系形成初期，金融機構的業務經營類型還是多樣化的，有銀行，也有保險，還有信託等。到「一五」時期，信託業基本消失，只有銀行業和保險業。而到了「大躍進」和「文革」時期，保險業也逐步消失，保險機構名存實亡，只剩下銀行業，而銀行業務又基本上由中國人民銀行獨家包攬。

（2）金融資產或金融工具種類單調化。從債權和股權結構看，這一歷史時期股權性質的金融資產基本消失，只剩下債權資產，也就是說，所有的金融資產都表現為債權性質的金融資產。在債權性質的金融資產方面，起初還存在一些非銀行信貸性質的金融債權資產，如中央政府幾次發行的為數極少的公債券。1958年以後，所有這類債權資產形式一律消失，只剩下銀行發行的金融資產或金融工具，即通常的借貸權證、存款憑證、轉帳結算憑證以及為數不多的流通中的現金等。金融組織機構的單一化和金融資產的單調化，極大地限制了社會資金的融通。而金融資產（工具）的單調化，又是金融組織機構單一化的必然結果。

（3）金融資產的配置方式和運行調節方式計劃化。傳統的計劃經濟體制形成和發展時期（中間也曾遭遇挫折和破壞），市場機制隨著這一過程的向前推進而逐步消失，整個社會的經濟資源配置方式和社會經濟運行調節方式趨於計劃化。在金融體系中，金融市場消失了，代之而起的是國家計劃機制，國家計劃對金融資產主要是銀行信貸資產的運行和配置起支配和調節作用，銀行信貸活動主要體現宏觀決策的意圖，服從於計劃安排的目標。無法取消的銀行利率也不反應資金市場的力量，主要反應國家計劃的要求，利率水平的確定也是高度行政化和計劃化，集中於中央最高決策層，因此利率基本上失去了其固有的經濟槓桿性質，它並不是資金供求形成的價格，而僅是一種簡單的計劃經濟核算工具。

（4）金融體系運行的宏觀管理機制與管理方式行政化。計劃經濟的顯著特點是絕大多數經濟活動的管理行政化。體現在金融領域中，首先是既有的金融組織機構基本上失去經濟組織的性質，因而金融組織的地域空間的佈局是依從行政區劃原則的，服從於行政管理規律，與行政管理的職能與層次結構呈現出高度一致性。這就從組織機制上決定了對金融運行的宏觀管理的行政化，即金融決策表現為計劃決策體系的一部分；大的計劃決策如投資、生產增長和財政收支等計劃對金融活動起支配和導向作用，成為金融決策的依據；金融體系內部的決策也主要貫穿縱向的上下級行政等級原則，也主要表現為金融計劃活動，諸如金融機構的設置與撤並、信貸安排、銀行利率的調整，都是有計劃地進行的，是計劃機關特別是金融最高當局的行為。

15.5.1.2 金融抑制對經濟增長的制約

1. 單一信用形式對經濟發展的制約

新中國成立之初，中國在理論上排斥商品經濟，在實踐上限制商品關係和價值規律，自覺不自覺地阻礙了商品經濟的發展，信用經濟的發展受到了極大的壓抑和限制，信用關係僵化，信用形式死板，信用工具單一。信用經濟這種死水一潭的局面對中國經濟發展起到了阻礙作用，主要表現為：

（1）高度集權計劃經濟信用形式的單一阻礙了國民經濟快速發展。資金作為一種重要的生產組合要素，起著「第一和持續的推動力」的作用。沒有一定量資金的流動就不能帶動勞動力和生產資料的流動。經濟活動的啟動和擴大都需要資金的累積和集中，對那些利潤較高、資金集約化程度大和國家亟待發展的產業，如果國家財政和銀行傳統資金供給方式不能滿足需要，企業和單位又不能通過多種多樣的方式籌集資金和累積資金，則勢必要遏制這些產業部門的擴大和發展。同時，信用形式的單一，如取消或限制商業信用，企業單位之間不能夠提供信用，或採取購進緊俏商品的預付，或採取銷售積壓商品的賒銷，則必然造成大量的資金以產成品的形態存在著，必然使社會再生產過程的連續性遭到破壞。

（2）銀行信用範圍狹窄限制了信用活動對經濟的調節作用，主要表現在：首先，銀行貸款只涉及企業生產部門流動性資金中的超定額、臨時性資金需求和固定資產中大修理貸款需要的狹小範圍，企業的絕大部分資金需要統一由國家財政撥付。這種資金供給方式顯然不利於企業節約使用資金，促進資金加速週轉。其次，不利於促進企業加強經濟核算，提高資金使用效率。

（3）信用關係的僵化和信用形式的單一實際上不利於國民經濟的有計劃按比例發展。因為，信用分配是一種價值分配，通過信用流動，貨幣資金發生使用權和支配權的轉移，從而改變對社會產品實際佔有額和支配量的比例關係。國民收入通過初次分配形成的累積資金和消費資金，可以通過信用相互轉化。同時，信用可以調節國民經濟各部門的比例關係，通過信用擴張或收縮，可改變資金投向，調節國民經濟結構、產業結構和產品結構。

2. 受限的銀行作用對經濟的制約

對商品經濟而言，銀行在兩個方面的作用是非常重要的：第一是交換和分配的媒介，即通過銀行提供信用工具、辦理收付結算和信貸往來。第二是調節經濟，即銀行把社會上閒置的資金集中起來，用於生產和流通，使企業可以超過自有資金的界限擴大再生產，最後通過擴大或減少信貸的辦法影響生產。金融調節包括規模調節和結構調節。在以實物管理為特徵的高度集權的計劃經濟條件下，銀行對金融經濟的調節，無論是規模調節還是結構調節都難以發揮作用。

（1）金融的規模調節是指調節貨幣供應量總規模和貸款總規模。其調節的特點，是通過控制貨幣供應來控制總需求，使之與供給相適應，保持貨幣的穩定，以實現國民經濟的正常發展。而中國過去一貫的做法是長期實行財政信貸，財政出現赤字就向銀行透支、借

支，或留下缺口，擠銀行信貸資金來彌補。信貸資金不足，出現逆差，只好以貨幣發行來平衡。也就是說，貨幣發行成為平衡財政收支和信貸收支的最後手段。在實際經濟生活中，「基建擠財政，財政擠銀行，銀行發票子」的問題長期存在。

（2）金融的結構調節，主要是通過信貸資金運用的結構和利率等經濟槓桿，調節經濟結構，包括重大的比例關係，如產業結構、企業結構、技術結構、產品結構、就業結構等。中國多年來的實踐證明，國民經濟失調直接表現為價值總量失衡，其根源又在於經濟結構不合理。

銀行是結構調節的主要工具，銀行增加或減少某些部門的貸款，就意味著增加或減少這些部門的生產能力。在高度集權的計劃經濟體制下，銀行貸款管理受供給制的束縛，長期習慣於用行政辦法，把按計劃、按政策、按制度作為衡量貸款使用的標準，不講經濟效益。企業只要有計劃，銀行就保證發放貸款，沒有自主權靈活使用貸款，實際上造成了生產和市場需求脫節。反應在資金上，一方面資金緊張，另一方面大量資金被占用、積壓和浪費。

15.5.2 轉軌經濟條件下的金融發展（1978—2003年）

15.5.2.1 金融運行與特徵

1. 商業銀行體制的建立和金融機構的多元化發展

在此階段，中國金融發展最重要的事件就是打破中國人民銀行「大一統」局面，形成了多元化的金融機構體系，主要表現在四大國有商業銀行的恢復和中央銀行體系的確立、全國性和地方性股份制商業銀行的崛起、政策性銀行的創立和非銀行金融機構的多樣化發展等方面。

金融體制改革以來，最先進行的改革就是恢復了四大國有商業銀行，1979年中國農業銀行、中國銀行、中國建設銀行及1984年中國工商銀行先後從中國人民銀行中分離出來，成為獨立的經營金融業務的機構，而中國人民銀行則專司中央銀行職能。這樣，就形成了以中國人民銀行為中央銀行，四大國有商業銀行為支柱的銀行體制。

隨著金融業的發展，一些全國性和地方性的股份制商業銀行也相繼成立，交通銀行重新組建，中國光大銀行、招商銀行等股份制商業銀行紛紛成立，並成為中國金融機構中的重要力量。1994年國家開發銀行、中國進出口銀行、中國農業發展銀行三大政策性銀行設立以及各種非銀行金融機構的成立，如證券公司、保險公司、信託投資公司等，使得中國的金融機構呈現多元化的發展勢頭。

2. 金融資產的種類和數量的變化

（1）金融資產總量發展迅速。從金融總量來看，主要的各項金融指標均呈現快速增長勢頭。根據中國銀行業監督管理委員會公布的數據，2003年年末，銀行業金融機構境內本外幣資產總額突破27萬億元，與1978年相比，金融機構的總資產增長了92.73倍，年均

增長21.0%；貸款餘額增長了73.95倍，年均增長19.9%；存款餘額增長了137.52倍，年均增長23.0%；貨幣總量增長了127.77倍，年均增長22.6%。

（2）金融資產結構由單一化向多元化轉變。隨著經濟體制改革的深入進行，中國金融資產的結構也相應發生了變化。1992—2003年，廣義貨幣M_2在金融資產總量中的比重由87.6%下降到68.7%，債券餘額的比重由8.8%上升到10.9%，股票市價總值的比重從3.6%上升到15.5%，是成長最快的一種金融資產。貨幣、債券和股票的總量及其占比的提高，反應了中國資本市場的迅速發展。

除了股票市場的迅速發展以外，債券發行規模的擴張，特別是國債和政策性金融債的擴張，也是推動中國金融資產規模擴張、改變金融資產結構的重要力量。在開始發行企業債和金融債的1986年，國債餘額占各種債券餘額的比重為73%。1994年以後，國債發行的絕對規模迅速攀升，國債發行額占GDP的比重也不斷上升。1995年新開闢了政策性金融債，形成了國債和政策性金融債共同主導債券市場的局面。到2003年年底，國債和政策性金融債券占債券餘額的97%。

15.5.2.2 金融抑制

1. 利率管制

雖然改革後的商業性的金融機構已擁有了一定的利率浮動權，全國同業拆借利率、國債、金融債回購等貨幣市場利率已經實現市場化，但在占據社會融資份額絕大比例的存貸款方面，由中央銀行確定利率並報國務院批准的利率決定計劃機制基本未變。《中華人民共和國商業銀行法》第三十一條規定：「商業銀行應當按照中國人民銀行規定的存款利率的上下限，確定存款利率，並予以公告。」第四十七條規定：「商業銀行不得違反規定提高或者降低利率以及採用其他不正當手段，吸收存款，發放貸款。」中國的利率市場化尚處於較低層次。

2. 高準備金制度

高準備金制度推行的背景是，隨著市場化改革的推進，國有獨資商業銀行在國家利益範圍之外開始追求自身的「私人利益」，分權改革也使地方利益偏好侵入其利益追求函數。在這種背景下，國家通過高準備金制度控製國有獨資商業銀行的信貸權力，限制它們與國家偏好不一致的利益追求，可以明顯強化國家對金融資源的支配和控製能力。長期以來，我們實行13%的法定準備金率及6%～7%的備付金比率。直到1998年準備金制度改革，才將存款準備金與備付金合併，統一下調為8%；1999年又進一步下調為6%；2003年又上調1個百分點，為7%。總的來看，中國的準備金比率是比較高的。高準備金制度的推行無異於是對銀行體系徵收的一種「準備稅」，是金融抑制政策的重要方面。

3. 產權多元化程度低，國有獨資商業銀行仍然處於絕對壟斷地位

產權多元化程度是衡量金融自由化程度的重要指標，產權多元化尤其是非國有產權的增加，金融機構自主權的擴大才有基礎。隨著中國經濟發展的推進，政府對金融控製的產

權形式也在發生著變革，但並不是實質性的變革。雖然金融機構數目不斷增加，但仍沒有改變國有獨資商業銀行的產權壟斷地位。中國非銀行金融機構的產權多元化程度顯著高於商業銀行，高達80%的國有獨資比率，表明中國商業性金融機構產權多元化的程度極低。

實行改革以來，中國金融市場的壟斷特徵一直存在，四大國有獨資商業銀行在儲蓄存款吸納、信貸資金投放、中央銀行公開市場業務等方面都占80%以上的比重，處於絕對壟斷地位。壟斷性金融市場結構導致金融市場的經濟效率低下，造成了市場運行效率的極大損失。

4. 業務範圍自由度低

業務範圍自由化有兩個方面：一是是否實行分業管理；二是金融機構是否可以在不違背法規的前提下自由地進行業務創新。1993年12月25日發布的《國務院關於金融體制改革的決定》中明確規定，在中國現階段「對保險業、證券業、信託業和銀行業實行分業經營」，「國有商業銀行不得對非金融企業投資。對保險業、信託業和證券業的投資額，不得超過其資本金的一定比例，並要在計算資本充足率時從其資本額中扣除。在人、財、物等方面與保險業、信託業和證券業脫鈎，實行分業經營。」1995年頒布的《中華人民共和國商業銀行法》第三條規定，商業銀行的證券業務僅限於政府債券。第四十三條進一步明確：「商業銀行在中華人民共和國境內不得從事信託投資和股票業務，不得投資於非自用不動產。不得向非銀行金融機構和企業投資。」分業經營和嚴格的業務管制，使得中國金融機構的業務自由度很低。不過，2003年年底修訂的《中華人民共和國商業銀行法》第四十三條，增加了「國家另有規定的除外」的文字，這為商業銀行業務經營範圍的擴展留下了一定的空間。

5. 信貸干預

目前中國推行信貸干預政策主要有兩種方式：一是政策性信貸投放。中國四大國有商業銀行都按一定比例提供政策性貸款，為政府支持的重點項目和社會福利項目提供融資支持。1994年後，國家組建了三家政策性銀行，專門從事政策性金融業務，但由於政策性信貸規模一直非常龐大，四大國有獨資商業銀行仍然承擔著部分政策性信貸任務。二是信貸傾斜政策。對重點產業及部門，國家除用差別利率政策進行金融支持外，還通過信貸傾斜政策進行扶持。如對國有企業進行信貸傾斜成為信貸干預政策的中心內容。

15.5.3　金融業的全面開放和自由化（2003年至今）

15.5.3.1　宏觀調控和監管框架進一步完善

2003年4月中國銀行業監督管理委員會成立，它負責對全國銀行業金融機構及其業務活動進行監督管理的工作。此外，還對在中華人民共和國境內設立的金融資產管理公司、信託投資公司、財務公司、金融租賃公司以及經國務院銀行業監督管理機構批准設立的其他金融機構進行監督管理。這樣，在中國金融業就形成了一個「一行三會」的比較完善的

監管框架和體系。「一行」指的是中國人民銀行,是專門負責統計監控宏觀經濟運行、管理金融體系、制定和實施貨幣政策的管理當局。人民銀行下轄的國家外匯管理局,負責外匯收支、買賣、借貸、轉移以及國際結算、外匯匯率和外匯市場等的管制。「三會」指的是中國銀行業監督管理委員會、中國保險業監督管理委員會和中國證券業監督管理委員會,分別負責對中國境內的銀行業、保險業和證券業進行監督管理。

15.5.3.2　金融機構進一步市場化和多樣化

1. 銀行機構的發展

中國銀行、中國工商銀行、中國建設銀行和中國農業銀行分別在 2003 年、2005 年、2004 年和 2009 年完成了股份制改革,先後公開上市,建立了較完善的金融企業治理結構。2006 年 6 月 22 日,銀監會批准籌建中國郵政儲蓄銀行,該行成為中國第五大銀行。

此外,2007 年 3 月,國內首家村鎮銀行——四川儀隴惠民村鎮銀行誕生,以它為代表的新型農村金融機構(還包括農村的小額貸款公司),是中國解決廣大農村地區金融抑制問題的創新之舉,也是中國金融組織創新的典範。

2003 年以來,約 800 家城市信用社先後完成城市商業銀行重組改造或實現市場化退出。城市商業銀行一方面通過改革重組、增資擴股、資產置換等多種方式處置歷史不良資產;另一方面加緊完善公司治理、強化內控建設、創新風險管控技術與手段,提升風險管理能力,抗風險能力明顯增強。截至 2011 年年底,城市商業銀行總資產 9.98 萬億元,到 2015 年年底,該資產總量已達 22.68 萬億元,分別是 2003 年年末的 6.8 倍和 15.5 倍。

與此同時,農村信用社不斷成長壯大,特別是在 2003 年深化改革試點以來,深入推進產權改革,不斷完善公司治理,經營狀況顯著改觀,整體面貌發生實質性變化,步入良性發展軌道。2011 年年底,全國共有農村合作金融機構 2,667 家,其中農村商業銀行 212 家(2015 年年底農村商業銀行共 859 家)、農村合作銀行 190 家;農村信用社資產負債和存款規模達到改革前的 5 倍以上。

從 2003 年年底至 2015 年年底,中國銀行業種類日趨多樣化,但總體格局穩定。商業銀行是銀行業的主體,其中主要包括:5 家大型商業銀行,12 家股份制商業銀行,約 130 家城市商業銀行,約 800 家農村商業銀行。另外,還包括 1 家郵政儲蓄銀行,1,000 多家各類農村金融機構。

非銀行金融機構是中國銀行業的重要組成部分,其中的代表性機構,我們在前面的章節已有專門介紹,本部分從略。

2. 銀行業對外開放

2003 年,中國兌現加入 WTO 時的承諾——允許外資銀行辦理人民幣業務,這標誌著中國銀行業對外開放水平不斷提升,因業務准入門檻在不斷降低,吸引了眾多外資銀行在華設立分支機構。

截至 2011 年年底,45 個國家和地區的 181 家銀行在華設立了 209 家代表處;14 個國

家和地區的銀行在華設立了 37 家外商獨資銀行、2 家合資銀行；26 個國家和地區的 77 家外國銀行在華設立了 94 家分行。在華外資銀行營業性機構資產總額 2.15 萬億元，同比增長 19.1%；稅後利潤 167.3 億元，同比增長 115%。隨著國內外經濟形勢的變化，外資銀行在中國的經營狀況有所變化。截至 2015 年年底，外資銀行在中國設立了 40 家外資法人機構、114 家分行和 174 家代表處，在華外資銀行營業性機構資產總額 2.68 萬億元，稅後利潤 152.9 億元。

在此期間，中國商業性銀行業也加快了海外經營的佈局。截至 2015 年年底，中資銀行在 59 個國家和地區設立了 1,298 家分支機構。以大型國有商業銀行為代表的跨國併購案例不斷增多。中國商業銀行的全球影響力不斷提升，總資產規模、經營績效、資本充足率等多項指標位居全球同業前列，中國銀行、中國工商銀行、中國農業銀行和中國建設銀行先後成為全球系統重要性銀行。

3. 金融機構股權多元化

民間資本也逐步參與到金融機構中來，主要以參與發起設立、增資擴股和在股票市場買入股份等方式入股銀行業，已成為銀行業股本的重要組成部分，特別是在中小商業銀行和農村中小金融機構股本中占據著主要份額。

2011 年年底，在股份制商業銀行和城市商業銀行總股本中，民間資本占比分別為 42% 和 54%。在農村中小金融機構總股本中，民間資本占比 92%。其中，民間資本分別占農村合作金融機構和已批准組建的 726 家村鎮銀行總股本的 92% 和 74%。

2013 年 11 月，《中共中央關於全面深化改革若干重大問題的決定》允許具備條件的民間資本依法發起設立中小型銀行等金融機構，為民營資本進入銀行業發揮了制度保障作用。截至 2015 年年底，已開業 5 家民營銀行、8 家民營金融租賃公司和 2 家民營消費金融公司。

4. 利率市場化

利率市場化一直是中國金融發展歷程中的核心問題。所謂的利率市場化，是指資金借貸的價格——利率水平由金融市場的供求決定。也就是說，金融機構將根據金融市場中資金的供求和對市場的預期來自主調節利率水平，最終形成以中央銀行基準利率為基礎，由市場供求決定金融機構存貸款利率的市場利率體系和利率形成機制。

銀行間市場是中國利率市場化改革的首個試驗區。銀行間同業拆借利率在 1996 年 6 月完全放開，此後兩年還連續放開了銀行間債券回購率、貼現與轉貼現利率。2004 年 10 月，金融機構貸款利率上限完全放開。歷時近十年後，貸款利率下限才完全放開，標誌著貸款利率市場化的完成。對於任何發展中國家而言，存款利率管制都是金融發展的核心問題。中國在 1999 年 10 月開始啟動存款利率市場化改革，經歷了數次調整以後，到 2015 年 10 月，中央銀行公開宣布取消存款利率上限管制。自此，中國利率市場化改革進入了新的歷史階段。

本章小結

1. 發展中國家普遍存在著金融抑制，而要解決這一問題，則應進行金融深化和自由化，即政府對金融活動盡量不干預，實行市場化改革，形成金融深化與經濟發展的良性循環。

2. 金融發展理論否定了傳統貨幣金融理論中關於貨幣與實物投資之間相互替代的關係，認為在發展中國家，促進儲蓄提高的因素（如一定的正的實際利率水平）有助於投資的增長和經濟的發展。

3. 金融深化論的提出，在一定程度上挑戰了傳統的金融理論，引發了「金融發展熱」，其理論也引發了較大範圍的爭論。在這一過程中，金融發展理論得到了修正和發展。

4. 中國在長期計劃經濟條件下存在著明顯的金融抑制，金融發展水平較低，但中國的金融抑制與經濟增長之間的關係在理論界仍存在較大的爭議。經濟體制改革以後，中國金融業得到了空前的發展，但是在許多領域仍然存在金融抑制現象。隨著金融業改革的全面深入，金融抑制必將得到進一步改善。

思考題

1. 說出金融發展的含義，列舉代表性理論並簡要評述。
2. 什麼是金融抑制？發展中國家為什麼普遍存在金融抑制？
3. 什麼是金融深化？簡述其政策主張和存在的主要爭議。
4. 試述金融發展與經濟增長的關係。
5. 簡述麥金農—肖理論及其拓展模型的主要內容。
6. 你認為金融約束論對中國現階段的金融改革有指導意義嗎？其理由是什麼？

16　金融創新

學習目標

在這一章中，我們將討論：金融創新的含義和理論、金融創新的背景和動因、金融創新的主要內容、金融創新的宏觀和微觀效應以及中國的金融創新。學完本章後，你應當知道：
- 金融創新的含義；
- 金融創新的主要理論；
- 金融創新的動因；
- 金融創新的主要內容；
- 金融創新的宏觀和微觀效應；
- 中國金融創新的內容和特點。

重要術語

金融創新　約束誘致　金融交易成本　金融管制　逃避管制　規避風險　技術推動　工具創新　機構創新　業務創新　制度創新

二戰結束後，大規模的金融創新始於20世紀60年代，發展於70年代，成熟於80年代以後。縱觀人類金融發展史，它是每個歷史舞臺上當之無愧的明星，它有謎一樣的魅力，能時而讓人歡呼、時而讓人嘆息⋯⋯金融創新為金融發展提供了深厚而廣泛的微觀基礎，是推動金融發展的最核心的動力。金融創新的興衰，給整個金融體系、宏觀調控、經濟發展甚至人類社會的進步都帶來了深遠的影響。

16.1　金融創新概述

16.1.1　金融創新的含義

金融創新（Financial Innovation）就是對金融領域內各種要素進行新的組合。具體來講，就是指金融機構和金融管理當局出於對微觀和宏觀利益的考慮而在金融機構、金融制度、金融業務、金融工具以及金融市場等方面所進行的創新性變革和開發活動。

金融創新可分為狹義的金融創新和廣義的金融創新。

狹義的金融創新是指微觀金融主體的金融創新，以 1961 年美國花旗銀行首次推出的大額可轉讓定期存單（CD）為典型標誌，特別是 20 世紀 70 年代西方發達國家在放鬆金融管制之後引發的一系列金融業務創新。放鬆金融管制的措施包括放寬設立銀行的條件、放鬆或取消利率管制、放鬆對商業銀行的資產負債管理、允許銀行和非銀行機構實行業務交叉等。這種制度上和觀念上的創新直接導致了國際金融市場不斷向深度和廣度發展，也使高收益的流動性金融資產得以產生。

廣義的金融創新不僅包括微觀意義上的金融創新，還包括宏觀意義上的金融創新；不僅包括近年來的金融創新，還包括金融發展史上曾經發生的所有的金融創新。可以說，金融創新是一個歷史範疇，自從現代銀行業誕生那天起，無論是銀行傳統的三大業務、銀行的支付和清算系統、銀行的資產負債管理，還是金融機構、金融市場乃至整個金融體系、國際貨幣制度，都經歷了一輪又一輪的金融創新。整個金融業的發展史就是一部不斷創新的歷史，這種金融創新是生產力發展後，反過來對生產關係組成部分的金融結構進行調整而產生的。因此，從某種意義上講，金融創新也是金融體系基本功能的完善，是一個不斷創新的金融體系的成長過程。

本書所討論的金融創新主要是指狹義的金融創新。

16.1.2　金融創新理論

西方經濟學家對金融創新現象進行了大量的理論研究，提出了不少理論和觀點，下面擇其要者予以介紹。

16.1.2.1　西爾伯的約束誘致假說

美國經濟學家 W. 西爾伯於 1983 年提出了關於金融創新的約束誘致假說。該假說認為金融創新是微觀金融組織為了尋求利潤的最大化，減輕外部對其造成的金融壓制而採取的自衛行為，是在努力消除和減輕施加給微觀金融企業的經營約束中，實現金融工具和金融交易的創新。對於金融機構的金融壓制主要來自兩個方面：一是來自政府的金融管制和

市場競爭的外部壓力，這種因外部條件變化而導致的金融創新要付出很大的代價。二是來自金融機構內部強加的壓制。在保障金融資產具有流動性的同時，還得有一定的收益率，以避免經營風險，為此金融機構必須制定一系列的規章管理制度。這些規章制度保障了金融機構營運的穩定，但同時也形成了內部的金融壓制。

當上述因素制約金融機構獲取利潤的最大化時，金融機構就會創新，通過發明新的金融工具、增加新的服務品種、完善管理辦法等創新性手段，來增強其競爭力。

16.1.2.2　凱恩的「自由—管制」博弈

美國經濟學家 E. 凱恩把市場創新和制度創新看成是相互獨立的經濟力量與政治力量不斷鬥爭的過程和結果。他認為金融機構對政府管制所造成的利潤下降和經營不利等局面做出的反應就是不斷創新，以此來規避管制，從而把約束以及由此造成的潛在損失減少到最低限度。然而，當微觀金融機構的創新可能危及金融穩定和貨幣政策目標的實現時，金融監管當局對市場創新的反應就是再次修改管制的手段和規則，從而加強監管，以便重新在宏觀上取得對金融活動的控制權。但是，這又會使金融創新朝著加強管制的方向運行，從而使新的管制誘發新的創新。也就是說，金融的管制和因此而產生的規避行為，是以「創新──管制──再創新──再管制」的循環方式，二者不斷交替出現、上升、發展。所以，凱恩認為，對金融的控制和由此而產生的規避行為，是以政府和微觀金融主體之間的博弈方式來進行的。

16.1.2.3　制度學派的金融創新理論

該理論學派的主要學者有 D.諾斯、L.E.戴維斯以及 R.塞拉等，他們主張從經濟發展史的角度來研究金融創新，認為金融創新並非 20 世紀電子技術時代的產物，而是與社會制度密切相關的。金融創新是一種與經濟制度相互影響、互為因果的制度變革，例如，1933 年美國政府為了穩定金融體系而建立的存款保險制度。

該理論認為：在兩種極端的經濟體制下很難存在金融創新的空間。一種是管制嚴格的計劃經濟體制，會極大地壓制金融創新；另一種是純粹的自由市場經濟體制，此時沒有必要不斷創新。金融創新只能在受管制的市場經濟中存在和發展，因為政府的管制和干預行為本身就暗含著金融制度領域的創新。所以，當政府為了金融穩定和防止收入分配不均而採取金融變革，並為此建立一些新的規章制度時，從制度學派的觀點看，它已經不是以往的金融壓制的概念，而是一種金融創新行為了。

16.1.2.4　金融創新的交易成本理論

J. R. 希克斯和 J. 尼漢斯於 1976 年提出了金融創新的交易成本理論。它的基本命題是：金融創新的支配因素是降低交易成本。該命題包含兩層含義：一是降低交易成本是金融創新的首要動機，交易成本決定了金融業務和金融工具是否具有存在的實際價值；二是金融創新實際上是對科技進步導致交易成本下降的直接反應。

金融交易成本是個複雜的概念，有廣義與狹義之分：狹義的交易成本是指買賣金融資

產的直接費用，包括各方轉移金融資產所有權的成本、經紀人佣金、借入和支出的非利率成本等；廣義的交易成本除了直接費用之外，還包括投資風險、資產預期收益率、投資者收入和財產以及貨幣替代的供給等。

交易成本理論認為：交易成本是作用於貨幣需求的一個重要因素，不同的需求會產生對不同類型金融工具的要求，交易成本高低使微觀主體對需求的預期發生變化。而交易成本逐漸降低的趨勢，使貨幣向更為高級的形式演變和發展，從而產生新的交易媒介、新的金融工具、新的服務方式，等等。所以說，金融創新的過程就是不斷降低交易成本的過程。

由此可以看出，交易成本理論把金融創新的動因歸結為交易成本的降低，並側重於從微觀經濟結構的變化來研究金融創新，這從另一個角度說明了金融創新的根本動力在於金融機構的逐利動機。

16.1.3 金融創新的動因

隨著國際經濟條件的變化，經濟生活對金融創新有著巨大的需求。同時，金融業作為一個特殊的行業，其各種創新的出現和廣泛傳播，還有一些複雜的原因和條件，正是這些因素構成了金融創新的直接動因。

16.1.3.1 金融管制的放鬆

20世紀30年代，隨著西方國家經濟大危機的爆發，各國為了維護金融體系的穩定，相繼通過了一系列管制性的金融法令。嚴格的管制雖然保證了金融體系的穩定，但也造成了嚴重的「脫媒」現象。於是，政府的嚴格管制的逆效應產生了——金融機構通過創新來規避管制，尋求管制以外的獲利空間。

此時，政府發現，如果政府對金融機構的創新行為嚴加管制，則會使金融機構的創新空間過於狹窄，不利於經濟的發展；但如果採取默認的態度，任其打政策「擦邊球」，又有縱容其違法、違規之嫌。所以，從20世紀80年代起，各國政府為了適應宏觀市場經濟發展以及微觀金融主體的創新之需，逐步放寬了對金融機構的管制，才使得金融創新掀起了一股浪潮，並成為推動國際金融業快速發展的內在動力。由此可見，金融創新是需要一定程度的寬鬆的制度環境的，否則，金融創新就會失去實踐上的意義。

16.1.3.2 市場競爭的日益尖銳化

競爭是市場經濟的重要規律之一，沒有競爭就不是市場經濟。隨著現代經濟的全球化、市場的國際化，金融領域的發展極為迅速，金融機構的種類、數量急遽增加，金融資本高度集中，同時向國外市場發展。由此伴隨而來的金融機構之間的競爭也日趨尖銳，而且面臨的風險更大，特別是當經濟遇到危機時，市場經濟優勝劣汰的本能機制，在金融領域裡演繹得更加充分，金融機構倒閉、合併、重組的事件屢見不鮮。所以，為了在競爭中求生存、謀發展，在市場上立於不敗之地，金融機構就需要不斷進行改革與創新。可以說，金融業的發展史，就是一部創新史。

16.1.3.3 追求利潤的最大化

利潤水平的高低，是衡量金融企業實力的重要標誌之一，也是進一步開闢市場、發展業務的重要物質條件。發展金融業務，擴大資產負債規模的最終目的，就在於追求利潤的最大化。影響金融企業利潤的因素有很多，其中既有內部的條件，也有外部的因素。例如，國家的宏觀經濟政策（包括貨幣政策、財政政策、產業政策等），還有金融管制力度方面的變化，法律環境的改善，公眾誠信度的提高，金融企業的經營管理水平、員工素質等。但是，在市場經濟的大環境下，如何在法律許可的範圍內進行改革、創新，以獲取更大收益，就在於金融企業內在的強大動力。不少融資工具、融資方式以及管理制度的創新就是在金融管制放鬆的市場環境下產生出來的。如20世紀60年代離岸銀行業務的創新，便是在不受國內金融外匯法規約束，還可享受一定的稅收優惠的條件下發展起來的。

16.1.3.4 科學技術的進步

20世紀70年代以來，一場以計算機等為根本特徵的新技術革命席捲全球。20世紀90年代以後，以網路為核心的信息技術飛速發展，信息產業成為新興的產業。這些高新技術也被廣泛應用到金融機構的業務處理過程之中，為金融創新提供了技術上的支持，成為技術型金融創新的原動力，促進了金融業的電子化發展。

金融電子化給金融業的運作帶來的變革主要體現在兩方面：一是以自動化處理方式代替了人工紙處理方式，從而降低了信息管理的費用，如信息的收集、儲存、處理和傳遞等一系列過程；二是以自動渠道（如網上銀行、電話銀行、手機銀行等），來改變客戶享受金融服務和金融產品的方式。新技術革命提供的技術支持，為金融業務和金融工具的創新創造了必要的條件。

16.2　金融創新的主要內容

金融創新的內容十分廣泛，各種創新又有著自己的目的與要求，所以，金融創新可以有不同的分類方法。按創新的主體來劃分，金融創新可以分為市場主導型和政府主導型；按創新的動因來劃分，金融創新可以分為逃避管制型、規避風險型、技術推動型和理財型等；按創新的內容來劃分，金融創新可以分為工具的創新、機構的創新、業務的創新、制度的創新等。

現在按照廣泛的劃分理解，對金融制度創新、金融業務創新以及金融工具創新進行分別論述。

16.2.1　金融制度創新

金融制度是金融體系中一個非常重要的方面。在一系列的金融創新與金融自由化的過

程中，金融制度的變化是不可避免的。在制度變革的基礎上，金融創新又會在一個更新的層面上展開，進而推動金融創新的深入發展。所謂金融制度的創新，是指金融體系與結構的大量新變化，主要表現在以下三個方面：

16.2.1.1 分業管理制度的改變

長期以來，在世界各國的銀行體系中，歷來有兩種不同的銀行制度，即以德國為代表的「全能銀行制」和以美國為代表的「分業銀行制」。二者主要是在商業銀行業務與投資銀行業務的合併與分離問題上的區別。但自 20 世紀 80 年代以來，隨著金融自由化浪潮的不斷升級，這一相互之間不越雷池一步的管理制度已經發生改變，美國於 1999 年年底廢除了對銀行分業經營嚴格限制 60 多年的《格拉斯·斯蒂格爾法》，允許商業銀行合業經營。

從目前來看，世界上大多數國家商業銀行的上述兩個傳統特徵和分業界限已逐漸消失，商業銀行的經營範圍正不斷擴大，世界上的著名大銀行實際上已經成為百貨公司式的全能銀行。從其發展動向看，商業銀行經營全能化、綜合化已經成為一種必然的趨勢。

16.2.1.2 對商業銀行與非銀行金融機構實施不同管理制度的改變

由於商業銀行具有信用創造的特殊功能，因此，世界上的大多數國家都對商業銀行實行了比非銀行金融機構更為嚴格的管理制度。如對其市場准入的限制、存款最高利率的限制、不同存款準備金率的差別限制、活期存款不得支付利息的限制，等等。但是，在不斷發展、擴大的金融創新中，非銀行金融機構看準了這一制度上的薄弱之處，進行了大膽的創新與發展，使非銀行金融機構的種類、規模、數量、業務範圍與形式等迅速發展，使商業銀行在新的市場競爭中處於明顯的弱勢。

鑒於經濟環境、市場條件所發生的巨大變化，各國政府都不同程度地縮小了對兩類金融機構在管理上的差別，使商業銀行與非銀行金融機構在市場競爭中的地位趨於平等。

16.2.1.3 金融市場准入制度趨向國民待遇

在 20 世紀 80 年代以前，許多國家均對非國民進入本國金融市場以及本國國民進入外國金融市場採取了種種限制，尤以日本為最。在金融自由化浪潮的衝擊下，這些限制正逐漸被取消。

經濟金融全球化的發展，為跨國銀行的出現以及國際金融中心的建立創造了條件。各國大銀行競相在國際金融中心設立分支機構，同時在業務經營上加快電子化、專業化和全能化的步伐。金融創新使各國之間的經濟、金融聯繫更加緊密，經營的風險也在加大，從而使全球金融監管出現自由化、國際化傾向，各國政府在對國際金融中心、跨國銀行的監管問題上更加註重國際協調與合作。

16.2.2 金融業務創新

金融業務的創新是把創新的概念進一步引申到金融機構的業務經營管理領域，金融機

構利用新思維、新組織方式和新技術，構造新型的融資模式，通過其經營過程，取得並實現其經營成果的活動。在金融業務的創新中，因為商業銀行業務在整個金融業務中占據了舉足輕重的地位，所以，商業銀行的業務創新構成了金融業務創新的核心內容。結合我們在前面學習過的金融機構經營管理的內容，以下重點介紹商業銀行的業務創新。

16.2.2.1 負債業務的創新

商業銀行負債業務的創新主要發生在20世紀60年代以後，主要表現在商業銀行的存款業務上。

（1）商業銀行存款業務的創新是對傳統業務的改造、新型存款方式的創設與拓展，其發展趨勢表現在以下四方面：一是存款工具一體化，如紙質存折正在退出，活期定期一卡通。二是存款證券化，即改變過去存款那種固定的債權債務形式，取而代之的是可以在二級市場上流通轉讓的有價證券形式，如大額可轉讓存單等。三是存款業務操作電算化，如開戶、存取款、計息、轉帳等業務均通過計算機操作。四是存款業務操作無人化，如使用ATM即可實現存取款等。

（2）商業銀行的新型存款帳戶突出個性化，迎合了市場不同客戶的不同需求。主要有：可轉讓支付命令帳戶（NOW）、超級可轉讓支付命令帳戶（Super NOW）、電話轉帳服務帳戶（TTS）和自動轉帳服務帳戶（ATS）、股金匯票帳戶、貨幣市場存款帳戶（MMDA）、貨幣市場互助基金（MMMF）、協議帳戶、個人退休金帳戶、定活兩便存款帳戶（TDA）、遠距離遙控業務（RSU）等。

（3）商業銀行借入款的範圍、用途擴大化。過去，商業銀行的借入款項一般是用於臨時、短期的資金調劑，而現在卻日益成為彌補商業銀行資產流動性、提高收益、降低風險的重要工具，籌資範圍也從國內市場擴大到全球市場。

16.2.2.2 資產業務的創新

商業銀行資產業務的創新主要表現在貸款業務上，具體表現在以下四方面：

一是貸款結構的變化。長期貸款業務尤其是消費貸款業務，一直被商業銀行認為是不宜開展的業務。但是，在20世紀80年代以後，商業銀行不斷擴展長期貸款業務，在期限上、投向上都有了極大的改變。以美國商業銀行為例，以不動產貸款為主的長期貸款已經占到商業銀行資產總額的30%以上；在消費貸款領域，各個階層的消費者在購買住宅、汽車、大型家電、留學、修繕房屋等方面，都可以向商業銀行申請一次性償還或分期償還的消費貸款。消費信貸方式已經成為不少商業銀行的主要資產項目。

二是貸款證券化。貸款證券化作為商業銀行貸款業務與國債、證券市場緊密結合的產物，是商業銀行貸款業務創新的一個重要表現，它極大地增強了商業銀行資產的流動性和變現能力。

三是與市場利率密切聯繫的貸款形式不斷出現。在實際業務操作過程中，商業銀行貸款利率與市場利率緊密聯繫並隨之變動的貸款形式，有助於商業銀行轉移其資產因市場利

率大幅度波動所引起的價格風險，是商業銀行貸款業務的一項重要創新。其具體形式有：浮動利率貸款、可變利率抵押貸款、可調整抵押貸款等。這些貸款種類的出現，使貸款形式更加靈活，利率更能適應市場變化。

四是商業銀行貸款業務「表外化」。為了規避風險，或為了逃避管制，還可能是為了迎合市場客戶之需，商業銀行的貸款業務有逐漸「表外化」的傾向。其具體業務包括：回購協議、貸款額度、週轉性貸款承諾、循環貸款協議、票據發行便利等。另外，證券投資業務上的創新有：股指期權、股票期權等形式。

16.2.2.3 中間業務的創新

商業銀行中間業務的創新，徹底改變了商業銀行傳統的業務結構，極大地增強了商業銀行的競爭力，為商業銀行的發展找到了巨大的、新的利潤增長點，對商業銀行的發展產生了極大的影響。具體表現在：第一是中間業務領域擴張，使商業銀行日益成為能夠為客戶提供一切金融服務的「金融超市」；第二是中間業務的收入占銀行業務總收入的比重不斷增大，使商業銀行的競爭從價格的競爭轉向服務質量的競爭；第三是現代企業需要商業銀行提供信託、租賃、代理融通、現金管理、信息諮詢等多種中間業務，從而使銀企關係加強，商業銀行「萬能」的地位得以鞏固；第四是中間業務創新的主題是電子計算機的廣泛應用。隨著商業銀行中間業務的自動化、服務綜合化的發展，商業銀行業務電子化的進程不斷加快，其具體體現在：

（1）結算業務日益向電子轉帳發展。此即資金劃轉或結算不再使用現金、支票、匯票、報單等票據或憑證，而是通過電子計算機及其網路辦理轉帳。如「天地對接、一分鐘到帳」等。

（2）信託業務的創新與私人銀行的興起。隨著金融監管的放鬆和金融自由化的發展，商業銀行信託業務與傳統的存、貸、投資業務等逐步融為一體，並大力拓展市場潛力巨大的私人銀行業務。如生前信託、共同信託基金等，通過向客戶提供特別設計的、全方位的、多品種的金融服務，極大地改善了商業銀行的盈利結構，拓展了業務範圍，爭奪了「黃金客戶」，使商業銀行的競爭力大大提高。

（3）現金管理業務的創新。商業銀行通過電子計算機的應用，為客戶處理現金管理業務，其內容不僅限於協助客戶減少閒置資金餘額並進行短期投資，還包括為企業（客戶）提供電子轉帳服務、有關帳戶信息服務、決策支援服務等多項內容。該業務既可以增加商業銀行的手續費收入，還可以密切銀企關係，有利於吸引更多的客戶。

（4）信息諮詢業務創新。現代社會已經成為信息社會，而金融業也成為依靠信息及其技術從事業務經營的部門。同時，社會各經濟部門對金融信息的依賴程度正日益加深，金融信息的生產日益現代化、市場化，這一切均極大地推動了商業銀行信息諮詢業的創新與發展。例如，客戶諮詢數據庫、權威專家的信息資源系統等，為社會、客戶提供各種準確、及時、權威且有償的信息服務。

（5）商業銀行自動化服務的創新。它也是電子計算機的廣泛應用引起的創新。電子化、自動化的全方位、全天候的金融服務，使商業銀行業務發生了巨大的變革，主要包括銀行卡業務、自助銀行、網上銀行、手機銀行、電話銀行、自動櫃員機（ATM）、終端售貨點（POS）、居家銀行服務等，得到了廣泛的應用，其發展勢頭方興未艾。

16.2.2.4 表外業務的創新

與中間業務聯繫密切的表外業務，是商業銀行業務創新的重要內容，它們當中有很多都可能在一定的條件下轉化為表內業務。商業銀行發展、創新表外業務的直接動機是規避金融監管當局對資本金的特殊要求，通過保持資產負債表的良好外觀來維持自身穩健經營的形象。當然，表外業務也是商業銀行順應外部金融環境的改變，由傳統銀行業務向現代銀行業務轉化的必然產物。表外業務雖然沒有利息收入，卻有可觀的手續費收入。從世界各國銀行業的發展情況看，表外業務發展迅猛，花樣品種不斷翻新，有些商業銀行的表外業務收益已經超過傳統的表內業務收益，成為商業銀行的支柱業務。

目前，商業銀行的表外業務主要有：貿易融通業務（如商業信用證、銀行承兌匯票）、金融保證業務（如出具保函、備用信用證、貸款承諾、貸款銷售與資產證券化）、衍生產品業務（如各種互換交易、期貨和遠期交易、期權交易）等。

16.2.3 金融工具創新

金融工具的創新是金融創新最主要的內容。近年來出現的金融創新中，最顯著、最重要的特徵之一就是大量的新型的金融工具被創造出來。這些新型金融工具的出現，使人們對於「貨幣」「資金」「資本」「金融商品」「金融資產」等常見基本概念的認識產生了困惑。因為這些事物的出現，是當今特定歷史時期的新生事物，要求人們重新審視和界定上述概念的含義及範疇。特別是20世紀70年代出現的衍生金融工具，更是向人們展示了金融資產保值和風險規避的全新概念。

16.2.3.1 基本存款工具的創新

基本的存款工具有活期存款、定期存款、儲蓄存款等。但是，在金融工具的創新過程中，這些基本存款工具的界限早已被打破，形成了一些新的存款工具，主要包括：可轉讓支付命令、自動轉帳帳戶、超級可轉讓支付命令、貨幣市場存款帳戶、個人退休金帳戶等。這些帳戶的特點是既能靈活方便地支取，又能給客戶計付利息。這些新型存款帳戶的出現，為客戶提供了更多的選擇，充分滿足了存款人對安全性、流動性和盈利性的多重要求，從而吸引了更多的客戶，擴大了商業銀行的資金來源。

16.2.3.2 大額可轉讓定期存單（CD）

商業銀行的定期存款以其較高的利率吸引資金，但其最大的弱點在於其流動性差。1961年由美國花旗銀行發行的第一張大額可轉讓定期存單，則既可以使客戶獲得高於儲蓄帳戶的利息，又可以在二級市場上流通、轉讓而變現，使客戶原本閒置在帳戶上的資金找

到了短期高利投資的對象，所以一面世就大受歡迎。

隨著金融機構競爭的加劇，CD也出現了新的變種：①可變利率定期存單（Variable Rate CD）。該種存單在存期內被分成幾個結轉期，在每一個結轉期，銀行根據當地的市場利率水平重新設定存單利率。②牛市定期存單（Bull CD）。該種存單與美國標準普爾指數的500種股票相聯繫，雖然存單的投資者沒有固定的利息收益，但可根據定期存單的時限長短而獲取股票指數增長額的37%～70%的利率上升收益。③揚基定期存單（Yankee CD）。它是外國銀行在美國發行的可轉讓定期存單，大多由位於紐約的外國著名銀行發行。④歐洲或亞洲美元存單（Euro Dollar or Asia Dollar CD）。它是美國銀行在歐洲或亞洲的金融市場上發行的定期存單，以吸引國外資金，並且不必向美聯儲交存準備金和存款保證金。

16.2.3.3 衍生金融工具的創新

衍生金融工具是伴隨著近30年來新一輪金融創新而興起和發展起來的。它的出現，可以說給當代金融市場帶來了劃時代的貢獻。它除了讓人們重新認識金融資產保值和規避風險的方式之外，還具有很強的槓桿作用，讓人們充分體會到了「四兩撥千斤」的快感。因此，人們把衍生金融工具稱為「雙刃劍」，如果運用得當，可給金融業帶來許多好處，能起到保值、創收作用；但如果運用失當，也會使市場參與者遭受嚴重損失，甚至危及整個金融市場的穩定與安全。

16.3　金融創新的影響

16.3.1　金融創新與微觀效應

從微觀角度看，金融創新不過是市場均衡力量在金融領域中的一種反應，是金融家為在金融市場上尋求盈利的機會，通過各種類型的金融創新而謀利的過程。降低交易成本和改善風險分配是正在不斷進行著的金融創新的主旨。金融創新對微觀金融市場主體的影響體現在以下幾個方面：

16.3.1.1　金融創新改變了金融機構的生態環境

金融創新對金融機構的影響主要表現在機構種類的豐富和業務趨同等方面。

（1）金融創新創造了一些新型金融機構，促進了非銀行金融機構的快速發展。這些新型金融機構有的是為了滿足新的金融需求而誕生的，這主要是指資本市場上的某些仲介機構，例如各類新式的投資基金；有的是由於技術創新對現有金融機構營運環境的改造——諸如電話銀行和網路銀行之類——它們提供的金融服務內容並沒有很大變化，但服務效率和質量提高了。

（2）金融創新改變了金融仲介機構的分割局面，使得金融機構日趨同質化。商業銀行和儲蓄機構之間的基本區別已經不復存在，存款性金融機構和非存款性金融機構之間的主要差別也在縮小。金融創新促進了金融機構混業經營的趨勢。這種金融機構之間的同質化，將會加劇金融機構間的競爭，一方面促進了金融機構經營管理觀念的創新，提高了金融機構的經營效率，促進了金融資源的有效分配；另一方面則可能導致金融體系不穩定。

（3）金融創新促進了金融機構業務的創新和多元化，使金融機構擺脫困境，拓展了新的盈利空間。在20世紀60年代的美國，市場利率大幅度上升，但銀行業由於利率最高限的法令，不能提高利率來吸收資金，導致了資金來源日益枯竭。金融機構若不進行創新，就難以逃脫破產的命運。正是金融創新中誕生的一系列兼具收益性和流動性的金融工具的出現，使金融機構獲得了充足的資金來源。在資金運用方面，傳統的業務分工和機構分工的界限不斷被金融創新打破。金融機構服務功能不再局限於傳統的信用仲介和信用創造，除存、貸、結算等傳統基本業務外，還向證券、租賃、房地產和信託等方面拓展，業務領域大大拓寬。金融服務技術的進步也為新業務的開拓創造了條件，ATM可以24小時為客戶提供零售銀行業務，信貸資產證券化業務則將間接金融仲介機構與資本市場緊密聯繫在一起。

16.3.1.2　金融創新增強了投資者抗風險的能力

金融創新推動了金融工具品種和數量的擴張以及交易成本的降低，使得投資者抵抗風險的能力得以增強。

首先，金融創新創造了許多新型金融工具，提供了多功能、多樣化和高效率的金融工具和金融服務，擴大了投資者的選擇空間。這方面既有銀行金融機構創造的新金融工具，例如CD、NOW、ATS、MMMF、MMDA等，又有非銀行金融機構的創造，如各類新型保險單、各類新式基金的股份等，還有大量的衍生金融工具，如金融期貨、期權、互換等，國際金融市場上衍生工具已達1,200餘種。此外，還有技術創新帶來的工具創新，如卡式貨幣和電子貨幣等。這些豐富多彩、各具特性的新型金融工具，使投資者能很容易地實現投資組合，分散或轉移投資風險，實現在一定風險水平下的收益最大化，或一定收益水平下的風險最小化。

其次，金融創新降低了持有和保管金融工具的成本，同時也降低了發行成本。許多現代金融工具簡化並規範了其存在的實物形式，而由於現代計算機技術和信息技術在金融領域的廣泛應用，一些金融工具乾脆放棄了實物形式，實行無紙化發行，這樣就明顯降低了持有者管理成本和發行者成本。

最後，金融創新便利了金融工具的交易，各類資產之間轉換方便，大大降低了金融工具的交易成本。一方面，多樣化金融工具滿足了多樣化需求，使得金融市場的參與者增多，交易量迅速擴大，降低了交易的平均成本；另一方面，金融創新使各種金融工具之間的替代性增強，轉換率上升，使交易者的機會成本下降。而且，由於國際金融市場比較發

達並逐步走向統一、資金的自由快速轉移、全球一體化交易，使得金融工具的交易十分便利，不再受制於時間、空間和交易量等制約。此外，隨著網路的發展和進一步普及，網上交易也正變得越來越普遍。

16.3.1.3　金融創新增大了金融機構經營風險

金融創新和放鬆管制後，為獲得穩定的資金來源，銀行為各類新型的存款負債支付了更高的利息，銀行融資成本大大增長，這一方面迫使銀行去承擔風險更大的貸款，以取得更多的收益；另一方面，商業銀行也越來越多地運用資產負債表外項目來經營，例如銀行承兌匯票、信用證業務、利率互換和其他套利活動。這些經營項目都不表現在銀行的資產負債表內，從而避開了監管部門的監督和控製，同時使銀行增加了收入。雖然當銀行表外業務發生時，銀行並無資金外借，但銀行承受了風險，一旦債務人不能履行其承諾，銀行就要承擔債務人的責任，所以銀行的經營風險有所提高。

金融創新使得金融機構之間的競爭加劇，銀行的經營風險提高，導致金融體系的穩定性下降。例如美國政府允許儲蓄貸款機構購買公司債券和商業票據，以及從事某些不動產貸款和有價證券投資，但是1987年以石油產業蕭條為契機，儲貸機構不良債權問題完全暴露，引發了一連串破產倒閉。金融創新促進了包括衍生金融工具在內的金融資產多樣化發展，但衍生金融工具是一種槓桿性的金融工具，對市場價格有推波助瀾的效果。它雖然可以為當事人提供規避風險的功能，但因為它的槓桿特性恰好能滿足投機者需要，所以實際金融運行中它可能更多地被作為投機性的交易工具。而且其交易規模很大，直接危及整個金融交易體系的安全，所以，金融機構的安全性受到威脅。以美國為例，20世紀50年代銀行倒閉數量平均為4.6家，20世紀60年代為5.2家，20世紀70年代為7家。而從1982年開始，銀行倒閉數量劇增，1981年為9家，1982年為42家，1983—1987年分別為43家、80家、120家、145家、200家。

16.3.2　金融創新與宏觀效應

金融創新除了對金融機構和投資者等微觀金融主體產生巨大影響外，還對宏觀經濟產生較大的影響。下面將從金融創新對貨幣需求、貨幣供給和貨幣政策三個方面的影響，來探討金融創新的宏觀效應。

16.3.2.1　金融創新對貨幣需求的影響

此處貨幣需求概念中的貨幣，是通常所定義的狹義貨幣，包括現金和活期存款兩個部分。金融創新對貨幣需求的影響主要體現在以下兩個方面：

1. 降低貨幣需求總量，改變廣義貨幣結構

儘管經濟發展水平的提高、商品貨幣化程度的加深、市場交易規模的擴大等因素，會導致貨幣需求處於一個長期的絕對增長的趨勢，但金融創新通過金融電子化和金融工具多樣化，使人們在經濟生活中對貨幣的使用量自然減少，並且使貨幣在廣義貨幣結構中的比

重下降。這是因為：

（1）金融創新中出現了大量貨幣性極強的金融工具，具有較好的變現功能和支付功能，在為人們提供流動性的同時，還提供了一定的收益，從而引起對傳統貨幣需求的減少。

（2）金融創新帶來的金融電子化和支付結算系統的改革，縮小了現金的使用範圍，發達國家正在走向無現金社會，這樣就減弱了人們對狹義貨幣的流動性偏好。並且，隨著貨幣流通速度的加快，對活期存款的需求也大為減少，因而導致對貨幣的需求在不斷下降。

（3）金融創新使金融機構業務中出現了一種證券化的趨勢，使得介於資本市場和貨幣市場之間的金融工具大量增加。這些新型金融工具既能獲得交易的便利，又可獲得較高的投資回報率，縮小了貨幣支付手段和儲藏手段之間的轉換成本，從而相對提高了持幣的機會成本。人們在其資產組合中將會盡量減少貨幣的持有量，增加非貨幣性金融資產的持有量。

2. 降低了貨幣需求的穩定性

金融創新對貨幣需求穩定性的影響主要通過三個途徑發生作用：

（1）金融創新改變了人們持有貨幣的動機，引起貨幣需求結構的變化。金融創新中出現了許多貨幣性極強的新型信用工具和存款帳戶，在具有一定的投資功能的同時，還具有良好的支付功能和變現能力。這導致貨幣的交易性需求下降而投機性需求上升，使得貨幣需求的構成發生變化。交易性貨幣需求主要受國民收入等規模變量的影響，而國民收入在短期是相對穩定的，因而交易性貨幣需求表現為相對穩定。而投機性貨幣需求主要取決於機會成本和投資者的預期等機會成本變量，金融創新導致金融資產價格的波動將會增大，影響投資者預期的穩定性，使得投機性貨幣需求具有不穩定的特性。這樣，穩定性強的交易性貨幣需求的比重下降，而穩定性差的投機性貨幣需求的比重上升，從而導致整個貨幣需求函數的穩定性下降。

（2）金融創新使貨幣需求的決定因素變得複雜和不穩定，各種因素的影響力及其與貨幣需求的關係的不確定性更為明顯。金融創新使得市場利率更為複雜多變，而貨幣需求的利率彈性也不穩定。金融創新還影響貨幣流通速度，使之有加快的趨勢，但這種加速又是難以把握和測算的。

（3）金融創新使貨幣與其他金融工具之間的替代性增強，資產流動的交易成本又很低，因而在短期內經濟形勢稍有變化，就會引起資金在各類金融資產之間的大規模轉移。由於新型金融工具既有交易的功能，又能支付較高的利息或隨市場利率浮動，對公眾較有吸引力，通過財富效應的作用，往往導致狹義貨幣需求變動頻繁，且無規律可循。雖然傳統的貨幣理論認為，貨幣需求可能是收入、價格和利率的一個穩定函數，但這種穩定性是基於不變的制度環境這個假定的，而金融創新導致的制度變遷顯然會影響貨幣需求的穩定性。

16.3.2.2 金融創新對貨幣供給的影響

金融創新對貨幣供給的影響是全面而深刻的,「金融創新可能已經改變了貨幣供給過程的本身,並且因此影響了貨幣當局控制多種貨幣流通量的能力」。金融創新對貨幣供給的影響體現在以下三個方面:

1. 金融創新擴大了貨幣供給主體

金融創新推進了金融業務綜合化和金融機構同質化的趨勢,模糊了存款性金融機構和非存款性金融機構之間的業務界限,混淆了兩者在存款貨幣創造功能上的本質區別。隨著電子貨幣、卡式貨幣、網上交易的普及,存款貨幣的創造不再局限於商業銀行,各類非銀行金融機構也都有創造存款的功能,而且這種能力還有增強的趨勢。因此,在金融創新大潮之下,在許多實行混業經營的國家,貨幣供給由提供通貨的中央銀行和提供存款貨幣的商業銀行這二級主體擴展為中央銀行、商業銀行和非銀行金融機構這三級主體。

2. 金融創新增強了金融機構的貨幣創造能力

任何時點上的貨幣供應量都是基礎貨幣和貨幣乘數這兩類集合變量的乘積,當中央銀行提供的基礎貨幣既定時,貨幣乘數就成為決定貨幣供給的關鍵變量。對貨幣乘數起決定作用的因素有現金比率、定期存款比率、法定存款比率和超額儲備比率,這四種因素均與貨幣乘數呈反向變動關係。金融創新就是通過作用於這四項比率來影響貨幣乘數,進而影響貨幣供給的。金融創新通過提高持幣的機會成本和促進支付制度的發達這兩個方面來對現金比率產生向下的壓力,使得貨幣乘數得以上升。金融創新中出現大量非存款性金融工具,這些金融工具在安全性、流動性和收益性上都有很強的吸引力,使定期存款作為價值儲藏手段的吸引力下降。公眾在資產組合過程中,就會將一部分定期存款轉換成其他證券類金融資產,從而降低定期存款比率,提高貨幣乘數。由於中央銀行一般對不同類型的金融機構採用差別準備金率,金融創新通過模糊對象界限、減少商業銀行活期存款等方式,來使實際提繳的法定準備金減少,降低法定存款比率。金融創新從三個方面導致銀行降低超額儲備率,一是增加銀行持有超額準備的機會成本;二是因同業拆借市場發達,降低了拆借儲備金的價格;三是公眾對通貨的偏好下降,銀行保有庫存通貨的需求量減少,超額儲備金比率的下降同樣導致貨幣乘數的上升。

3. 金融創新使得貨幣供給的內生性增加

貨幣供給內生性是指貨幣供給受經濟體系運行中內在因素的影響程度,內生性強則中央銀行對貨幣供給的可控性就減弱。金融創新一方面通過減少貨幣需求、充分利用閒置資金、加快貨幣流通速度,來改變貨幣供給的相對量;另一方面通過擴大貨幣供給的主體、加大貨幣乘數、創造新型存款貨幣,使得貨幣供給在一定程度上脫離中央銀行的控制,而越來越多地受制於經濟體系內在因素的支配。總之,經歷金融創新之後,貨幣供給量不再是完全受中央銀行絕對控制的外生變量,除基礎貨幣外,它受經濟內生變量的影響越來越大,因而嚴重削弱了中央銀行對貨幣供給的控制能力。

16.3.2.3 金融創新對貨幣政策的影響

由於金融創新重新闡釋了某些基本金融概念，改變了微觀金融主體的運作環境，因而對既有貨幣政策提出了嚴峻的挑戰。貨幣政策主要包括政策目標（包括最終目標、中間目標和操作目標）、操作工具和傳導機制等內容。金融創新對貨幣政策的影響，主要表現在中間目標、操作工具和傳導機制三個方面。

1. 金融創新使得貨幣控製的中間目標複雜化

在現代金融的理論和實踐過程中，儘管貨幣的範圍在不斷擴展，由 M_1、M_2 擴張到 M_3、M_4 等，但在確立貨幣控製的中間目標時，一般仍採用狹義貨幣概念即 M_1。因為 M_1 具有強力貨幣的特徵，是作為媒介的貨幣和作為資產的貨幣的明顯分界，以此為基礎制定的貨幣政策的實際效果是比較好的。但新型金融工具的出現使得貨幣外延的明顯分界變得模糊，許多帳戶兼有交易功能和投資功能，對於公眾而言，貨幣與其他金融工具之間的差異不再具有顯著意義，兩者之間有高度的替代性。在交易帳戶與投資帳戶之間、在廣義貨幣與狹義貨幣之間甚至在本國貨幣和外國貨幣之間的差異正在迅速消失。當然，現在也有許多國家把 M_2 作為貨幣控製的中間目標，但 M_2 範圍如何確定、如何有效控製，仍然充滿不確定的因素，並且是在不斷變化的。

由於貨幣定義和計量的日益困難，中央銀行越來越難以把握貨幣總量的變化，傳統貨幣政策的效力正在降低。於是中央銀行可能的選擇是從控製狹義貨幣走向控製流動性資產，各國對貨幣供給的層次在不斷修改。美國在 1971—1984 年間共修改貨幣定義七次，貨幣供給指標發展到目前的 M_1、M_2、M_3、L 和 Debt 五個。但儘管如此，金融創新帶來的這方面問題並未解決，對於電子貨幣、多功能信用卡究竟屬於哪一個層次這個問題，各國中央銀行尚無明確答案。

2. 金融創新降低了貨幣政策工具的效力

（1）金融創新導致法定存款準備金率調整的效力弱化。由於準備金存款是無息或低息的，會造成銀行資金的佔壓和融資成本上升，因此金融機構必然通過金融創新來規避法定存款準備金的約束，例如金融機構通過回購協議、貨幣市場共同基金帳戶等方式籌集的資金不算存款，因而不繳納法定存款準備金。金融創新增大了金融機構不用繳納準備金就獲取資金來源的範圍，這極大地限制了通過法定存款準備金率來控製金融機構派生存款的能力。

（2）金融創新使銀行融資渠道多樣化，存款機構除非不得已，否則不會向中央銀行申請再貼現或再貸款。不但國內融資方式靈活多樣，而且歐洲貨幣也成為國內貨幣的理想替代品。在現代金融技術條件下，資金的國際調度十分迅速，這使得金融機構對中央銀行貼現窗口的依賴大為降低。當「能一次解決所有需求」的發達金融市場產生後，中央銀行調節再貼現率的做法就漸漸失去了意義。

（3）金融創新推動了金融市場的發展，為中央銀行的公開市場業務提供多樣化的交易

手段和場所，強化了公開市場業務的作用，但同時也增加了有效運用公開市場手段的難度，使貨幣政策在很大程度上依賴於公開市場業務的有效性。目前，隨著金融全球化進程的不斷深入，在國際金融市場上迅速流動的各類資金越來越龐大，金融市場的動盪也日益頻繁和劇烈，使中央銀行的公開市場業務操作難度增大，特別是外幣公開市場業務的操作，中央銀行也會顯得力不從心。

3. 金融創新擴大了貨幣政策效率的時滯

貨幣政策的時滯包括內在時滯和外在時滯，前者是指中央銀行決策過程中的時滯，後者是指貨幣政策作用於經濟過程的時滯。金融創新首先影響貨幣政策的內在時滯，因為金融創新在各個方面深刻地影響了金融運行的過程，中央銀行在制定貨幣政策時，必須考慮金融創新的內容、金融創新的速度以及金融創新所導致的貨幣政策傳導途徑的改變，從而擴大了貨幣政策的內在時滯。

金融創新還影響貨幣政策的外在時滯，表現在以下兩個方面：

(1) 外在時滯表現在中央銀行作用於金融機構的過程中，金融業務的交融分散了中央銀行的控制重點。前面已提到，由於金融創新打破了金融機構業務限制，使能開辦活期存款的金融機構越來越多，而且商業銀行可以將存款餘額用於證券投資，降低了其信用創造能力，所以，金融創新已經改變了貨幣供給過程，進而影響了貨幣當局控製各種貨幣總量的能力。不但非銀行金融機構在分享傳統的貨幣創造能力，而且某些非金融機構例如一些發行購物卡的商業企業，實際上也在供給貨幣，或至少是在減少貨幣的交易需求。

(2) 外在時滯還表現在金融機構作用於企業和居民的過程中。金融創新創造了大量的新型金融工具，使貨幣需求的利率彈性發生了變化。在利率變動的情況下，居民和企業的經濟行為不一定會像中央銀行或金融機構預期的那樣變化，這樣也延緩了貨幣政策發生作用的時間。

進一步從開放經濟角度看，隨著金融創新向國際化方向的擴展，貨幣資本在國際上的流動，也削弱了各國中央銀行對國內貨幣的獨立控製能力。當資本在國際上大量頻繁流動時，貨幣政策的利率調控作用相對減弱，而匯率調節作用日益顯得重要。總之，金融創新的迅速發展，已經嚴重影響了貨幣政策的實施效果。

16.4　中國的金融創新

金融創新理論於 20 世紀 80 年代中期被引入中國。隨著中國金融體制改革的不斷深入，我們已經在借鑑國際金融創新的先進成果的基礎上，立足於本國國情，創造性地建立起新型的社會主義市場經濟下的金融體系。它不僅是對轉軌時期金融體制的主動調整，而且也是金融業在市場經濟發展過程中的自我完善與發展。所以說，中國的金融創新是一種

有目的的創新行為，對於盡快建立和完善社會主義市場經濟條件下的金融體制及其運行機制具有十分重要的意義。

16.4.1 中國金融創新的內容

隨著中國經濟的發展、金融體制改革的不斷深入，金融創新也取得了相當的成就。無論是金融機構的組織結構和形式，還是金融宏觀調控機制的建立，或者是金融工具、金融交易技術等方面，均發生了巨大的變化。

16.4.1.1 金融體制的創新

自 1978 年實行改革開放以來，中國金融機構不斷創新，初步形成了以中央銀行為領導，國有商業銀行為主體，股份制金融、政策性金融以及其他多種金融形式並存、分工協作的金融組織體系。中國金融體制創新主要表現在兩個方面：

1. 中央銀行體制的形成

在計劃經濟體制時期，中國只有一家銀行——中國人民銀行，那時它具有雙重職能，既是管理金融業的中央銀行，又是辦理各種金融業務的經濟組織。這種「大一統」的金融體制不適應經濟改革、發展的需要，必須進行改革。改革開放以後，中國人民銀行將自身承擔的商業銀行業務以及具體的金融監管職能先後逐步分離出去，分別恢復、成立了工、農、中、建四大國有專業銀行和中國銀行業監管管理委員會等監管機構，而它自己完全獨立出來，專門行使中央銀行的管理職能，初步建立了「一行三會」的監管體系，這標誌著中國新的金融體系和監管框架的確立。

2. 商業銀行和各種非銀行金融機構的建立

除了上面提到的分別恢復、成立的四大國有專業銀行外，還有恢復分設的中國人民保險公司，新成立的中國國際信託投資公司，1986 年決定重新組建交通銀行，1987 年以後成立的招商銀行、中信實業銀行、上海浦東發展銀行等 13 家股份制商業銀行；同時成立了財務公司、證券公司、信託投資公司、租賃公司、金融集團、小額信貸公司、村鎮銀行等。此外，在借鑑國際經驗的基礎上，在 1999 年分別成立了華融、長城、信達和東方四大資產管理公司，分別負責收購、管理、處置相對應的中國工商銀行、中國農業銀行、中國建設銀行和國家開發銀行、中國銀行所剝離的不良資產。

16.4.1.2 金融管理制度的創新

1. 中央銀行自身金融監管方法和手段的創新

中國金融監管由從前的純粹計劃金融管制逐步轉變為金融宏觀調控；並且調控的方式也由過去的計劃、行政手段的直接調控轉為經濟、法律手段的間接調控，更多地啟用存款準備金、再貼現率以及公開市場操作等貨幣政策工具。

2. 對金融機構的行政管制有所放鬆，趨於市場化

（1）從 1987 年以後，中央銀行允許金融機構業務交叉，各家國內商業銀行都可開辦

人民幣、外幣多種業務，公平競爭；同時，企業和銀行可以自由地進行雙向選擇。

（2）對金融機構的信貸資金管理趨於科學化。1998年1月1日，取消中央銀行對商業銀行的貸款限額控製，全面推行資產負債比例管理和風險管理，標誌著金融宏觀調控方式由直接調控為主向間接調控為主的重要轉變，使中央銀行對商業銀行的信貸資金管理更加規範與科學。

（3）對金融機構的利率管理部分地引入了市場機制。中央銀行對金融機構同業拆借的利率管理基本放開，由市場供求關係決定資金拆放利率的升降；對存貸款利率允許在一定幅度內上下浮動，增強了利率槓桿的彈性和調節作用，逐步推進利率市場化。

16.4.1.3　金融市場的創新

改革開放以前，中國沒有金融市場，資金融通完全依靠財政撥款或銀行間接融資渠道。1981年，國家財政部開始發行長期政府債券，中國金融市場發展的序幕由此拉開。經過30多年的努力，到目前為止，中國已經建立並形成了多種類、多層次、初具規模的金融市場體系。

1. 票據貼現市場

1980年，上海實施商業票據貼現業務的試點工作；1982年，中國人民銀行肯定了其成績並推廣經驗，1986年正式開辦了面向專業銀行票據貼現的再貼現業務，推動了票據承兌、貼現及再貼現業務的發展。

2. 同業拆借市場

計劃經濟時期，銀行信貸資金實行「統存統貸、存貸分離」管理體制，「打醬油的錢不能買醋」，根本談不上資金拆借。改革開放以後，隨著金融機構的豐富和發展，信貸資金在使用上出現了時間差、地區差、行業差、項目差，客觀上產生了相互調劑、融通資金的要求。1996年1月，全國統一的銀行間同業拆借市場成功地實現了一級交易網路聯網試運行，生成了全國統一的同業拆借加權平均利率，並對外公布，中國的同業拆借市場得以規範運行和發展。同業拆借市場是中國利率市場化改革的發源地。

3. 證券市場

隨著經濟的發展，1981年，財政部恢復發行國債，隨後，有價證券的發行種類逐漸增多，國債、企業債（1984年）、股票（1984年）、金融債（1985年）等相繼登臺亮相，為市場經濟建設、企業的發展，增加了更多的直接融資的渠道，也為老百姓提供了更多的可供選擇的投資機會。

在資本市場上，借鑑國外經驗，根據中國國情創新，建立了富有中國特色的A股、B股、權證市場，成立了上海證券交易所和深圳證券交易所，在全國組建了多家金融資產交易所，先後成立了大連期貨交易所、鄭州商品交易所和上海期貨交易所以及中國金融期貨交易所。為支持中小企業發展，建立多層次資本市場，先後開通了中小板、創業板、新三板市場。在與國際資本市場融合上，2014年建立了滬港股票市場交易的互聯互通機制，目

前正進行境外企業在 A 股發行上市的論證工作，熊貓債券也日益成為外國政府和跨國公司的新寵。

4. 外匯市場

從新中國成立到改革開放以前，一直實行外匯管制，不存在外匯自由買賣市場。1980 年 10 月，中國銀行開始向國有企業和集體企業開辦外匯調劑業務，這是中國外匯調劑市場的萌芽形態。1988 年，隨著外貿體制改革的深化，國務院制定了《關於辦理留存外匯調劑的幾項規定》，允許各省市設立外匯調劑中心，推動了外匯調劑市場的進一步規範。1994 年，為適應國內經濟體制改革的深化和對外開放的不斷擴大，外匯管理體制進行了重大改革，內容包括進行匯率並軌，實行銀行結售匯制，建立銀行間外匯交易市場等。這次改革，向建立統一的、開放的外匯市場邁出了突破性的一步。此後，外匯市場不斷完善和豐富，2003 年推出 QFII，2006 年推出 QDII，2011 年推出 RQFII。國際貨幣基金組織在 2015 年 11 月通過表決，將人民幣納入 SDR 貨幣籃子。

5. 黃金市場

中國一直是一個黃金生產和消費的大國，但新中國成立以後，長期實行統購統配計劃管理體制，禁止黃金在國內流通，削弱了黃金在金融市場上的作用。隨著經濟的發展，1982 年開放了黃金飾品零售市場，1993 年改革黃金收售價格的定價機制，此後開辦了黃金寄售業務，並改革黃金製品零售管理審批制。2002 年 10 月 30 日，上海黃金交易所正式開業，從而結束了中國 50 餘年來黃金不能自由買賣的歷史。2008 年，上海期貨交易所推出了黃金期貨，這是中國黃金投資領域具有劃時代意義的大事。

16.4.1.4 金融交易技術的創新

傳統的金融交易以手工操作為特徵。改革創新使計算機及現代通信技術在金融業中得到廣泛應用，使結算手段、支付手段開始了一場徹底的變革。

1. 銀行聯行業務的創新

銀行聯行業務的創新，即銀行聯行業務計算機處理系統的開發和衛星通信的聯網，實現了一次數據輸入、一條龍處理聯行報單及有關數據，做到了安全、快捷、有效，大大提高了銀行的工作效率，也提高了全社會資金的使用效率。

2. 速匯、即付銀行業務的開辦

這是在銀行辦理匯款業務的三種傳統方式——電匯、信匯、票匯的基礎上推出的一種新型的小額匯款方式，大大方便了普通百姓的資金劃撥。目前商業銀行還開通了網銀匯款和手機銀行、電話銀行匯款，基本實現兩小時內到帳，大大節約了匯款資金等待時間。

3. 電話銀行業務

電話銀行是一種電腦網路系統。通過電話，銀行客戶可以直接辦理有關業務及相關查詢，有的還可以辦理傳真業務。目前，在中國的大中城市，許多銀行都開辦了此項業務，在極大地方便了客戶的同時，也使銀行業務得到了迅速發展。

4. 網上銀行業務

網上銀行是指銀行利用互聯網技術，通過互聯網向客戶提供多種金融服務，使客戶在不受時間、地點限制的情況下，足不出戶即可享受快速、安全和便捷的金融服務。網上銀行一般分為使用數字證書、U 盾（Usb Key）登錄專業版網銀和使用卡號、密碼登錄的大眾版網銀。

大眾版網上銀行一般只能進行簡單的帳戶查詢、帳戶內資金劃轉；使用 Usb Key 的專業版網上銀行則可以進行跨行轉款等交易，可涵蓋大部分非現金業務，其提供的服務包括帳戶查詢/掛失、客戶名下資金調撥、申請即時語音服務、基金投資、證券投資、外匯投資等功能。通過網上銀行還可購買銀行的理財產品，並且不受銀行營業時間的限制，使你能較好地把握投資機會。

5. 手機銀行業務

手機銀行，也稱為移動銀行，是利用移動通信網路及終端辦理相關銀行業務的簡稱。作為一種結合了貨幣電子化與移動通信的嶄新服務，移動銀行業務不僅可以使人們在任何時間、任何地點處理多種金融業務，而且極大地豐富了銀行服務的內涵，使銀行能以便利、高效而又較為安全的方式為客戶提供傳統和創新的服務。

目前，各大商業銀行紛紛推出手機銀行服務，基本實現了銀行的各類基礎業務。以中國工商銀行為例，其手機銀行服務已經覆蓋所有移動和聯通手機用戶，客戶可以獲得 7×24 小時全天候的服務：查詢帳戶、轉帳/匯款資金瞬間到帳、進行捐款、繳納電話費和手機話費、網上消費實時支付等。

6. 自助銀行

自助銀行是借助於銀行電腦網路系統，由客戶自己通過計算機的提示，自己操作完成所需要的業務服務的一種新型銀行技術。例如招商銀行「一卡通」的自助繳費、自動轉帳、網上支付、自助貸款等，為商業銀行高效發展、完善服務創出了一條新路。

16.4.1.5 金融業務與工具的創新

自改革開放以來，中國金融機構的業務與工具的創新不斷湧現，日新月異。從金融機構的負債業務創新看，出現了不同期限的定期存款、保值儲蓄存款、住宅儲蓄存款、委託存款、信託存款、禮儀存款、通知儲蓄存款等新品種；從資產業務看，出現了抵押貸款、質押貸款、消費貸款、助學貸款、住房按揭貸款、汽車消費貸款、銀團貸款等新品種，貸款對象也由過去的國有企業、集體企業（主要是國有企業）擴大到包括民營、外資、合資甚至個人；從中間業務看，最具代表性的是信用卡業務，它從無到有，從單一的消費功能到目前的本、外幣的存取匯兌、貸款、清算、投資、消費一條龍服務，這是中國商業銀行新型的金融服務。

隨著中國金融市場的發展，金融工具的創新也十分活躍，既有貨幣市場工具的創新，如國庫券、商業票據、短期融資債券、回購協議、大額可轉支付存單等；又有資本市場工

具的創新，如中長期政府債券、企業債券、受益債券、股票、股權證、基金證券、投資連接保險、分紅型保險等；其中，股票市場的工具創新中，除了引進國際通用的普通股和優先股等吸納性創新外，還有獨具中國特色的 B 股、法人股權證、國有股權證、內部職工股權證等原始性工具的創新，極大地豐富了中國的金融資本市場。

近些年，隨著居民收入的提高，商業銀行理財產品方興未艾。理財業務整合負債、資產和中間業務。由於理財產品具有一定的存款替代特徵，因此成為商業銀行爭奪客戶資金資源的重要方式。理財產品的大量發售導致存款數量劇減。目前商業銀行理財產品大致有債券型理財產品、信託型理財產品、掛勾型理財產品及 QDII 型理財產品。[①]

16.4.2 中國金融創新的特點

中國是一個發展中國家，尤其是在目前正處於由計劃經濟體制向市場經濟體制轉軌的時期，因此，在金融創新上具有鮮明的中國特色。

（1）金融創新起步較晚，但發展很快。國外的金融創新在 20 世紀 60 年代即已開始，而中國卻始於此後 20 多年，而且是從一個比較低的基礎上起步，其發展程度與發展水平大大滯後於國際水平。但是，中國金融創新的進展十分驚人，成效顯著。這主要是因為在經濟體制的轉換過程中，金融體制必然會發生巨大的變遷，在這個變遷過程中，不但變遷和創新的方面很多，而且程度也相當深，市場經濟的改革使長期在計劃經濟體制下受壓制的金融機構的市場活力得到了成倍數的釋放。所以，中國的金融創新的變化與成就是有目共睹的，可以用天翻地覆來形容。

（2）吸納性創新多，原創性創新少。自改革開放以來，中國創新的金融工具近百種，範圍涉及金融業的各個層次與方面，但其中的 85% 左右是通過「拿來」的方式從西方國家吸納過來的，基本上是借鑑別人的創新成果，而真正由中國首創、具有中國特色的原創性創新工具卻很少。當然，這與中國目前經濟、金融發展水平相對滯後，缺乏相應的管理經驗和創新人才，以及金融機構獨立性較弱、金融監管環境相對嚴有很大關係。

（3）金融創新的手段單一，重數量、輕質量。西方發達國家的金融創新大多建立在高科技、高效率以及金融機構發達和金融市場完善的基礎上。而中國的市場經濟目前才剛剛起步，各方面的機制還未完全建立與健全，致使有些創新內容膚淺、方式簡單、手段落後。所以，中國現有的金融創新重點放在易掌握、方便操作、科技含量較少的外在形式上，主要表現在經營機構弱化，高投入、低產出；金融資產表現為軟約束資產，規模擴張明顯，金融產品單調，無法適應經濟發展和改革的需要。如市場流通性差、靠強行攤派的債券，靠簡單提高利率吸引資金的有獎儲蓄，金融機構的增設、金融業務的擴張等，而與市場經濟體制要求相適應的經營機制方面的創新則明顯不足。

---

① 黃達. 金融學 [M]. 3 版. 北京：中國金融出版社，2013. 596.

（4）負債類業務創新多，資產類業務創新少。長期以來，存款等負債業務是各家金融機構競爭相對激烈的業務領域，金融機構推出的業務創新和工具創新也在這個領域裡最為豐富。前述的政府債券、企業債券、金融債券、大額存單、保值儲蓄等大部分業務和工具創新都屬於負債類的業務創新。而資產類業務，尤其是貸款業務，長期以來受到國家金融管理部門的嚴格控制，一直屬於金融機構壟斷的資源。在該領域中，幾乎不存在競爭，因而金融機構也就不需要也沒有動力去進行創新，這與金融創新的內在規律也是相符的。當代金融創新的實踐發展表明：競爭是金融創新的催化劑，而壟斷則是競爭的天敵。中國金融創新的這一特點也提醒我們，要促進中國的金融創新，首先必須培育、創新競爭性的金融市場體系。

（5）金融創新有明顯的區域性特徵。金融創新作為經濟發展的一個重要組成部分，既可以促進經濟發展，也需要經濟發展為其提供良好的外部市場環境，二者相輔相成。中國的市場經濟首先在經濟特區和沿海城市落腳。經濟特區和沿海城市率先突破傳統體制的束縛，金融管理相對較鬆，金融市場較為活躍，且呈適度競爭態勢，這些都為金融創新提供了較好的外部環境。例如招商銀行，自建行以來，大膽創新、不斷開拓，已成為中國商業銀行努力創新的典型代表。所以，沿海地區實行先行一步的發展市場經濟的戰略，帶動了經濟的起飛；而富裕的經濟條件和強烈的營利動機又使金融機構有了投入創新的物質基礎和內在衝動。因此，中國的金融業務和金融工具的創新一般是先在經濟特區或沿海城市產生，然後逐步向內地推廣，有著明顯的區域性特徵。

（6）金融創新主要是靠外部力量推動的被動創新。迄今為止，中國金融機構尤其是國有商業銀行的各種創新主要是由體制轉換和改革政策等外部因素推動的。如中央銀行監管體制的改革、資產負債比例管理制度、貸款風險的五級分類制度、資本金管理等。而金融創新的主體——金融機構尤其是國有商業銀行的內在創新動力明顯不足，這與國有商業銀行長期以來獨立性不強、沒有市場競爭壓力、政府保護過多有密切聯繫。一般認為，當金融機構尤其是國有商業銀行能夠從一般的經營中賺取利潤且不會被市場淘汰時，它是不會大力創新的。所以，我們必須清醒地認識到，在中國逐步開放後，隨著市場經濟體制的逐步完善，這種來自經濟體制轉換創新的外部推動力將逐漸減弱，政府的「保護傘」將逐漸消失，中國的金融機構必須積極有效地激活自身創新的內在動力，否則，中國的金融機構將會被市場淘汰。

本章小結

1. 西方經濟學家對金融創新現象進行了大量的理論研究，提出了不少理論和觀點，如西爾伯的約束誘致假說、凱恩的「自由—管制」的博弈、制度學派的金融創新理論、全

融創新的交易成本理論等。

2. 金融創新的內容包括金融制度的創新、金融工具的創新以及金融業務的創新。

3. 金融創新的微觀效應表現在三個方面：金融創新為金融機構拓展了生存空間，金融創新使投資者增強了抗風險的能力，金融創新可能使金融機構經營風險增大。金融創新的宏觀效應表現在金融創新對貨幣需求、貨幣供給和貨幣政策三個方面的影響。

4. 隨著中國經濟的發展，金融體制改革不斷深入，金融創新也取得了相當的成就，主要體現在金融機構的組織結構和形式，金融宏觀調控機制的建立、金融工具設計、金融交易技術開發等方面。中國是一個發展中國家，經濟正處於全面深化改革階段，因此，在金融創新上具有鮮明的中國特色。

思考題

1. 說出金融創新的含義，並簡述它與金融深化有何聯繫。
2. 列舉推動金融創新的因素。
3. 簡述金融創新的宏觀效應和微觀效應。
4. 分析金融創新與美國次貸危機的關係，並簡述這對中國的金融創新有何啟示。

國家圖書館出版品預行編目(CIP)資料

貨幣金融學 / 殷孟波 主編. -- 第三版.
-- 臺北市：崧燁文化，2018.09

　　面；　　公分

ISBN 978-957-681-616-1(平裝)

1.金融市場 2.金融貨幣 3.貨幣學

561.7　　　　107014712

書　　名：貨幣金融學
作　　者：殷孟波 主編
發 行 人：黃振庭
出 版 者：崧博出版事業有限公司
發 行 者：崧燁文化事業有限公司
E-mail：sonbookservice@gmail.com
粉絲頁　　　　　網　址：
地　　址：台北市中正區重慶南路一段六十一號八樓815室
8F.-815, No.61, Sec. 1, Chongqing S. Rd., Zhongzheng Dist., Taipei City 100, Taiwan (R.O.C.)
電　　話：(02)2370-3310　傳　真：(02) 2370-3210
總 經 銷：紅螞蟻圖書有限公司
地　　址：台北市內湖區舊宗路二段121巷19號
電　　話：02-2795-3656　傳真：02-2795-4100　網址：
印　　刷：京峯彩色印刷有限公司（京峰數位）
　　本書版權為西南財經大學出版社所有授權崧博出版事業有限公司獨家發行電子書繁體字版。若有其他相關權利及授權需求請與本公司聯繫。

定價：650 元
發行日期：2018 年 9 月第三版
◎ 本書以POD印製發行